U0717196

宋元學案補遺

三

〔清〕王梓材 馮雲濠 編撰
沈芝盈 梁運華 點校

中華書局

宋元學案補遺卷二十目録

宋元學案補遺卷二十

後學 鄞 王梓材 慈谿馮雲濠 同輯

元城學案補遺

元城先緒

劉先生航

劉航字仲通。魏人。元城先生之父也。第進士。歷知虞城犀浦縣。爲政寬猛不同。而兩縣皆治。知宿州。押伴夏使。使者執禮不遜。先生折正之。持節使夏。凡例所遺卻勿受。還爲河北轉運使。熙寧大旱。求言。先生論新政不便者五。不報。請祠去。起知涇相二州。終太僕卿。姓譜。

梓材謹案。先生不敢書呂獻可墓誌。元城代書之。以成其美。先生又陰祝獻可諸子勿摹本。恐非三家之福。蓋亦愼密之道。固與元城並行不悖云。

涑水門人

補忠定劉元城先生安世

梓材謹案。先生母太常博士新昌石亞之女。故自幼游于新昌石溪書塾。見成化新昌志。

元城語要

易直其正也。方其義也。君子敬以直内。義以方外。當爲正以直内。又曰。能説諸心。能研諸侯之慮。當爲能研諸慮。如此類者。五經中極多。五經其來已遠。前輩恐倡後生穿鑿之端。故不著論。若或爲之倡。則後生競生新意。以相夸尚。六經無全書矣。

子弟寧可終歲不讀書。不可一日近小人。

智足以窮萬物之理。則事至而不惑。

古者君臣師弟子之間。惟是誠實。心中所欲言者卽言之。故冉求曰。非不説子之道。力不足也。子路曰。有是哉。子之迂也。宰我欲短喪。自謂期可已矣。子曰。食夫稻。衣夫錦。於汝安乎。曰。安。且今有士人于此。必不肯自謂學而力不足也。必不肯面質其師之迂也。必不肯自謂居喪而安于食稻衣錦也。彼三人皆孔子高弟。而其言如此者。以其出于至誠而已。

天下詐僞之風甚矣。以某從少至老觀之。誠實之風幾乎一日衰于一日。一年衰于一年。方今夫婦父子兄弟之間。猶相諂諛也。相欺詐也。況于君臣朋友之間乎。且君臣父子夫婦兄弟朋友只是一箇道理。若一處壞卽皆壞矣。此風大可畏。當其禍亂未作時。猶一切含糊不見醜怪。萬一有大禍亂。則君臣之間無所不至矣。

多聞闕疑。愈于求合而强爲之説也。

今日夏至。六陽至此而極。萬物繁鮮。可謂盛矣。然一陰已生于九地之下。他日天地沍寒。肅殺萬物。蓋從今日始。物禁太盛者。乃衰之始也。正如齊自太公以來。無盛于威公之時。威公七年始霸而會諸侯。十四年陳公子完來奔。是年歲在己酉。而不知有齊國者由此人也。

士大夫只看臨朝大節如何。若大節一虧。雖有細行不足贖也。東坡立朝大節極可觀。仕宦豈不是好事。但看行己如何耳。若仕宦有益于社稷生靈。其勝獨善一身多矣。

書稱堯之德曰。稽于衆。舍己從人。舜戒其臣曰。予違汝弼。汝無面從。退有後言。伊尹之告太甲曰。有言逆于汝心。必求諸道。有言遜于汝志。必求諸非道。傅説之復于高宗曰。惟木從繩則正。后從諫則聖。然則古之聰明睿智之君。所以能大過于人者。未有不以求諫爲先務也。

附録

公見賓客。談論踰時。體無攲側。肩背竦直。身不少動。至手足亦不移。

昔有與蘇子瞻論元祐人才者。至公。則曰。器之眞鐵漢。不可及也。

太常博士宋之瑞議謚曰。盧國忘家曰忠。德行不爽曰定。

晁氏客語曰。哲廟時劉器之論宮人除邪。或云。九重之中安有邪物。答云。心乎不得其正。邪物得而窺之。何閒九重。

徐敦立卻埽編曰。劉器之待制對客多默坐。往往不交一談。至于終日。客意甚倦。或請去。

輒不聽。至留之再三。有問之者曰。人能終日矜莊危坐而不欠伸攲側者。蓋百無一二焉。其能之者。必貴人也。蓋嘗以其言驗之。誠然。

朱子答劉君房書曰。先正忠定公有德有言。没而不朽。百世之下聞者興起。而熹之外舅聘士劉公。嘗得親見而師承之。熹少時。猶及竊聞其餘論。于忠定公之言行志節詳矣。是以雖不得及其門牆。而想望其聲容。猶若相接。不止于今世紙上所傳而已也。

又跋元城言行録曰。元城受學于司馬文正公。得不妄語之一言。拳拳服膺。終身不失。故其進而議于朝者無隱情。退而語于家者無愧詞。今其存而見于文字。若此數書者。凜凜其與秋霜夏日相高也。

又語類。問。劉元城不知培植君子之黨。才一小事。便一向摶擊。以致君子盡去。而小人用矣。此其過否。曰。過不在此。是他見識有病。不知言無以知人也。是他不知言。且如説伊川。他只見得祖宗有典故。才有不合。便道不是。渠不知輔導少主之理當如此。故伊川一向被他論列。是他見識只如此。

又問。元城了翁之剛。孰爲得中。曰。元城得中。了翁後來有太過處。元城只是居其穩便。極言無隱。罪之即順受。了翁後來做得都不從容了。所以元城嘗論其尊堯集所言之過而戒之曰。告君行己苟已無憾。而今而後可以忘言矣。

黄東發曰。公師温公。温公當元祐初去新法。公當紹聖初諫紹述。温公爲相。于人情大鬱之後。得行其道。公爲諫官。于小人報復之時。不得行其言。效驗雖異。直大則同。所謂元祐全人也。

袁清容書元城與李莊簡書後曰。崇觀閒。老蔡竊威。簸權天下。善類皆禁錮不用。而汪龍溪。葉石林。陳簡齋。號爲渡江名賢。亦嘗出門下。至若元城先生。龜山先生。莊簡李公。進退言語爲一代矩範。而元城奉祠南京。龜山被召。莊簡爲尚書郎。始余嘗疑之。久而後知拯世之道。有不得不如是也。朋黨之論盛于東漢。張讓之喪。持正論者一律。獨一陳仲弓往弔。後卒賴以解禍。乃知志士仁人之用心。雖相遠數十百載。蓋未嘗不相同也。

元城講友

直閣黃隨緣先生策

黃策字子虛。吴人。朝奉大夫彦之子。九歲能屬文。追和梁昭明詩。爲東坡所賞。弱冠擢第。元符末。昭慈復位號而典册未正。先生引古誼。上書甚切。蔡京深銜之。欽宗在東宫。聞其名。大書隨緣堂三字以賜。自號隨緣居士。姓譜。

梓材謹案。續通鑑高宗謂大臣曰。元祐黨人固皆賢。然其中亦有不賢者乎。吕頤浩等曰。豈能皆賢。徐俯曰。若眞元祐黨人。豈不賢。但蔡京輩凡己之所惡。欲終身廢之者。必名之元祐之黨。是以其中不免有小人。帝曰。若黄策之類是也。俯曰。黄策乃元符末上書。狂直被罪。始天下皆稱之。如策比者十餘人。策不能固窮守節。陷于非義。其中亦有議論前後反覆。姦惡猥瑣。竄名其閒。如楊畏。朱師服數人耳。策以直祕閣通判嚴州。受賕抵罪。故帝及之。據此。則先生殆亦瑕瑜不掩者。

雲濠謹案。沈龜溪爲先生墓誌云。故禮部侍郎鄒公浩。諫議大夫劉公安世。右司員外郎陳公瓘。皆以敢諫爭。名重當時。君從之游。上下其議論相厚善。是先生可稱元城與陳鄒講友。又案。其始以雍邱主簿入黨籍。後録黨人。除直祕閣。墓誌又稱其在嚴州。數以爭可否。忤部使者意。使者嫉之。誣劾君縱獄事。按驗無所得。卒奪一官。是高宗所論猶仍吏議言之。又言。其日閲浮屠書。則陳鄒等猶未免于此也。

附録

刻名黨人石。羈置登州二年。徙海州。既而上皇感悟。破黨論。仆其石。君例還姑蘇。閉户讀書。益自刻苦爲文章。瓌詞老氣。絡繹閒起。佳時勝日。徜徉山水閒。賦詩自娱。澹乎若與世無營。如是二十年。

縣令鄧先生弼亮

鄧弼亮。曲江人。登元祐三年進士第。爲新興令。力行教化而後刑罰。劉元城鄒道卿謫粤。先生皆與之游。情好甚款。廣東黄志。

元城同調

趙先生俊

趙俊字德進。南京人。與葉石林爲同年生。官朝奉郎。新作小廬。在城北。杜門。雖鄉里不忘交。劉器之無恙時居河南。暇時獨一過之。徐擇之于鄉人最厚。亦善之。及爲丞相。鄉人多隨其材見用。先生未嘗往求。擇之亦忘之。建炎末。金將南牧。或勸之避地。先生曰。但固吾所守耳。避將何之。衣冠奔踣于道者相繼。先生晏然安其居。卒不動。劉豫僭號。起爲虞部員外郎。辭疾不受以去。畀其家卒卻之。如是有三。豫亦不復强。凡家書文字不一用豫僭號。但書甲子。後三年卒。避暑餘話。

元城門人

補 莊簡李讀易先生光

梓材謹案。宋史先生傳。孝宗卽位。復資政殿學士。賜謚莊簡。朱子爲參政夫人榮國管氏墓誌稱。會稽李安簡公。豈其改謚莊簡耶。

讀易詳説

大臣以道事君。苟君有失德而不能諫。朝有闕政而不能言。則是冒寵竊位。豈聖人垂訓之義哉。故文言以括囊爲賢人隱之時。而大臣不可引此以自解。坤六四。

小人當退黜之時。往往疾視其上。君子則窮通皆樂。未嘗一日忘其君。否初六。

天下蠱壞。非得善繼之子。堪任大事。曷足以振起之。宣王承厲王後。修車馬。備器械。復會諸侯于東都。卒成中興之功。可謂有子矣。故考可以无咎。然則中興之業。難以盡付之大臣。蠱卦特稱父子者以此。蠱初六。

雲濠謹案。上虞縣志于先生傳云。初過宋都。從劉安世講學。得其精微。故于死生禍福之際。無所屈撓。及再涉廣海。處之怡然。日講周易一卦。因著易傳十卷。行于世。

莊簡集

萬事皆非偶然。死生禍福固已前定。一切任之。孔子所謂素富貴行乎富貴。素患難行乎患難。素蠻貊行乎蠻貊。觀此數語。雖釋氏千經萬論。豈能越此。乾坤二卦。易之領袖。嘗見前人解釋。不以類求。多斷章取義。如小象文言所釋。不附之爻。則一篇之義。都不貫穿。以上與趙元鎮書。天道好還。但力行一忍字。需之象曰。君子以飲食宴樂。若能日飲醇酎。不辜此風月。則無入而不自得也。與胡邦衡書。邱明親授經于仲尼。故傳或先經以始事。或後經以終義。或依經以辨理。或錯經以合義。杜元凱蓋終身好之。自謂有左氏癖。其言豈苟然者。若因元凱以求左氏。因左氏以求春秋。庶乎得聖人之微旨矣。答符秀才書。

梓材謹案。四庫書目著録先生周易詳說。又録莊簡集十六卷。提要云。考王明清揮麈餘話稱。蔡京既敗。攻擊者不遺餘力。光獨無劾章。坐貶。謝表云。當垂涕止彎弓之射。人以爲狂。然臨危多下石之人。臣則不敢。而集中無此一篇。又云。過嶺以後。與胡銓往還簡札甚夥。乃皆醇實和平。絶無幽憂牢落之意。其所養可知矣。

莊簡家訓

少年欲勵志操。見世間膏粱子弟。當以儉素勝之。不起羨慕之心。見人之居處華潔過度。涼榭温屋。洞房窈窕。則思顏氏陋巷之安。見人之盛饌。甘脆肥濃。則思仲尼飯疏飲水之樂。見人之佩服車輿。犀象珠玉之珍。則思子路衣敝緼袍之温。若能置吾言于座右。常作是觀。庶免鄙夫陋人之稱。見賢思齊。見不賢惕然自省。則可入聖賢之域。古人不難到。顧力行何如耳。

附録

其讀書詩曰。低頭對千載。把卷竟長日。興亡見俯仰。忠佞更得失。意合心自知。感慨屢佔畢。朱黄紛几硯。緗素互編帙。比鄰亦好事。挾策到蓬蓽。縱談及羲皇。坐待寒月出。

陸放翁跋莊簡家書曰。李丈參政罷歸鄉里。某年三十矣。時時來訪先君。劇談終日。每言秦氏必曰咸陽。憤切慨慷形于色辭。一日平旦來共飯。謂先君曰。聞趙相過嶺。悲憂出涕。僕不然。謫命下。青鞵布襪行矣。豈能作兒女態耶。方言此時。目如炬。聲如鐘。其英偉剛毅之氣。使人興起。後四十年。偶誦公家書。雖徙海表。氣不少衰。丁寧訓誡之語。皆足垂範百世。猶想見其道青鞵布韈時也。

補知州胡先生理

雲濠謹案。楊誠齋序蒼梧集言。先生嘗學經術于龜山。學名節于元城。

補主簿馬先生大年

馬永卿語

元城先生與僕論禮記内則。雞鳴而起。適父母之所。僕曰。不亦太早乎。先生正色曰。不然。禮事父與君一等。一體。父召無諾。君命召無諾。父前子名。君前臣名。今朝謁者必以雞鳴而起。適君之所。而人不以爲早。蓋以刑驅其後也。今世俗薄惡故事。父母之禮得已而已爾。若士子畏犯義如犯刑。則今人可爲古人矣。僕聞其言。至今愧之。

嘗問仕宦之道于元城先生。先生問家屬畢。曰。賢俸禄薄。當量入爲出。僕更請益。先生云。漢書云。吏以法令爲師。有暇可看條貫。不獨治人。亦以保身。僕歸檢漢書。前語出薛宣傳。先生以僕初登仕行。或違法。且爲吏所欺。故有此言。

知州常先生同詳見范呂諸儒學案。

侍郎向薌林先生子諲

向子諲字伯恭。開封人。文簡公之五世孫。欽聖皇后之再從姪也。父嚴重。先生率羣弟承訓。專意詩書。宗族以爲法。欽聖聞而悦之。補假承奉郎。歷知襄慶府。丁父憂。奪喪知潭州。力辭不獲。金人入豫章。先生爲守計。或言敵鋒不可當。盍避諸。先生曰。朝廷使我守此藩也。委而去之。非義矣。以死戰。軍于湘西。長沙之人咸從之。以忠義自奮。無一降賊者。猶以失守自劾罷。乞持餘服。不許。及知江州。改江東轉運使。固辭。召至闕。加祕閣修撰。與劉光世不協。求去。詔與浙漕張匯兩易。先生連年入覲。未嘗不求歸。高宗嘉歎高志。親書薌林二大字以賜之。除徽猷閣待制。陞都轉運使。居三月。除户部侍郎。再辭。不允。仍除徽猷閣直學士。知平江府。之官。兩復乞致仕。許之。卒年六十八。先生讀書務觀古人大節。不專守章句。志大氣剛。見義必爲。少見劉元城。問爲學之要。元城曰。誠而已。此司馬公之教也。先生敬受以歸。其後復見。極論天下事。元城深加歎賞。曰。異時必有立于世。胡文定公嘗言于廟堂。曰。向某氣節忠鯁。心向國家。尊戴君父。徇公忘私。正今日扶持三綱。可備使令之人也。胡五峯集。

附録

時翰林學士朱震卒。上深悼痛。遣建國公臨奠。公云。師道久廢。陛下崇儒尚德如此。可以風化天下。上曰。震與楊時。胡安國。皆學有淵源。深于春秋。且論先儒異同之説。因乞安國謚。并春秋序。及薦尹焞。顧問再三。隨事敷奏移日。左司諫潘良貴侍立。彈公久勤聖聽。公退。卽上章待罪。且乞致仕。墓表。

趙忠簡請與潘良貴等職名宫觀狀曰。子諲始識于种師道宣司幕中。雖戚里貴游子弟。而好學樂善。文雅有餘。平日交游議論之間。凡有補于正論。有助于善類者。未嘗不竭其誠心。士大夫以此稱子諲。亦以此受知于陛下。

李莊簡爲向伯恭題曰。向公天下士。慷慨有祖風。亦復對行殿。密議裨天聰。君臣意氣合。每進常從容。飄飄青雲志。顧肯貪天功。榮塗拂衣歸。安坐薌林中。作堂傍企疏。進退聊比蹤。父老非故鄉。何必囊金空。俗軌競奔馳。世路方尚同。善爲子孫謀。但務田園豐。偉哉此二子。遐舉希冥鴻。富貴如浮雲。聲名壓岱嵩。千載繼者誰。我友向伯恭。

汪玉山銘其墓曰。顏跖之分。曰義與利。孰毆斯人。學乃爲利。舉世靡靡。偷安苟活。不有君子。豈能自拔。公以英姿。輔之正論。惟義所在。他無足問。方時多艱。馳騖其中。如水萬折。必歸于東。年五十餘。謝事而歸。惟介于石。故能見幾。知之固難。行亦非易。若公始終。蓋可無媿。

朱子薌林文集序曰。觀其絶僭叛之音郵。而縻其家族。宣霸府之號令。而暢其威靈。以至擁羸卒。守孤城。以抗强敵百勝之鋒。遏羣盗横流之勢。身皆危于九死。而志不可奪。及紹興初。

大臣始決忘讎辱國之計。則又慨然上疏。再三指言其失。無所回避。至于疾病且死。而猶勸上以深念創業之艱難。不可遽以小康而遂忘大計也。此其平生始終大節。豈不凜乎。其有子房元亮之心哉。然二子當時皆不得位。而爲之於不可爲之後。是以大義雖明。而不及有益于人之國。若公乃幸獨得竭股肱之力。以依日月之光。宗社再安。與有勞烈。較其所就。于二子又有光焉。

大中鞏山堂先生庭芝

鞏庭芝字德秀。東平須城人。建炎間。遷武義。人號山堂先生。登紹興八年進士第。授建德主簿。改秩知諸暨縣。主管崇道觀。陞太平録事參軍。嘗受業于元城之門。以道學倡武義。武義人士尚禮義之學。自先生始。隆興二年卒。贈大中大夫。武義縣志。

教授林苹齋先生彖别見陳鄒諸儒學案補遺。

梓材謹案。宋濳溪爲仲至傳贊曰。武義之有鞏氏自庭芝始。初庭芝登元城劉氏之門。以道學爲東平倡。弟子受業者恆數百人。及其來遷也。以所學化導如東平。

莊簡講友

忠簡胡澹庵先生銓詳見武夷學案。

尚書程先生瑀

程瑀字伯寓。浮梁人。政和間進士。累官校書郎。金人入侵。求可使者。先生請往。至燕山。

不屈而還。欽宗慰撫備至。除右正言。高宗時。遷給事中。條上十四事。皆切時務。官至兵部尚書。所著有周禮義。尚書説。兩漢索隱。姓譜。

附録

李莊簡悼以詩曰。人物江東第一流。天衢闊步縱驊騮。彈冠事主俱青綬。握手論交到白頭。照世詞華窺賈馬。致君事業擬伊周。平生自謂孔北海。晚節欲爲陳太邱。危行危言逢有道。一生一死見交游。自憐罪大無歸日。哭送松門歎莫由。

莊簡同調

游先生中孚

游中孚字大信。崇安人。博文强識。春秋左傳。漢唐史記。成誦如流。且能言其同異得失。上下數千載。纚纚可聽。李莊簡知宣州。會李成□㊀衆攻城。議遣官求援于岳飛。道路阻絶。寮皆憚往。先生時在莊簡門下。慨然請行。挾十騎由間道走大平。見飛。與飲。屢起請。飛曰。君姑飲。援兵已至竟陵矣。圍遂解。事平。莊簡欲請于朝。官之。先生力辭。竟不仕。姓譜。

㊀「□」當作「擁」。

朱先生敦儒

朱敦儒字希眞。河南人。志行高潔。雖爲布衣而有朝野之望。靖康中。召至京師。將處以學官。固辭還山。高宗卽位。詔舉草澤才德之士。預選者。命中書策試。授以官。于是淮西部使者言先生有文武才。召之。先生又辭。避亂客南雄州。紹興二年。詔以爲右迪功郎。下肇慶府。敦遣詣行在。先生不肯受詔。其故人勸之曰。今天子側席幽士。翼宣中興。譙定召于蜀。蘇庠召于浙。張自牧召于長蘆。莫不聲流天京。風動郡國。君何爲棲茅茹藿。白首巖谷乎。先生始幡然而起。旣至。命對便殿。論議明暢。上悦。賜進士出身。爲祕書省正字。俄兼兵部郎官。遷兩浙東路提點刑獄。會有諫議大夫汪勃。劾其專立異論。與李光交通。遂罷。上疏請歸。許之。先生素工詩及樂府。時秦檜當國。獎用騷人墨客。以文太平。檜子亦好詩。于是先用其子爲删定官。復除先生鴻臚少卿。檜死。亦廢。談者謂其節不終云。宋史。

劉氏續傳

劉先生君房

劉君房。元城之孫。朱子答其書云。類次遺文。已就篇帙。願亟遂鋟木。傳之其人。朱子文集。

劉先生孝昌

劉孝昌。元城先生之曾孫也。與五峯胡先生之子大時俱隱衡嶽。荆湖南路提點刑獄公事孫逢吉請官之。以繼賢人之世。事雖不行。聞者韙之。樓攻媿集。

孫氏門人

補 提刑劉順寧先生芮

雲濠謹案。胡五峯爲劉開府墓表云。推芮三世。專以修其天爵。負荷世業。又題劉忠肅公帖云。忠肅之子。執義明白。而不懾于威武。不渝于患難。不移于貧賤。若忠肅之孫。尚守其先志。其曾孫雖貧且賤。然明于事君之義。强學力行。益能保世以滋大。

李氏家學

補 進士李先生孟博

雲濠謹案。先生官左宣教郎。主管台州崇道觀。

梓材謹案。廣東黄志載。先生未卒數月。忽夢至一處海上。空闊樓觀。特起雲霄閒。有軒牓曰空明。先世諸父皆環坐其間。顧指其一曰。留以待汝。既寤。知其非祥也。未幾遂屬疾。臨終有雲氣起于寢。冠服宛然。自雲中苒苒升舉。瓊人悉見之。莊簡有詩悼云。脱屣塵寰委蜕蟬。眞形渺渺駕非煙。丹臺路杳無歸日。白玉樓成不待年。宴坐我方依古佛。空行汝去作飛仙。恩深父子情難割。淚滴千行到九泉。

補 提舉李先生孟堅

雲濠謹案。楊誠齋爲胡夫人李氏墓誌言。先生氣慷慨。方莊簡在謫籍。里人誣以私。史下詔獄。貶夷陵。父子各天一方。既偕莊簡復官。丞晉陵。宰錫山。守嘉禾。俱以最聞。方用爲淮東提舉常平而没。善類嗟惜。據此。則先生未嘗從讁也。

補參議李先生孟珍

雲濠謹案。上虞縣志于先生云。善草書。權守江陰及沿海制置司參議。皆不就。

補直閣李盤溪先生孟傳

梓材謹案。朱子志其母管夫人墓云。大理卿章貢曾公逢以女妻浙東從事。史傳云。曾幾妻以其孫。

附録

官太府丞。韓侂胄願見之。先生曰。行年六十。去計已決。不敢聞也。由是出知江州。

先生博學多聞。持身甚嚴。時推能世其家。

常戒其子孫曰。安身莫若無競。修己莫若自保。守道則福至。求禄則辱來。

李氏門人

補通守曹放齋先生粹中

放齋詩説

羔羊之皮。素絲五紽。毛傳謂。古者素絲以英。裘不失其制。大夫羔裘以居。其説如此而已。

而序云。在位皆節儉正直。德如羔羊。且以退食爲節儉。其説出于康成。毛無此意也。維鵲有巢。維鳩居之。毛傳謂。鳩不自爲巢。居鵲之成巢。其説如此而已。而序云。德如鳲鳩。乃可以配焉。君子偕老。副笄六珈。毛傳云。能與君子偕老。乃宜居尊位。服盛服。而序云。故陳人君之德。服飾之盛。宜與君子偕老。則與傳意先後顛倒矣。序若出于毛。亦安得自相違戾如此。要知毛傳初行之時。猶未有序也。意毛公既託之子夏。其後門人互相傳授。各記其師説。至宏而遂著之。後人又復增加。殆非成于一人之手。則或以爲子夏。或以爲毛公。或以爲衛宏。其勢然也。

齊詩先采蘋而後草蟲。

詩之作。本于人情。自生民以來則然。太始天皇之策。包羲罔罟之章。葛天之八闋。康衢之民謠。

自戴公至襄公。凡一百五十有一年。正考父既佐戴公。而能至于襄公之時作頌。何其壽耶。

瑟。縝密也。如瑟彼玉瓚之瑟。

作者。鼓舞振動之意。商之末世。士氣卑弱甚矣。非鼓舞振動之。烏能自奮而有成哉。

附録

莊簡聞先生之賢。妻以長女。翁壻問自爲知己。問學大率以躬行實用爲先。眞有冰玉之譽。

王深寧困學紀聞曰。旱麓。毛氏云。旱。山名也。曹氏按。漢地理志漢中南鄭縣有旱山。沱水所出。東北入渼。旱山在梁州之境。與漢廣相近。故取以興焉。

又曰。四月秀葽。諸儒不詳其名。唯説文引劉向以爲苦葽。曹氏以爾雅本草證之。知其爲遠志。

又曰。唐棣之華。維常之華。協車字。黍稷方華。協塗字。隰有荷華。協且字。曹氏謂華當作雩。音敷。蓋古車本音居。易曰。睽孤。見豕負塗。載鬼一車。來徐徐。困于金車。其音皆然。至説文有尺遮之音。乃自漢而轉其聲。愚案。何彼穠矣。釋文或云古讀華爲敷。與居爲韻。後放此。朱文公集傳並著二音。而以音敷爲先。

符先生□

符□。莊簡之徒也。莊簡與胡邦衡書。稱爲海外有識之士。廉而有才。相從踰歲如一日。嘗答其論左氏書云。吾子有志于問學。況已得良師。異時當卓然有立于世。願言勉之。良師蓋謂邦衡。莊簡集。

向氏家學

通判向先生浯詳見五峯學案。

大夫向先生涪詳見武夷學案。

向氏門人

祕閣陳先生從古

別見紫微學案補遺。

鞏氏家學

鞏先生瀍

雲濠謹案。水心誌仲至墓。潛溪作傳。皆云父瀍。鄉貢進士。

提轄鞏栗齋先生豐

司封鞏厚齋先生嶸

鞏先生峴

並詳麗澤諸儒學案。

劉氏門人

承議羅先生博文

詳見豫章學案。

曹氏家學

朝請曹先生岦

曹岦字囦明。定海人。累贈中奉大夫。放齋之仲子也。穎悟力學。既有家傳。而又源流外門。

氣節自許。詞章煥發。落筆千言。以中奉致仕。恩補官。歷授福建轉運司主管文字。至朝請大夫。卒。先生少嘗題寧都金精山有曰。手擎白日浴滄海。氣使列嶽如羣兒。中奉見之爲失色。且戒以力除此等氣象。見其留心詩文。以爲當究經術。務爲實學。先生自是日則幹蠱。夜則讀書至四鼓乃寢。晚卜築奉川。一區雅潔。聚書萬卷。多手自讎校。每夜以一燈。使婦奉姑。别以一燈。觀書積學老不衰。自號牧庵居士。樓攻媿集。

曹泰宇先生説

曹説字習之。定海人。放齋之孫。其父死李全之難。絶葷酒婚宦。刻志問學。五經有解。後學問難。亹亹不倦酬答。故家借書。先請書目一閲。卽能言其本末。平生無喜慍。嘗戒學子絶人我。則天理自著。爲易解。全書分辭變象占。學者稱泰宇先生。詩文三十卷。精潔可傳。定海縣志。

梓材謹案。袁清容述先大夫師友淵源言。先生精易象數。論語。書。春秋。皆有解。多折衷舊説。易説爲里人所竊。今不傳。聞在松江儒家。

宋元學案補遺卷二十一目録

宋元學案補遺卷二十一

後學 鄞 王梓材 慈谿馮雲濠 同輯

華陽學案補遺

涑水門人

補 正獻范華陽先生祖禹

華陽語要

凡禮之體主敬。敬者禮之所以立也。

所用之人。所行之政。皆出于君心。人不足責。政不足非。此由臣不能正君。君心不正。是以如此。惟得大人。然後可以正君心。此非小人之所能也。

有國家者當防微杜漸。若禍難已成。雖聖人亦末如之何也。

聖人惟言利物之利。不言利己之利。

用刑寧失之于寬。不可失之于急。寧可失之于略。不可失之于詳。

自井田廢而貧富不均。立法者未嘗不欲抑富。而或益助之。不知富者所以能兼并。由貧者不能自立也。貧者不能自立。由上之賦斂重而力役繁也。後之爲治者。三代之制雖未能復。惟省其力役。薄其賦斂。務本抑末。尙儉去奢。占田有限。困窮有養。使貧者有以自立。而富者不得兼之。此均天下之本也。不然。雖有法令。徒文具而已。何益于治哉。

昔舜命禹征有苗。三旬苗民逆命。乃班師振旅。夫舜禹征伐猶無功。故用兵非美事也。有血氣之剛。有志氣之剛。始盛而終衰。壯鋭而老消。此血氣之剛也。其靜也正。其動也健。此志氣之剛也。血氣之剛可得而挫也。志氣之剛不可得而挫也。是故至剛不可不養也。

經者。道之常。君子治國平天下。反其常道而已。常道者。堯舜之道。仁義是也。

今樂古樂。如君子小人之不可同。邪正之不可並。如必欲以禮樂治天下國家。則當如孔子答顏淵之言。孔子所言者。爲邦之正道。孟子所言者。救世之急務。此所以不同。

人君以一人之身而御四海之廣。應萬務之衆。苟不以至誠與賢。而役其獨智。以先天下。則耳目心志之所及者。其能幾何。是故人君必清心以涖之。虛己以待之。如鑑之明。如水之止。則物至而不能罔矣。夫權衡設而不可欺以輕重者。惟其平也。繩墨設而不可欺以曲直者。惟其正也。我以其正。彼以其邪。我以其直。彼以其佞。何患乎邪之不察。佞之不辨。一爲不誠。則心且蔽矣。邪正何能辨乎。是故鑑垢則物不能察也。水動則形不能見也。己不明故也。且待物以誠。猶恐其不動也。況不誠而能動物乎。

君人者如天。運于上而四時寒暑各司其序。則不勞而萬物生矣。不明之君不能知人。故務察而多疑。欲以一人之身代百官之所爲。則雖聖智亦日力不足矣。故其臣下事無大小皆歸之君。政有得失。不任其患。賢者不得行其志。而持禄之士得以保其位。此天下所以不治也。

仁宗最深洪範之學。每有變異。恐懼修省。必求其端。

天地有四時。百官有六職。天下萬事盡備于此。如綱之在綱。裘之挈領。雖百世不可易也。人君如欲稽古以正名。苟舍周禮。未見其可。

華陽經説

學者必務知要。知要則能守約。守約則足以盡博矣。詩三百。一言以蔽之曰。思無邪。經禮三百。曲禮三千。亦可以一言蔽之曰。毋不敬。

古者惟任一相。以治天下。唐虞有百揆。夏商可知也。周之冢宰。實總六卿。詔王廢置。是以治出于一。政有所統。後世宰相之職。分而不一。君以爲權在于己。臣以爲政在于君。國之治亂。民之休戚。無所任責。故賢者不得行其所學。不肖者得以苟容其閒。由官不正。任不專也。

君喪三年。古未之改。漢文率情變禮。雖欲自損以便人。而不知使人入于異類也。自是以後。民不知戴君之義。而嗣君亦不爲三年之服。唐之人主鮮能謹于禮者。故有公除而議昏。亮陰而舉樂。忘父子之親。固不可矣。然如漢文之制。志寧之議。是亦有父子而無君臣也。爲國家者必務革漢文之薄制。遵三代之隆禮。教天下士大夫以方喪三年。則衆著于君臣之義矣。

范太史講説

禮。擬人必于其倫。先儒之説。謂擬君于君之倫。擬臣于臣之倫。臣以謂此特位而已。擬人必以德爲貴。桀紂。人君也。謂匹夫爲桀紂。其人必不肯受。孔孟。匹夫也。謂人君爲孔孟。其人必不敢當。

禮王制。礿禘烝嘗。此祭之名。天地社稷五祀。名山大川之在其地者。因國之有其地而無主後者。此祭之事。犆礿袷祭之類。此祭之禮。然非祭之本。祭之本。諸侯得一國之歡心。以事其先君。天子得四夷之歡心。以事其先王者是也。夫犧牲幣帛粢盛酒醴皆出于民力。古者先成民而後致力于神。凡以祭之本在于民而已。

王制。司徒明七教以興民德。夫以身率于上而效之曰教。教之于治。雖甚迂闊。然古之言治者必以爲先。放勳曰。勞之來之。匡之直之。輔之翼之。又從而振德之。舜舉八元命契。孔子曰。道之以德。齊之以禮。有恥且格。秦任刑罰。不務德教。故不旋踵而覆。漢承秦弊。初以法治天下。惟賢臣賈誼董仲舒嘗言之。文帝能聽賈生。故斷獄數百。幾致刑措。武帝不能聽仲舒。故斷獄數萬。幾致敗亡。唐太宗初亦不以教化爲意。惟魏鄭公勸行仁義。四年之間。遂至大治。然則爲治者不可不先以教化爲本也。

王制。不率教移左鄉右鄉。移之遂不變。屏之遠方。臣以唐虞之學不過有扑作教刑與撻以記之。雖周禮至詳至悉。亦無流放之刑。此當是商之法。湯制官刑。儆于有位。其用法甚嚴。爲太學養士之禮既重。則不率教之罪責之宜不可輕。夫命三公九卿大夫皆入學。至于王親視學皆不變。被以九年之問而不能自遷于善。是長惡不悛。弗順教令者也。屏之遠方。斯亦不足邺矣。然王爲之三日不舉。豈其意哉。成湯伊尹相與維持天下之法。其嚴密如此。若夫周之法。則以寬仁爲主。雖霍叔同管蔡之惡。亦降于庶人者三年而復其國。非若商政之峻也。商尚質。周尚文。商周之法。皆欲人之爲善而已。

月令行春令則云云者。人君更政令。非天之時氣也。故此之時必當行其本時之令以順之。若逆之。則五行相尅之氣隨類來應。如人五臟相勝。則有受尅之處。其不和之氣自來爲病也。今人見時之氣寒燠非候。曰行某令。行某令者。非也。

李濟南曰。廌在元祐三年省試。策問有魏相時令者。廌之所對大略與太史説同。但其卒曰。王者應天以實不以文。故人和而天地之和應。不必法其繁文末節。但時和歲豐家給人足。便爲太平之實。若求夫朱草生。鳳凰至。皆漢代君臣不務本。而區區尚其虚文也。漢之好復古者。無若王莽。而劉歆又以儒術緣飾之。奏祥瑞。作頌聲者甚衆。有益于治。可救其亂乎。

雲濠謹案。四庫全書著録先生帝學八卷。提要云。史稱其在邇英時。守經據正。獻納尤多。又稱其長于勸講。平生論諫數十萬言。其開陳治道。區别邪正。辨釋事宜。平易明白。洞見底藴。雖賈誼陸贄不是過。今觀此書。言簡義明。敷陳剴切。實不愧史官所言。雖哲宗惑于黨論。不能盡用其說。終致更張初政。國是混淆。而其忠愛之忱惓惓。以防微杜漸爲念。觀于是書。千載猶將見之矣。

華陽文集

天生時而地生財。自一粒一縷以上。皆出于民力。然後人得而用。人臣之禄受之于君。故不可不報君。人君之奉取之于民。故不可不愛民。天子者。合天下之力而共尊之。凡宫室車馬服食器用。無非取于天下。皆百姓之膏血也。其作之也甚勞。其成之也甚難。安而享之。不可不思其所從來。思其所從來。則愛之而有不忍賫財之心。憂之而有不忍勞民之心。以此之心。行此之政。而天下不安者未之有也。天下之大。生民之衆。唯繫于一人之心。君心静則天下静。君心不静則天下亦不静。朝廷唯恭儉節用則無所營爲。常恐煩百姓則天下安息。豈能人人而食之。人人而衣之哉。推其仁心。修其仁政。以及天下。則所被者廣矣。論農事。

孔子之所慎者齋。齋必有專一精潔之誠。乃可以交于神。禮之言齋曰。心不苟慮。必依于道。手足不苟動。必依于禮。古之君子。其齋三日。必見其所祭者。誠之之至也。夫惟致齋肅恭。然後動容周旋無不中禮。曰。皇天無親。克敬惟親。鬼神無常享。享于克誠。夫皇天惟親至敬。鬼神惟享至誠。天人之交。相去不遠。惟誠與敬可以感通。論明堂。

禮冠昏。唯有士禮而無天子諸侯之禮。故三代以來。惟以士禮推而上之。爲天子諸侯之禮。

蓋以成人之與夫婦。自天子至于士。則一也。論立后。

周易家人之卦。乃聖人所以定天下之端本。敢撰集所聞先聖先賢之言爲解義。謹録上進以代封事。進家人卦解義劄子。

昔孟子非堯舜之道不敢陳于王前。與王言未嘗不以王道。如其不可行。豈徒爲空言哉。以區區之齊。五十里之滕。孟子猶欲勉之以王。況不爲齊滕者乎。省試策問。

梓材謹案。四庫全書著録范太史集五十五卷。提要稱。集中章奏尤多。類皆湛深經術。練達事務。深有裨于獻納云。

附録

幼孤。叔祖忠文公鎭撫育如己子。淳夫自以旣孤。每歲時親賓慶集。慘怛若無所容。閉門讀書。未嘗與人事。至京師。所與交游皆一時聞人。忠文器之曰。此兒天下士也。宋史。

除正言。客有言于温公。以公在言路。必能協濟。公正色曰。子謂淳夫見光有過不言乎。殆不然也。遺事。

公講月令問題凡數千言。備陳歷世遵陰陽爲政事之迹。與魏相柳宗元之説反覆甚明。論時令者莫能過也。

講讀論語畢。賜宴于東宮。賜御書唐人詩各一首。公表謝曰。臣願陛下篤志學問。亦如好書。益進道德。皆如游藝。又賦詩以獻。退而節尚書論語孝經要切之語。訓戒之言。得二百十九字。

名曰三經要語。進之。

元祐九年奏曰。伏見元祐之初。陛下召程頤對便殿。自布衣除説書。天下之士皆謂得人。實爲希闊之美事。而纔及歲餘。卽以人言罷之。頤之經術行誼天下共知。司馬光吕公著皆與頤相知二十餘年。然後舉之。此二人者。非爲欺罔以誤聖聽也。頤在經筵。切于陛下進學。故其講説語常繁多。草茅之人。一旦入朝。與人相接。不爲關防。未習朝廷事體。而言者謂頤大佞大邪。貪黷請求。奔走交結。又謂頤欲以故舊傾大臣。以意氣役臺諫。其言皆誣罔非實也。蓋當時臺諫官王巖叟。朱光庭。賈易。皆素推伏頤之經行。故不知者指以爲黨。陛下愼擇經筵之官。如頤之賢。皆足以輔導聖學。至如臣輩。叨備講職。實非敢望也。臣久欲爲頤一言。懷之累年。猶豫不果。使頤受誣罔之謗于公正之朝。每思之。不無愧也。今臣已乞去。若復召之勸講。必有補聖明。臣雖在外。終無所憾矣。太史家傳。

公每誦董仲舒正其誼不謀其利。明其道不計其功。曰。君子行己立朝。正當如此。若夫成功則天也。

尹子問范淳夫之爲人。子曰。其人如玉。

晁氏客語曰。資治通鑑成。范純夫爲温公草進書表。簡謝純夫云。眞得愚心所欲言而不能發者。温公書帖無一字不誠實也。

又曰。純夫爲蜀公草進樂表云。法已亡于千載之後。聲欲求于千載之前。玆爲至難。理若有待。又爲申公草遺表云。才力綿薄。豈期位列于三公。疾疹嬰纏。敢望年踰于七十。人謂□(一)二公胸中事矣。

又曰。崇寧初。純夫子沖見欒城先生于潁昌。欒城曰。老來不欲泛觀書。近日且看唐鑑。

又曰。范純夫每次日當進講。是夜講于家。羣從弟子畢集聽焉。講終。點湯而退。

林拙齋論作史之體曰。某嘗聞之先生曰。自春秋筆削之後。春秋之法不傳。歷代史官紀事而已。其褒貶不在焉。惟司馬文正公。范内翰爲得夫春秋之正傳。文正公于通鑑。首載命晉大夫魏斯趙籍韓虔爲諸侯。范内翰之于唐鑑。首載唐太宗之陰結豪傑。以晉陽宫人劫高祖。且稱臣于突厥而求其助。蓋孔子之作春秋。惟以爲君臣上下之不明。義利之無别。所以别載二百四十二年之事。以詔後世。司馬公范内翰得此説。故其著書立言之始。首辨夫名分之際。以正天下之大綱。謂威烈王當正其分。不當封韓趙魏爲諸侯。唐太宗寧不得天下。不可稱臣突厥。此則明乎春秋之大旨。而得夫子之正傳也。

朱子答汪尚書曰。從游蓋所尊敬而不爲師弟子之辭。故范内翰之于二先生。胡文定之于三君子。某皆用此字。

又答吕伯恭論淵源録曰。范公雖不純師程氏。而實尊仰取法焉。其于東坡。則但以鄉黨遊從。

(一)「□」衍。

素相親厚。而立朝議論趣向略同。至其制行之殊。則迴然水火之不相入。且觀其辨理伊川之奏。則其心豈盡以東坡爲是哉。但不能辨之于當時。而發之于數年之後。此則剛强不足。不免乎兩徇之私者。而其所重在此。故卒不能勝其義理之公也。

又語類曰。范純夫論治道處極善。到説義理處却有未精。

又曰。伯恭晚年謂人曰。孫之翰唐論勝唐鑑。要之也是切于事情。只是大綱却不正了。唐鑑也有緩而不精確處。如言租庸調及楊炎二税之法。説得都無收殺。只云在乎得人。不在乎法有這般苟且處。審如是。則古之聖賢徒法云爾。他也是見熙寧間詳于制度。故有激而言。要之。只那有激便不平正。

魏鶴山序正獻文集曰。成都三范氏。蜀公。滎公。植立光顯。正獻後出。而生長聞見。氣質夙成。壻于吕正獻公。客于司馬文正公。且當熙豐之際。洛中諸賢大抵家食。而公以書局留洛凡十有五年。觀摩麗習。所資以成德者非一。矧如富文忠公程正公親炙之。吕原明劉道原諸公則共學焉。大本先立。淹遬所不暇計。兹其志爲何如。迨泰陵踐阼。崇慶垂簾。公始見用于時。首以唐鑑上之兩宫。隨事正救又二百四十餘疏。大抵務學以保王躬。格心以植治本。遴賢以永天命。正始以絶亂萌。其氣明理夷。日星垂而江漢流也。語切情眞。疾痛號而家人謀也。然而獻替太數。邪正太辨。而公之禍始矣。天開之以宇宙清明之氣。培之以父祖詩書之澤。論之以師友道義之淵。其成材之難若此。而僅僅自見于九年之間。就九年而言。則四年以後皆禍幾之伏也。

眞西山曰。自唐玄宗御注孝經出。世不復知有古文。先正司馬公作爲指解。太史范公復爲之説。于是學者始得見此經舊文。

王深寧困學紀聞曰。范太史孝經説曰。能事親則能事神。眞文忠公勸孝文曰。侍郎王公見人禮塔。呼而告之曰。汝有在家佛。何不供養。蓋謂人能奉親卽是奉佛。

梓材謹案。内府藏本有古孝經指解一卷。不著編輯者名氏。以司馬温公范正獻之説合爲一書。四庫書目提要云。案。宋中興藝文志曰。自唐明皇時。議者排毁古文。以閨門一章爲鄙俗。而古文遂廢。至司馬公始取古文爲指解。又正獻進孝經説劄子曰。仁宗朝司馬光在館閣。爲古文指解表上之。臣妄以所見。又爲之説。書録解題載温公書正獻書各一卷。此本殆以相因而作。故合編也。王氏玉海載温公書進于至和元年。時爲殿中丞直祕閣。與正獻説小異。然温公集所載進表稱。嘗撰古文孝經指解。皇祐中獻于仁宗皇帝。竊慮歲久不存。今繕寫爲一卷上進云云。則正獻所説者。初進之本。王氏所進者。重進之本耳。

黄東發曰。本朝侍講無出于伊川者矣。伊川自謂乏公温潤之氣。論事無出于東坡者矣。東坡見公之奏。至于不肯自出其稿。當元祐時。已豫言范純仁以兼容小人爲寛。天下事豈堪小人再壞。公言不用。元祐一變爲紹聖。天下事遂不忍言。公之關係世道者又如此。

華陽學侶

進士王先生端

王端字道原。延平人。善講學。最爲范正獻祖禹所重。嘉祐八年進士。姓譜。

王氏同調

周先生諝

周諝字希聖。尤溪人。與王道原同郡。熙寧進士。歷知廣州新會縣。王荆公行新法。郡縣風靡。先生獨不奉行。致書政府。力陳其弊。因求歸田里。所著有孟子解義。一時門生稱爲周夫子。姓譜。

周希聖經説

詩者人之所以興。故先之。既興矣。則事之所以辨。故書次之。事既辨矣。則和之所以成。故樂次之。既成矣。則極乎天道之高明。故易次之。既極矣。則必遵乎人道之中庸。故禮次之。而必終于春秋者。以救亂反正爲餘事也。

六經。先王經世之迹在焉。是亦足用矣。

六經之義。驗之于心而然。施之行事而順。然後爲得。驗之于心而不然。施之行事而不順。則非所謂經義。今之治經者爲無用之文。徼幸科第而已。果何益哉。

禮記解自序

夫禮者。性命之成體者也。蓋道德仁義同出于性命。而所謂禮者。又出乎道德仁義。而爲之節文者也。方其出于道德仁義。則道德仁義者禮之本也。故曰仁者人也。親親爲大。義者宜也。尊賢爲大。親親之殺。尊賢之等。禮所生也。方其爲之節文。則道德仁義非禮不成。嗚呼。此禮之所以爲禮者也。若夫吉凶之殊。軍賓之别。其言不盡于意。其意必寓于象。故一服飾。一器械。有以存于度數之表者。意也。意則情也。所謂意者。歸于性命而已矣。書曰。天秩有禮。自我五禮有庸哉。蓋其以欲廢命。以人廢天者。聖人不爲。惟其天秩之所有。是乃聖人之所庸者也。然聖人所以庸之者。豈特使天下後世知有尊卑之分。而苟自異于禽獸耳。蓋又將爲人道之資也。聖人既没。禮經之殘缺久矣。世之所傳曰周禮。曰儀禮。曰禮記。其間獨周禮爲太平之成法。儀禮者又次之。禮記者雜記先王之法言。而尚多漢儒附會之疵。此學者所宜精擇。

附録

知新會縣。寄子弟詩云。浪有虚名落世間。自慙無實骨毛寒。未年三十身先倦。才得一官心已闌。卜宅擬尋栽藥圃。買田宜近釣魚灘。他年子弟重相見。藜杖蓑衣筍籜冠。志乎澤民。不從亂法。其風致可想也。

衛櫟齋禮記集説曰。希聖入仕值新法行。不忍詭隨。賦詩去官。解王制。禮運。禮器。郊特牲。玉藻。學記。祭法。祭義。祭統。經解。哀公問。仲尼燕居。孔子閒居。中庸。表記。大學。共十七篇。嘗註周禮解。王文公新傳多采其説。而没其姓名。豈忘其人之有傳耶。

又後序曰。予舊習諸家訓解。每病世儒勦取前人之説以爲己出。近得周希聖解。一再繙閲。始知陳氏方氏亦推衍其説者耳。

華陽家學

諫議范先生祖述詳見范吕諸儒學案。

補　龍圖范元長先生沖

梓材謹案。先生一字益謙。見小學外篇注。

益謙座右戒

一。不言朝廷利害。邊報差除。二。不言州縣官員長短得失。三。不言衆人所作過惡。四。不言仕進官職。趨時附勢。五。不言財利多少。厭貧求富。六。不言淫媟戲慢。評論女色。七。不言求覓人物。干索酒食。

一。人附書信。不可開拆沈滯。二。與人並坐。不可窺人私書。三。凡入人家。不可看人文字。四。凡借人物。不可損壞不還。五。凡喫飲食。不可揀擇去取。六。與人同處。不可自擇便利。七。見人富貴。不可歎羨詆毁。凡此數事。有犯之者。足以見用意之不肖。于存心修身大有所害。因書以自警。

元長遺文

孝者自然之理。天地之所以大。萬物之所以生。人之所以靈。三綱五常之所以立。學然後知之。心不苟慮。必依乎道。足不苟動。必依乎禮。行之以不息。守之以至誠。造次必于是。顛沛必于是。及乎習與性成。是謂純孝。不然。無以立身矣。李伯時孝經圖跋。

雲濠謹案。紹興五年。建國公初出資善堂先生書李公麟孝經圖以進。此即其跋語也。

附録

趙忠簡辨誣筆録曰。乙卯春。資善堂既建。同列留身奏事。退謂某曰。適得旨傳令相公擇資善堂官一員。言才出口。某曰。今士人中學識淵源人物蘊藉可以爲師範。無如范沖者。此言應口卽答。未嘗出于思慮。當時止爲得旨擇人。若爲有他意。則皇天后土實鑒臨之。

華陽私淑

文肅鄭景望先生伯熊詳見周許諸儒學案。

范氏續傳

范先生仲彪

范仲彪字炳文。洛人。唐鑑公諸孫。紹興己巳。避章傑之禍。自信安客崇安。朱子與之從遊。嘗娶温國司馬氏。及諫議大夫無恙時爲子壻。逮聞文正公事爲多。時爲賓客道語亹亹不厭。且多藏文正公遺墨。朱子文集。

梓材謹案。先生避地。避章惇後人傑。亦見謝山跋槁簡贅筆。載王張諸儒學案。

華陽續傳

錢先生敬直

錢敬直字敬子。永嘉人。紹熙元年試禮部第一。以祧廟諱改名易直。字季莊。以教授入爲太學録博士。太常博士。祕書著作佐郎。卒。先生十歲能通禮。春秋三傳。性沈密。不輕用所能。人羣居。論難紛起。獨不出一語。至在奉常。乞爲范祖禹謚正獻。有内侍得旨。賜謚者拒弗爲論㊀。人始知其能陳義憤激。感而後發云。葉水心集。

成公呂東萊先生祖謙詳東萊學案。

㊀「論」當爲「謚」。

宋元學案補遺卷二十二目録

宋元學案補遺卷二十二

景迂學案補遺

後學 鄞 王梓材 慈谿馮雲濠 同輯

涑水門人

補 詹事晁景迂先生説之

梓材謹案。先生爲九子論云。國初人物之盛。可勝言哉。如歐陽公。是所師範也。乃不及之。是先生私淑廬陵者矣。

雲濠謹案。先生餘書十餘種。曰儒言。曰參訂許氏文字。曰異同志。曰有舊。曰養素削觚。曰山下草堂雜書。曰石鶡志。曰唐逸士志。曰清心堂雜志。曰隨省。曰捃麥。曰嵩外墨省。曰晁氏彝訓。凡十有三種。見其孫子健記語。

晁以道語

詩所謂經始勿亟。庶民子來者。其專以簡易儉約爲德。初不言形勝富强。益知仁義之尊。道德之貴。彼阻固雄豪。皆生于不足。秦漢唐之迹。更可羞矣。

學者當以論語孟子爲本。論語孟子既治。則六經可不治而明矣。聖人之意具載于經。天地萬物之理管于是矣。後世復有聖人。尚不能加毫髮爲輕重。況他人乎。譬如日月光明。莫知其終始。寧辨其新故。彼一己之所謂新也。乃六經之所故有也。尚何矜哉。

儒言

五采具而作繪。五藏完而成人。學者于五經。可舍一哉。學者同尊孔氏。法詩書。躬仁義。俗學之目何自而得哉。建隆以來。禮樂文明。煥然大備。皆諸儒之力也。誰當其目也耶。如惡其衆而欲致獨。則比屋可封之民爲罪人歟。又或厭其久而欲新之。則日月之出特久矣。後漢治古學者貴文章。以章句之徒爲俗儒。則斥俗學者身自謂耶。俗學。

王阮亭曰。此因王氏學而發。

典籍之存。詁訓之傳。皆漢儒之力。漢儒于學者何負而例貶之歟。後生殆不知漢儒姓名。有書幾種。而惡斥如讎。漢儒眞不幸哉。昔人歎廢興由于好惡。盛衰繫之辯訥。良有以也。漢儒。

董仲舒曰。詩無達詁。易無達言。春秋無達辭。范寧曰。經同而傳異者甚衆。此吾徒所以不及古人也。嗚呼。古人之善學如此。今一字詁訓。嚴不可易。一說所及。詩書無辨。若五經同意。三代同時。何其固耶。同異。

王阮亭曰。此指安石字說。

袁紹與曹操論天下形勢。操知袁氏世有河北。未易圖。欲捨而他之則示弱。乃出大言曰。任天下之智力。以道御之。無所不可。是豈操之誠心哉。今談經者不覈其實。喜爲高論大言。一切取勝。皆操之下塵歟。大言。

言書者不取正于古文。言詩者既恥言毛氏。而又不知齊魯韓三家之辨。果以詩爲何詩耶。言周禮者眞以爲周公致太平之書。而不知有六國之陰謀。地不足于封。民不足于役。農不足于賦。有司不足于祭。將誰欺耶。春秋孝經則絶而不言。未爲知本。知本。

善哉鄭康成之言曰。既知今。亦當知古。蓋古今交相爲質。則取道不遠。或爲高絶不可跂及之論曰。在古當然不知。古之道亦何利于今而必爲之耶。王莽好空言。慕古法。今豈其遺風耶。慕古法。

王阮亭曰。此數條皆指安石廢春秋。假周禮。

南方之學異乎北方之學。大抵出于晉魏分據之後。其在隋唐間猶云爾者。不惟其地而惟其人也。蓋南方北方之强。與夫商人齊人之音。其來遠矣。今亦不可誣也。師先儒者北方之學也。主新説者南方之學也。南北之學。

王阮亭曰。此刺王氏之徒。

梓材謹案。四庫全書著録先生儒言一卷。提要云。晁公武以是書爲辨王安石學術違僻而作。今觀所論大抵新經義及字説居多。而託始于安石之廢春秋。公武所言良信然。序稱作於元默執徐。實徽宗政和二年壬辰。在崇寧二年安石配享孔子後。故其中孔孟一條。名聖一條。祀聖一條。皆直斥其事。則實與紹述之徒辨。非但與安石辨也。又不奪一條。心迹一條。及流品以下凡數條。併兼斥安石之居心行事。亦非但爲學術辨也。當紹述之説盛行。而侃侃不撓。誠不愧儒者之言。又著録景迂生集二十卷。提要言。别本題曰嵩山集。蓋一書而兩名云。

景迂生集

臣聞春秋尊一王之法。以正天下之本。與禮之尊無二上。其言實同。蓋國之于君。家之于父。學者之于孔子。皆當一而不二者。是以明王罷黜百家。表章六經。大儒推明孔氏。抑黜百家。今國家五十年來。于孔子之道或二而不一矣。其義説既歸之于老莊。而設科以孟子配六經。視古之黜百家而專明孔氏六經者。不亦異乎。奏審皇太子讀孝經論語爾雅劄子。

序。騶虞王道成也。風其爲雅歟。序。魚麗可以告神明。雅其爲頌歟。詩序論。

太史公世家首之以吴太伯。列傳首之以伯夷。貴讓也。書首乎堯舜。春秋首乎魯隱公。詩首乎二南。皆以讓德倡天下。萬世之治道也。答張直孺書。

説之見伊川先生。論曾子易簀事。先生曰。是禮也。君子所以貴乎禮者。爲其以之以生。以之以死。如此其明也。説之曰。是禮。古人孰不然。蓋曾子獨有傳焉爾。後世之士自賤其身。而絶于禮。此事始廢。或者似有得于此。而蔽于浮屠老子虚誕之説。乃不謂之禮。而謂之達。安知吾道之所以貴哉。先生曰。然。題孫少傅致政小録。

王子晉年十有五。識聖賢治亂之原。而極天人生死之符。顔子年二十有九。頹然陋巷中。有爲邦之志。夫子告之以四代之禮樂。所謂具體而微。晉果如顔子哉。

魏武之子倉舒十三歲而存。則漢之存亡雖未可知。必不至于殺荀文若輩矣。以上邢居實墓表。

晁氏客語

大學曰。物有本末。事有終始。知所先後。則近道矣。人之學莫大于本末終始。致知在格物。則所謂本也始也。治天下國家。則所謂末也終也。治天下國家必本諸身。其身不正。而能治天下國家者無之。格猶窮也。物猶理也。猶曰窮其理而已也。窮其理然後足以致之。不窮則不能致也。格物者適道之始。欲思格物。則固已近道矣。是何也。以收其心而不放。致知者吾之所固有。然不致則不能得之。而致知必有道。故曰致知在格物。大學論意誠而下皆窮其意而明之。獨格物則曰。物格而後知至。此蓋可以意得而不可以言傳也。自格物而充之。然後可以至聖人。不知格物而先欲意誠心正身修者。未有能中于理者。致知在格物。非由外鑠我也。我固有之也。因物有遷。迷而不知。則天理滅矣。故聖人欲格之。

孟子曰。盡其心者知其性也。知其性則知天矣。心也。性也。天也。非有異也。人皆有是道。唯君子爲能體而用之。不能體用之者。皆自棄也。故孟子曰。苟能充之。足以保四海。苟不充之。不足以事父母。夫充與不充。皆在我而已。

德盛者物不能擾而形不能病。以物不能擾也。故善學者臨死生而色不變。疾痛慘戚而心不動。由養之有素也。非一朝一夕之力也。心之躁者不熱而煩。不寒而慄。無所惡而怒。無所悦而喜。

無所取而起。故君子莫大乎正其氣。欲正其氣。莫若正其志。其志既正。則雖熱不煩。雖寒不慄。無所怒。無所取。無所喜。去就猶是。死生猶是。夫是之謂不動心。志順者氣不逆。氣順志將自正。志順而氣正。浩然之氣也。然則養浩然之氣也。乃在于持其志。無暴其氣耳。

人皆可以至聖人。而君子之學。必至于聖人而後已。不至于聖人而已者。皆自棄也。孝其所當孝。弟其所當弟。自是而推之。則亦聖人而已矣。

稱性之善謂之道。道與性一也。以性之善如此。故謂之性善。性之本謂之命。性之自然者謂之天。自性之有形者謂之心。自性之有動者謂之情。凡此數者。皆一也。聖人因事以制名。故不同若此。而後之學者隨文析義。求奇異之説。而去聖人之意遠矣。自性而行皆善也。聖人因其善也。則爲仁義禮智信以名之。以其施之不同也。故爲五者以別之。合而言之。皆道也。別而言之。亦皆道也。舍此而行。是悖其道也。而世人皆言性也。與五者異。其所學歟。其亦未體其性也歟。其亦不知道之所存歟。

學也者使人求于內也。不求于内而求于外。非聖人之學也。何謂不求于内而求于外。以文爲主者是也。學也者使人求于本也。不求于本而求于末。非聖人之學也。何謂不求于本而求于末。考詳略采異同者是也。二者皆無益于身。君子弗學。

讀書者當觀聖人所以作經之意。與聖人所以用心。與聖人所以至聖人。而吾之所以未至者。所以未得者。句句而求之。晝誦而味之。中夜而思之。平其心。易其氣。闕其疑。則聖人之意見矣。

揚子無自得者也。故其言蔓衍而不斷。優柔而不決。其論性則曰。人之性也。善惡混。修其善則爲善人。修其惡則爲惡人。荀子悖聖人者也。故列孟子于十二子。而謂人之性惡。性果惡耶。聖人何能反其性以至于斯耶。

學者不可以不誠。不誠何以爲善。不誠無以爲君子。修學不以誠。則學雜。爲事不以誠。則事敗。自謀不以誠。則是欺其心而自棄其志。與人不以誠。則是喪其德而增人之怨。今小道異端。亦必誠而後得。而況欲爲君子者乎。故曰學者不可以不誠。雖然。誠者在知道本誠之耳。

學不貴博。貴于正而已矣。言不貴多。貴于當而已矣。政不貴詳。貴于順而已矣。

意必固我既亡之後。必有事焉。此學者所宜盡心也。

夜氣之所存者良知也。良能也。苟擴而充之。化晝之所害爲夜氣之所存。則然後可以至聖人。

雲濠謹案。二程外書言。晁氏客語不知何人所録。而謝山屬之景迂。蓋本景迂生集。

景迂中庸傳

性者中之所寓也。莫知其所自而推言也。天命之謂性。

性得所率則爲君子。不得其所率則爲小人。曰誠。曰明。曰孝。曰忠。曰恕。曰和。皆率性之具也。是六者皆中之所以爲中者也。率性之謂道。

聖人所以經綸天下之大經也。君子所以擇乎中庸也。小人所以反乎中庸者也。修道之爲教。出乎性而教之所本也。君子以是誠之務也。道也者。不可須臾離也。可離。非道也。中也誠也。是故君子戒愼乎其所不睹。恐懼乎其所不聞。中也明也。莫見乎隱。莫顯乎微。故君子愼其獨也。情之未發。性之全純。中之所以名中者也。肫肫如也。淵淵如也。浩浩如也。喜怒哀樂之未發謂之中。

中之一物。于是乎有二名也。顚沛之際。毫髮之多。或不中節也。亦不足爲和也。有子言和。必有待乎節之。非和之正也。發而皆中節謂之和。是一物不得二名也。楩楠豫章之大本而不達道。則亦惡也。中也者天下之大本也。和也者天下之達道也。教之行也。明道先生常善乎致之言也。常善乎位之言也。致中和。天地位焉。萬物育焉。

中之所以爲常道也。君子而時中。則無時而不中也。小人而無忌憚。須臾變改。莫之能中也。以是知先儒說用中爲常道是也。近世說中說庸。非所知也。王肅本作小人之反中庸也。胡先生温公明道先生皆云然也。聞者曰。庸得非變邪。所以濟中者也。曰。是不識中者也。君子之中。隨所器而麗焉。不動而變。當何所假也邪。子莫執中無權者。是子莫之中非君子之中也。劉侍讀曰。中庸者。中用也。蓋亦誤也。言中斯用之也。先儒曰。用中爲常道。是也。劉說前見于皇氏熊氏也。仲尼曰。君子中庸。止小人而無忌憚也。

教之不行也。有中庸之君。斯有中庸之民也。子曰。中庸其至矣乎。民鮮能久矣。

不誠不明。則不中也。子曰。道之不行也。止道其不行矣夫。

舜之所以爲舜者。中庸也。明誠兩盡。而道教行也。子曰。舜其大知也與。

不明不誠。則不中也。擇也者。依也。斯人自謂之知者。非知之明也。君子不以爲知也。昔夫子言仁知詳矣。曾子子思慮後世或泛然失其旨。乃以仁爲誠。知爲明。其實一也。子曰。人皆曰予知。止擇乎中庸而不能期月守也。

回之所以爲回者。中庸也。誠明兩盡。而道教行也。子曰。回之爲人也。止而弗失之矣。

强疑其非中也。蓋惟中爲能。强也者誠也。曾子論孝曰。仁者人此者也。義者宜此者也。强者强此者也。强既有南北之異。則責子路之所安。以勉乎中也。夫既謂君子者既和既中。而誠明之守。安于治亂之世。勤而勉之也。國有道。君子或易仕而改其度。不變。塞也强也。子路問强。止强哉矯。

不誠不明。君子之所不爲也。君子之遯世。亦中庸之依而安焉。又復依乎聖人之中庸。則其隱者。吾道之俺也。非故以意嚮之也。鄭氏曰。道不費則仕。費者。俺也違也。緇衣有曰。口費而煩。費或爲哱。或爲悖。子曰索隱行怪。止君子之道費而隱。

惟明之知。惟誠之行也。夫婦之愚。止雖聖人亦有所不能焉。

中也誠也。語夫天下莫能載之大。則其大者誠也。語夫天下莫能分之小。則其小者誠也。蓋雖大而中也。其小亦中也。人誰有憾于予哉。天地之大也。止語小天下莫能破焉。

中也明也。詩云。鳶飛戾天。止察乎天地。

忠恕之爲中也。均率是性而爲道。莫之或遠也。遠于人則可須臾離也。以其不遠人而忠恕之名立也。爲人父而忠恕。則已與一家去道不遠也。爲人君而忠恕。則已與天下國家去道不遠也。忠恕以人治人。猶己肫肫其中也。子曰。道不遠人。止亦勿施于人。

中也。誠也。教之所以爲教也。君子之道。止先施之未能也。

中也。誠也。道之所以爲道也。庸德之行。止君子胡不慥慥爾。

中也。誠明之徵也。君子素其位而行。止君子無入而不自得焉。

中也。誠明之自治也。于是察乎上下。達乎天地。無不安也。曾子曰。己雖不能。亦不以援人。蓋援之爲援者如此也。曾子又曰。孝子之事親也。居易以俟命。不與行險以徼幸。在上位。止小人行險以徼幸。

中也。誠也。子曰。射有似乎君子。止譬如登高必自卑。

中爲天下之大本。于是乎在也。夫既得于父母。則室家宜之也。詩曰。妻子好合。止子曰父母其順矣乎。

中也。明誠無不達也。子曰。鬼神之爲德。其盛矣乎。止誠之不可揜如此夫。

天之用中。因物而誠至焉也。故天之生物。止傾者覆之。

周公之所以爲周公者。中庸也。誠明兩盡。而道教行也。武王未受命。止父母之喪。無貴賤。一也。

武王周公之所以爲武王周公者。中庸也。誠明兩盡而道教行也。子曰。武王周公。止孝之至也。

中庸之政也。人道之勉乎政。猶地道之勉乎樹藝稼穡也。中庸之政。感人心而迹自化。蒲盧之比也。仁義者。誠明之異名也。仁義合而禮生焉。禮焉者。廣鶩馳騁于仁義之中者也。哀公問政。止禮所生也。

誠明始于身。本于親。□㊀于人。極于天也。故君子不可以不修身。止不可以不知天。

一于中也。達道之五。行于達德之三。達德之三。行于中之一也。達道者。修道之教也。天下之達道五。止所以行之者一也。

一于中也。或生而知之。止及其成功一也。

達德之漸也。誠之者也。子曰。好學近乎知。止則知所以治天下國家矣。

中庸之教也。問者曰。如之何尊賢則不惑。敬大臣則不眩。曰。讒色貨能惑我而不惑。則尊賢之功也。有百官之富。任使各盡其材。大臣凜然在上。天下名賢不眩。則敬大臣之功也。不眩猶不惑也。凡爲天下國家有九經。止所以懷諸侯也。

誠也。誠則事前而豫。不誠則事至而無所圖也。凡爲天下國家有九經。所以行之者一也。止道前定則不窮。

㊀「□」當作「著」。

道必資乎誠。誠必資乎明也。在下位。止不誠乎身矣。

天之道也。中道而未從容。則賢人也。誠者不勉而中。止從容中道聖人也。

人之道也。誠之者擇善而固執之者也。止雖柔必强。

誠明各有所致而相爲用也。四時誠矣。較然著見。則自誠而明之性也。猶天命之性也。日月明矣。其出入有信。則自明而誠之教也。猶修道之教也。未有誠而不明者也。未有明而不誠者也。彼偏焉者。非誠明之正也。武王周公以孝稱。則舉其自誠明者也。舜以知稱。則舉其自明誠者也。非有聖賢之差也。自誠明。止明則誠矣。

率性以誠也。人物之性與天地之化育。皆吾性之誠也。天地之性不可見。而見之于化育也。然此非次第而言之也。猶曰能盡其性。則能盡人之性。則能盡物之性。則能贊天地之化育。而與天地參也。其所言之若是者何。視其相因者殷勤之也。非心知其意者莫之能喻也。物性之麤。非後于人之性而得之者也。惟天下至誠。止則可以與天地參矣。

無聞焉爾也。胡先生亦所不講也。是自誠而明者謂之次焉何也。鄭氏乃謂自明誠者何也。無聞焉爾也。胡先生温公姚子純皆疑之也。明道先生曰。誠者神也。蓋從明道先生之説。則何必如之云也。至誠之道。止故至誠如神。

誠與道一體而二名也。其所以率性則一也。皆無待于外者也。誠者自成也。而道自道也。物者己之物也。己與物非有二也。皆其誠之物也。成己斯成物也。唯所措而宜也。聖人之道所以異乎楊墨者也。成己知也。乃謂之曰仁也。乃謂之曰知也。誠者非自成己而已也。止故時措之宜也。

誠明之極。配天地而一之也。誠斯一也。一斯誠也。此蓋當云徵則博厚。博厚則高明。高明則悠遠。考下文而不誣也。夫言天地之體。則高明博厚而足矣。人之體乎天地之高明博厚。則必待悠久以爲之中也。蓋非悠久之中。則其高明將隳。博厚將蹶也。博厚高明譬諸形體也。悠久譬諸精神也。曾子曰。君子尊其所聞。則高明矣。行其所知。則廣大矣。高明廣大不在于他。在加之至而已矣。夫曾子所謂至者。子思所謂悠久是也。曰悠遠。曰悠久。其實同也。夫不見不動無爲者中也。既章既變既成則亦中也。此不二之道也。故至誠無息。止則其生物不測。

天地聖人之悠久。一也。博厚高明之所資以爲中者也。天地之道博也厚也。止純亦不已。

聖人之高明博厚悠久一之于中也。中者至德是也。發育萬物。峻極于天。高明也。禮儀三百。威儀三千。博厚也。待其人而後行。悠久也。至道高明。博厚也。至德。悠久也。至道至德猶達道達德也。明道先生謂此一以貫之也。大哉聖人之道。止至道不凝焉。

率性修道于是乎極也。思尊德性而必道問學。問學斯德性也。思致廣大而必盡精微。精微斯廣大也。思極高明而必道中庸。中庸斯高明也。思温故而必知新。知新斯温故也。思敦厚而必崇禮。崇禮斯敦厚也。德性猶悠久也。廣大猶博厚也。胡先生二程先生及横渠先生説皆同。近世瞽學謂既極高明而反道中庸。未乎中庸也。分而爲二事。莫知誠之一致也。故君子尊德性而道問學。止敦厚以崇禮。

中也。明之所安也。是故居上不驕。止其斯之謂歟。

不明之患也。子曰。愚而好自用。止裁及其身者也。

思教之行也。今天下車同軌。貴賤無等也。書同文。是非雜出也。行同倫。君子小人並列也。

禮樂之中庸莫之有作也。胡先生説云爾也。非天子不議禮。止亦不敢作禮樂焉。

思教之行也。或説。或學。或不足徵。或有存。或用之。遠近之勢然也。中也。天下萬變。

有是三重。而寡過爲要也。寡過則中也。子曰。吾説夏禮。止其寡過矣乎。

惟中則有徵而且尊也。上焉者過之也。蕩而無徵。下焉者不及也。屑而不尊。雖善而民不信

從之也。上焉者雖善無徵。止不信民弗從。

中而徵也。故君子之道本諸身。止百世以俟聖人而不惑。知人也。

中而尊也。是故君子動而世爲天下道。止君子未有不如此。而蚤有譽于天下者也。

仲尼之所以爲仲尼者。中庸也。誠明兩盡。而道教行也。觀天地于仲尼則足矣。仲尼祖述堯舜。

止此天地之所以爲大也。

聖人明誠之中而道教行也。時出之。則或溥博如天而中也。或淵泉如淵而亦中也。唯天下至聖。

止故曰配天。

修道之教。于是乎在也。唯天下至誠。止知天地之化育。

中之所以爲中。如此也。非明誠則莫能致也。其初則歎息之也。夫焉有所倚。止其孰能知之。

中也明。莫知其所以明也。詩曰。衣錦尚絅。止的然而日亡。
中也誠明。莫知其所以誠明也。君子之道。止可以入德矣。
中也明也惡。胡先生曰。過惡。温公曰。憎惡。苟内省不疚。雖謗議沸騰。刑禍交至。亦非其所惡也。詩云。潛雖伏矣。止無惡于志。
中也誠也。君子之所不可及者。止是故君子篤恭而天下平。
中也明誠也。詩云。予懷明德。止末也。
中也誠明也。詩曰。德輶如毛。止至矣。

梓材謹案。景迂中庸傳後記〇識三十九。胡先生講。又記云。明道先生四。胡先生七。又二程先生。横渠先生。其稱先生。蓋皆私淑艾之矣。

景迂易規

八卦成列。象在其中矣。因而重之。爻在其中矣。是未重卦之時。三才之象固已具矣。所謂兼三才而兩之。故易六畫而成卦者。言三畫既兼三才。而六畫又以兩之。故卦成于六畫也。又曰。兼三才而兩之。故六。六者非他。三才之道也。蓋兼兩之者。别有所屬。言惟三才之道而已也。聖人前後反復告人明矣。奈何後之學者以初二爲地。三四爲人。五上爲天乎。伏羲初畫卦時。三才不備乎。有地與人。而獨無天。可乎。夫所謂仰觀俯察者。無所不寓也。昔顔永嘉獨有得于此。

何衡陽又屢排之。況他人乎。顔云。過此以往。予欲無言。其所感不淺矣。説之初聞虞翻夢吞三爻而通易。陸希聲夢三聖人而捨象象作傳意。夫二子者可語伏羲之易也。翻乃蔽于互體旁通。希聲不出王輔嗣之藩籬。惜哉。唯揚子雲準易而爲三玄。一行論三徵而成一象。其得深矣。吾康節先生所謂易者。伏羲氏之易也。三才。

繫辭言卦爻象數剛柔變通之類非一也。其詳至于三言五言七言而不已。未嘗及所謂初三㊀。二五。三上之應也。繫辭論咸九四之類。凡十有七爻。闡宏明著。若恐無以告人者。諄諄勤矣。又未嘗一言及乎應也。在爻凡三百八十四象。示其吉凶悔吝无咎所以然者。亦未嘗一言在應也。惟師。小畜。履。同人。大有。豫。臨。无妄。咸。恆。遯。睽。損。萃。升。未濟。十有六卦之象。以應爲言。而實非初四。二五。三上之應也。脱如初四。二五。三上之應。則損應有時而益亦應有時也。未濟剛柔應而既濟亦剛柔應也。損既濟之象。何爲不以言乎。彼四十八卦乃皆無應乎。且夫八純卦。或者皆曰無應也。其皆不善乎。獨艮之象。乃言上下敵應不相與。又何耶。小畜大有五陽而一陰。或者謂小畜之六四初九。大有之六五九二爲應耳。安有柔得位而上下俱應之理乎。大有六五之交與夬九二之載善矣。九三上九號爲無應。而九三公用亨于天子。上九自天祐之吉。无不利。頤豈不利乎。中孚九二九五號爲無應。而九二鳴鶴在陰。九五有孚攣如。則不

㊀「三」當爲「四」。

必如大有之六五九二有應乎。中孚六三上九號爲有應。而六三鼓罷歌泣之無常。上九翰音登天而無實。反不如大有之九三上九之無應乎。遯初六九四號爲有應。而初六遯尾。九四好遯。陽利應而陰不利應乎。頤初九六四號爲有應。而初九凶于捨龜。六四吉于得虎。又乃陰利應而陽不利應乎。升初六六四號爲無應。而初六升大吉。六四王用亨于岐山。陰無應而俱得乎。豐初九九四號爲無應。而初九遇其配主。九四遇其夷主。陽亦無應而俱得乎。鼎六五九四號爲有應。而六五鼎黄耳金鉉。上九九三號爲無應。而上九又亦玉鉉。何耶。睽初九九四號爲無應。而九四睽孤。六三上九號爲有應。而上九又亦睽孤。何邪。咸之三陰三陽而感也。六爻不俱不以應而爲得。又復何耶。由是言之。烏論夫有應無應而明得失耶。王弼所謂觀變動者存乎應。非也。易爻相應。

繫辭謹于爻而略于位。蓋爻有變而位不變也。吉凶悔吝无咎者皆自爻而出也。故曰。六爻之動。三極之道也。又曰。爻者。言乎變者也。吉凶者。言乎其得失也。悔吝者。言乎其小疵也。无咎者。善補過也。是故列貴賤者存乎位。位有貴賤而無吉凶悔吝无咎也。故又曰。吉凶悔吝生乎動者也。爻象動乎内。吉凶見乎外。位皆不與焉。學者既説初四。二五。三上之應。又謂以陽居陽。陰居陰。爲得位。得位者吉。以陽居陰。以陰居陽。爲失位。失位者凶。聖人又所不道也。然則九五。九三。六二。六四。俱善乎。六五。六三。九二。九四。俱不善乎。聖人何必區區焉繫辭以斷其吉凶。不遺拇指之微。不諱豕鬼之怪。研極之不已乎。繫辭論位之詳。且明者曰二與四同功而異位。其善不同。二多譽。四多懼。近也。柔之爲道。不利遠者。其要无咎。其用柔中也。三與五同功而異位。三多凶。五多功。貴賤之等也。其柔勝危。其剛勝邪。夫六五。六三謂之危可也。詎皆凶乎。六二。六四俱不利。遠者。而學者以六二爲善。則無過矣。何必用柔中而補過耶。學者不以四爲中。則六四永不能用柔中而補過耶。謙六四无不利。撝謙。大畜六四童牛之牿元吉。頤六四顛頤之吉。何邪。繫辭又論位之爲重者曰。聖人之大寶曰位。卽繼之何以守位。曰仁。蓋位爲虛而仁爲實。位也苟得其人。雖謙之初六。謙謙君子。用涉大川。吉。升之初六。允升。大吉。寧論以陰居陽之四二乎。雖大有之上九。自天祐之吉。無不利。鼎之上九。鼎玉鉉。大吉。無不利。寧論以陽居陰之三五乎。蹇之六二。九三。六四。九五號俱得位。乃一于蹇而危。何也。解之六三。九四。六五號俱失位。乃一于解而安。雖六三之負乘致寇。亦吝而已焉。何邪。蹇之四爻既俱得位。獨六四象言當位。何也。解之四爻既俱失位。獨九四象言未當位。何也。困之九四號爲失位。象乃言雖不當位。有與也。需之上六號爲得位。象又亦言雖不當位。未大失也。又如歸妹六五號爲失位。而象言其位在中。以貴行也。旅之九三號爲得位。而旅焚其次。喪其童僕。九四號爲失位。而旅于處。得其資斧。噬嗑象言雖不當位。利用獄也。至六五象則言貞厲无咎。得當也。既濟彖言剛柔正而位當。未濟彖言雖不當位剛柔應也。參差反復如此。則有得失。初不繫乎位之當否。果何足論哉。借如彼學者之論。則位之不當者衆矣。象之所言者才十有三。履。豫。臨。噬嗑。震。兌。中孚之六三。解。夬。萃。小過之九四。大壯之六五是也。位之當者亦衆矣。象之所言者才七。比。兌。渙。節。中孚之九五。臨。賁之六四是也。不知果何謂邪。嗚呼。聖人之告人亦明矣。其義必在爻位者。則兼爻位而稱之。大畜六四元吉有喜。六五之吉有慶之類是也。有爻位之義兼在卦者。則又亦兼卦著之。比之初六有它吉。大有初九無交害之類是也。顧弗明乎。位。

學者既爲有應無應得位不得位之說。或求之而不通。則又爲承乘之說。謂陰承陽則順。陽承陰則逆。陽乘柔則吉。陰乘剛則凶。紛紛者至于專君奪民。男女冠昏。患失患得。區區封植。烏覩觀會通于自然。行典禮而不作周流廣大者哉。是離皆得于上而失于下。坎皆得于下而失于上。豈其然乎。且觀之繫辭。曾無一字及此也。繫辭有所謂凡易之情近而不相得則凶。或害之悔且吝者。似乎承乘而非也。此論易之情耳。爻象以情言。吉凶以情遷是也。安論位之遠近乎。象亦有所謂從上舍下。志在内。志在外者。復似乎承乘而非也。象泛言上下内外。而不止以一爻爲言也。其言乘剛者凡五。噬嗑震之六二。六五。豫之六五。皆本諸震而云爾也。非震非坎未之或恤。如乾易以知險。坤簡以知阻。則尤無所病也。若夫乘柔與乘剛者。象亦不見一字也。師九二之承天寵。蠱初六之意承考。六五之承以德。歸妹初九之吉相承。上六之承虛筐。節六四之承上道。又豈止爻位而云哉。小過六二過其祖。遇其妣。不及其君。遇其臣。辭之難了者。自王輔嗣而來。一曰初祖也。五君也。六二過初而不及五云爾也。不知凡厥六二如之何也。其不思亦甚矣。承乘。

中正易之所尚也。雜物譔德。辨是與非。則非其中爻不備。豈謂位之中乎。吉凶者。貞勝者也。天地之道。貞觀者也。日月之道。貞明者也。天下之動。貞夫一者也。亦豈謂位之正乎。學者必以位而論中正。則季氏不特富于周公。且賢于仲尼矣。如六二。九五爲中且正。則凡六二。九五俱不善乎。初。上。三。四亦不得用中乎。艮六五安得艮共輔以中正。未濟九二安得貞吉中以行正。復之六四中行。泰之六四中心願焉者。又復何耶。如以陽居陽。以陰居陰。爲得位而正。陽之居陰。陰之居陽。爲失位而不正。則凡初九。九三皆善。而初六。六三皆不善乎。凡六四。上六皆善。而九四。上九皆不善乎。晉之初六獨行正。艮之初六未失正。蒙初六之正法。離上九之正邦。又復何邪。凡所謂貞吉貞凶者。皆外初六。九二。六三。九四。六五。上九之事歟。未濟六爻在彼學者皆失正失中。而九二。九四。六五何以皆貞吉耶。以卦言之。中孚用中。蒙頤養正。中孚獨二五備德。而蒙之六五不得爲童蒙之吉。頤六五不得有居貞之吉邪。蓋彖之所謂中正者。自因卦而爲言。又安得以爻卦爲一體哉。中正。

觀變于陰陽而立卦。發揮于剛柔而生爻。是卦爻各有所自也。卦以象告。爻以情言。又其爲用亦不同也。學者正指一爻而成一卦。是爻猶頸也。卦猶贅也。聖人何喜多端而蘊崇哉。得非學者見小畜彖言柔得位而上下應之曰小畜。同人彖言柔得位得中而應乎乾曰同人。大有彖言柔得尊位大中而上下應之曰大有。遂爾妄意歟。大有六五厥孚交如威如吉。因以成大有之卦。似可也。□□㊀小畜六四有孚血去惕出无咎。何能成小畜之卦乎。同人六二同人于宗吝。亦能成同人之卦

㊀「□□」衍。

乎。彼爲之辭曰。成卦則可。爲爻則不可。予所未喻也。譬如有人未知牧豕。使之擾龍。不其難乎。又彼謂履虎尾不咥人亨者。正爲六三一爻也。六三則履虎尾咥人凶。大過棟橈本末弱者。正謂初六上六之爻也。初六藉用白茅无咎。上六過涉滅頂凶。果其弱歟。如此之類。不因象而罔使卦爻冰炭者。卒無典常。旁行而流也。何足道哉。卦爻。

昔嵇康作言不盡意論。殷融作象不盡意論。卓哉。吾意夫二子者。可謂言易也。其深得聖人之言者歟。聖人謂言不盡意。故立象以盡。使意盡于象。則亦盡于言。而意非言之所盡。則亦非象之可盡。姑立象以盡之。果莫之盡也。意如其盡。則象亦不立。今象之立以盡不盡之意。非盡不盡之言也。學者乃爭嘵嘵于象。是聖人欲以盡意者。欲盡言也。不亦悖乎。何襄城患之。乃爲六象之論。曰實象。曰假象。曰偏象。曰圓象。曰義象。曰用象。蕭氏又難之。不取偏象圓象。而立四象之論。何蕭不知一物俱有六象。非一象各著一物。是未免嘵嘵之徒也。彼鄭康成虞翻輩。巧于取象。旁行曲致。王弼患之。曰。爻苟合順。何必坤乃爲牛。義苟應健。何必乾乃爲馬。弼乃太恕乎。是易之立象。猶詩人之託興于草木鳥獸乎。孫盛之誚弼。宜哉。盛爲象妙于見形。論曰。聖人知觀器不足以達變。故表圓應于蓍龜。圓應不可爲典要。故寄妙迹于六爻。六爻周流。惟化所適。雖一畫而吉凶並章。執一則失之矣。擬器託象而慶咎交著。繫器則失之矣。八卦者圓化之影迹也。天下者寄見之一形也。圓影備未備之象。一形兼未形之形。故盡二儀之道。不與乾坤齊妙。風雨俱變。不與巽坎同體。嗚呼。不得嵇殷之談。必也孫安國乎。象。

卦各有主也。學者一槩主之于五。不知孔子魯逢掖何乃爲百代文教之主歟。紂商王曾不得以獨夫自全其故何耶。屯之初六以貴下賤大得民。而九五屯其膏施未光。謙之九三勞謙君子萬民服。而六五利用侵伐征不服。主果何在耶。豐之初九遇其配主。九四遇其夷主。果以誰謂之主耶。升之六四王用亨于岐山。既濟九三高宗伐鬼方之類。則主之立象明矣。學者未之思乎。主。

夫卦辭變通至于神而明之。存乎其人。亦已極矣。又乃言默而成之。不言而信。存乎德行。則易以德爲尚也。乾之大無不周。其所稱者四德而已也。夫既以健順論乾坤。又言乾之德行常易以知險。坤之德行常簡以知阻。顧豈一德之云哉。學者于巽知其入而不知其出也。于艮知其止而不知其行也。于震知其動而不知其恐懼也。于兌知其說而不知其憂傷也。于坎知其陷而不知其爲陰之中也。陰陽之所始也。陷不自陷也。于離知其麗而不知其爲陽之中也。陰陽之所終也。麗不自麗也。彖于恆。言巽而動。于益。言動而巽。于咸。言止而說。不于損言說而止。何耶。意自有所在也。學者論說止之德于損。非聖人之意也。如爲一之于德。則有泰而無否。常復而不剥。君子之道未知或消。而小人之道無自以長矣。嗚呼。學者于八卦惟知一德。執一德而不知屈伸。安用居觀其象。動觀其變。消息盈虚之尚乎。德。

智者觀變于幾微之初。而昧者則不然。見雨施而知天之變。物感葉落而知物之變。秋亦已晚矣。京房。虞翻。荀爽。蜀才之徒。嘗論易之變矣。不過謂泰否變而爲咸恆。咸恆變而爲損益。坤之上六下處乾三。乾之九三上升坤六而爲損。乾之九三下處坤初。坤之初六上升乾四而爲益。坤之上六來居乾之二而爲賁之文剛。乾之九二分居坤之上而爲否之文柔。如斯而已耳。安得六十四卦所以四營十八變。參伍以變之法哉。嗚呼。易之變苟如此。不其晚乎。王弼獨知賁有乾坤之變。而區區以情明爻通變。以辭明卦適變。又何其晚耶。夫情之好惡。辭之險易。變之迹也。非其迹之所以變也。變動以利言。吉凶以情遷。則將變而情止矣。以言者尚其辭。以動者尚其變。則既變而辭亡矣。弼曾未之思乎。變。

古之人訓詁緩而簡。故其意全。雖數十字而同一訓。雖一字而兼數用。至隋唐閒。何妥二劉輩。好異務華。訓巧而過。使其意散。兩字兩訓而不得通。或者則又紛然解剥累數十言而不能訓一字。畫蛇既成。紛然多足也。毫髪輕重密于商君之治秦。前人或不容轉喉矣。夫五經之訓皆緩而簡。惟易爲甚。如豫六五恆不死。象曰。中未亡也。艮六五艮其身。象曰。止諸躬也。兌九四之喜有慶也。今人之辨此六字同異。學如之何哉。豫之九四所謂盍簪者。由漢以來諸儒皆曰。簪。疾也。雖王弼不知牛在古非稼穡之資而及乎簪。則亦曰疾也。至侯果始有冠簪之訓。適契今日穿窬之學。不知古者禮冠未知有簪名也。若此者甚衆。可勝言哉。又且古人之語多倒。學者不可不知。坤初六履霜堅冰至。象曰。馴致其道至堅冰也。夬初九壯于前趾。往不勝爲咎。象曰。不勝而往咎也。夫子順其辭以告人如此。奈何後之人樂于穿窬必爲之辭哉。訓詁。

易玄星紀譜

晁公武曰。以温公太玄曆及康節太玄準易圖合而譜之。以見揚雄以首準卦。非出私意。蓋有星候爲之機括。且辨正古今諸儒之説。如羡不當準臨。夷不當準大壯之類。凡此難與諸家口舌爭。觀譜則彼自屈矣。

梓材謹案。是譜爲嵩山景迂生集卷之十。首載康節太玄準易圖序。次温公太玄曆。昭文宋郎中譚旨。而後及圖譜。譜有序。又附以温公讀玄説玄集註揚子太玄序。今太玄準易圖序歸之百源。太玄曆及讀玄説玄等篇歸之涑水。昭文譚旨載之士劉諸儒。而温公集註太玄序則從删焉。又案譜中所引二宋。一爲漢五業主事宋衷。一即宋都官郎中直昭文館宋惟幹。亦謂之小宋。陸謂吴鬱林太守陸績。范謂晉尚書郎范望。王謂唐門下侍郎平章事王涯。皆見集註大玄序云。

景迂一分律

常念懲忿窒欲。

常念克己復禮爲仁。

常念中庸之爲德。

常念必有忍。

常念敬義立而德不孤。即無不敬。

常念觀我生。

無貳用其心。有用心交互之報。

無戲言。忿言。易言。疾言。雜言。

無求于一切。

無必責于人。

無怒人以辭色。

無忘人之有干于己者。

無貪所讀而不精。

無多食。

附録

以道見伊川先生。論難反覆。以道曰。如此是先生亦欲人同己。先生不答。門人云。先生所欲同者。非同己也。正欲道之同耳。吕氏雜志。

先生自跋洪範小傳曰。説之二十年前爲洪範之學。本諸伏生劉向一行。而古今之説不敢遺也。爲傳數千言。靖康丙午冬遇金兵于睢陽。五世圖書悉已灰燼。寧論洪範之傳。今年戊申冬漂流金陵。遇東里好學後生標記予傳之五行于本書。予見之欣然。如覯再生之物也。方抱病于冬至前一日作此小傳。其次序則本泰山姜至之論。五行則張廷評景發之云。

邵博祭之曰。平生讀易。三絶其編。晚傳太極。意于先天。士或從之。罔識淵源。歷論九學。多遭謗訕。師説不詳。口語益繁。怪名退之。從昔所歎。

晁子止郡齋讀書志曰。近世學者以中庸爲二事。雖程正叔亦然。故説是書者皆穿鑿而二之。叔父于是本諸胡先生。司馬温公。程明道。張横渠。王肅。鄭玄作是傳焉。陸放翁記景迂先生祠堂曰。公之學深且博矣。于易自商瞿下至河南邵先生。于書自伏生下至泰山姜先生。于詩雜以齊魯韓三家。不梏于毛鄭。于春秋攷至賈誼董仲舒。不膠于啖趙。其所引據多先秦古書。藏山埋塚之祕。卓乎獨立。確乎自信。雖引天下而與之爭。不能奪。卒成一家之説。與諸儒並傳。向非擯斥疏置于荒遠寂寞之地。如在船場時。則雖公之敏。此功未易成也。

項氏家説曰。虞翻易專用旁通説以解爻義。其法皆取相反之卦。陰反陽。陽反陰。卽以反爲通。如夬之一陰五陽。卽與剥之一陽五陰相通也。晁説之據先天圖以通六十四卦。其總而類之。其説有三。其一曰以對相通。如乾之通坤。震之通巽。艮之通兌。其圖位相對。其爻象相反。此卽虞氏旁通之法也。至其異處。則坎離相對而不相通。謂坎通離。則坎死乎坤。離通坎。則離死乎乾。此則虞氏之所不避也。其二曰。以近相通。如自乾而通于兌。離。震。巽。坎。艮。自坤而通于艮。坎。巽。震。離。兌者。順數也。自乾而通于巽。坎。艮。兌。離。震。自坤而通于震。離。兌。艮。坎。巽者。逆數也。乾坤順逆各通六卦。并其子之在本卦前者皆通之。此父母之道也。若六卦自通。則順逆各通一卦。此兄弟之卦也。凡此皆以先天圓圖言之也。又曰。乾上變而逆通于履。兌子也。在兌前。同人。革。離子也。在離前。无妄。隨。噬嗑。震子也。在震前。升。蠱。井。巽子也。在巽前。師。蒙。坎子也。在坎前。謙。艮子也。在艮前。又下變而逆數通于姤。巽子。訟。涣。坎子。遯。漸。蹇。艮子。臨。睽。歸妹。兌子。明夷。豐。離子。復。震子。坤之所通亦然。凡此皆以先天方圖言之也。方圖之上變。卽圓圖之所謂順。方圖之下變。卽圓圖之所謂逆也。其三曰。以類相通。謂之卽變卽通。不限遠近。不拘對否。如一陰一陽。自復姤變。則凡一陰一陽卦皆復姤之所得通也。二陰二陽。自臨遯變。則凡二陰二陽卦皆臨遯之所得通也。獨泰否三陰三陽。自相爲通。不取他卦。則又自用對通之法矣。圖中餘卦亦倣此三説。其以對通者。卽夬與剥之類是也。其近通者。謂本母七子。無相類。則近通旁母之一子。如兌之子履。通乎乾之子小畜之類是也。其以類通者。謂本母内七子。有相類者。則不限多少。皆可相通。如乾之夬。通乎大有。又通乎小畜。皆一陰之卦也。而以近通者又有二法。有以近而取對卦者。如兌之子履。本對謙之一陽。乃近取乾子小畜所對之豫。以爲相通之卦。此又對通之變例也。有以近而取二體者。以卦之上下二體。各取旁卦之子與之相通。如夬之下體爲乾。則自乾通兌之七子。夬之上體爲兌。則自兌通離之七子。此又旁通之變例也。晁氏之説繁雜難曉。故類爲三説而令其易通。

王氏困學紀聞曰。晁景迂述郭敏修之言曰。所以生生者智。水不可不崇而禮。火則卑之。此卦之所以既濟也。

謝山句餘土音賦東皋故蹟晁景迂超然亭詩。景迂詹事謫四明。朗吟剛説氣崢嶸。水仙木犀寫閒情。更買陂塘栽楊柳。坐看潮長與潮平。江埸下吏何所事。無船無木無所營。易玄星紀眞奇書。布算簌簌靜可聽。浩然氣寒超然亭。晚年歸去猶惓惓。夢隨春水來清冥。後來王郎亦佳士。追祠先正留芳名。大愚詩句不可京。我亦續貂懼弗勝。懷古之慕空屏營。原注云。東城市井之區。自景迂過化。文明遂啓。不數十年而慈湖出焉。則陸子之高座也。暘叔則呂子之高座也。李朝散元白則慈湖弟子而又永嘉之高座也。孫吉甫則永康之高座也。靜清則朱子之世適也。南宋儒林五派俱萃于此。何其盛歟。

景迂學侶

補　太中晁先生詠之

雲濠謹案。宋史文苑本傳云。爲河中教授。元符末。應詔上書。論事罷官。久之。爲京兆府司録事。秩滿提點崇福宮。卒年五十有二。文集五十卷。

李先生朴 詳見范呂諸儒學案。

景迂講友

袁先生季皋

袁季皋。景迂稱之爲先輩。嘗答其書云。説之留落在鄆上。足下仲兄以詩見。過喜其温然安詩者也。既而足下仲兄來。則人幸得千乘之國。愷悌之長也。夫何幸會之多。足下復又投書來講學。是非明白。有餘憤存焉。若剛嚴御史。然孰謂予之困窮也哉。景迂生集。

梓材謹案。景迂于張直孺句。龍壽南。李持國。張頤。鍾離仲遠。李子能。李大同。陳廷藻。吴才老。朱仲髦。皆稱先輩。

學士張先生明仲

江先生予之合傳。

富先生季申合傳。

張明仲。官學士。景迂嘗與書云。前日蒙臨訪。語及説之所行解潛辭。不當用四之日。衆口紛然指笑。説之卽謝吾友曰。前已略聞于江予之。繼又聞于富季申。是二君者皆説之平生之畏友也。其德我于今日。宜厚不同衆人也。景迂生集。

景迂同調

補太常吴先生棫

雲濠謹案。王明清揮麈三録以爲舒州人。武夷徐蕆爲韻補序。則稱與蕆本同里。而其祖後家同安云。蓋先生紹興中爲太常丞。以爲孟仁仲草表。忤秦檜。出爲泉州通判以終。

附録

武夷徐葴序毛詩叶韻補音曰。紹興戊辰歲。葴寓莆陽。才老所從造官識之。長髯豐頰。危冠大帶。進止閒暇。中和温厚之氣晬然見于色。仁義道德之音藹然形于言。葴退而歎曰。古所謂君子儒者。非斯人耶。才老從容爲葴言。擢第後數年不求官。築室三閒。中設夫子像。古書陳前。謝外事。凝神靜慮。以味古訓。是身侃侃若游洙泗閒。而揖遜乎聖賢之前後也。則其貌之可敬愛固有所自哉。

又曰。平生多著書。皆淵源精確。而歉然不敢自矜。自補音之書成。然後三百篇始得爲詩。從而考古銘箴誦歌謠諺之類。莫不字順音協。又曰。補音引證初甚博。才老懼其繁重。不能行遠。于是稍削去。獨于最古者。中古者。近古者。各存三二條。

朱子曰。才老作論語十説。世以爲游定夫作者。非也。其功淺。其害亦淺。又爲論語考異。其功漸深。而有深害矣。徐葴爲刊其書越州以行。

梓材謹案。先生蓋優于訓釋而短于義理者。故朱子有是語。宋中興藝文志載。先生自謂考研甚衆。獨于何晏集解。邢昺疏所得爲多。又謂孔門弟子之言多未盡善。而註信經疏信註太過。嘗作指掌十卷。亡于兵火。僅追記大略以解何晏集解之未盡未安者。故曰續解。又考他書之文之説異于論語者。爲考異。又有説例。集語。明原。微言。略例。答問。正統。權道。弟子。雜説凡十篇。多發明。所謂説例十篇。殆卽朱子所謂論語十説歟。

又曰。吴才老書解徽州刻之。才老于考究上極有功夫。只是義理上看得不仔細。

又曰。才老説胤征康誥梓材等篇。辨證極好。但已看破小序之失。而不敢勇決。復爲序文所牽。殊覺費力耳。

楊慈湖曰。詩補音考究精博。然亦有過差。

雲濠謹案。四庫全書著録先生韻補五卷。提要謂。自宋以來。著一書以明古音者。實自棫始。又于慈湖詩傳提要云。昔吴氏作詩補音十卷。又别爲韻補五卷。韻補明人有刻本。其書採摭詩騷以下及歐陽二蘇之作。頗爲雜濫。補音久佚。惟此書所引尚存十之六七。然往往以漢魏以下之韻牽合古音。其病與韻補相等。朱子語類謂。才老補音亦有推不去者。蓋卽指此類。顧炎武亦嘗作韻補正一書。以糾其失。考古音者固未可全以爲準焉。

王厚齋曰。吴才老書裨傳以鳳凰來儀爲簫聲之和。訓説築傅巖之野。以築爲居。

梓材謹案。袁清容序龔氏四書朱陸會同註釋有云。書别于今文古文。晉世相傳。馴致後宋時。則有若吴棫氏。趙汝談氏。陳振孫氏疑焉。有考過千百年而能獨明者。蓋宋時能疑古文者。自先生始云。

景迂家學

晁先生沖之別見廬陵學案補遺。

晁先生覯之

晁覯之字盥道。景迂族弟。居一日。來請曰。若何而志得于學。景迂報之曰。汝志吾不可不汝言。夫以行爲學。非待學以爲行者。克己復禮之學也。學焉者無所假也。鷙鳥之習其羽。豈取筋力之勞哉。學寸而習寸。學尺而習尺。發吾之神明而適日月之光華。吾心説矣。心苟有所説則無物不遜。吾之學也。此天下萬物之所説者。則不足以象吾之説。其惟朋友講習乎。故賢賢事父母。事君。交朋友。未學而爲學矣。子夏斯言。蓋有所本矣。吾夫子以孝悌謹信汎愛親仁。其行從容有餘力而不逼者。學文之功也。揚雄始上行而次言末之教人。是分學與行爲二端。而惑于誦數佔畢之爲學者。蓋以行爲本。言能教人爲成德矣。曰。非徒知之。亦允蹈之。待若人何薄耶。荀卿諭乎假舟楫輿馬。則學與性分爲二端矣。學以光明乎。光明遜志敏行者非耶。二子之蔽無它。不知克己復禮之爲學乎。顔淵以身爲天下萬世之率而問仁。夫子知回之所以問者。于是乎告以天下萬世大中至正。人人能自竭之道。曰。克己復禮。爲仁由己。回知夫子所言者。則謝不敏而請事焉。吾之一己視聽言動。罔非吾之學也耶。一言之曰仁。二言之曰仁義。三言之曰仁曰義曰禮。自是百言之而百名效實矣。揚雄亦豈無知于此者。其言曰禮由己。則遺仁義矣。荀卿之知此益明。其言曰學至乎禮而止矣。夫是之謂道德之極。禮之敬。文也。樂之中。和也。詩書之博也。春秋之微也。在天地之閒者畢矣。其言厚乎禮而薄乎己。卒以禮爲舟楫輿馬。將見其一日捨之。尙何所克哉。先生復曰。然則學無所分而無門户以入。不亦難乎。曰。豈無所自哉。其惟思乎。學必思以明。思必學以進。雖九思而未多。終當一之于學也。不寢食而思。卒不吾益。惟學能吾之益而不吾負焉耳。前乎孔子而言。絶學棄仁以貳乎。孔子者老子之徒也。後乎孔子而因曾子之辭氣。不盡信書。分仁義于君親。以亢乎孔子者。孟子之徒也。遠乎孔子而多歧廣騖。不主乎仁義。其言似仁義而非以出乎孔子者。釋氏之徒也。古之學焉一。今之學焉四。捨歐陽公而學不爲三家所敝者。誰耶。汝志勉之。景迂生集。

梓材謹案。景迂嵩山集又有觀弟字盥道序。

晁先生公壽

晁公壽字平子。説之長子。疾病中改名公艾。少敦龐有成人之氣象。專讀禮記。嚴于陸氏音義。其説制度。根柢鄭氏孔氏。不苟異妄從。卒年二十有三。景迂生集。

晁先生公耄

晁公耄。景迂子。與葉石林爲中表弟。官沿海帥幕。石林送之以詩云。巖邑相望數寄聲。十年湖海最關情。談鋒尚憶傾甥舅。鬢雪何堪數弟兄。飽讀父書聊自足。深知民事卻須評。揚旗且逐樓船下。萬里波濤本不驚。謂其罷遂昌令。能言浙中民事。建康集。

知府晁昭德先生公武別見廬陵學案補遺。

晁先生公鄰

晁公鄰。景迂從姪。建炎二年。先生隨侍。寓海陵。景迂自儀眞來居。是歲。先生侍二十二叔之姑蘇。景迂誨之云。吾老大。又晚爲枝江之行。汝歸不及見矣。汝年少精健。宜勉力讀書。當先讀五經。看注疏。讀三史。不患不能爲一賦。又云。文忠公集不可法乎。韓文難入頭。先看六一。後昌黎。次太史公。次公羊傳。次春秋。此是讀書後先。遂命于架上取素川紙寫。夜雨不少住。枕上作詩以賜。景迂生集附録。

景迂門人

補 直閣朱先生弁

附録

朱文公曰。公忠義大節。終始凜然。和議之成。雖若不在其身。而風喻從臾。蓋亦與有力焉。而公不肯自以爲功。還朝。所建皆遠謀至計。不欲朝廷遂以目前所就爲安。而必其有以致中興于異日者。此其忠慮之深。與一時貪天之功以爲己力。而遂宴安江沱。以至于忘讎而辱國者。蓋萬萬不侔矣。

又答尤延之書曰。叔祖受知于晁景迂。學甚博。詩其一也。

祕監朱灊山先生翌

朱翌字新仲。舒州灊川人。以太學賜第。初爲溧水簿。高宗南渡爲祕書監。屬預修徽宗實録。時范元長沖領史局。先生删潤功居多。秦檜逐趙豐公鼎。先生以豐公黨貶韶州。後召還。朝廷憫其饑寒。計貶所四十年。衣俸悉予之。遂卜居鄞。嘗作信天緣堂。周益公必大論其詩似杜牧之。

而出處亦相類。號省事老人。文集四十卷。延祐四明志。

雲濠謹案。謝山句餘土音卷一。賦灊山先生信天緣堂首云。詩人在南宋。灊山最雄獨。禁固緣豐公。大節夸歇鵠。淵源出景迂。緒言猶可掬。

梓材謹案。萬姓統譜言。先生謫居韶州。倡明理學。粤東化之。在韶十九年。名山勝景。游覽殆徧。著有湘江集。灊川集。獨覺寮雜紀。

獨覺寮雜記

東坡云。此生有味是三餘用董遇。冬者歲之餘。夜者日之餘。陰雨者月之餘。皆爲閒暇無事時也。人有疑陰雨者。蓋陰雨則無出入。無賓客。俗事少。故可以讀書。余嘗驗之。則知古人不虛語也。

資政呂先生好問別見滎陽學案補遺。

太學李先生中附子敦義。孫光祖。

李中字不倚。奉化人。元符元年入太學。有才行。嗜蘇黄之學。崇寧初。晦于時禁。謝同門。拂袖歸。大觀中。中書舍人晁以道以上書謫降明州船場。士無敢謁者。先生從之遊。不復求仕進。識者高之。子敦義。孫光祖。皆以儒業稱。寧波府志。

邵先生博別見百源學案補遺。

侍御先緒

參政王兩河先生次翁

王次翁字慶曾。其先濟南人。先生克世祖業。齊魯之士多從之。號兩河先生。崇寧三年。以易冠禮部別院。辟雍初建。又以詩書易三經就試。俱第一。除辟雍正。出知道州。徙容州政事。一以陽城元結爲法。紹興初。自廣西運判召對。論定規模。圖中興等事。忤時議。丐祠。寓金華。六年。吕頤浩帥長沙。辟參謀。遽乞致仕。貧特甚。潘良貴訪之。聞敗幃之下運籌聲。視之。乃推太玄數耳。尚書吕祉薦于朝。七年。有旨落職致仁。八年。召爲郎中。累遷中書舍人。從橐闕員三省。以王鉌林待聘。及先生名進。上曰。王次翁文章似王安石。德行似司馬光。遂除工侍。十年。除御史中丞。拜參知政事。力丐退政。除資政殿學士。提舉洞霄宮。居鄞之西湖。卒贈太師。有兩河集。易說。春秋旨義。元元通數等書。藏于家。寶慶四明志。

景迂私淑

朱先生松詳見豫章學案。

瀔山門人

侍御王先生伯庠

王伯庠字伯禮。資政殿學士次翁子也。資政居四明。遂爲鄞人。先生登紹興二年進士。試教官第一。充明州教授。歷遷侍御史。知閬州夔州温州。乾道九年卒。自幼刻意問學。資政教之甚力。朝夕講習。至以楮衣禦寒。手種苜蓿以充饑。及冠。猶未知肉味。父子易衣以出。而抗志不凡。慨然有立名當世之意。手鈔古書。往往成誦。分教四明。人士仰慕。判平江軍府。罷歸。安貧樂道十有餘年。一旦趨召。首論養人才。裕民力。理財訓兵。以爲不可勝之備。逮執法殿中。遇事輒發。抨彈所及。動涉仇怨。或爲危之。先生正色曰。言責所在。顧忠于君者如何爾。一有愛身之念。紀綱何賴焉。宣政閒。舉子惟務金陵之學。先生獨貫穿經史。出入百氏。至老未嘗釋卷。著有歷山集。雲安集。奏議。告蒙。資治編年。宏詞集。要夔路圖經。樓攻媿集。

雲濠謹案。攻媿集跋周蓮峯朱瀠山及先生書云。紹興之末。蓮峯歸自永嘉。瀠山歸自平江。俱以次對來寓四明僧舍。侍御年雖未及。而從二公遊。又載瀠山問蓮峯表中一驢載都市事。侍御參坐誦臧質傳中數十言。二公俱稱其强記。又言侍御詩皆使人代書。蓋至敬之地。不敢縱筆云云。則先生可稱周朱門人也。

侍御遺文

昔歐陽文忠公云。洪範所謂五福者。百順之名也。離之雖爲五。必合而不闕其一。然後爲福之備。五者其一在人。曰德。而其四在天。必有一于己。然後能致其四。有諸己者。或厚或薄。故其所致者。亦有備有不備焉。厚德長者李公墓誌銘。

景迂續傳

承事張先生騏

張騏字深父。秦之三陽人也。以父待制宗元恩任承事郎。歷兩浙轉運幕。委明州造船。人或唁其非勳伐所宜處。先生謝曰。晁以道所嘗爲也。吾處之懼弗稱。敢薄耶。訖代去。不以卑冗怠事。時屬文辭見志。然未嘗妄出以示人。所居帷屏壁門。皆有銘以自警。姓譜。

胡先生次和

胡次和。江源人。慶元閒。撰太玄集註十二卷。第十一卷王涯説玄。司馬光讀玄。説玄。太虛曆。第十二卷易玄。星紀譜。皆附焉。張氏内閣書目。

船場王先生鉛别見東萊學案補遺。

蘇先生玭别見滄洲諸儒學案補遺。

之道續傳

知軍晁先生百談詳見槐堂諸儒學案。

王氏家學

王先生伯序

王伯序。伯禮弟。宗正丞。四明延祐志。

吴氏續傳

趙南塘先生汝談詳見滄洲諸儒學案。

陳先生振孫

陳振孫。號直齋。書有今文古文。先生掇拾援據。確然明白。袁清容說。

直齋書録古文説

考之儒林傳。安國以古文授都尉朝。弟子相承。以及塗惲桑欽。至東都。則賈逵作訓。馬融鄭玄作傳注解。而逵父徽實授書于塗惲。逵傳父業。雖曰遠有淵源。然而兩漢名儒皆未嘗實見孔氏古文也。豈惟兩漢。魏晉猶然。凡杜征南以前所注經傳。有援大禹謨五子之歌胤征諸篇。皆曰逸書。其援泰誓。則云今泰誓無此文。蓋伏生書無泰誓。泰誓後出。或云武帝末民有獻者。或云宣帝時河内女子得之。所載白魚火烏之祥。實僞書也。然則馬鄭。以下闕文。

隱君劉樗園先生莊孫詳見水心學案。

王氏續傳

進士王先生鐳

王鐳。其先由濟南徙鄞。侍御史伯庠之曾孫也。咸淳元年進士。敦厚寡言。精理學。多録言行教人。不喜矯飾。袁清容之父洪嘗師之。清容居士集。

進士門人

同知袁先生洪

袁洪字季源。鄞人。越公韶之孫也。七歲通詩書春秋。十七以澤監鎮江大軍倉。度宗用爲太社令。宰相賈似道不樂四明人。遂與同郡爲侍從執政守倅者六十餘人皆被廢。日相從講學。口不挂時事。賈後悔。起奉華州雲臺祠禄。累改沿江制置司參議官。不拜而歸。入元授朝列大夫。同知邵武路總管府事。改温州。並以疾辭。大德二年改處州。命下而卒。早從王先生鐳學。戒以躬行。守而弗失云。程雪樓集。

袁氏家學

文清袁清容先生桷詳見深寧學案。

宋元學案補遺卷二十三目録

宋元學案補遺卷二十三

後學 鄞 王梓材 慈谿馮雲濠 同輯

滎陽學案補遺

胡程門人

補 侍講呂原明先生希哲

梓材謹案。先生兄弟皆嘗師事康節。見邵氏聞見録。

滎陽語要

大約前輩作事多周詳。後輩作事多闕略。

恩讎分明。此四字非有道者之言。無好人三字。非有德者之言也。後生戒之。

治心之道莫先于少欲。少欲則耳目之官不蔽于物而心常寧。心常寧則定而不亂。明而不暗。道之所自生。德之所自成也。不存焉者。梏亡之謂。寡欲之人操其心而存之。無有梏亡之患。故雖有不存焉者寡矣。其爲人也。多欲則好動而無節。妄作而失常。善端所由喪。而天理虧焉。故雖有存焉者寡矣。

今讀是經。而不知經之宏意大旨。不如不讀之爲愈也。

吕氏大學解

朱子曰。吕氏之先與二程夫子遊。故其家學最爲近正。然未能不惑于浮屠老子之説。故其末流不能無出入之弊。今論其一二。以補其闕。蓋其他説之近正者。則君子猶有取焉。

異端之學皆不知所先後。考索勤苦。雖切而終不近。故有終始爲一道。本末爲兩端者。

朱子曰。此言似爲釋氏發。然吕氏終身學焉。不知以誰爲異端。而爲是説以詆之耶。蓋其心未必不以爲有先後者。世間之粗學。而無先後者。出世間之妙道。兩者初不相爲謀。雖並行而不相悖也。方其言此。故不得不是此而非彼。及其爲彼。則又安知其不是彼而非此哉。彼其陽離陰合。自以爲左右采獲。而集儒佛之大成矣。曾不悟夫言行不類。出入支離之爲心害。而莠亂苗紫奪朱之患。又將無所不至也。此蓋原于所知在此。所急在彼之意。而其失又甚焉。近世之言道者。蓋多如此。其誤後學深矣。

致知格物。脩身之本也。知者良知也。與堯舜同者也。理既窮。則知自至。與堯舜同者。忽然自見。默而識之。

朱子曰。致知格物。大學之端。始學之事也。一物格則一知至。其功有漸。積久貫通。然後胸中判然。不疑所行。而意誠心正矣。然則所致之知固有淺深。豈遽以爲與堯舜同者。

一旦忽然而見之也哉。此殆釋氏一聞千悟。一超直入之虛談。非聖門明善誠身之實務也。其與前章所斥異端之學。不知所先後者。又何以異哉。

草木之微。器用之別。皆物之理也。求其所以爲草木器用之理。則爲格物。草木器用之理。吾心存焉。忽然識之。此爲物格。

朱子曰。伊川先生嘗言。凡一物上有一理。物之微者亦有理。又曰。大而天地之所以高厚。小而一物之所以然。學者皆當理會。吕氏蓋推此以爲説而失之者。程子之爲是言也。特以明夫理之所在。無間于大小精粗而已。若夫學者之所以用功。則必有先後緩急之序。區別體驗之方。然後積習貫通。馴致其極。豈以爲直存心于一草木器用之閒。而與堯舜同者。無故忽然自識之哉。此又釋氏聞聲悟道。見色明心之説。殊非孔氏遺經。程氏發明之本意也。無嚮以吕氏之博聞强識。而不爲是説所迷。則其用力于此。事半而功必倍矣。今乃以此習熟見聞者爲餘事。而不復精察其理之所自來。顧欲置心草木器用之閒。以伺其忽然而一悟。此其所以始終本末判爲兩途。而不自知其非也。舊見吕氏晚年尺牘數語。有足以證成此語者。因系之于後。並爲之説云。

聞見未徹。正當以悟爲則。所謂致知格物正此事也。比來權去文字。專務體究。尚患雜事紛擾。無專一工夫。若如伊川之説。物各付物。便能役物。却恐失涉顚頂爾。自注。其意以爲物不可去。事不可無。正當各任之耳。

朱子曰。以悟爲則。乃釋氏之法。而吾儒所無有。吕氏顧以爲致知格物之事。此其所以誤爲前説而不知其非也。若然。則又安得獨以不知所先後者爲異端之病哉。若由吾儒之説。則讀書而原其得失。應事而察其是非。乃所以爲致知格物之事。蓋無適而非此理者。今乃去文字而專體究。猶患雜事紛擾。不能專一。則是理與事爲二。必事盡屏而後理可窮也。終始二道。本末兩端。孰甚于此。則未知吕氏所體所究果何理哉。伊川之説。正謂物各有理。事至物來。隨其理而應之。則事事物物。無不各得其理之所當然者。如舜之舉十六相。去四凶也。此其所以不爲物之所役而能役物。豈曰各任之而已哉。如曰任之而已。則是漫然不察其是非可否。而一切聽其所爲也。如此則能不爲物之所役者。鮮矣。顧舍其顓頊而謂人顓頊。豈不惑哉。

吕氏家塾廣記

文靖公尹京時。梁丞相適爲掾屬。公語諸子曰。梁君異日必爲輔相。問。何以知之。曰。府掾皆京官。他人方拜于庭下。皆有自恥之色。獨適容貌自若。足以知之。

尚書公爲閩領監司。自北地市建犇以往。其清謹類皆如此。故所至未嘗擾人。其自毗陵郡歸。門人宋道隆獻詩曰。一芥絶無淮甸物。滿船惟載惠山泉。

梓材謹案。右二條滎陽公所記。東萊輯官箴述之。非卽東萊之説也。黄氏學案補本徑入東萊學案。誤矣。

附録

呂滎公張夫人。待制諱昷之之幼女也。最鍾愛。然居常至微細事。教之必有法度。如飲食之類。飯羹許更益。魚肉不更進也。時張公已爲待制河北都轉運使矣。及夫人嫁呂氏。夫人之母。中國夫人姊也。一日來視女。見舍後有鍋釜之類。大不樂。謂中國夫人曰。豈可使小兒輩私作飲食。壞家法耶。其嚴如此。

專慕曾子之學。盡力乎其内者。其讀經書。平直簡要。不爲辭説。以知言爲先。自得爲本。躬行爲實。不尚虚言。不爲異行。

元祐閒侍講。大雪不能講。講孟子有感。哲廟一笑。喜爲二絶云。水晶宫殿玉花零。點綴宫槐臥素屏。特勅下簾延墨客。不因風雪廢談經。其二云。强記師承古道先。無窮新意出陳編。一言有補天顔動。全勝三軍賀凱還。

原明答問秀者云。譬之者過其實。毁之者失其眞。要之亦法門之猛將也。

原明答佛儒之問。吾儒事是人人可做得。佛家事只可自做。不可教人做。

原明謂。六經藥方也。史傳是人之服藥之效也。以上三條係晁氏客語。

汪玉山讀滎陽二書曰。龜山楊先生嘗謂滎陽呂公。昔在師門。實傳聖學。道隆德尊。爲時先覺。今得公之遺書。有曰發明義理。有曰酬酢事變。其言雖若有二。而道則一也。

東萊跋紫微與曾信道手簡後曰。侍講于荆公。乃通家子弟。李泰伯入汴。亦嘗講繹焉。紹聖後。始與李君行游。晚節居黨籍。右丞以筦庫之禄養親。雖門可設爵羅。然四方有志之士。多不遠千里從公。謝無逸。汪信民。饒德操。自臨川至。奉几杖。侍左右。如子姪。退見右丞。亦卑抑嚴事。不敢用鈞敵之禮。舍人以長孫應接之甚敬。三君一見。折輩行爲忘年交。談賞篇什。聞于天下。

朱子答林擇之書曰。吕公家傳深有警悟人處。前輩涵養深厚乃如此。但其論學殊有病。如云不主一門。不私一説。則博而雜矣。如云直截勁捷。以造聖人。則約而陋矣。舉此二端。可見其本末之皆病。此所以流于異學而不自知其非耶。

又曰。最後論佛學。尤可駭歎。程氏之門千言萬語。只要見儒者與釋氏不同處。而吕公學于程氏。意欲直造聖人。盡其平生之力。乃反見得佛與聖人合。豈不背戾之甚哉。

梓材謹案。朱子別集有與擇之書云。前日劉子澄寄得滎陽公家傳中數段來。一段説吕初學于伊川。後與明道。横渠。李公擇。孫莘老遊。所見日益廣大。然公亦未嘗專主一説。晚更從高僧宗本修顒遊。觀此。則吕家學問更不須理會。直足可爲戒。此書可以相參。

黄東發曰。滎陽公遍師當世諸儒。篤實踐履。自小官不仕。薦舉進退。必視其時。公文穆之從曾孫。文靖之孫。正獻之子。生三世相門。而衣食或不給。豈獨公之賢。亦可觀公之家學。公自幼其母申國夫人督教甚嚴。動必循規矩。正獻公作相。遣公書曰。善士無不用。獨爾以吾故不及。夫人張氏笑曰。是亦未知其子。豈獨公之賢。亦可觀公之家化。晚年名益重。遠近師尊之。陳忠肅至。拜公堂下。豈獨公之家可敬可慕。亦可想見政和閒前賢流風遺澤。猶有存者。使人歎息不已。然公習靜。至轎卒溺死不爲動。夫子廄焚傷人之問。恐不其然。直截捷徑以造聖人。近世超悟之學。亦豈聞其風而效之者乎。

滎陽講友

邵先生伯温詳見百源學案。

滎陽學侶

張先生壆

張壆字子厚。毗陵人。自少力學。于古書無所不窺。而時發于爲詩。語皆清新。出人意表。用叔祖天章公昷之奏。補郊社齋郎。治平四年甲科。調睦州青溪主簿。不赴。後用近臣薦。起爲潁州學官。復不就。其後孫莘老。胡完夫。范淳夫及外臺交薦其能。蘇子瞻亦數言于朝。終不屈。呂侍講以天章壻。自先生幼時已異其爲人而親厚之。先生亦喜從侍講兄弟遊。及長且老。凡四五十年閒。其相與之意益以篤。有自東南來者。先生未嘗不導之以見侍講。侍講與之書。雖寸紙皆藏之。其卒也。侍講哭之尤哀。汪青溪集。

梓材謹案。萬姓統譜載先生云。常州人。進士甲科。養其親。不忍去左右。閉户讀書四十年。手校數萬卷。窮經著書。

范正獻公。蘇文忠公。交章薦其高行。詔拜校書郎。竟不出。又言。先生孝弟忠信。蹈中守常。爲當時所重。卒賜諡正素先生。與宋史隱逸傳同。

附録

汪玉山題吕子進集曰。張子厚先生于待制特厚善。待制知睦州。子厚追送累日。別後寄詩云。籬鷃雲鵬各有程。暫時相別未忘情。恨君不在篷窗底。共聽蕭蕭夜雨聲。此詩亦可想見其人。

謝氏師承

季先生復

季復字希賢。其先自金陵徙臨川。元豐八年進士。官至朝散郎。差知渠州。乞以本官致仕。卒于家。年六十一。先生平生豈弟風流。所至有惠愛。天資鯁介。嫉惡而好善。論及韓忠獻。范文正。富文忠。未嘗不抵掌歎慕。篤于學問。六經子史百家小説醫巫卜筮之書。無所不窺。自幼至老。未嘗一日舍書不讀。其爲文章學西漢之法。而步驟規摹以韓退之歐陽永叔爲師。著有文集十卷。謝無逸從之遊甚久云。謝溪堂集。

滎陽家學

補右丞呂先生好問

梓材謹案。晁景迂集與呂舜徒書云。説之遠宦窮寂如初。無足言者。賢弟得從賢者遊。尤可喜。是資政嘗及景迂之門。而景迂之弟又從先生遊焉。又案。景迂有寄侍講呂原明七丈詩。末云。昔日諸生今在否。丈人因爲話平生。自注。説之昔教符離諸生。丈人曾寄寓彼。滎陽旣嘗寓符離。先生之從景迂。當卽在符離時矣。

附録

司揚州儀曹事楊中立。陳瑩中。每過揚。與公語。連日夜不厭。所言皆經世大略。宣和之季。故老踵相躡下世。獨公與楊中立無恙。諸儒爲之語曰。南有楊中立。北有呂舜徒。蓋天下倚以任此道者。惟二公云。

居陽翟。年六十餘矣。猶自課誦五經。日終一帙。

黄東發讀東萊先生文集曰。自滎陽公以道學爲世宗。東萊公早得其傳。黨論起。嘗阨困者二十年。欽宗立。驟用之。圍城中備嘗艱難。力勸張邦昌復辟。而嘗受邦昌僞命。論者及之。迨三世而後。先生爲之傳。蓋白其本心云。

滎陽門人

補 教授汪青溪先生革

梓材謹案。先生從滎陽。蓋在宿州。晁景迂爲先生哀辭云。其爲宿州教授時。申國吕原明得罪。僑寓宿州。信民乃以師席處原明。若幼童之仰嚴師然。是則先生初爲教授宿州。而非楚州矣。又案。景迂赴明州船塢。道楚州。與論交。曰。不敢與夫子交。革。後輩也。

附録

以經義試禮部爲第一。乃默若有所遺者。且曰。我初從科舉求禄。不願得名也。自遊學校來。聞見不謂不多。一旦捐擲椓割之。惟恐其少。嗣乃晝夜讀書。始知尊先儒。究明大旨。不敢肆胸臆。爲新奇。苟異坐。誣古人。

青溪先生初筮長沙。出錫器。歸舟有錫熱水器。每對之不樂。妻楊氏曰。吾償其直而得之者。庸何傷。曰。居官不欲爲器皿。奈何以是汙我。楊令投之江中。始無媿色。隨隱漫録。

晁子止郡齋讀書志曰。汪信民嘗語人曰。吾鄉有二相。一爲天下之福。一爲天下之禍。蓋指晏元獻王荆公也。即此可見其解經淵源所自云。

補 徵君謝溪堂先生逸

雲濠謹案。朱子文集有云。臨川有隱君子曰溪堂先生。與其弟竹友先生。俱學詩于黄太史氏。而以清介廉節。有聞于時。然皆不遇以死。

補謝竹友先生邁

雲濠謹案。王阮亭居易録載竹友集云。幼槃詩。居仁稱其似宣城。非也。在江西派中。亦清逸可喜。然涪翁沈雄豪健之氣。則去之遠矣。

陳了齋先生瓘詳陳鄒諸儒學案。

補饒德操節

附録

朱子跋呂舍人青溪類稿曰。紫微論汪謝諸賢。高志清節。皆足以傳信。獨饒節者。一旦毀削膚髮。殄絶天倫。而諸公環視。無一人能止而救之者。或乃從臾嗟歎。以是爲不可及。亦獨何哉。

補侍郎顔夷仲岐

附録

呂紫微爲濟陰主簿時。夷仲適在曹南。嘗贈紫微詩云。念昔從學日。同升夫子堂。夫子蓋謂滎陽公也。紫微罷官歸。作詩留别夷仲云。昔日同升夫子堂。如今俱是鬢倉浪。蓋用其語也。

姓譜。

右丞家學

文清呂東萊先生本中詳紫微學案。

駕部呂先生弸中詳見和靖學案。

右丞門人

晁先生貫之

晁貫之字季一。生平無他嗜。獨見墨喜動眉宇。其所製銘曰。晁季一寄寂軒造者。不減潘陳。春渚紀聞。

梓材謹案。四庫全書提要云。季一。晁説之之兄弟行。朱弁風月詩話稱其官。一曰檢討。一曰察院。不知實終于何職。然攷晁氏叢書墨經後跋。稱中眷五世祖侍御史貫之作。則終于察院矣。

汪氏家學

補汪先生大經

附録

朱子跋曾裘父劉子澄帖曰。汪君得名家之傳。有良友之助。所學必有以過人者。恨以王事馳驅。不及細叩之也。

溪堂門人

李先生紱

李紱字明服。無逸表弟也。又從無逸作齋于廳事之北。求名于無逸。其名曰反求。且告之以名齋之義。使歸而書諸壁焉。溪堂集。

吳先生迪吉

吳迪吉。□□人。溪堂外弟也。從溪堂遊。驩甚。溪堂集。

朱先生芹

梓材謹案。先生金溪人。從謝無逸學。父元亮。故與無逸遊。見溪堂集。

竹友家學

謝先生敏行附子源。

謝敏行字長訥。竹友先生子也。自號中隱居士。子源。字資深。以進士官文林郎。邵武縣丞。其爲建昌軍學教授也。嘗祠其鄉之賢者五人于學。以勸諸生。及至邵武。當路多知其賢。而常平使者宋若水尤敬重之。率同列交薦。章下而卒。朱子文集。

宋元學案補遺卷二十四目録

宋元學案補遺卷二十四

後學 鄞 王梓材 慈谿馮雲濠 同輯

上蔡學案補遺

二程門人

補 監場謝上蔡先生良佐

梓材謹案。謝叠山爲蔡文節子孫。免差科書有云。黄子耕守台州。求謝上蔡之後。給以田宅者數人。子耕名㽦。晦翁弟子。事亦互見滄洲諸儒學案。

上蔡語録

人須先立志。志立則有根本。譬如樹木。須先有根本。然後培養能成合抱之木。

問。敬之貌如何。曰。于儼若思時可見。問。學爲敬。不免有矜持。如何。曰。矜持過當却不是。尋常作事用心過當便有失。要在勿忘勿助長之閒耳。

或問。正其衣冠端坐。儼然自有一般氣象。某嘗行之。果如其説。此是敬否。曰。不如就事上尋。便更分明。事思敬。居處恭。執事敬。若只是靜坐時有之。却只是坐如尸也。

聞見之知。非眞知也。知水火自然不蹈。眞知故也。眞知自然行之不難。不眞知而行。未免有意。意有盡時。

窮理則是尋箇是處。問。天下多少事。如何竟得是處。曰。窮理便見得事不勝窮。理則一也。

横渠以禮教人。明道以忠信爲先。

心本一。支離而去者乃意爾。

釋氏所謂性。乃吾儒所謂心。釋氏所謂心。乃吾儒所謂意。

梓材謹案。四庫全書著録上蔡語録三卷。蓋曾天隱胡文定所録。而朱子又爲删定者也。提要云。朱子于此書芟薙特嚴。又作後記。稱胡籍溪于吕東萊家得江民表辨道録。見所删五十餘章。首尾次序無一字之差。然後知果爲江氏所著。非謝氏之書。則去取亦爲精審。又稱上蔡之學。以切問近思爲要。其言論宏肆足以啓發後進。惟才高意廣。不無過中之弊。朱子于語録舉其疵。于祠記舉其醇。似矛盾而非矛盾。合而觀之。上蔡之短長可見矣。

上蔡語要

格物須識天理始得。所謂天理者。自然底道理。孺子將入井。乍見時其心怵惕。所謂天理也。要譽于鄉黨。内交于孺子之父母。惡其聲而然。卽人欲爾。天理與人欲相對。人欲纔肆。天理滅矣。

或問上蔡。以講論經典二三説者。當何從。先生荅曰。用得只是驗之于心而安。體之于身而可行。斯是矣。如求之或過于幽深。證之或出于穿鑿。而不取正于有道者。未免有差。如楊墨學仁義。其流至于無君無父。

辯老子先道而後德之説云。自然不易的。便唤做道體。在我身上。便唤做德。有知覺。識痛癢。便唤做仁。運用處皆當。便唤做義。大都只是一事。

上蔡論語説

克己須從性偏難克處克將去。

王文憲曰。此學者頂門下針也。

聖人之言遜而不迫。使王孫賈知此意。不爲無益。使其不知。亦非所以取禍。

王文憲曰。上蔡之説疑有病。聖人據理而言。豈問其知不知。禍不禍也。若畏禍而爲兩可之詞。所以爲心術之害者大矣。非所以言聖人。況此答。拒之者亦至。初非遜辭。

人能推無欲上人之心。則人欲日消。天理日明。而凡可以矜己于人者。皆無足道矣。然不知學者欲上人之心無時而忘也。若孟之反。可以爲法矣。

王文憲曰。上蔡工夫在去矜。故其言有力。

朱子記上蔡論語疑義曰。學是前一段事。既學者又能時習。所以悦也。上蔡説得習字好。然少發明學字之意。似無來歷耳。悦乃習之之熟。義理油然而生處。上蔡但云如此則德聚。

語亦未瑩。有朋自遠方來。觀聖人立言正意。止爲朋友講習。上蔡所推似亦太遠。人不知而不愠。學固非欲人知。亦非有意欲人不知。是以人知之不加喜。人不知不加愠。此聖門所發義理之正也。老氏知我者希。則我貴矣。此異端自私之見。與聖門氣象。迥然不同。上蔡引之似未察也。

又曰。仁至難言。故聖賢之言或指其方。或語其用。未嘗直指其體而名言之也。上蔡云。古人語仁多矣。然終非仁也。又云。孝弟可以論仁。而孝弟非仁也。正欲發明此意。然不覺乘快一向説開了。至於其間界分脈絡。自有相管攝聯屬處。却不曾分明。爲人指出。故讀之者只見曠蕩無可撈摸。便更向別處走。此其立言之病也。又云。人心之不僞者。莫如事親從兄。以是心而充之。則無適而非仁矣。此語亦皆未安。蓋性之所有而根于心者。莫非眞實。不但孝弟爲不僞也。但孝弟乃人心之不可已者。所發最親切。所繫最重大。故行仁之道必自此始。非謂充擴孝弟可以求仁也。

又曰。言自好。色自令。不害其爲仁。好其言。令其色。便是不仁矣。云。豈以此爲不仁。立語恐未安。

又曰。古人得百里之地而君之。皆能以朝諸侯。有天下。則千乘之國。亦可見其用心矣。此似以爲朝諸侯有天下之故。而用心于千乘之國之意。恐亦有病。

又曰。弟子入則孝章。指人以所向之方。使學者知所先後而已。未遽及盡孝弟。察人倫也。大抵上蔡氣象宏闊。所見高明。微有不屑卑近之意。故其説必至此然後已。亦一病也。

又曰。雖曰未學。乃假設之詞。非指一人而言。今直以大舜生知人倫之至言之。却是執文害義也。且聖賢之語。隨其淺深。各有至理。亦不必須一概説到聖人地位也。

又曰。君子不重則不威。此一節皆學者之事。主忠信。蓋見此實理而不敢違之。謂遽以默而成之不言而信釋之。似亦太高矣。

又曰。禮之用。和爲貴。殆不若夷俟踞肆之愈。此語欲有所矯。而不知其過于正。

又曰。知人者爲大乎。人知者爲大乎。此又涉乎知我希自待厚之私矣。

附録

手東胡文定曰。透得名利關。便是小歇處。然須藉窮理工夫。至此方可望有入聖域之理。不然休説。萬無見道之理。

又曰。明道先生嘗教某曰。賢讀書。愼不要尋行數墨。

張采曰。前賢接引人。每因人而施。固非一説。

張南軒曰。上蔡論語序。前面説得甚好。但後面説與天地同流處太多。適所以啓學者想像不帖實之心。

朱子曰。上蔡説詩。須先識得六義。體面而諷詠以得之。此却是會讀詩。

又記應城縣上蔡先生祠曰。先生爲人英果明決。强力不倦。克己復禮。日有課程。夫子蓋嘗許其有切問近思之功。所著論語説及門人所記遺語。皆行于世。如以生意論仁。以實理論誠。以常惺惺論敬。以求是論窮理。其命理皆精當。而直指窮理居敬爲入德之門。則于夫子教人之法。又最爲得其要領。

又語録曰。程門高弟如謝上蔡。游定夫。楊龜山。下梢皆入禪學去。

又曰。程子諸門人。上蔡有上蔡之病。龜山有龜山之病。和靖有和靖之病也。是合下見得不周。遍差了。

又語類曰。上蔡語雖不能無過。然都是確實做工夫來。

又曰。上蔡言無窮者要當會之以神。是説得過當。只是于訓詁處尋繹踐履去。自然下學上達。

又曰。上蔡曾有手簡云。大事未辦。李先生謂不必如此。死而後已。何時是辦。

程允夫曰。上蔡語録中有眞我之語。洵竊謂不必如此立論。恐啓後人好奇之弊。蓋毋我之我。與我所固有之我。字同義異。本自分明。只下一眞字。便自生事。二程先生議論不如此。

熊夢兆曰。上蔡對伊川也只是去箇矜字。上蔡才高。所以病痛盡在此。

黄東發曰。程門高弟才莫過于謝顯道。何其所録程説之可疑。亦莫多于謝顯道耶。第一條。所録以鳶飛魚躍爲活潑潑。活潑潑何等語。求之孔門。惟見其云。君子之道。造端夫婦耳。第二條。言切脈。第三條。言雞雛。而皆指以爲仁。切脈觀雞。殆于機觸神悟。求之孔子。惟曰居處恭。執事敬。而孟子亦以惻隱爲仁之端耳。謂堯舜之事。如太虛中一點浮雲過目。何其與四海困窮天禄永終之戒異也。謂與善人處壞了人。何其與毋友不如己者之意殊也。謂莊生形容道體之語爲儘好。謂老子谷神不死一章爲最佳。此殆其本心之形見。而記憶其師平日之言亦粉澤于其所學。自成一家之後矣。揚子雲有言。適堯舜文王爲正道。非堯舜文王爲他道。愚亦謂合于孔孟者程録之眞。異于孔孟者程録之誤。

又讀晦庵文集曰。上蔡語録以最後得胡文定家寫本上下篇爲正。而去吳中板本增多之百餘章。又得其遺語三十餘章。别爲一篇。凡定著三篇。

梓材謹案。朱子原文云。初得友人括蒼吴任寫本一篇。後得吴本板本一篇。二家之書皆温陵曾恬天隱所記。又于寫本注云。題曰上蔡先生語録。于板本注云。題曰逍遙先生語録。殆上蔡又號逍遙耶。

又回陳總領曰。濂洛初未嘗守定一説。象山慈湖之説却從上蔡分派。上蔡謂王荆公勝流俗之説極好。若用之講學。爲補不細。象山於是謂千五年閒。學者盡是流俗。然象山讀書講學。或至終夜不寐。亦未嘗不與人同也。上蔡謂佛言性如日。念如雲。去念見性。如披雲見日。慈湖於是謂人心自光明。不可有意。遂改論語毋意作無意爲證。又斥大學説誠意爲非聖之書。然有心必有意。心是活物。意是動處。然慈湖寒未嘗不思衣。飢未嘗不思食。做士人未嘗不思量破題。出仕宦未嘗不思量處事。慈湖此心此意。亦未嘗不與人同也。

上蔡家學

謝先生克念

謝克念字任伯。上蔡人。良佐次子。良佐遭黨禁。未解而殁。先生流落在台。尋卒。嘉定五年。郡守黄罃以其子偕奉上蔡書院祠。台州府志。

雲濠謹案。葉水心上蔡祠堂記。上蔡先生遭黨人禁錮。未解而卒。諸子避敵迸逸。一死楚。一死閩。獨克念者落台州。紹興六年。朱子發奏官之。亦尋卒云。

上蔡門人

補 舍人曾先生恬

雲濠謹案。韓南澗云。方崇寧大觀閒。天下學者趨時好。溺王氏新書。以弋聲利。奸臣擅朝政。至禁錮諸儒之説。俾不得傳。而天隱獨欲探性命之理。從上蔡謝先生龜山楊先生遊。以講明聖人之道。善類至今稱之。以其字行而流落不偶。僅爲朝請郎知大宗正丞以没。道南源委亦言。先生少刻苦勵學。從楊謝游。得存心養性之旨。

補 祕書鄭先生轂

雲濠謹案。閩書言。先生于重和閒舉八行。又云。自號九思。

附録

入太學。累舉不第。歎曰。古之求道者尚友古人。未及大賢之門。可乎。遂走河南。值二程子已逝。乃遊上蔡之門。執父喪。火延喪室。抱棺叩頭。慟哭不去。已而火爇柱至半止。人名止火柱。

曾氏學侶

江先生濤

江濤。□□人。明道中庸解。陳瓘得之先生。先生得之曾天隱。天隱得之傅才孺云。李丙所藏也。晁氏讀書志。

梓材謹案。得明道中庸解于先生。不獨陳了翁胡五峯序吕氏中庸解言。侯仲良自三川避亂來荆。有張燾者。攜所藏明道先生中庸解以示之。曰。燾得之江濤家。其子弟云然。又言。某兄弟奉親南止衡山。大梁向沈又出所傳明道先生解。有瑩中陳公所記。亦云此書得之濤。是即晁子止讀書志之説也。特侯氏以爲此吕與叔晚年所爲。不以張言爲然耳。

謝氏續傳

謝先生傑

謝傑。上蔡之後也。官永嘉郡丞。與樓攻媿爲忘年交。奉祠主雲臺觀。其卒也。攻媿祭之曰。嗚呼謝公。人物之英。爰自上蔡。斯以道鳴。繼以大參。又有列卿。文獻奕世。不隕其名。惟公巋然。見謂老成。文如綺錯。辨欲河傾。誘掖後進。糾合宗盟。高懷骯髒。不以事嬰。云云。樓攻媿集。

縣尉謝先生敷經附子鄆。郵。

謝敷經字子暢。臨海人。上蔡先生之裔孫也。乾道八年進士。授永豐尉。爲趙忠定公所知。忠定南遷以没。先生淡然無復仕宦意。食指日繁。不忍分異。以妻葛房資易田。復得斥鹵棄地。築堤捍海。墾成隴畝。效范文正公義田以贍其族。又買官山以葬無歸。著家儀以詔子姓。及後田多壞于海潮。二子鄆。郵。克成厥志。殫力經營。以復其舊。趙東里蕃爲之記。台州府志。

梓材謹案。水心葉氏記上蔡祠于嘉定時。甚言其後之式微。先生在嘉定前。疑非上蔡之後。

上蔡續傳

補康先生淵

雲濠謹案。萬姓統譜載。毛先生友誠云。初居縣。即聞謝良佐高弟康叔臨傳程門學。寓巴陵。從之游。據此則先生親受學于上蔡之門矣。

附録

李敬子曰。康叔臨以爲一物格則一知至。燔謂。所謂物格者乃衆理俱窮。相發互通以至。透徹無復餘藴。然後爲格。若謂一物明。一知進。則可。一物格。一知至。則不可。又曰。叔臨又謂。或問所謂内外昭融。内謂理之在己者。外謂理之在物者。

文公朱晦庵先生熹詳晦翁學案。

正惠趙先生希懌

趙希懌字叔和。宋宗室燕王德昭八世孫也。孝宗時登進士第。歷官知太平州。以疾丐祠。除端明殿學士。提舉玉隆萬壽宫。拜昭信軍節度使。致仕。自少勇于學。以遠大自期。慈愛寛和。出于天性。自奉儉質。喜讀論語説。有會心處。擇士之賢者與子弟處。讀書爲文。躬自督課。故諸子皆嶄然自立。少師與篋其季子也。卒贈少保。追封成國公。謚曰正惠。眞西山集。

附録

趙忠定帥福建。公爲屬吏。嘗言治人如修身。治政如理家。愛民如處昆弟。取古今官著惠愛者輯爲一編。曰是吾師矣。忠定奇之。

曾氏家學

曾先生崇附子耆年。延年。

曾崇字希元。晉江人。宗丞天隱先生子。生五歲。葬母。哭泣哀慕不異于壯者。宗丞異之。俾從名士關注學。起家監潭州南岳廟。調錢塘主簿。知安吉縣新學舍。延俊秀。勸以向道藝。務爲善。歷除權發遣高郵軍以卒。先生性孝友。温厚長者。喪宗丞。廬于墓左三年。與其弟居。終身無閒言。著有約齋稿若干卷。而教其二子耆年延年猶力。南澗甲乙集。

康氏門人

補掌教毛先生友誠

梓材謹案。一統志謂先生平江人。聞康叔臨得伊洛之傳。避地岳陽。因徙家巴陵。往從之。又云。學者稱竹簡先生。湖廣通志云。李燔教岳陽。尤加禮敬。既殁。岳陽泮宫祠之。又案。先生所著玩易手鈔。經義考云佚。

趙氏家學

趙先生與簒詳見慈湖學案。

宋元學案補遺卷二十五目録

宋元學案補遺卷二十五

後學 鄞 王梓材 慈谿馮雲濠 同輯

龜山學案補遺

二程門人

補 文靖楊龜山先生時

雲濠謹案。先生元至正二十二年。追封吴國公。明弘治九年從祀。改封將樂伯。

梓材謹案。宋史道學傳言。先生在東郡所交皆天下士。先達陳瓘。鄒浩。皆以師禮事之。暨渡江東。學者推爲程氏正宗。又案。謝疊山爲蔡文節子孫免差科書有云。余景詹守南劍。求楊龜山之後。賜以室廬。養以廩稍者十餘口。

龜山語録

孟子一部書。只是正人心。教人存心養性。收其放心。至論仁義禮智。則以惻隱羞惡辭讓是非之心爲之端。論邪説之害。則曰生于其心。害于其政。論事君。則欲格君心之非。則事無足爲者矣。大學之脩身齊家治國平天下。其本只是正心誠意而已。心得其正。然後知性之善。孟子遇人便道性善。歐陽永叔却言。聖人之教人。性非所先。永叔論别是非利害。文字上儘去得。但于性分之内。全無見處。更説不行。

仕道與祿仕不同。常夷甫以布衣入朝。祖宗欲優其禮。令兼數局。如鼓院染院之類。夷甫一切受之。及伊川爲講官。朝廷亦欲使兼他職。則固辭。蓋前日所以不仕者。爲道也。則今日之事。須其官足以行道乃可受。不然是苟祿也。然後世道學不明。君子辭受取舍。人鮮知之。故常公之受。人不以爲非。而先生之辭。人亦不以爲是也。

語羅仲素曰。今之學者。只爲不知爲學之方。又不知學成要何用。此事體大。須是曾著力來。方知不易。夫學者學聖賢之所爲也。欲爲聖賢之所爲。須是聞聖賢所得之道。若只要博古通今。爲文章。作忠信願慤。不爲非義之士而已。則古來如此等人不少。然以爲聞道則不可。學而不聞道。猶不學也。

語仲素曰。時嘗有數句教學者。讀書之法。以身體之。以心驗之。從容默會于燕閒靜一之中。超然自得于書言象意之表。

六經之義。驗之于心而然。施之行事而順。然後爲得。今之治經者。工無用之文。徼幸科第而已。果何益哉。

讀書須先看古人立意。所發明者何事。不可只于言上求之。如萬章問象日以殺舜爲事。孟子答舜所以處之之道。其意在説聖人無僞。此則不可不知。若從枝葉上理會。如象欲使二嫂使治朕棲之語。此豈可信。堯在上。豈容有此。

解經欲得理通而語簡。舊嘗解易簡而天下之理得。云行其所無事。不亦易乎。一以貫之。不亦簡乎。如是。則天下之理得矣。

龜山語要

性。天命也。天理也。道則性命之理而已。

王道本于誠意。五霸假之者。蓋言其不以誠爲之也。

一不信。則舟中之人盡爲敵國。以事上則上疑。以交朋友則朋友疑。至于無往而不爲人所疑。道何可行乎。若夫尾生期女子于橋下。水至不去。抱柱溺死。非無信也。又須信近于義可也。

大人過人處。只是正己。正己則上可以正君。下可以正人。今之賢者多尚權智。不以正己爲先。縱得好時節。終是做不徹。或謂權智之人亦可以救時。據某所見。正不欲得如此人在人君左右。壞人君心術。

王霸之分。其義利之閒乎。一毫爲利。則不足爲王矣。

書五十九篇。一言以蔽之。曰中而已。

人要爲善。須先明善始得。

六經。先聖所以明天道。正人倫。致治之成法也。其文自堯舜歷夏周之季。興衰治亂成敗之迹。救敝通變因時損益之理。皆煥然可考。網羅天地之大。文理象器幽明之故。死生終始之變。莫不詳喻曲譬。較然如數一二。

孔子言居上不寬。吾何以觀之哉。今人只要事事如意。故覺寬政悶人。不知權柄在手。不是使性氣處。何嘗見百姓不畏官人。但見官人多虐百姓耳。然寬亦貴有制。若百事不管。惟務寬大。則胥吏舞文弄法。不成官府。須要權常在己。儘寬不妨。

勸學文

志學之士。當知天下無不可爲之理。無不可見之道。思之宜深。無使心支而易昏。守之宜篤。無使力淺而易奪。要當以身體之。以心驗之。則天地之心日呈露于目前。而古人之大體已在我矣。不然。是未免荀卿所謂口耳之學。非所望于吾友也。

周禮辨疑

五方之民風氣異。宜其安居和味衣服利用備器有不可强同者。先王脩禮以節其性。達其志。通其欲而爲之節文。故禮與俗不可離而爲二也。

説者謂有司不得拘制天子。故不會計多少。然要非蕩然無節制也。九式掌于冢宰。則人主自不得恣其費用。而用皆合式。不必以有司之法會之。以上天官。

律小大之稱。比終始之序。以象事行。使親疏貴賤長幼男女之理。皆形見于樂。則樂自有禮矣。無相奪倫。所以教和也。故在宗廟之中。君臣上下同聽之。則莫不和敬。在鄉黨族里之中。

長幼同聽之。則莫不和順。在閨門之內。父子兄弟同聽之。則莫不和親。

斂市之不售貨。所以便商。非以其賤故買之也。待不時之買。所以便民。非以其貴故賣之也。以上地官。

祭以精意爲主。灌用鬱鬯。貴氣臭也。故獻之屬。莫重于灌。春官。

虞舜之世。其事簡。其人寡。其于巡守也兵衛少。征求輕。故行之五歲不爲數。成周之世。其事煩。其人衆。其于巡守也兵衛多。供億繁。故行之十二年不爲疏。秋官。

詩論

齊桓公攘戎狄而封衛。未嘗請命于天子。而專封之也。故春秋書城楚邱。而不言其封衛。蓋無取焉。然則木瓜美桓公。孔子何以取之。曰。木瓜之詩。衛人之詩也。衛爲狄所滅。桓公救而封之。其恩豈可忘也。欲厚報之。不亦宜乎。在衛人之義。不得不以爲美。其取之也。以衛人之義而已。若春秋褒貶示天下之公。故無取。木瓜。

王阮亭曰。夫興滅繼絕。善之大者。況衛人報德之辭。豈得不録。龜山以此辨詩春秋去取異同則可耳。桓公大義烏可没耶。

仁且有禮矣。而又有武焉。固宜國人之所説而歸之。而詩以爲不義得衆。何也。曰。先王之迹微。而理義消亡。政教不明。而國俗傷敗。故人之好惡不足以當是非。而毀譽不足以公善惡。

叔段不義而爲衆所説。亦以衰俗好惡毁譽不當其實故也。叔于田。

王阮亭曰。予以爲此意猶有未盡者。人之賢不肖各有其黨。黨羽嬖幸更相貢諛。彼詎恤公論哉。如淮南王之伍被。左吴。宸濠之李士實。劉養正輩。甘佐畔逆。躬陷大戮。此曹猶足以禮義責之乎。此當是其黨羽嬖幸之屬造作以愚國人者。而非其國人之愛之稱之也。觀其後公子封伐京。京人叛太叔段。則豈國人果悦而歸之哉。

共叔段繕甲治兵。國人説而歸之。而詩人以刺莊公。何也。曰。叔段以不義得衆。其失在莊公之不制其早也。君明義以正衆。使衆知義。則雖有不義。莫之與也。雖有僭竊。莫之助也。尚何使人説而歸之哉。民説而歸之。則其取之也固不説矣。故莊公雖以仲爲可懷。而終畏人之多言也。將仲子。

王阮亭曰。此意亦有未盡。嚴華谷云。説詩者探莊公之心在于殺段。而託諸父母諸兄國人以爲説。冀以稔其惡耳。此駁後序未盡莊公之惡則然。而説詩之本意則未也。叔段舊有奪嫡之謀云云。及段將襲鄭。公曰。可矣。蓋幸其釁自彼作。謂人不得以議我。豈有涕泣而道之意哉。此詩正以公與祭仲有殺段之謀。故設爲公拒祭仲之辭。以天理感動之。公論開悟之耳。此言深得詩意。如龜山之論。猶是以至誠待莊公矣。

嘗觀古之爲士者。所至遠近雖不同。其秉節勵行皆有以自立于世。豈其材悉能過人耶。特以先王教學之道明。而士于此時無私習之蔽故也。周道衰。庠序之法廢。故家遺俗隨以熄滅。幸而有孔子出焉。振先王已墜之之㈠教。駕説于當世。而從之遊者。若參之魯。師之辟。由之喭。師之過。商之不及。其材固非有大過人也。然其聞所未聞。見所未見。而餘言遺行。有後世宿儒皓首不能窮者。則士之所得依歸。豈曰小補之哉。見明道先生書。

孟子曰。固哉高叟之爲詩也。則爲詩猶有得失焉。爲之高叟是固而已。非知詩者。則爲之一言。恐未足以蔽二南也。孔子曰。詩三百。一言以蔽之。曰思無邪。則二南固在其中矣。恐不須他求也。

夫亂世不能無君子。治世不能無小人。特其消長異耳。此天地之義。陰陽之理也。故治世能使小人不爲惡而已。不能絶之使無也。此處夬之道也。

以爻當期。其原出于繫辭。而以星日氣候分布諸爻。易未有也。其説詳于緯書。世傳稽覽圖是也。揚子草玄。蓋用此耳。卦氣起于中孚。冬至卦也。太玄以中準之。其次復卦。太玄以周準

㈠「之之」衍一「之」。

之。升大寒卦也。太玄以干準之。今之曆書亦然。則自漢迄今。同用此説也。而先天以復爲冬至。噬嗑爲大寒。又謂八卦與文王異。若此類。皆莫能曉也。以上答陳瑩中書。

惟命一説。雖揚雄猶未能造其藩。況餘人乎。而世人易言之。多見其妄也。知性而后可與言命。中人以上乃可與此。故子罕言也。以上與胡康侯書。

三代正朔。如忠質文之尚。循環無端。不可增損也。秦以亥爲正。失其旨矣。斗綱之端。連貫營室。織女之紀。指牽牛之初以紀日月。故曰星紀。五星起其初。日月起其中。其時爲冬至。其辰爲丑。三代各據一統。明三統常會。而迭爲首。周環五行之道也。周據天統。以時言也。商據地統。以辰言也。夏據人統。以人事言也。故三代之時。惟夏爲正。謂春秋以周正紀事是也。正朔之日天子出。改正朔。恐聖人不爲也。答胡康侯書。

夫所謂中者。豈執一之謂哉。亦貴乎時中也。時中者。當其可之謂也。堯授舜。舜授禹。受而不爲泰。湯放桀。武王伐紂。取而不爲貪。以至爲臣而放其君。非簒也。爲弟而誅其兄。非逆也。書之所載。大倫大要。不越是數者。以其事觀之。豈不異哉。聖人安爲之而不疑者。蓋當其可也。書義辨疑自序。

學者之視聖人。其猶射之于正鵠乎。雖巧力所及。及遠近中否之不齊。然未有不志乎正鵠而可言射也。士之去聖人或相倍蓰。或相什百。所造固不同。然未有不志乎聖人而可以言學也。道廢千有餘年。百家之言盈天下。學者將安取正乎。質諸聖人而已矣。論語解自序。

君子之言行。無所不在道。肆諸筆舌。以傳後世。皆所以明道也。發諸身。措諸用捨。皆所以行道也。世之學者。因言以求其理。由行以觀其言。則聖人之庭户可漸而進矣。孟子義自序。

先王之時。書必同文。故建官以達之。所以一道德之歸。立民信也。漢初猶有六體課試之移。有司舉劾之令。以同天下之習。時變事異。法亦隨廢。故事作無正而人用其私。古書幾亡矣。可勝惜哉。復古編後序。

古之人所以求仁者。不亦難乎。夫孔子之徒。問仁者多矣。而孔子所以告之者。豈一概而言歟。有罕言以仁者。以仁道至大而言之不盡也。故凡孔子之所言者。皆求仁之方也。若夫仁則未之嘗言。其徒如由。如賜。雖曰升堂之士。至于仁。終莫之許也。所謂求之之難。不其然歟。求仁齋記。

梓材謹案。四庫全書著録龜山集四十二卷。提要言。其受蔡京之薦。雖朱子亦不能無疑。然于蔡京既敗以後。卽力持公論。又稱其排和議。爭三鎮。請一統帥。罷奄寺守城。以及茶務鹽法。轉般糴買。坑冶盜賊。邊防軍制諸議。皆于時勢安危。言之鑿鑿。非空談性命。不達世變之論云。

梓材又案。四庫又著録先生二程粹言二卷。提要言。其始以師禮見明道于潁昌。相得甚歡。明道歿。又見伊川于洛。南渡以後。朱子及張南軒等皆誦説程氏。屹然自闢一門户。其源委脈絡實出于龜山。是書乃其自洛歸閩龜山。以二程子門人所記師説。採撮編次。分爲十篇。朱子嘗稱明道之言。發明極致。善開發人。伊川之言。卽事明理。尤耐咀嚼。然當時記録既多。如遺書。外書。雅言。師説。雜説之類。卷帙浩繁。讀者不能驟窺其要。又記者意爲增損。尤不免牴牾龐雜。朱子嘗欲删訂爲節本而未就。世傳南軒所編伊川粹言二卷。又出依託。惟龜山師事二程。親承指授。所記録終較剽竊販鬻者爲眞。程氏一家之學。觀于此書。亦可云思過半矣。

王氏字説辨

悾侗　眞空者離人焉。悾異于是。特中無所有耳。大同者離人焉。侗異于是。特不能爲異耳。

眞空者離人焉。是離色則空。非卽空也。大同者離人焉。有離則非大同也。列子曰。和者大同于物。夫五味非一也。相得而後和。有離焉則非和也。萬物固非一類也。各于類而同之。則所同不廣矣。合而和之。然後爲大同。

同　彼亦一是非也。此亦一是非也。物之所以不同。冂一口。則是非同矣。此亦一是非。彼亦一是非。非冂其一口所能同也。防民之口。甚于防川。川壅必潰矣。何同之有。惟君子爲能通天下之志。乃能同也。同異之名。不爲是非而有也。如樂統同。禮辨異。同姓異姓之類。何是非之有。

童　始生而蒙。信本立矣。方起而穉。仁端見矣。

四端皆根于人心。與生俱生也。非特信仁而已。以蒙爲信本。穉爲仁端。皆無是理也。

中　中通上下。得中則制命焉。

中者天下之大本。非特通上下而已。是未知中之爲中也。

忠　有中心。有外心。所謂忠者。中心也。心無中外。以忠爲中心。無是理也。禮器曰。禮以多爲貴者。以其外心也。以少爲貴者。以其内心也。蓋用心之有内外耳。非心有内外也。

公　公雖尊位。亦事人。亦事事。三公論道經邦。燮理陰陽。非事事也。

籠　從竹從龍。内虛而有節。所以籠物。雖若龍者。亦可籠焉。龍非可籠之物也。

黄東發曰。其對上以聾字爲龍重聽。事出山海經。不知作山海經者人也。未嘗與龍接談。何以知其重聽。如邱隴之隴。從阝。龍豈在阝。朦朧之朧。從月。龍豈近月耶。觀此可以類推。

冬　春徂夏。爲天出而之人。秋徂冬。爲人反而之天。四時之運。終則有始。天行也。無之天之人之異。

天示　一而大者。天也。二而小者。示也。又曰。天得一而大。地得一而小。域中有四大。而地居一焉。何小之有。

終　無時也。無物也。則無終始。終則有始。天行也。時物由是有焉。天行非有時物也。中庸曰。誠者天之道也。又曰。誠者物之終始。蓋惟無息故爾。又奚時物之有。

聽　于事則聽思聽。于道則聽忽矣。

事道初無二也。故孔子之相師亦道也。聖人憲天之聽。天非有事也。何多事而聽之有。

思　出思不思。則思出于不思。若是者。其心未嘗動。出也。故心在内。

誠者天之道。思誠者人之道。思之至于無思。則天之道也。故思則得之。不思則不得。出思不思。則思出于不思。無是理也。與所出怒不怒異矣。

之　有所之者。皆出乎一。或反隱以之顯。或戾靜以之動。中而卜者。所之正也。

莫見乎隱。莫顯乎微。則隱顯一理也。非反隱以之顯也。寂然不動。感而遂通天下之故。則動靜一體也。非戾靜以之動也。非夫通幽明之故。知神之所爲。孰能與于此。

除　有陰有陽。新故相除者天也。有處有辨。新故相除者人也。

一日之頃。一身之中。而有陰中之陽。陽中之陰。新新不窮。未嘗相除也。有處有辨。與陰陽異矣。

蟋蟀　蟋蟀。陰陽帥萬物以出入。至于蟋蟀。其率之爲悉。蟋蟀能帥陰陽之悉者也。故詩每況焉。

陰陽之運。萬物由之而生成焉。非帥萬物以出入也。陰陽亦非蟋蟀所能帥也。

紅紫　紅以白入赤也。火革金以工器成焉。凡色以系染也。紫以赤入黑也。赤與萬物相見。

黑復而辨于物。爲此而已。夫有彼也。乃有此也。道所貴。故在系上。工者事也。此者德也。白受采。五采皆以白爲質。非特火革金爲紅也。赤與萬物相見。黑復而辨于物。爲此而已。不知爲此者何義也。

嵩高　高言事。嵩指物。陰陽之義。

嵩高無陰陽之義。

神宗日録辨

上問唐太宗如何主。對曰。陛下當以堯舜爲法。唐太宗所爲。不盡合法度。末世學士大夫不能通知聖人之道。故常以堯舜爲高而不可及。不知聖人經世立法。常以中人爲制也。

夫道止于中而已矣。聖人經世立法。非固貶損以中人爲制。道固然也。故堯舜禹三聖相授。皆曰允執厥中而已。蓋立法失中。其過與不及。皆非聖人之道也。

上問張端河北鹽議。對曰。今且當以變通財利爲先。凡利者陰也。陰當隱伏。義者陽也。陽當宣著。

取其所當取。則利卽義矣。何宣著隱伏之有。若夫宣著爲義之名。而陰收爲利之實。此五霸假仁義之術。王者不爲也。故青苗意在取息而以補助爲名。市易欲盡籠商賈之利。而以均濟貧苦爲説。皆此意也。

陛下誠能慎察義理。而左右不循理之人。敢爲妄言以沮亂政事。誠宜示之以好惡。陛下捄今日之弊。誠患不可以不勇。

立法造事不爲衆論所與。一以力勝之。而能成天下之務。未之有也。

上因問。誠則明矣。明則誠矣。何謂也。余曰。能不以外物累其心者。誠也。誠則于物無所蔽。于物無所蔽。則明矣。能學先王之道。以解其心之蔽者。明也。明則外物不能累其心。則誠矣。人之所以不明者。以其有利欲以昏之。如能不爲利欲所昏。則未有不明也。明者性之所有也。

誠者天之道也。非外物不能累其心者所能盡也。告子之不動心。豈利欲能昏之哉。然而未嘗知義也。未嘗知義。非明也。然則所謂明者。非物格知至。烏足與此哉。荆公自謂能不以外物累其心。故其言每以是爲至。蓋以其未嘗知天道故也。

上論不尚賢。余曰。尊尊。親親。賢賢並用。先王之政事也。老子不尚賢。是道德之言。書曰。德惟善政。孔子曰。爲政以德。離道德而爲政事。非先王之政事也。

上曰。使釋老之說行。則人不務爲功名。一切偷惰。則天下何由治。余曰。如老子之言道德。乃人主所以運天下。但中人以下不明其旨。則相率亂俗。陷爲偷惰。如西晉是也。上曰。乃人主所以運天下。非所以訓示衆人者也。余曰。誠如此。若夫功名爵禄。乃先王所以役使羣衆。使人人薄功名爵禄。上何以使天下。故先王所以運天下。必有出于功名爵禄之外者。而未嘗示人以薄功名爵禄也。聖人。人倫之至也。于君臣父子夫婦兄弟朋友之閒。各盡其道。所謂至也。至于其身爲天下用。豈爲功名爵禄哉。蓋君臣者。人倫之大。爲臣義當如此也。故三代之學。皆所以明人倫。人倫明于上。則人知自盡。雖有高明超卓之士。出于功名爵禄之外。亦孰敢不爲用也哉。先王所以運天下。用此道而已。外是皆謬悠荒唐之説也。夫名位爵禄。天之所以待有德。人主不得而私焉者也。故書曰。天命有德。五服五章哉。五服五章不以命有德。乃欲以是役使羣衆。非所以奉天也。蓋其學不足以知天。其論每如此。

人主若能以堯舜之政澤天下之民。雖竭天下之力以充奉乘輿。不爲過當。雖庸人知其不可爲也。

天地之大德曰生。然河决以壞民屋而天不恤者。任理而無情故也。堯使鯀治水。汨陳其五行九載。而堯晏然不以爲慮。此能爲天之所爲。任理而無情故也。不知何所據而然也。以憂恤百姓爲不知天之所爲。則文王視民如傷。其不知天甚矣。

潞言人多言仁義。鮮能行。上曰。實能言仁義者不爲多。仁義之實亦自難知。余曰。楊朱不知義。墨翟不知仁。惟孟子乃能知仁義。楊氏爲我。不知仁也。墨氏兼愛。不知義也。至于無父無君。乃其末流耳。非其本也。仁義之實難知。其信矣乎。

附録

初授汀户參軍。不赴。杜門積學。渟滀涵浸。人莫能測者幾十年。遷著作郎。及面對。奏曰。堯舜曰允執厥中。孟子曰湯執中。洪範曰皇建其有極。歷世聖人由斯道也。熙寧之初。大臣文六藝之言以行其私。祖宗之法紛更殆盡。元祐盡復其舊。至紹聖崇寧。抑又甚焉。臣願詔有司條具祖宗之法。著爲綱目。有宜于今者舉行之。當損益者損益之。一趨于中而已。

召爲祕書郎。入對。言今大難蓄而將發。正君臣交警之時。請作宣和會計録。周知天下財賦出入之數。修祖宗法爲綱目。元祐熙豐寘勿問。但宜于今者舉行。

初夏侍長上郊行分韻得偕字詩曰。講習豈無樂。鑽磨未有涯。書非貴口誦。學必到心齋。酒可陶吾性。詩堪述所懷。誰言曾點志。吾得與之偕。

金仁山曰。此詩乃先生少時筆也。其敏學自幼已然。

又古詩曰。此日不再得。頹波注扶桑。躚躚黃小羣。毛髮忽已蒼。願言媚學子。其惜此日光。術業貴及時。勉之在青陽。行矣愼所之。戒哉畏迷方。舜跖善利關。所差亦毫芒。富貴如浮雲。苟得非所臧。貧賤豈吾羞。逐物乃自戕。胼胝奏艱食。一瓢甘糟糠。所逢義適然。未殊行與藏。斯文已云没。簡編有遺芳。希賢亦賢徒。要在用心剛。譬猶適千里。駕言勿徊徨。驅馬日云遠。

誰謂阻且長。末流學多歧。倚門誦韓莊。出入四寸間。雕鐫事詞章。學成欲何用。奔趨利名場。挾筴博塞遨。異趣俱亡羊。我懶心意衰。撫事多遺忘。念子方妙齡。壯圖宜自强。至寶在高深。不憚勤梯航。茫茫定何求。所得安能常。萬物備吾身。求得舍則亡。雞犬猶知尋。自棄良可傷。欲爲君子儒。勿謂吾言茫。

又閒居書事曰。荒庭幽草翠相環。默坐頽然草色閒。玩意詩書千古近。放開天地一身閒。疏窗風度聊攲枕。永巷人稀獨掩關。誰信紅塵隨處淨。不論城郭與青山。

程子勸先生勿好著書。著書則多言。多言則害道。學者要當察此。

伊川曰。楊某于新學極精。今日一有所問。能盡知其短。而持之大抵支離。伯淳常與楊某讀了數篇。其後盡能推類以通之。

胡文定誌其墓曰。公天姿夷曠。濟以問學。充養有道。德器早成。積于中者純粹而宏深。見于外者簡易而平淡。閒居和樂。色笑可親。臨事裁處。不動聲色。與之遊者。雖羣居終日。嗒然不語。接人以和。而鄙薄之態自不形也。推本孟子性善之説。發明中庸大學之道。有欲知方者。爲指其攸趨。無所隱也。

又答陳幾叟書曰。某于龜山宣和靖康中諸所建白。詳載其本末。此是他人不能言。而龜山獨能言之。又時然後發。所以尤可貴也。若龜山此舉。可謂老婆心切矣。世人不察其用心之所在。知之者見其赴召。則曰此御筆也。夫違御筆者以大不恭論。自政和末年以來。已是海行指揮。豈可以此定賢者之出處。以其不可違而就。假有論及申屠蟠笑而不答之事。則又何詞以對。故其赴召非畏海行指揮。乃懼天下人在塗炭中。而有惻然不忍之心。以不屑去耳。

又曰。楊先生却是聰明過人。伊川纔舉起新説有害道處。楊節節推出來。伊川云。楊某煞聰明。

呂紫微曰。嘗聞于前輩。以爲明道温然純粹。終身無疾言遽色。先生實似之。

又曰。龜山沈浸經書。推廣師説。窮探力索。務極其趣。涵蓄廣大。而不敢輕自肆也。

晁子止曰。龜山中庸解。載程正叔之言曰。不偏之謂中。不易之謂庸。蓋亦猶王氏之説也。

張南軒瀏陽畫像記曰。宋興百有餘年。四方無虞。有儒生高談詩書。自擬伊傅。而實竊佛老之似。濟非鞅之術。舉世風動。雖巨德故老。有莫能燭其奸者。其説一行。而天下紛紛多事。反理之評。詭道之論。日以益熾。邪慝相乘。卒兆裔夷之侮。攷其所致。有自來矣。靖康初。公始奏其學術之謬。請追奪王爵。罷去配享。雖其説未得盡施。然大統中興。論議一正。到于今。學者知荆舒禍本而有不屑焉。則公之息邪説。距詖行。放淫辭。以承孟氏者。其功顧不大哉。公師事二程。得中庸鳶飛魚躍之傳。于言意之表。踐履純固。卓然爲一世儒宗。故見于行事深切著明如此。

朱子曰。龜山天姿高。樸實簡易。然所見定更不窮究。少年未見伊川時。先本看莊列等文字。後來此念熟了。不覺時發出來。游先生尤甚。

又曰。龜山中庸有可疑處。如論中庸不可能。乃是佛老緒餘。決非孔子子思本意。羅先生陳幾叟諸人以龜山中庸語意枯燥。不若吕與叔之浹洽。此可見公論之不可揜矣。

梓材謹案。先生中庸解自序云。予昔在元豐中。嘗受學明道先生之門。得其緒言一二。未及卒業而先生殁。繼又從伊川先生。未幾先生復以罪流竄涪陵。其立言垂訓爲世大禁。學者膠口無敢復道。政和四年夏六月。予得請祠館。退居餘杭。杜門却掃。因得温尋舊學。悼斯文之將墜。于是退述先生之遺訓。著爲此書。是可見先生受學二程。與其著述之大畧。又案。先生爲孫莘老春秋經解後序。汪氏綱云。楊公學邃于經。今于是書尊信推予。若弟子之于其師。是先生亦嘗私淑孫氏矣。

又書龜山帖後曰。楊陳二公論易有不同者。而楊公之詞平緩如此。夫二公之間。豈有所嫌疑畏避而然哉。亦其德盛仁熟而自無鄙倍耳。楊公于先天之學有所未講。則闕而不論。其不自欺又如此。尤後學之所宜取法也。

王深寧困學紀聞曰。龜山曰。子見南子。包承者也。此大人處否而亨之道。朱文公謂。非所以爲訓。若使大人處否而包承小人以得亨利。則亦不足以爲大人矣。

謝山箋曰。聖人非道廣之太邱。

黄東發曰。世多疑龜山晚年一出。無益于事。甚至謂其不必出者。不知我宋之所以中興。多龜山之出之力也。方宣靖閒。羣小滿朝。横政四出。夷狄乘隙。反欲以問罪借名。龜山一出。而盡逐小人。盡革弊政。夷狄所欲以問罪借名者。至是則盡無之矣。故雖無救一時已成之禍。而開明正論。慰懌人心。已足以肇異日中天之業。國于天地必有與立。不有君子。其能國乎。于斯信矣。

又曰。易自升卦以後闕。餘皆全書。蓋先生平生最用功于易。于程門理義之學多有發明。惟其以潛龍爲顔子事。見龍爲孔子事。九三爲周公居攝事。九四爲顔淵未見其止。飛龍爲孔子猶天之不可階而升。似頗拘。又以天行健君子以自强不息爲乾象。非聖人不足以盡。故取其行健而已。似不必于本意上更探高一等耳。聖經何以求加爲哉。

謝子蘭楊文靖公祠堂詩曰。立雪程門道學傳。東南瓜瓞遂綿綿。置身方到賢關地。隻手將扶杞國天。豺虎跳梁非偶爾。鳶魚飛躍自悠然。常州舊宅今焦土。宜有烝嘗似昔年。

馬平泉曰。知不可爲而爲者。孔子也。然仍未嘗强爲。問陳則行。待以季孟之閒則行。三日不朝則行。靖康之時。巨奸當國。國勢危若朝露。大廈豈一木所能支。龜山之出。讓和靖一籌矣。然安石從祀。天下非王氏説不習。可謂暗無日月。龜山正之。力奠學途。功在百世。不虛此出云。

謝山鮚埼亭詩集道南祠下雜作其一曰。粱谿泚泚惠泉清。流出龜山木鐸聲。怪殺荆舒猶未盡。至今茅葦竊科名。

王氏先緒

王先生僖

王僖字康國。崑山人。彦光察院之伯祖也。梓材案。彦光之父名億。先生名僖。當是父行。居太學有聲。

鄉人謂之王學正。有堂名逸野。彥光自幼知讀書。先生之訓也。中吳紀聞。

王先生僖父申。

王僖。崑山人。父申。以學行推于鄉。先生亦樂道好善。彥光葆其子也。姑蘇志。

龜山講友

補衛公李先生夔

雲濠謹案。龜山先生誌其墓云。公幼孤。鞠于外家。舅氏大資政黄公一見器之。授以書。過目成誦。期年之閒。無書不窺。學日進。文日益有名。從黄公遊者咸推先焉。

吴審律先生儀

吴儀字國華。劍浦人。雲濠案。道南源委作南平人。清修力學。榮利不入于心。垂釣橘溪之土㊀。超然自適。時或行歌于松蹊竹疃。人莫窺其際。大爲楊龜山所重。嘗題釣臺及詠歸堂。羅豫章從彥嘗師事之。自號審律。時稱審律先生。姓譜。

梓材謹案。龜山誌先生墓曰。延平號稱多士。以學行著聞鄉閭者。吴氏三人。曰及之。曰季明。而審律先生其一也。又曰。三人者相與切磋。以窮經學古爲務。不事科舉。其後季明以經行被召。而審律晚亦出仕。獨及之卒于布衣。予視三人

㊀「土」當爲「上」。

爲前輩。而少得從審律游。最厚。先生不予鄙進而友之。又言。崇寧五年。詔求天下遺逸。授先生將仕郎。大晟府審驗音律。未幾府罷。先生亦浩然而歸。不復出矣。

楊先生敦仁

楊敦仁字仲遠。將樂人。嘗謂養氣之道如養苗。舍之而不耘。稗莠傷之。助之長者。則揠之而槁矣。楊龜山嘗與往返論反身知命之學。異端佛老之非。道南源委。

縣令鄒先生夔

詳見安定學案。

雲濠謹案。龜山嘗爲先生作字序。見龜山集。

梁溪師承

張吴園先生根

張根字知常。德興人。性嗜學。掃一室獨居。人不堪其憂。澹如也。以元豐五年擢進士第。年二十有一。尚書黄履聞其名。以女妻之。歷知遂昌縣事。有政績。以大父母年高致其仕。則恩及之。遂以通直郎致仕。時年三十有一。後落致仕召對。力辭不報。則面陳人主。能不以功業之敏自矜盈。成之易自佚。守之以中。求天下無治。不可得也。授親賢宅教授。通判杭州。以親老乞監西京東嶽廟。丁父憂。服除。提舉江南西路常平等事。田疇之墾。桑柘之植。溝防之修者。以千萬計。遷轉運使。再任除直龍圖閣。落職監信州酒税。復責授濠州團練副使。郴州安置。尋以討賊功許自便。屢赦復朝散大夫。宣和二年卒于家。年六十。其學不守章句。居閒十有六年。專覃思經史。務欲明聖人之道。而見之行事。在元祐。則言詆新法置理訴司者。在建中。則言不當棄地。在大觀政和。則言糴本和買茶鹽法。其大者欲人主正心術。去朋黨。斥玩好。而于邊事尤詳。至老未嘗釋書不觀。鄉人師之。隨其材。或文。或行。皆有可稱。而其弟相樸遂以文學躐臺省。躋侍從。爲名臣。其子𤆦亦以任子力學。廷中第三人。有釋周禮易春秋等書三百六十卷。蓋早樹立。妻父黄履尤器之。相去千里。先生有言必告。如捄鄒浩之類。皆自先生發之云。汪浮溪集。

雲濠謹案。先生有女七人。長適黄長睿伯思。次適李梁溪綱。

吴園周易序論

生生不窮。故謂之易。有太易。有太初。有太始。有太素。蓋太易者未見氣。太初者氣之始也。太始者形之始也。太素者質之始也。氣形質具而未相離。曰渾淪。視之不可見。聽之不可聞。循之不可得。故曰易。

聖人取夫陰陽變化之理。而寓之卦。以著吉凶悔吝利害成敗之説。雖非道之妙。而所以微顯闡幽。爲教之法。舍是則亦不可得而見矣。故曰乾坤毁。則無以見易。易不可見。則乾坤或幾乎息矣。此言陰陽之理待易而後明。易亦待陰陽而後顯也。君子所以修身爲家。爲國。爲天下。得是而窮之。知夫變化之所自。然後趣時乘理。應對酬酢。無所凝滯。人苟不明乎此。是未免乎膠柱調瑟。刻舟求劍之比也。易之爲名爲義。可不察哉。

爲天下國家與夫修身。皆人事也。其吉凶悔吝。利害成敗。何與乎陰陽之説。而聖人取是以明之。何也。曰。修身也。齊家也。治國也。平天下也。其事不一。其時不齊。所謂吉凶悔吝。利害成敗。不可以偏舉。而又不可以概論。則將示訓于天下。垂教于後世。無定法而可乎。雖不可無定法。而萬事萬物之變。今昔異宜。一日萬機。禍福倚伏。又不可以言盡。此聖人所以體夫天地萬物之象。推剛柔變化之説。而寓其意于爻。以示吉凶悔吝。利害成敗之大法。使天下後世可攷焉。中才學之可以守身。可以有家。可以持國。可以保天下。智者引而伸之。觸類而長之。天下之能事畢矣。故曰。易者。象也。象也者。像此者也。又曰。書不盡言。言不盡意。然則聖人之意不可見乎。曰。聖人立象以盡意。而終之以變。而通之以盡利。鼓之舞之以盡神。此易之爲道。所以唯變所適。而異乎詩書禮樂。不可爲典要。非中人以上。焉足以與此。

易窮則變。變則通。通則久。此黄帝堯舜所以通其變。使民不倦。神而化之。使民宜之者也。三代之書。或曰連山。或曰歸藏。或曰周易。而易之名莫之或改。豈非變通之義不可易歟。由是觀之。易之爲教也。象而已矣。而所以爲教。在意不在象。舍象則無以見意。此八卦所以爲易之本。而三代同之也。

易之象。八卦而已。而曰易有四象。所以示也何。曰。此先儒所以紛紛而莫之或一也。攷諸聖人之辭。而觀其立言之序。其得失可見矣。其曰易有四象。所以示也。繼之繫辭焉。所以告也。則所謂四象者。卦爻之謂爾。果以爲卦爻。則非生八卦之四象可見矣。非生八卦之四象。則非金木水火與七九六八之數又可知矣。既曰易有四象。則易中之象焉。果易中之象。則非蓍龜河圖之類可知矣。有四象然後繫辭焉以告。則非所謂得失憂虞進退晝夜之象又可知矣。然則果何爲而四耶。曰。亦索諸卦爻而已。奇耦之畫一也。八卦二也。六十四卦三也。三百八十四爻四也。有奇耦之畫。然後八卦成。八卦成。然後六十四卦立。六十四卦立。然後三百八十四爻顯。易之象于是乎備矣。奇耦者陰陽之象也。八卦者天地雷風水火山澤之象也。六十四卦者天下至賾之象也。三百八十四爻者天下至動之象也。陰陽之變而至于天下之至動。則所謂爲天下國家與夫修身吉凶悔吝成敗利害之理具矣。聖人之意于是盡矣。易之爲教于是宣矣。故曰易有四象。所以示也。不其然乎。

然則聖人以此繼夫天生神物。與夫河圖洛書之後。豈無意耶。曰。惡得無意。此意所以明作易取象垂教之所由也。豈苟然哉。蓋生覆者天之職。形載者地之職。教化者聖人之職。萬物失其理則天地之過也。萬民失其性則誰之過歟。故聖人效天地變化。而欲作爲書以示教。以爲言不切則不能動人。故又取則蓍龜而告人以吉凶禍福之理。然言不能盡意也。故又法天之垂象。使其如日月星辰爛然。人皆觀而自得焉。然天下之象衆矣。悉備之則不勝其煩。而特言之則又恐不足以盡意。故又法河圖洛書之文而畫卦。于是四象立而吉凶之理著矣。四象者所以法圖書之文而象日月之著也。繫辭焉所以則人物之告人也。定吉凶所以效天地之變化。既成萬物也。故曰易有太極。是生兩儀。兩儀生四象。四象生八卦。八卦定吉凶。吉凶生大業。所謂大業者。是聖人變通鼓舞以盡易之妙。效天地變化之極致也。故曰法象莫大乎天地。變通莫大乎四時。懸象著明莫大乎日月。崇高莫大乎富貴。備物致用。立成器以爲天下利。莫大乎聖人。探賾索隱。鉤深致遠。莫大乎蓍龜。此言聖人據崇高之勢而能法象。則效成器致用利天下。以盡變通鼓舞之事業也。若伏羲神農黄帝堯舜。則取諸離作結繩而爲網罟之類。作爲耒耜衣裳舟楫弓矢杵臼之器。雖然。苟有其位而無其德。雖欲有爲不能也。苟有其德而無其位。雖欲有爲不可也。故古之帝王多矣。而能通其變。神而化之者。幾何耶。仲尼以大聖人之才。不得紹三王之業也。然聖人之心曷嘗一日而忘天下哉。故歷聘七十二君。無所用。老矣退而修易。作繫辭焉。然後易道彰明。無餘蘊矣。此其功所以與伏羲文王同。而其澤百世不斬也。是以言崇高富貴。必繼之以聖人。而論蓍龜之功。獨在聖人之後也。

兩儀生四象。四象生八卦。而圖書之功著。則八卦果圖書之成法。而四象果金木水火與六七八九之數歟。曰。若是。則伏羲不足謂之聖。而五行先于天地也。蓋伏羲之作易也。深探陰陽之本。而究太極兩儀四象之旨矣。而未得所以顯之之方。俯仰以觀。遠近以取。盡類天下之象矣。而未得所以類之之體。于是則圖書之文。有奇耦相生之義。而作畫卦之法焉。然後神明之德可以通。而萬物之情有以類。故曰河出圖。洛出書。聖人則之。易有四象。所以示也。言揆其大法。

以爲卦爻云爾。所謂金木水火之象。與夫六九七八之數。皆後儒之妄也。

然則所謂兩儀四象果何物耶。曰。易變爲一。是謂太極。此道之所以包括天地五行之樞要。而氣之母也。一氣初判。陰陽始分。輕清者上浮。重濁者下聚。故謂之二氣。二氣不交。變化不成。一騰一降。或左或右。更進迭退。斯有老少。故謂之象。儀者陰陽之體。而象者陰陽之用也。此天地五行所資以生化萬物而不窮者也。是謂神明之德。此八卦之所由別也。然兩儀四象。其數六矣。而八卦皆成于三者。何也。豈非所謂三極之象歟。曰。易固備三才之道矣。然方畫卦之始。取則于陰陽之道未興也。及夫三畫既列。然後人道存乎其中爾。取則于陰陽而獨以三何也。曰。經不云乎。陽卦多陰。陰卦多陽。其故何也。陽卦奇。陰卦耦。蓋陰陽不並立。剛柔不並行。獨立亦不能以自生。獨行亦不能以自成。是故二儀以爲主。四象以爲輔。合而爲乾坤。布而爲六子。乾也者。純乎陽者也。坤也者。純乎陰者也。陽用事。則爲艮。爲震。爲坎。陰用事。則爲巽。爲離。爲兑。此乾坎艮震所以處東北也。而坤兑巽離所以處乎西南也。各從其類也。

然則八卦皆始于一。立于兩。而成于三。此三才之象所以形乎。聖人必言于重卦後者。蓋易至于重卦而後人道見故也。雖至于重卦而後人道見。然三畫之中三才之道已具矣。何則。兩儀者陰陽之合。而四象者陰陽之分也。自形名以觀之。陰陽之分不同。自太極以觀之。則陰陽又合有沖氣。是故少陽者陰中之陽也。老陽者陽中之陽也。少陰者陽中之陰也。老陰者陰中之陰也。而所謂兩儀陰陽之沖氣也。惟沖氣然後可以生萬物。此八卦所以兩儀爲主。而四象輔之而已。猶人也。乾道成男。坤道成女。然皆負陰而抱陽。沖氣以爲和。由是觀之。所謂卦皆具三才之道。豈不然乎。至于重卦。然後兩儀四象之體全。而所謂陰陽也。剛柔也。仁義也。隨所取而自足。夫是之謂三才之道備。嗚呼。沖氣者天地五行之本歟。萬物之祖歟。此三才所以謂之三極。而太極所以爲三才之主也。

雲濠謹案。四庫全書著録吴園易解九卷。提要云。書中次第悉用王弼之本。詮義理而不及象數。不襲河洛之談。註文簡署。亦無支蔓之弊。又云。泰卦論一篇。于人事天道倚伏消長之機。尤三致意焉。蓋作于徽宗全盛時也。亦可云識微之士矣。

附録

汪浮溪序先生春秋指南曰。本朝自熙寧以來。學者廢春秋不用。數十年間篤學而好之者。蓋不爲無人。然一時章分句析之學。故雖春秋亦穿鑿破碎。而不見聖人之渾全。政和間。余過山陽吴園。先生謂余曰。學春秋而不編年。無以學爲也。吾嘗以諸國縱横。列而類見之。聖人之意了然矣。

吴先生方慶

吴方慶字少琳。□□人。篤行好學。博涉經傳。尤深于詩書。政和三年。貢太學。宣和三年登第。臺檄昭武考試。讀李忠定綱三卷。批云。此子必能爲國了事。擢爲解首。調永昌尉。以父憂去。忠定相。首召先生參議。至則忠定罷。授福州司户而歸。後知松溪縣。修崇學校。舉善而教不能。士類多所成就。秩滿還鄉。以通直郎致仕。卒年六十九。李延平集。

龜山家學

補 太學楊先生迪

楊遵道語

人之不可無學。猶飢渴之于飲食。苟不知其方。則常患乎異端之溺人。人孰不知此。而卒蹈之者。習俗昏之也。

附録

伊川答書曰。前書所問心迹之説。固知未能無疑也。若以心迹有判。則象憂亦憂。乃僞矣。是宜精索。未易曉也。

楊先生迥

楊迥。龜山之子。庭聞稾録。其所記也。二程外書。

龜山門人

補待制潘默成先生良貴

梓材謹案。謝山句餘土音遊東廂有賦潘集英三江亭詩。

附録

常誦君子三戒之言。而深以在得之規。痛自儆飭。至于造次之閒。一言一行。凡所以接朋友。教子弟。亦未嘗不以孝弟忠信。節儉正直。防微謹獨之意爲本。

嘗答友人書曰。諭以聚書爲樂。然老而讀書。不須務博。當味立言之指。以洗心勵行。則老益精明。士人晚年倒行逆施者。十嘗八九。政謂不解讀書耳。僕自喻爲鏡。以書爲藥。用藥去垢。務使通明。若積藥鏡上而不施功。反爲鏡累矣。當世傳之。以爲磨鏡帖。

鄭北山哭之曰。沈約樓前落葉黄。朝來玉折報潘郎。一區每歎如懸磬。三版俄驚戒若堂。泉石半生閑日月。絲綸餘事入文章。但應祇有凋零恨。鴈盡雲空不見行。又曰。少年聯轡入京華。闊步超羣便起家。親覽聲名高漢殿。憂時蹤跡僅長沙。藏刀所在留餘刃。懷璧終身不見瑕。老眼看公春夢散。不勝哀涕落天涯。

朱子序其文集曰。自古圣賢之言雜出于傳記者。未有不好剛而惡柔者。若夫子所謂剛毅近仁。

而又嘗深以未見剛者爲歎。及乎或人之對。則又直以有欲病根也之不得爲剛。蓋專以是爲君子之德也。若潘公之清明直諒。確然亡欲。其眞可謂剛毅而近仁矣。

又曰。三戒文。磨鏡帖切中學者之病。

黄文獻跋默成帖曰。考亭朱子稱公所居僅庇風雨。郭外無尺寸之田。經界法行。獨以丘墓之寄。輸帛數尺而已。此帖所言。歷仕二十六年。無一畝可耕。一椽可居是也。朱子又謂。公前後在官不過八百六十餘日。然則二十六年之中。所歷實不滿今之一考。俸賜蓋亦無幾。宜其清苦貧約也。吾鄉先達貴而能貧者。惟公及徐文清公。而公之襟度尤爲灑落。嗚呼賢哉。

補 待制王竹西先生居正

梓材謹案。東萊先生爲作行狀。其畧見于朱氏經義考。

雲濠謹案。先生行狀。宋版東萊集有之。而遺書未載。蓋未見宋本故也。

附録

公上疏云。伏蒙聖慈。許臣以舊所著論王安石父子平昔之言不合于道者進呈。得四十二篇。釐爲七卷。一曰蔑視君親。虧損恩義。二曰非聖人。滅天道。詆誣孔孟。宗尚佛老。三曰深懲言者。恐上有聞。四曰託儒爲姦。以行私意。變亂經旨。厚誣天下。五曰隨意互説。反覆背違。六曰排斥先儒。經術自任。務爲新奇。不恤義理。七曰三經字説。自相抵牾。集而成之。謂之辨學。

詔送祕書省。

公氣節高亮。儀觀豐碩。聲音滿室。其學根極六藝。深醇閎肆。以崇是闢非爲己任。

補尚書廖高峯先生剛

梓材謹案。道南源委載先生著詩經註解。性理小學集註。學者稱古溪先生。但小學書出自朱吕二子。爲之集註者。疑非先生。

附録

公乞經營建康爲固守計。又言。帝王之學與文士異。因援孟子言天下之本在身。大學言治國平天下其端在正心誠意。願去末學之無益。坐進此道。則可福羣生矣。

出知潭州。朝辭。論王氏學曰。學必以堯舜禹湯文武周孔爲師。而外乎此者。皆他道也。安石之學術。大抵專尚利。輕改作。而廢典常。欒輭熟而賤名節。使天下靡靡。日入于婾薄而莫之悟。其爲害深矣。

詔拜御史中丞。言經費不支。盜賊不息。事功不立。命令不孚。及兵驕官冗之弊。其原在一人之身。若誠意正己。臨照百官。則是非不紊。邪正洞見。弊可次第革矣。又奏人君之患莫大乎好人從己。若大臣惟一人之從。羣臣惟大臣之從。則天下事可憂。

公爲中丞。首奏言人主惟患不得論道經邦燮理陰陽之人。與之躋民仁壽之域。若區區藝文之末。

豈所當留神者哉。中執法固當維持邦憲。擊去姦邪之爲國害者。乃捃摭細故。矜觜爪。何足道也。

論朋黨曰。大中至正之道行。則朋黨不革而自消。是誠在我而已。

葛元騭序高峯文集後曰。先尚書以醇儒重望。致身通顯。□□流芳。急退益勇。徜徉乎高峯之下。平日著文。無非脩身齊家治國平天下之要道。鑿鑿乎五穀之可以療飢。斷斷乎藥石之可以待病。

補 憲敏高息齋先生閌

梓材謹案。張氏萱內閣書目稱。先生爲廣陵高。閌則其先。揚州人也。又案。史傳稱秦檜疑先生薦張橫浦。出知筠州。不赴。卒。攻媿序亦言。其家居數年。中壽而歿云。

息齋春秋集註

鄭既輸平。魯未之許。故城中邱以備之。十年而會齊鄭于此。蓋中邱近宋。隱七年夏。城中邱。

莊十四年姜氏會齊侯于祝邱。是齊魯兩境上之邑也。時齊將襲紀。魯嘗謀紀之難。畏齊之來討。城此以備之也。桓五年。城祝邱。

若時君之女。則加子字以別之。此桓公末歲所生女。莊二十五年。伯姬歸于杞。

殺奚齊不恕。則後世忠臣無以行其志。弒卓不正其罪。則後世亂臣得以肆其姦。僖九年。晉里克弒其君卓。

秦輒興兵以加中國。既入滑。又伐鄭。秦亦張矣。楚患未已。而加之秦。中國則殆矣。書曰敗秦。所以惡秦而予晉之勝也。僖三十三年夏四月辛巳。晉人及姜戎敗秦師于殽。

升陘之敗十餘年。此年因晉喪而報之。公伐邾取訾婁。秋。公子遂帥師伐邾。

狄侵諸大國。獨宋未耳。自宋之後。狄始侵之。文十年冬。狄侵宋。

穀本齊地。僖二十六年。公以楚師伐齊。齊以是憾魯。今公不與扈之會。而强盟齊于穀。苟免齊難而已。文十七年。齊侯伐我西鄙。六月癸未。公及齊侯盟于穀。諸侯會于扈。秋。公至自穀。

宋怨鄭與楚侵我。復請晉伐鄭。晉亦以前救之無功。遂連兵伐之。宣元年。晉人宋人伐鄭。

懼晉故也。方舉大喪。又城平陽。重困民力。宣八年。城平陽。

狄北侵齊。齊不敢報。萊不犯齊。齊亟伐之。畏强陵弱。可觀齊惠矣。宣元年。齊侯伐萊。

根牟蓋萊邑也。七年。公會齊侯伐萊。此齊侯再伐萊。公雖不與伐。而乘危取之。昭八年傳。秋。大蒐于紀。自根牟至于商衛。秋。取根牟。

齊與諸侯不睦。而魯獨事齊。故公不與會。晉侯之卒。亦不會葬。九年。晉侯宋公衛侯鄭伯曹伯會于扈。

吳實夷狄。反安坐于鍾離。以待中國之會。成十六年冬十有一月。叔孫僑如會晉士燮齊高咎宋華元衛孫林父鄭公子鰌邾人。會吳于鍾離。

不言葬者。以成公背中國。諸侯不會其葬也。襄元年六月庚辰。鄭伯睔卒。

元經有言。日月之逝。改于戶。尚未晚也。陳成公既爲雞澤之盟而卒。則是國已變于夏矣。

曾子曰。吾何求哉。襄四年春正月己酉。陳侯午卒。

防。臧氏之邑也。厥後齊高厚伐我北鄙。圍防。則城防者。畏齊也。襄十三年冬。城防。

七年。鄬之會。陳哀逃歸。自是十年不與諸侯會。而楚鄭連年侵宋。宋于是請于晉而伐之。襄十七年。宋人伐陳。

范鞅欲使盈無所容于世。故盈發憤。卒興大亂。此以私敗公。足爲戒也。襄二十一年。公會晉侯齊侯宋公衛侯鄭伯曹伯莒子邾子于商任。

公踰年在楚。楚郟敖新卽位。故使薳罷以報之。襄三十年春王正月。楚子使薳罷來聘。

晉不與公盟。又執其卿。公復朝之。無恥甚矣。豈欲因晉之執而請季氏之罪乎。然季氏在晉宜其不見納也。昭十三年。公如晉至河乃復。

叔詣欲納公而卒。季孫意如曰。叔詣無病而死。此無公也。非我罪也。觀意如此言。逆節甚矣。宜公之不能忍也。昭二十九年夏四月庚子。叔詣卒。

魯非濟其難而賙其無也。蔡與吳爲援而敗楚。故魯畏而賂之也。定五年夏。歸粟于蔡。

三國皆叛晉而會。此蓋結謀也。定十年冬。齊侯衛侯鄭游速會于安甫。

諸侯叛晉而齊不能一之。故衛伐曹。定十二年。衛公孟彄帥師伐曹。

衛比伐曹。以其不叛晉故也。靈公志在軍旅。不知以禮爲國。故亟戰如此。定十三年。衛公孟彄帥師伐曹。

魯不當郊。郊牛死傷。廢牛可也。而改卜牛。是違天也。定十五年。鼷鼠食郊牛。牛死。改卜牛。

吴欲求霸。怒齊不服。故伐之。公會夷狄。伐親鄰之國。是助吴爲虐。而致齊之亂也。哀十年。公會吴伐齊。

喪禮説

今淮南風俗。民有暴死。則使數人升其居屋及于路旁徧呼之。亦有蘇活者。豈復之遺意歟。自士襲三稱至公襲九稱。其厚如此。古人豈徒以設飾哉。蓋人死斯惡之矣。聖人不忍言也。但制爲典禮。使厚其衣衾以藏之。後世不知此意。襲者或止用襌袷一稱小斂。大斂則全無之。雖富貴之家。衣衾盈笥。不以襲斂。積于無用。甚或子孫相與分之。或貿易于他人。而所以附親之身者。曾不之慮。是何心哉。

凡斂欲方。半在尸下。半在尸上。故散衣有倒者。襲衣所以衣尸。斂衣則包之而已。此襲斂之别也。

附録

召爲國子司業。時興太學。先生奏宜先經術。帝曰。士習詩賦已久。遽能使之通經乎。對曰。先王設太學。惟講經術而已。國初猶循唐制。用詩賦。神宗始以經術造士。遂罷詩賦。又慮不足以盡人才。乃設詞學一科。今宜以經義爲主。而加詩賦。帝然之。先生于是條具以聞。其法以六經語孟義爲一場。詩賦次之。子史論次之。時務策又次之。太學課試及郡國科舉盡以此爲法。且立郡國士補國學監生之制。中興已後。學制多其所建明。新學成。奏補試者六千餘人。

紹興五年策士。首得汪應辰。言者乞依雍熙故事。賜新進士儒行篇。以勵士檢。有旨仍添賜中庸。送祕書省校勘。先生校儒行篇。先生入奏。儒行雖閒與圣人之意合。而其詞夸大。類戰國縱横之學。蓋漢儒雜記。決非聖人格言。欲望止賜中庸一篇。庶幾學者得知聖學淵源。而不惑于偏邪駁雜之見。上可其奏。

公既投閑。杜門屏居。略不以事物自攖。日有定課。風雨勿渝。

樓攻媿序息齋春秋集註曰。泰山孫明復著尊王發微。深欲明夫子褒貶之旨。伊川先生則謂後世以史觀春秋。謂褒善貶惡而已。至于經世之大法則不知也。自有春秋以來未有發此祕者。公亦曰。仲尼懼先王經世之大法墜地莫傳。欲立爲中制。俾萬世可以通行。故假周以立王法。而託始于隱公焉。且以文武之道期後王。以周公之事業望魯之子孫也。以此推之春秋。固非一王之法。乃萬世通行之法也。其推明伊川之意類如此。

程洺水書春秋集註後曰。公之學蓋欲紹伊川之書。以求聖人之心者。如言平王在位日久。恬于頹靡。無復振起之略。諸侯專肆變法壞紀。亂臣賊子接迹海内。平王不可望矣。故託始于隱公及二百四十年之後。齊晉又衰。政出大夫。吴楚横行中國。不復知有周矣。故終于越入吴。其志慮可謂深長。而規模可謂正大。惜乎排擯沮抑。不使其身獲安于朝廷之上。書雖不廢于當時。而道則不行于天下。愚是以讀公之書。悲公之志。然猶幸其書之存也。

雲濠謹案。四庫全書本永樂大典著録春秋集註四十卷。提要云。是書以程子春秋傳爲本。故仍冠以程子原序。其説則雜采唐宋諸家。鎔以己意。不復標舉其姓名。又稱其大旨雖宗程傳。然如程子據漢薄昭與淮南王書。有齊桓殺弟之語。遂謂子糾爲弟。齊桓爲兄。高氏則仍用三傳史記荀子之文。云子糾小白皆襄公弟。糾居長。爲當立。絶不依阿牽就。務存門户之私。他如解衛人立晉。解夫人氏之喪至自齊。解取濟西田諸條。皆深得聖人之微旨云。

黄南山先賢憲敏贊曰。卓乎憲敏。受學龜山。召和之對。君心之閒。忤時東歸。推衍麟史。文獻相承。亦有孫子。

謝山句餘土音泛舟城南弔高憲敏公長春觀詩。江村道觀廛徑封。云是少師之遺宫。少師薪傳自將樂。力爲横浦排禪宗。道統恐亦非所容。當年正學傳三雍。中興師儒數首功。諍友侃侃愛五峯。它山之錯玉可攻。終乘一舸完高蹈。臥看江市漁火紅。息齋春秋甲諸傳。參稽典禮資厚終。此是當年著書處。故應瓣香長熊熊。少師子弟俱不惡。華文父子才力雄。可惜風節微有玷。裘冶將無媿此翁。湖上香飄金粟空。寒潭無復潦水蒙。我來觀下弔遺踪。世家子弟愼所從。

補 提舉喻湍石先生樗

梓材謹案。經義考有金華先生易辨疑玉泉易解。云。以上二書。見尤氏遂初堂書目。未詳撰人姓氏。玉泉蓋卽先生。金華當是潘先生良貴。皆遂初前輩也。

玉泉易義

泰。小人道消。非消小人也。化小人爲君子也。

謝山經史問答曰。此言似新而實戾經旨。小人道消是化小人而爲君子。然則君子道消是化君子而爲小人也。可以知其説之訛矣。須知小人或可化而爲君子。君子必不化而爲小人。不如舊説之爲妥。

附録

初。金既退師。趙豐公張魏公相得驩甚。人知其將並相。先生獨言二人宜且同在樞府。他日趙退。則張繼之。立事任人。未甚相遠。則氣脈長若同處相位。萬有一不合。或當去位。則必更張。是賢者自相背戾矣。後稍如其言。又嘗曰。推車者遇艱難則相詬病。及車之止也。則欣然如初。士之于國家亦若是而已。

周益公跋先生帖曰。乾道壬辰。余自小宗伯奉祠過無錫。子材老矣。用兩夫肩輿延勞于塗。議論灑灑。使人聽之忘倦。其謂自天子至庶人皆有朋友。三代而上。每措之父子兄弟之閒。後世此道殊廢。余至今紳書之。

朱子跋汪季路所藏先生書曰。玉泉喻公手書王文中子言行以授其外孫。其可謂不言之教矣。

謝山鮚埼亭詩集道南祠下雜作。其二曰。楊門學派盈天下。我愛堂堂喻子才。一語六龍安穩渡。豐公手掖魏公回。原註云。喻公晚自嚴陵寓梁谿。

附録

補簽樞徐師川先生俯

梓材謹案。師川先生。黄山谷之甥也。少負奇氣。七歲能詩。後從山谷寓舒州。

師川以才氣自負。少肯降志于人。嘗言吾于魯直爲舅氏。然不免有所竊議。至于了翁心誠服之。

補提刑黄先生鍰

梓材謹案。閩書言。先生在臺越月。風節凜然。天下誦直。有奏議。雜著。論語類觀。唐史篤論。共二十卷。

附録

及爲工曹。守將高其才。多委以事。適諸邑大水。按視官希部使者㊀多不以實聞。先生獨減放蠲田租十之八。使者怒。先生占答詳雅。卒如初。

高宗朝拜監察御史。首陳七事。深蒙嘉納。一日問孟子與齊梁國君問答之說。所對詞義敷暢。

㊀「者」下脱「意」。

上曰。卿可謂非堯舜之道不陳于王前。因諭曰。鍰論人君治心事甚詳。處以諫職。會有沮之者。除江西提點刑獄。

補 文簡宋雲海先生之才

梓材謹案。薛艮齋爲先生行狀云。温州平陽人。改教授。十八年不遷。故右丞忠簡許公力推挽之。召試館職。又云。卒年七十有七。封平陽縣伯。雲海。公之居士號也。又云。邑子請教于門。人人各饜其所欲。晚年築室瑞安縣之硯山。誦伊川先生克己之詩以没。

附録

紹興甲子八月。敕使金賀生辰。金主曰。宋大國乎。小國乎。對曰。非大非小。中國耳。金主歎服。及歸以聞。高宗撫其背曰。眞乃宋之才也。

先生性恬靜寡欲。操履潔白。難進易退。歷官五十年而屏處之日居多。

補 機宜李西山先生郁

梓材謹案。先生以朝散遺命。出爲叔父將仕郎庭之後。卒年六十五。學者稱西山先生。

附録

公幼不好弄。坐立必莊。少長。學于舅氏陳忠肅公。忠肅器之。踰冠。乃見龜山而請業焉。龜山一見奇之。即妻以女。

天姿粹美而涵養有方。其事上恭而有禮。其御下嚴而而㊀有恩。居未嘗有惰容。誨人終日無倦色。自奉甚約。而事親極其厚。其于世務人情官政文法。下至行陳農圃之事。靡不究知。然竟不及用于世以没。識者恨之。

朱子狀其行曰。嗚呼。聖賢遠矣。然其所以立言垂訓。開示後學。其亦可謂至哉。顧自秦漢以來。道學不傳。儒者不知反己潛心。而一以記覽誦説爲事。是以有道君子深以爲憂。然亦未嘗遂以束書不讀。坐談空妙爲可以徼幸于有聞也。若龜山之所以教。西山之所以學。其亦足以觀矣。

又答濱老書曰。某少好讀程氏書。年二十許時。始得西山先生所著論孟諸説讀之。又知龜山之學。横出此枝。而恨不及見也。

補 檢討范先生濟美

㊀「而而」衍一「而」字。

附録

陳默堂次韻范濟美秋雨感懷詩曰。一别劍溪水。三換京塵秋。夜聽空階雨。歲月驚如流。豈不念故國。水清山亦幽。螻蟻有微情。未忍追浮邱。平生老蒼友。夫子賢其尤。窮經三十年。一字不見收。賴有管城公。落紙無全牛。他時恐不免。速達吾所羞。

忠簡胡澹庵先生銓詳見武夷學案。

高先生安世

高先生閶合傳。

高安世。鄞縣人。上舍釋褐閔。兄。紹興五年進士。弟閶。紹興十五年進士。鄞縣志。

高先生開

高開。

高先生□

高□。

鹽場周先生孚先詳見劉李諸儒學案。

縣令鄒先生棐別見安定學案補遺。

修撰許先生仁

許仁字性初。鉅野人。從楊龜山游。登宣和進士。歷監察御史。隨蹕南渡。建炎初。以右朝請大夫集英殿修撰知臨安府。疏劾黄潛善汪伯彥。直道不容于朝。因偕修武郎趙士佇遊台山。卜居于邑之墨湖。建思敬堂金波亭。所著有靈溪新紀編及奏疏若干卷。天台縣志。

吳先生晞

吳晞。建安人。嘗及事龜山楊先生。孫燭湖集。

章先生才邵

章才邵字希古。建安人。篤學能文。世稱爲篤實君子。喜論詩。晚年閒居與朱晦翁游。

梓材謹案。龜山先生年譜。紹興三年癸丑。先生八十一歲。尚書廖剛建安章才邵來問學。是先生楊門弟子也。又案。張宣公瀏陽歸鴻閣龜山畫像記云。瀏陽實潭之屬邑。紹聖初。公嘗爲之宰。後六十六年。建安章才邵來爲政。慨然念風烈。咨故老。葺公所謂飛鴻閣。繪像于其上。以示後學。以慰邑人之思。去而不忘也。

雲濠謹案。章定名賢氏族言行類稾。載其祖才邵。少年從龜山遊。嘗守臨賀辰陽。是可見先生之仕履矣。

陳先生好

陳好。晉江人。初名豪。受學于龜山。後在太學與陳東上書留李綱。東被誅。變名遊瓊州。

即家焉。泉州府志。

汪先生得清

汪得清。

補檢正王彥穎庭秀

梓材謹案。深寧困學紀聞云。磨衲集。王公庭秀作于紹興壬子。攷其議論。以鄭介夫爲妄言。擬程子之學于墨釋氏。而以易傳爲謝楊刪潤成書。其反理詭道甚矣。詆趙張二相尤力。蓋自紹聖以來。姦憸茂惡。家以荆舒爲師。人以章蔡爲賢。邪説詖行沈酣入骨髓。更中天之禍。薾艾不薅。士習熟見聞。至紹興間。邪説猶肆行。筆之簡牘。不恥也。是故人心不正。其害烈于洪水猛獸。吁。風俗移人可畏哉。謝山箋曰。宋有兩王庭秀。皆吾鄉人。又同時。其一問學楊文靖公。又學詩于山谷。宋史有傳。乃慈溪人。其一著磨衲集者。爲鄞人。袁清容延祐四明志竟合爲一人。非也。攷謝山所據以爲慈溪人者。宋史本傳也。與謝山並以爲鄞人者。宋詩紀事也。然二書所載同字彥穎。同登政和上舍第。同爲御史臺檢法官。仍屬一人爲是。故謝山跋四明志。仍不分爲兩人歟。

梓材又案。彥穎本慈產。後徙郡城爲鄞人。其墓在郡城東。至今稱王家墳頭。非有二人也。其學兩出程蘇。而皆始同終異。故著論駁雜如是。

附録

龜山送行和王庭秀韻曰。學粗知方始爲人。敢崇文貌獨眞誠。意雖阿世非忘世。志不謀身豈誤身。逐遇寬恩猶得禄。歸衝臘雪自生春。君詩正似秋風快。及我征帆故起蘋。

陸□□棠

陸棠者。建安人。聞有得道于河南夫子者曰楊公。篤稅荆楚。往從之。執弟子禮惟謹。楊公以次女妻之。後預中官梁師成白衣之試。補官。又與時相范宗尹有一日之舊。得廣西提刑司屬官。范汝爲弄兵閩中。棠從朝散郎謝向入賊中。不能脱。事平。皆瘐死獄中。斐然集。

潘氏學侶

潘先生良能

潘良能。金華人。默成之弟。紹興乙卯進士。祕書正字鄭剛中稱其操行修謹。文采高華。舉以自代。金華府志。

潘氏講友

鄭先生剛中

鄭剛中字漢章。金華人。自號北山。登進士甲科。累官四川宣撫使。以不進金忤秦檜落職。徙封州。卒。檜死。朝廷盡復其官。謚忠愍。所著有北山集諸書。姓譜。

梓材謹案。柳待制跋潘默成鄭北山二先生帖云。舍人晚歲退休里居。與宣撫以名誼相尚。爲忘年交。

梓材又案。先生又號觀如居士。見其所作周易窺餘。左氏九六編。經史專音達誉諸序。

北山文集

元氣之還不還。在小人之去不去。雖然。小人非能盡去也。堯舜三代之時。所用者豈能無小人。要之君子勝而小人寡。治既積久。小人革焉。故不害爲治。歷代衰弱之際。所用者豈能無君子。要之小人勝而君子寡。弊既積久。君子微焉。故不害爲亂。今日朝廷之上。小人雖未能盡去。要當使君子之道勝。相與講求大體。其不係于人心之去就者。姑且緩之。俟氣充力强之後。徐徐施行。未晚也。與潘義榮。

君子之學爲道也。非爲人也。道之行不行。在時而不在我。聽之而已。答張子韶。

或問曰。子爲書。始屯蒙。何也。曰。予于乾坤不敢談也。易者天地萬物之奥。乾坤則又易之奥。聖人妙易書之神而藏之乾坤。其所示人者猶委曲載之文言。孰謂學者可以一言定乎。尊乾坤而不敢論。自屯蒙而往。以象求爻。因爻識卦。萬有一見。其仿佛則隨子索母。沿流尋源。乾坤之微或可得而探也。今固未敢妄有窺焉。

有象則有義。以義訓者不可以遺象也。義不由象出。是猶終日論影而不知形之所在。偏于一而廢其一。學者所以難于窺餘。所不然也。以上周易窺餘序。

雲濠謹案。先生一字亨仲。四庫書目著録周易窺餘十五卷。提要云。惟乾坤二卦及繫辭以下原闕不解。自序有云。伊川易傳漢上易傳二書。頗彌縫于象義之間。但易道廣大。有可窺之餘。吾則窺之。窺餘之名。蓋取諸此。又言是書兼取漢學。凡荀爽虞翻干寶蜀才九家之説。皆參互考稽。不主一家。其解義間異先儒。而亦往往有當于理。如訟之九二。以不克訟歸爲句。而逋其邑人三百户爲句。以爲聖人所以必使逋其邑人三百户者。恐其恃衆憑險以成亂。所以謹上下之分也。比之初六終來有它吉。朱子謂不可曉。剛中以爲相比之道。以信爲信。積之既久。昔之未比者。皆自外至。故曰有它吉。皆能自出新意。不爲成説所拘。至于解泰之九二。大有之大象。議論尤正大精切。通于治體。雖其人因秦檜以進身。依附和議。捐棄舊疆。頗不見滿于公論。然闡發經義。則具有理解。要爲説易家所不廢也。

道不遠人。然求道者不可以其近而忽也。目繫心思。雖已眞積力久。惟日不足。常恐交一臂而失之。此學如不及之意也。天下有所謂不可及者。日月在漢。邱陵學山。此所謂不可及也。道一簣而終輟。忽九仞而失泉。此所謂不及也。人之于學。如登天乎。如學山乎。曰不如是其難也。如是則可及也。苟謂可及而不以爲難。則終輟失泉之患。必在其後。怠心乘之。而吾之于學。果不可及矣。故聖人之學。不肯以爲難。不敢謂其易。自視闕然。亦曰如不及而已矣。惟如是。故天下後世不至于畏道而不求。亦不至于忽道而自怠。夫子大聖人也。其爲言曰。吾嘗終日不食終夜不寢以思。無益。不如學也。夫子集大成。而其言且爾。所以爲中人法也。雖然。有師如夫子。有弟子如顔回。而回猶若瞠乎其後者。豈亦如不及之意歟。回而降。雖其高第。猶有自畫願息者。學之爲道。嗚呼其難哉。學如不及説。

在蜀凡六年。儲蓄豐積。將士用命。金不敢犯。當時人每以宗忠簡同稱。曰宗某如猛虎之在北。鄭某如伏熊之在西。其見推重如此。

其自笑詩曰。他人將錢買田園。尚患生財不神速。我今貸錢買僻書。方且貪多懷不足。較量緩急堪倒置。安得瓶中有儲粟。自笑自笑笑我愚。笑罷頑然取書讀。

又自訟曰。我昔貧時冬少褥。四壁亦無惟有柱。自從脚踏官職場。暖及奴胥妻子飫。線因針入敢忘針。入室古云嘗見妒。雲衢跌足泥淖寒。涕住牛衣復如故。銜恩省咎到骨髓。萬罪一愚難自恕。山深坐覺因煙瘴。天開日思霑雨露。性中不愛賓客詩。亦或未然工部句。文章誰謂不得力。陋儒豈是冠相誤。

又自悼曰。木偶漂來萬里身。自憐藏拙向三春。人窮但有哦詩債。意懶終無下筆神。屋後雲深雞失曉。廚中飯盡鼠嫌貧。五更小雨却堪喜。數壠寒蔬色已新。

又自寬曰。瘴濃複嶺煙如墨。照以澄江一洗開。芳草望中春去遠。落花寒處鳥聲回。風飄空翠入修竹。潤滴幽蹊生綠苔。不是從前賦清苦。未應得向此中來。

何道夫誌其墓曰。公天資英傑。而養之者厚。發爲文章。渾渾如江河。而措諸事業者。光明俊偉。如此非閒世異人而能爾哉。向使得極其用。益大所施設。則其正君經國之方。開物成務之略。當不止是而已。故士君子之論。皆爲時惜。而不獨爲公惜也。

舍人范蒙齋先生端臣詳見范許諸儒學案。

潘氏同調

陳先生良祐

陳良祐字天與。金華人。紹興進士。仕爲左司諫。時高宗鋭意圖治。先生有願爲良臣。不爲忠臣之語。累官至吏部尚書。力□㈠泛使。懼開釁端。遂至忤旨。淳熙閒。復起。除敷文閣待制。知建寧府。姓譜。

梓材謹案。鹿皮子陳樵爲八詠樓賦云。蓋東海之先民。慕孟季子之風節。故尊堯之忠烈。潘卿炙之。潘卿之直。司諫得之。而其遺風餘烈。憲臺則之。司諫謂先生。所謂憲臺。不知何人也。

舒氏先緒

舒先生黼附子琮。

舒黼字德明。奉化人。紹興進士。任國學。文行表後學。其就而請業。非齋遨不敢近。口授指畫。沾丐者多。長子琮。字伯禮。幼聰敏。淳熙閒。以特恩射策中甲科。主麗水簿以卒。廣平

㈠「□」當作「止」。

謂其學業精勤。踐行篤厚云。廣平類稿。

高氏講友

補蔣先生璯

附録

洪容齋三筆曰。或問抑崇曰。蔣君不多與人周旋而獨厚于公。公亦惓惓于彼。願聞其故。抑崇曰。閲終歲讀書。凡有疑而未判。與所闕而未知者。每積至數十。輒一叩之。無不迎刃而解。而蔣之所長。他人未必能知之。世之所謂知己。其是乎。

王深寧八賢贊曰。學必以己。義榮道腴。博觀約守。胸吞石渠。良朋問疑。詡徑未蕪。誰其似之。子雲林閭。

高氏學侶

師先生維藩

師維藩。眉山人。仕爲全州文學。徽宗時興太學。高司業閌言建學之始。宜得老成。以誘掖後進。乃以先生薦。詔除國子録。姓譜。

梓材謹案。宋史儒林高息齋傳言。先生精春秋學。林栗其高第也。故首薦之。

林氏師承

黄先生顔榮

黄顔榮字全仁。福清人。著易春秋論語説。莆人宗之。稱檗山先生。林黄中栗傳其學。閩書。

沙隨師承

文毅王先生葆

王葆字彦光。崑山人。擢宣和甲辰第。紹興改元。高宗廣開言路。先生時主麗水簿。上疏陳十弊。終浙東提刑。所學最長于春秋。有春秋集傳十五卷。春秋備論二卷。中吴紀聞。

梓材謹案。萬姓統譜載。程迥沙隨始讀書。授經學于崑山王葆。嘉禾聞人茂德。嚴陵喻樗。則先生亦沙隨之師。雲濠謹案。姑蘇志載先生幼有志識。弱冠通經。官至左朝請大夫。又言其潛心古道。教誘後生。如親子弟。沙隨程迥嘗受經于先生。出其門者。後多成立。號稱鄉先生。范石湖成大蚤孤廢業。先生喻勉切至。加以詰責。留之席下。程課甚嚴。又案。先生謚文毅。

附録

公起布衣。篤學力行。爲鄉里所敬。後生奇士爭造門問道。公指授有方。人人成其材。

周益公祭之曰。嗚呼。公有通經博古之學。而不盡施于事業。有撥繁濟劇之才。而不盡見于猷爲。官雖遷而人猶悼。其屈年雖高而志未向乎衰。此中外所共悉。非親黨得而私也。

又代誌其墓曰。留意經學。尤邃于春秋。嘗讀孟子彼善于此之句。悟聖人作經本旨。以爲當時名卿有功而賢者。莫如管仲子產晏子。而三人者姓名略不概見。其他可類推矣。又云。聖經如化工造物。有自然法象。蓋昔人所未嘗及者。用心三十年。乃成集傳十五卷。去取是非。不措一毫私意于其閒。書成。歎吾精力盡于此。後當有知我者。嗚呼。如公庶幾無愧古之儒者矣。

梓材謹案。直齋書録解題載先生春秋集傳。朱新仲爲作序。其説多用胡氏。又言。先生周益公之婦翁也。故卽志其墓歟。

聞人先生滋

聞人滋字茂德。嘉禾人。官删定。紹興辛巳歸嘉禾。周益公以詩送之云。十年束帶趍朝參。共喜儒林得指南。經傳注成頭未白。公卿閲遍綬猶藍。秋來去國懷張翰。此去論詩憶鄭覃。别酒易闌情不盡。會憑清夢聽清談。周益公集。

經説

詩言妣祖謂姜嫄。蓋周官大司樂以享先妣在享先祖之前。亦謂聖嫄也。

豳詩首言觱發。栗烈。而後言干㈠耜。舉趾。貴老爲其近于親也。

㈠「干」當作「于」。

論語稱或者。其所言皆無可取。故略其姓名。如或謂孔子曰子奚不爲政。或問禘之説。或曰孰謂鄹人之子知禮乎。或曰管仲儉乎。或曰雍也仁而不佞。或對曰申棖之類。

經史中言五穀。以稻爲貴。古人各以其類配之。如以殺雞配爲黍。謂野人之食也。以啜菽配飲水。謂貧者之食也。以稷食對菜羹。謂貶降之食也。以麥飯對葱湯。謂草具之食也。惟食稻則對衣錦言之。又祭祀則以稻爲嘉蔬。公享大夫則以稻爲嘉膳。是五穀以稻爲貴也。

龜山私淑

王先生師古

王師古字唐卿。金華人。紹興進士。嘗爲南劍州教授。刊龜山遺書。守九江。建堂于濂溪祠側。知崇正學。歷仕州縣。皆有治績。除廣東提典刑獄。卒。有文集及資治通鑑集義八十卷。金華府志。

司户翟先生傑別見豫章學案補遺。

李氏家學

補忠定李梁溪先生綱

梁溪六箴

予年三十八而未聞道。日月逝矣。歲不我與。其君子之棄。而小人之歸乎。作六箴以自警。

意蓄于心。宣之以言。辭達而已。多則贅焉。惟仁者爲能以言利人。惟智者爲能不失言于人。仁智者予之所未得也。不務本而務末。胡不默默。而多言以自賊耶。言箴。

言者虛辭。行者實跡。與其言丈。不如行尺。言之非艱。幼者能之。行之維艱。老者病之。訥于言而敏于行。君子貴之。嗚呼。非斯人吾誰與歸。行箴。

學以致道。積于厥躬。人而不學。智者其盲聾。凡百君子。學然後知不足。非琢成器。何貴于玉。爲學日益。爲道日損。益爲損資。學爲道本。未嘗問學。何以絕爲。赤子匍匐。乃能奔馳。明以告之。學以聚之。學箴。

古之君子。取友必端。以文會友。以友輔仁。今之君子。慕祿貪位。面友心非。見利忘義。握手指天。如見肝肺。轉足已非。自爲得計。勢利之交。何異狗彘。探汝之情。伺汝之過。汝不自慎。而欲重其禍耶。友箴。

名者公器。不可多取。有心取之。是爲怨府。古之至德。民無能名。過情之譽。何足爲榮。令聞令望。有聞無聲。得之不愧。明德惟馨。是以君子疾没世而名不稱。汝不務德。而買名以害其生耶。名箴。

好直而不好學。其蔽也絞。直情徑行。君子所悼。晉有叔向。古之遺直。世無孔子。孰爲歎息。水致曲以通于海。木致曲以全其材。子胡不學而釣直。以自貽其菑耶。直箴。

座右銘

予名堂曰求仁。十二時中行住坐臥未嘗須臾離也。作座右銘以自警云。其文曰。

是心超然。無有邊際。徧周法界。同一眞體。强名曰仁。求之在己。不屬中間。非内非外。一以貫之。萬物皆備。視聽言動。造次顛沛。無須臾離。必在于是。克己則見。復禮則親。一日如斯。天下歸仁。邇之事父。遠之事君。一而充之。以及斯民。德被草木。信及豚魚。本無別法。一視同仁。害以求生。成以殺身。得全于此。死生埃塵。不卽不離。非罔非眞。酌之不竭。用之不勤。孰能體是。號曰能仁。顔氏之子。請事斯言。勒銘座右。以代書紳。

梁溪文集

春秋經世。其言簡而法。三傳緯經。其説博而詳。簡而法者。必待夫博而詳者。載事實。釋義例。然後聖人之志因以不泯。而後世得以知之。猶天之垂象。昭回森布。推步占驗。非得甘石之書。則何以仰觀。此三傳之于聖人。所以不爲無功也。然三家者所聞見異辭。所傳異辭。各有所長。而時有異同不合之説。則學春秋者宜精思深考。揆之以道。絜之以理。取其是而去其非。則聖人經世之志得矣。或者舍經而言傳。則是得枝葉而忘本也。棄傳而觀經。則是去甘石之書而窺天也。二者胥失。余患此久矣。襄陵春秋集傳後序。

君子小人。如冰炭然。勢不兩立。常相爲勝負。而君子之勢常不足以勝小人。有國者用君子則治安。用小人則危亂。人主非甚無道。未嘗不欲進君子而退小人。卒之君子常退。小人常進。治安之世少而危亂之世多。其故何哉。則操術使之然也。君子小人論。

天人之理一也。人事盡至于不可奈何。然後可以歸之于天。譬猶農夫之治田。耕耘之功既至。而遇水旱。乃可曰。天實飢之也。醫師之治病。藥石之功既至。而猶不起。乃可曰。天實死之也。今未嘗力耕耘。而望歲于天。未嘗投藥石。而責命于天。其可乎。論天人之理。

附録

靖康時已議和。种師道等勤王之師並集。西將兵師日至。上意方壯。赫然有用兵之意。公贊上曰。易謙之上六稱。利用師。征邑國。師之上六稱。開國承家。小人勿用。蓋謙之極。非利用行師。不足以濟功。師之成。非戒用小人。不足以保治。今陛下屈己講好。其謙極矣。而金人貪婪無厭。兇悖愈甚。其勢非用兵不可。然成功之後。願以用小人爲戒而已。

高宗以右僕射召公赴闕。汪伯彥黄潛善與公忤。公行至太平州。上疏曰。恭儉者人主之常德。英哲者人主之全才。繼體守文之君。則恭儉優于天下。至于興衰撥亂之主。則非英哲不足以當之。惟其英。故用心剛。足以斷大事。而不爲小故之所搖。惟其哲。故見善明。足以任君子。而不爲小人之所間。

公形神俱清。器識絶人。自幼有大志。舉動必于規矩法度。見者知其必將名世。行狀。

曾侍郎哭之曰。惟公大節。舉世所知。天實畀之。匪人之私。三聖視天。決用無疑。公亦自信。力扶顛危。哀今亡矣。其誰不悲。

鄧志宏與胡丞公書曰。熙豐間。如司馬温公與王荆公之所爭者。曰是與非。崇寧間。陳了翁與蔡長沙之所爭者。曰治與亂。靖康間。李丞相與耿門下之所爭者。又不特是非治亂安危而已。其存亡所繫乎。

朱文公序忠定奏稿後曰。使公之言用于宣和之初。則都城必無圍迫之憂。用于靖康。則必無顛覆之禍。用于建炎。則中原必不至于淪陷。用于紹興。則旋軫舊京。汛掃陵廟。以復祖宗之宇。而卒報不共戴天之讎。其已久矣夫。豈使王業偏安于江海之澨。而尚貽吾君今日之憂哉。

又作祠堂記略曰。天下之義。莫大于君臣。其所以纏綿固結而不可解者。是皆生于人心之本然。而非有待于外也。然而世衰俗薄。學廢不講。則雖其中心之所固有。亦且淪胥陷溺。而爲全軀保妻子之計。以後其君者。往往接迹于當世。有能奮然拔起于其閒。如公之爲人。知有君父而不知有身。知天下之有安危而不知身之有禍。雖以讒間竄斥。屢瀕九死。而其愛君憂國之志終有不可得而奪者。亦可謂一世之偉人矣。

葉水心議忠定謚曰。嗚呼。當是之時。所謂謀國者。豈有他道哉。避走而乞和。讐賊虜而卑中國爾。以避走乞和讐賊虜卑中國之人而議公之得失。故其自許爲謀深慮密。而謂公爲略而疏。自以爲鎮重能消弭。而謂公爲輕鋭而喜事。其恬視君父之仇。畏死持禄。甘爲世所賤侮。而以公之能尊君以身殉國爲人望所屬者。謂爲朋黨要結以自榮。故主和者非致寇。而守京師者爲失策矣。則公之負謗于時。固亦其理之所宜得也。何足辨哉。

李先生經

李經字叔異。伯紀丞相弟。解書甚好。亦善考證。朱子説。

梁溪講友

樞密吴先生敏

吴敏字元中。儀眞人。妙齡秀發。大觀初。辟雍私試首選。蔡京愛其文。欲妻以女。先生辭之。累官校書郎。欽宗初立。擢知樞密院事。終廣西湖南宣撫使。姓譜。

黄先生彦平

黄彦平字季岑。號次山。登徽宗宣和進士。高宗建炎初。仕至吏部郎中。出提點河南刑獄。

先生在靖康時。坐與李忠定善。貶官。南渡後。亦多所建白。蓋剛正有識之士也。有三餘集。南宋文範作者攷。

梁溪同調

忠簡宗先生澤

宗澤字汝霖。義烏人。自幼有大志。元祐六年進士。調館陶尉。歷龍游膠水趙城令。皆有能名。靖康元年。朝廷議遣使與金人講和。用薦者假宗正少卿。充和議使。先生奏名不正。改計議使。建炎元年。高宗卽位南京。先生陳興復大計。願一怒以安天下之民。擢知襄陽府青州。改知開封府。尋遷延康殿學士。京城留守。招集四方義士。得百餘萬。復有河北山寨效順者數十萬。來聽節制。京城內外所屯兵實百八十萬。尅日大舉渡河。而遽疾。翌日而卒。唯呼渡河者三。詔贈觀文殿學士。通議大夫。謚忠簡。始先生身任中原之事。旣修復京城。力請回鑾。疏凡二十四上。而黃潛善汪伯彥從中沮之。以故悲憤成疾。義烏先達傳。

求教書

某未冠時。持先人遺書一車。他無所攜。悲吟梗概。慷然去國。求師承于四方。閱十餘年矣。崇筵絳帳。所歷數十。取道一無所得。莫悟其由。因悵然以歸。一日拏舟越重湖。將泛巨浪以放心志之鬱紓也。並堤而行。延緣葦閒。皆漁聚落。得漁老焉。邀過其處。蔽漏蕭然。掃地以坐。因詢之曰。憑湖而漁。何憊之甚。豈術之謬乎。曰。不然。予所學任公子釣也。任公子之釣爲大鉤。巨綸五十犗以爲餌。期年而得魚。可以厭淛河蒼梧之民也。若夫有是具而得是魚。則利固可以終身。豈不泰乎。今有若魚矣。而乏其具。是以病焉。某始聞而驚曰。求師而取道。亦猶是也。學未備而欲聞至教。固亦難矣。盍益之名都大邑。通儒之聚。凡古人所著之書。與今日之學者。耳目所未及。一皆貫穿熟讀。要其無所不知。無所不有。一展底蘊。以求至教。則于取道。其亦庶乎。既歸。且治之。有智叟過門而歌曰。辰乎辰乎。盍來之遲而去之迅乎。已乎已乎。筋力憊而死期至乎。某再聞之而疑曰。諒哉。漁人之弗慧也。吾又祖其困而取斃耶。大魚不易得。至道不易求。吾其與求魚並志可弔之使改圖乎。因訪前日之處。首至其鄰焉。因告以學漁之難。繼訊之曰。子之漁何求之易而利之多耶。鄰漁曰。予所學詹何氏之釣也。不若是之費也。詹何氏之釣以獨繭絲爲綸。芒針爲鉤。荆篠爲竿。剖粒爲餌。于百仞之淵。汩流之中。引盈車之魚。綸不絕。鉤不伸。竿不撓。爲術無他。獨臨河而用心專。故能以輕致重也。某終乃拊髀而增歎。且至是乎。必求大具以要大魚者。皆見笑于詹何氏者也。亟走以歸。屏前日之俗勞。一其慮。養其氣。盡精白而無巧僞。所幾亦有取道之質矣。今則行之彌年。果獲造先生之門焉。

附録

登進士第。時宣仁聖烈皇后垂簾。詔廷對策。限以字數。同輩相告曰。必如詔。可以中程。公曰。事君盡忠。自今日始。豈可圖前列而效寒蟬乎。遂力陳時病。幾萬餘言。且及吴處厚蔡確事。曰。自古興衰治亂。悉由人材。人材之困阨于朋黨。今處厚箋注詩章。臣恐朋黨之禍自此始。主文者以其言直。恐忤旨。置公末科。賜同進士出身。

遷龍游令。邑小。民未知學。公爲建庠序。設師儒。延見諸生。講論經術。自此登科者相繼起。

宣和四年。丐祠。得主管南京鴻慶宮。方退居東陽。結廬山谷閒。著書自適。有終焉之志。進延康殿學士。東京留守。制曰。維蕭何之固關中。寇恂之完河内。以卿比迹。于古有光。

諸將入問疾。矍然起曰。吾以二帝蒙塵至此。汝等能戮力殲敵。吾死何恨。衆皆流涕曰。敢不盡力。諸將退。先生歎曰。出師未捷身先死。長使英雄淚滿襟。遂卒。

公爲人端方正直。平居不妄笑語。律己甚嚴。苟悖乎禮。雖毫髮不犯。義所當爲。鼎鑊在前不恤。中閒坐閑屢年。杜門卻掃。賦詩自娱。或清坐終日。啜菽飲水。淡如也。晚年尊顯。禄饍稍厚。而自奉甚薄。所衣不過綈紵。經歲無所更製。親族故舊。窶而無告者。多依公以活。養孤遺幾百人。故家無留儲。其爲文不事雕琢。渾然天成。豐約中度。無所不讀。尤邃于左氏。有文集藏于家。

樓迂齋序忠簡集曰。公前後奏請爲回鑾而發者凡二十有四。其血誠赤心固可想見。它文雖單言半字。無非從忠義中流出。公亡。而杜充代帥。王業偏安。蓋始于此。公之規模志節。罕有能道之者。況其遺文乎。

黄東發跋忠簡行實曰。孔明鼎漢。鼎于既失。忠簡保天下于尚存。故公呼吸變化之功。殆過孔明百倍。然孔明晚遇族屬疏遠之昭烈。尚能堂堂出陣。公遇我光堯。視一時將相最早。反一語之不見酬。天耶。人耶。

王魯齋爲忠簡像贊曰。雙龍遐驤。風埃帝邑。秉鉞齋壇。揮涕戮力。天聲外揚。巨姦内抑。忠憤莫紓。孔明祖逖。

方正學序忠簡奏疏曰。公忠義著于後世。不待疏而後見。疏之所著。不待言而後明。然世皆知宋之不復振。由于秦檜之相。而不知始于不用公之言。余是以具論之。使知此疏之不從。實宋室之所由分也。

傅先生雱

傅雱。浦江人。多膽略。遇事有爲。與李忠定宗忠簡游。建炎元年。金兵始退。黄潛善力主和議。白上遣先生爲祈請使。自宣議郎遷宣教郎。以優異之。未行。朝論遣重臣以取信。改命周望爲通問使。上用忠定言。乃命忠定草二帝表。付先生以行。獻二帝衣各一襲。且致書于粘罕。先生與王倫俱留軍中。久之乃歸。官至工部侍郎。金華府志。

侍郎向薌林先生子諲別見元城學案補遺。

李氏門人

黄先生伯思

黄伯思字長睿。邵武人。資政履之孫。元符中進士。爲祕書郎。縱觀册府藏書。至忘寢食。自六經及子史百家。無不精詣。篆隸正行草飛白皆至絶妙。頗好道。自號雲林子。有文集五十卷。姓譜。

雲濠謹案。李忠定誌先生墓曰。祖履。會稽郡公。贈特進。公幼不好弄。惟喜讀書。日誦千餘言。每聽會稽公講論經史。退與他兒言。無遺誤者。故右文殿修撰贈太師李公。會稽公之甥也。于公爲外伯父。儒學冠一時。會稽公命公師焉。是先生爲李氏門人之證。

附録

凡詔講明前世典章文物。集古器考定眞贋。以素學與聞。議論發明居多。

先生學問慕揚雄。詩慕李白。文慕柳宗元。

吳氏門人

文質羅豫章先生從彥詳豫章學案。

吳園家學

張先生相

張相。

張先生樸

張樸。德興人。吳園先生根之弟。大觀間第進士。累遷侍御史。嘗言朋黨分攻。非朝廷福。時郎員冗濫。徽宗諭使論列。迺摘其庸謬者。疏斥諸外。後蔡攸引爲道史檢討官。召試中書舍人。姓譜。

忠定張先生燾

張燾字子公。吳園先生子。宣和間進士第三。高宗時爲吏部尚書。時與金和。先生詣河南修陵寢。疏言敵讎萬世不可忘。尋知成都府。兼安撫使。有德政。蜀人祀之。孝宗時。遷參知政事。辭不拜。卒。諡忠定。平生清修簡靜。頗喜大書。得顔魯公筆法。姓譜。

附録

提舉江州太平觀。時舊人往往以異同得罪。公家居絶口不言世事。取吴園先生遺編數百卷。手自鈔定。又追先志。斥俸餘爲義莊。贍宗族。自號雲山老人。

公外和内剛。臨事有仁者之勇。在蜀四年。尤著惠愛。百姓皆繪像以祀。後帥李繆贊云。公昔在蜀。千載一人。公今去蜀。千百其身。願公再來。以慰斯民。蓋實録也。

吴園門人

李先生綱詳上李氏家學。

黄先生伯思見上李氏門人。

汪浮溪先生藻别見士劉諸儒學案補遺。

蕭氏門人

補隱君徐逸平先生存

附録

先生嘗作命卜詩曰。我命還須我自推。細微那更問蓍龜。枯莖朽骨猶能兆。豈有靈臺不自知。

朱子江山縣學記曰。子之邑。故有儒先曰徐公誠叟者。受業程氏之門人。學奥行高。講道于家。弟子自遠而至者。常以百數。其去今未遠也。

又跋先生贈楊伯起詩曰。某年十八九時。得拜徐先生于清湖之上。便蒙告以克己歸仁。知言養氣之説。時蓋未達其言。久而後知其爲不易之論也。

袁蒙齋序逸平集曰。逸平信其素學。恬然不以仕進爲意。行孚于鄉。咸師尊之。五峯胡公一時之傑。往復書辭。亦以先生稱。則其行卓矣。豈徒言而已哉。

潘氏門人

補 説書王先生師愈

梓材謹案。吴禮部集述何王行實謂。先生從楊文靖公受易論語。既又從朱文公張宣公吕成公遊。

梓材又案。宋史道學王柏傳亦言。大父師愈從楊龜山受易論語。既又從朱張吕遊。蓋與三子遊也。

附録

公一字齊賢。少長讀書郊外精舍。以書論爲文養氣之法于潘公。年甫十三而義正詞達。意象和雅。蔚然有成人之度。

幼時潘舍人令賦竹詩。有願堅松柏操。同保歲寒心之句。舍人奇之。

先生以聖賢之言爲必可行。師友之論爲必可信。爲政以仁惠爲本。而綱目整肅。屢典州郡。皆著循績。

其教飭子弟極懇款。與其父兄言。未嘗不依于孝弟忠信。而閭巷田野之間。情僞休戚皆習知之。

調臨江教授。江西之俗。右文詞而左學行。及公之來。諸生見其色温氣和。言動有法。固已敬服。及開講席。則又告以學爲君子之說。聞者亦動心焉。其不率者教詔懇惻。亦多自悔改行。

僧杲有時名。竄嶺外。得歸。所過士大夫爭先禮敬。至臨江。郡守延致。俾升高坐説佛法。而率其屬往聽焉。召公與俱。公謝曰。彼之説。某所不能知。然以儒官委講而北面于彼。某縱自輕。奈辱吾道何。守不能强。識者韙之。

知潭州長沙時。汶上劉子駒。廣漢張敬夫。皆居郡中。公以暇日與之遊。從容講貫。所造益深遠。一旦幕府所下文書。有不便于民者。公以利害爭之。不得。退將引去。敬夫疑之曰。行而無資奈何。公曰。吾之來也。固已慮此而先辦歸裝矣。豈待今日而後計耶。敬夫面歎加敬。而事亦竟得寢。

及晚年。更練益精。涵養益厚。渾然不見圭角。病革猶爲諸子誦説前賢事業。勉勵訓飭。語訖而逝。

廖氏家學

廖先生遲

廖遲。順昌人。古溪先生剛長子也。紹興初。盜起旁郡。部使者檄古溪撫定。遣先生諭賊。賊知古溪父子信義。皆散去。道南源委。

廖氏門人

謝先生□

謝□字□□。□□人。高峯門下士。官宮使直閣時。序高峯文集。謂斯文有補于名教云。高峯集後序。

趙氏門人

補 文節魏碧溪先生杞

附録

朱子跋魏丞相使金帖曰。內修政事。外攘夷狄。復文武之境土。會諸侯于東都。此壽皇帝當日之本心也。屈己和戎。豈其獲已。然非丞相壽春公之深諫。壯節猶幾不足以成之。豈興事造功之果爲不易耶。

樓攻媿書丞相奉使事之後曰。制麻初頒。賀版如織。有客歷敘奉使大節。既而曰。逮玆登用。咸謂疇庸在宥人。竊謂其不然。待丞相不幾于太淺。使蘇中郎亶典屬國。固難酬匈奴之功。然富韓公卒爲大臣。豈專以使契丹之故。公讀之以爲佳。公之意可知矣。

黄南山先賢文節贊曰。公在南宋。名德煌煌。使金似弼。相國猶光。陶徑未荒。潘輿是悦。觴政詩郵。碧溪風月。

補 莊靖汪適齋先生大猷

雲濠謹案。趙子直有送汪尚書歸鄞詩。見寧波府志。

附録

立朝好延譽後進。識樞密葉公翥于掌故之中。交游如錢尚書象祖。劉侍郎孝韙。史侍制彌大。都司潘畤。屯田鄭鍔。簽判沈銖。揚推後進。惟恐不及。

莊文太子初兼東宫。妙選僚寀。以公兼左諭德。太子侍講。兩日一講孟子。多寓規戒。莊文深所欽重。

黄南山先賢敷文贊曰。孩提講經。客訝秀穎。耄耋休官。賜謚莊靖。惟時學士。一舅二甥。風節酷似。有光四明。

持之講友

補通直舒德觀先生㦸

附録

自幼力學于伯氏。

先生忠厚誠篤。敦行孝弟。尚論古人。必以檢身。夷考載籍。務明治道。聲色貨利。不入于心。

息齋家學

高先生得全

高得全字仲遠。息齋次子也。居家孝友。恪守家法。嘉定三年守黄州。謁夫子廟。歎其弗葺已甚。與教授李宗勉飭而新之。又得驛舍遺址。創貢院五十餘楹。而攻媿爲之記。樓攻媿集。

息齋門人

嚴先生□

梓材謹案。袁清容書息齋嚴母方氏夫人墓誌後云。其敘師友婚姻之好。不以窮達渝易。足以知先生成均之法。出于閭塾之遺意。而方夫人崇師教子。不得與流俗同也。據此。則方夫人之子必息齋之舊從矣。清容又言。今嚴氏儒雅奕世。聞孫與計偕登仕版者不絶書。且以方夫人之賢。不著于郡乘。爲嚴氏之不幸。則嚴氏固四明人也。

喻氏門人

補朝奉程沙隨先生迥

雲濠謹案。先生著有醫經正本一卷。專論傷寒無傳染。以救薄俗骨肉相棄絶之敝。陳直齋云。

沙隨經説

詩以雅以南以籥不僭。左傳象箾南籥。杜預釋左云。南籥當爲文樂。劉炫釋詩云。當如周南。未敢正指爲二南也。夫周備六代之樂。韶夏濩武並列。何獨取夷樂以配文王之象舞。且四夷獨取其一與。箾之舞象。籥之奏南。明是文王之詩矣。

聖人治神之道。以爲苟曠其職。如神者亦不敢不致罰也。然則四方年不順成之所。八蜡不通者。亦變置社稷之意。非區區爲民財不足而謹之也。唐禮。蜡祭年不順成。則絀其方守之神也。此古禮之存者。猶可考也。

周易古占法

連山首艮。歸藏首坤。今乾初在艮位。坤初在坤位。三易無異致也。夫明夷之謙初九變也。

左傳載卜楚邱之言。以爲日一之日。古人以寅配初。其來尚矣。醫家難經爲百刻圖。一歲陰陽升降會于立春。一日陰陽昏曉會于艮時。此説與易合。

北方之氣至陰而陽生焉。彖曰。習坎重險也。于物爲龜爲蛇。于方爲朔爲北。于太玄配罔與冥。所以八純卦中獨冠以習。

附録

年十五丁内外艱。孤貧飄泊。無以自振。二十餘始知讀書。時亂甫定。西北士大夫多在錢塘。先生得以考德問業焉。

先生居官。臨之以莊。政寬而明。令簡而信。綏强撫弱。導以恩義。積年讎訟。一語解去。猾吏姦民。皆以感激。久而悛悔欺詐以革。暇則賓禮賢士。從容盡歡。進其子弟之秀者。與之均禮。爲之陳説詩書。質疑問難者不問蚤暮。勢位不得以私交。祠廟非典祀不謁。隱德潛善。無間幽明。皆表而出之。以勵風俗。或周其窮阨。俾全節行。聽決獄訟。期于明允。凡上官所未悉者。必再三抗辯。不爲苟且。

趙章泉寄程可久丈詩曰。聞道沙隨志。遂爲安國居。逢人難問似。近況復何如。此士猶松徑。何人在石渠。儒林有韓孟。待詔自嚴徐。别去常勞夢。新來更欠書。久知腰倦折。懸想病都除。番國吾州近。冰溪一水餘。秋風期命駕。春雨政攜鋤。

朱子答先生書曰。所喻爲學本末甚詳。且悉前書所謂世道衰微。異言蠭出。其甚乖剌者。固已隱入犯刑受辱之地。其近似而小差者。亦足使人支離繳繞而不得以聖賢爲歸。歧多路惑。甚可懼也。願且虛心。徐觀古訓。句解章析。使節節透徹。段段爛熟。自然見得爲學次第。不須別立門户。固守死法也。

又偶讀漫記曰。沙隨春秋例說。滕子來朝爲自貶。而用小國之禮。如鄭人爭承之比。最爲精當。但朝桓公者。邾牟葛稱人。穀鄧書名。又有不可通者。而諸儒之說。亦莫之能明也。

程洺水書朱文公與沙隨先生書後曰。沙隨承河南正派。其學主乎力行。眎後世諸儒徒以口舌相授者。萬萬不侔。宜乎朱文公尊之以老。而退然以晚學小生自處也。

王深寧困學紀聞曰。初六履霜。陰始凝也。見于魏文帝紀注。太史丞許芝引易傳之言。沙隨程氏朱文公皆從之。原注。郭京本無初六字。

又曰。程可久自題昞怡齋云。乞得膠膠擾擾身。霜筠露菊便相親。勸君莫厭羹藜藿。違己由來更病人。六月松風萬籟寒。笙竽頻到枕屏閒。夜深夢繞匡廬阜。瀑布濺珠過藥欄。葵花已過菊花開。萬里西風拂面來。問字今朝幾人至。細看屐齒破蒼苔。

胡庭芳曰。康節百源易。實古易也。沙隨蓋本諸此而篇第與呂氏合。只以文言在繫辭之前爲不同耳。

吴草廬曰。沙隨先生經業精深。朱子多取其說。于朱爲丈人行。故朱子以師禮事之。

雲濠謹案。四庫書目著録先生周易古占法一卷。古周易章句外編一卷。提要謂其説本邵子加一倍法。據繫辭説卦發明其義。用逆數以尚占知來。大旨備見于自序。朱子作啓蒙。多用其例。又案。宋志載先生春秋傳二十卷。春秋顯微例目一卷。

補 文簡尤遂初先生袤

梓材謹案。宋史先生本傳云。少從喻樗汪應辰遊。是先生又爲玉山門人。又案。先生嘉定五年謚文簡。

雲濠謹案。陳止齋挽先生詩首云。自爲師説竟誰宗。每事持平屬此翁。有志政須名節是。斯文非獨語言工。其四云。壯歲從游兩鬢霜。重來函丈各堪傷。那知卒業今無及。極悔論心昨未嘗。相約歸期須次第。獨存病骨更淒涼。他年賴有門生記。託在碑陰永不忘。據此。則止齋不可謂非遂初門人。特未卒業耳。

遂初文集

予嘗謂今之士莫難于爲邑。弱者不足以有爲。而健者或以病民。幸而得强弱之中。則積負困之。姦民撓之。欲興事造業。有其志而不克成者多矣。又幸而不爲積負之所困。姦民之所撓。而在上者或不察。不得自展其才者亦多矣。重修臨海縣記。

附録

注江陰學官。需次七年。爲讀書計。從臣以靖退薦。召除將作監簿。

虞允文以史事過三館。問誰可爲祕書丞者。僉以先生對。亟授之。張敬夫曰。眞祕書也。

上以疾。一再不省重華宮。先生上封事曰。壽皇事高宗歷二十八年如一日。陛下所親見。今不待倦勤。以宗社付陛下。當思所以不負其託。望勿憚一日之勤。以解都人之惑。後數日。駕卽過重華宮。

袁東塘祭之曰。嗚呼哀哉。以公之節。足以鎭俗。以公之文。足以華國。讀書是勤。百代指南。樂古爲。富四海。律貪比。正嫉邪。友舊篤親。皆盛德事。具有典型。天子眷乎舊學。學者依乎宗師。將彌綸乎廊廟。均仁壽于華夷。何聰履之方强。倏逝川乎已而。

楊誠齋序益齋藏書目曰。予立朝雖與天下之英俊並遊。然閱三數月。識其面未偏也。既未偏識其面。未能偏交其人。一日除書下。遷右宗正丞。尤公延之爲祕書丞。吾友欽夫悦是除也。曰。眞祕書矣。予自是知延之之賢。始願交焉。然亦未始解欽夫之云之意也。既與延之往還且久。既同爲尚書郎。論文討古。則見延之于書靡不觀。觀書靡不記。至于字畫之叢殘。月日之穿漏。歷歷舉之無竭。聽之無疲也。予于是始解欽夫之云之意。然于延之有未解者焉。蓋延之每退則閉户謝客。日計手鈔若干古書。其子弟亦鈔書。不惟延之手鈔而已也。其諸女亦鈔書。不惟子弟鈔書而已也。且延之之于書腹之矣。奚所事于手之乎。此余之所未解者也。雖然。又有未解者焉。今年予出守毗陵。蓋延之之州里也。延之持淮南使者之節而歸。一日入郭訪余。余與之秉燭夜語。問其閒居何爲。則曰。吾所鈔書今若干卷。將彙而目之。飢讀之以當肉。寒讀之以當裘。孤寂而讀之以當朋友。幽憂而讀之以當金石琴瑟也。予益疑焉。蓋若延之者。記之强。不必鈔之富。學之就。不必讀之劬。彼其渟之爲道德。流之爲文章。溥之爲事業。深矣。而猶脱腕于傳寫。焦脣于誦數。此余之所疑而愈不可解者也。蓋彼其不可解也。祇其爲不可及歟。

梓材謹案。魏鶴山集有跋尤氏遂初堂藏書目録序後。時寶慶初元。其書厄于火者累月矣。

沙隨學侶

文公朱晦庵先生熹詳晦翁學案。

師川門人

學正董先生潁

董潁字仲達。德興人。紹興初從汪彦章徐師川遊。著有霜傑集三十卷。直齋書録解題。

梓材謹案。萬姓統譜言。先生以高第官學正。學識醇正。朱文公嘗敘其集云。

汪浮溪先生藻別見士劉諸儒學案補遺。

知録吴先生□

吴□。官知録。汪浮溪答其書謂。得足下名于士大夫間。久矣。又聞嘗從徐師川遊。願一見之。而彼此拘攣未遂云。汪浮溪集。

仲辰門人

羅先生革

梓材謹案。先生爲豫章先生仲素族弟。其跋豫章孟子師説云。廖仲辰與仲素爲友。庚戌辛亥中來聚生徒于南齋。授予此本。則先生蓋及廖氏之門矣。

西山家學

李先生揆

李揆一名延孫。西山子。承務郎。晚以德壽慶恩補官而卒。朱子文集。

范氏門人

薛先生□

薛□。

特進門人

戴藝堂先生機

戴機字伯度。鄞人。師事鄉先生高公開。而深爲先生之兄息齋侍郎所器重。自是爲學愈力。有勝己者必從之。後以特恩補官。著有藝齋集十卷。樓攻媿集。

吴氏門人

宋先生天則別見麗澤諸儒學案補遺。

王氏家學

進士王先生璧

王璧字子潤。鄞人。宣和六年進士。少年氣鋭。以遠大自期。悉焚前所爲舉子文。披閲羣書。醖蓄日富。舉筆爲文。波瀾洶湧。朝廷方復博學宏詞科。首魁其選。未幾卒。士論惜之。寧波府志。

師黄門人

林先生栗

林栗字黄中。福清人。登紹興十二年進士第。調崇仁尉。教授南安軍。宰相陳康伯薦爲太學正。守太常博士。孝宗卽位。遷屯田員外郎。皇子恭王府直講。歷除兵部侍郎。出知泉州。改明州。奉祠以卒。謚簡肅。其爲人强介。有才而性狷急。欲快其私怨。遂至攻詆名儒。廢絶師教云。宋史。

附録

除兵部侍郎。朱子以江西提刑召爲兵部郎官。既入國門。未就職。黄中與朱子相見。論易與西銘不合。遂論朱子。太常博士葉適上封事辨之。侍御史胡晉臣劾罷。知泉州。

朱子曰。易有太極。是生兩儀。兩儀生四象。四象生八卦。此是聖人作易綱領次第。黄中乃以六畫之卦爲太極。中含二體爲兩儀。又取二互體通爲四象。又顛倒看二體及互體爲八卦。若論太極。則一畫亦未有。何處便有六畫底卦來。兼若如此。却是太極生兩儀。兩儀包四象。四象包八卦。與聖人所謂生者意思不同矣。

黄勉齋祭之曰。嗟哉我公。受天勁氣。爲時直臣。玩羲經之爻象。究筆削于獲麟。至其立朝正色。苟拂吾意。雖當世大儒。或見排斥。著書立言。苟異吾趣。雖前賢篤論。亦不樂于因循。觀公之過。而公之近仁者。抑可見矣。論者固不可以一眚而掩其大醇也。

梓材謹案。朱竹垞經義考云。福清林黄中。金華江與政。兩公皆博通經學。而一糾朱子。一爲朱子所糾。其所著經説。學者遂置不問。與政之書無復存者。黄中雖有易傳。而流傳未廣。恐終泯没。然當黄中既逝。勉齋黄氏爲文祭之云云。勉齋爲文公高第。而好惡之公。推許之至若是。然則黄中之易。其可不傳鈔乎。

劉後村誌林經略墓曰。余因叩公。先公素賢朱公。晚有異論。何耶。公曰。吾翁有殊眷。朱公負重望。當軸皆禮貌之。内不善也。及翁被夏卿之擢。朱輟臬事而留。俱出獨斷。不由啓擬。當軸愈甚知二人素剛不相下。翁又新與朱論易樸拄。遂除朱公爲兵部郎。二人果以不咸皆去。卒如當軸所料。時臺端胡晉臣助朱排翁。相則周益公也。余觀近世士大夫多以恩怨爲毁譽。其後光皇龍飛。時事一新。簡肅以次對。里居方拜疏。以周策兑胡出臺爲惜。向使及慶元學禁。吾知其必爲朱公辨誣矣。嗚呼。亦足以知簡肅之賢也。公不以家學撓師説。私隙廢公論。又足以知公之賢也。

黄東發讀晦庵文集曰。記林黄中辨易。謂以六畫之卦爲太極。若論太極。一畫亦未有。林又闢西銘大君爲父母。又降爲宗子。是錯讀了。

董眞卿曰。林氏易。其説每卦必兼互體。約象覆卦。爲太泥耳。時楊敬仲有易論。黄中有易解。或曰。林黄中文字可毁。朱子曰。却是楊敬仲文字可毁。

雲濠謹案。四庫全書著録周易經傳集解三十六卷。提要云。當時與朱子所爭者。今不可考。朱子語類中惟載論繫辭一條。謂栗以太極生兩儀。兩儀包四象。四象包八卦。與聖人所謂生者意思不同。其餘則無所排斥。陳振孫書録解題稱其與朱侍講有違言。以論易不合。今以事理推之。于時朱子負盛名。駸駸嚮用。而栗之登第在朱子前七年。既以前輩自居。又朱子方除兵部郎中。而栗爲兵部侍郎。正其所屬。詞色相軋。兩不肯下。遂互激而成訐奏。蓋其釁始于論易。而其故不全由于論易。故振孫云。然後人之以朱子之故。遂廢栗書。似非朱子意矣。

文毅門人

程沙隨先生迥詳上喻氏門人。

文穆范石湖先生成大

范成大字致能。吴縣人。紹興中進士。隆興中出使金國。竭節盡忠。累官參知政事。後制置四川。知明州。帥金陵。以資政殿大學士奉祠。先生素有文名。尤工于詩。所著有石湖集。攬轡録。驂鸞録。虞衡志。吳船録。姓譜。

雲濠謹案。姑蘇志載先生年十二。徧讀經史。十四能文詞。父亡。讀書崑山薦嚴寺。十年不出。取唐人只在此山中語。自號此山居士。又慕元魯山爲人。字己幼元。歷封吳國公。追封崇國公。謚文穆。楊誠齋爲先生文集序云。公之别墅曰石湖。壽皇爲書兩大字以揭之。因號石湖居士云。

梓材謹案。周益公爲先生神道碑云。初傚王筠一官一集。後自裒次爲石湖集一百三十六卷。别著吳郡志五十卷。使北有攬轡録。入粤有驂鸞録。桂海虞衡志。出蜀有吳船録。各一卷。又云。公齊御史王公。予外舅也。以是與公訪予靈巖。同宿石湖。嘗有六十掛冠之約云云。王公即文毅也。益公又爲洪文惠神道碑云。起知荆門軍。范文穆公來爲户掾。一見知爲遠器。勉以吏事。暇則商榷著述。范公宦業文章高一世。每德公云。是先生實爲文惠講友也。

梓材又案。阮亭居易録。婺源黄昌衢刻范石湖詩集二十卷。中多闕文。吳郡顧嗣協亦刻石湖集。摹宋板最工。後村云。石湖詩三十四卷。今顧刻卷數正合云。

石湖經説

朝受君言。夕舍于郊。非必使事如此其急也。不敢慢君之命也。使人請命于君。其往則朝服而遣之。其反則下堂而受之。非嚴使人也。敬君之命也。人君命令所至。奔走奉承。其震動如此。是以聖主兢兢業業。不敢忽于出令。審之而弗輕發。守之而弗輕變。使天下致敬而取。則觀聽不惑。而後治功可成也。

附録

黃東發讀石湖文集曰。公喜佛老。善文章。踪跡徧天下。審知四方風俗。所至登覽嘯詠。爲世歎慕。往往似東坡。東坡當世道紛更。屢爭天下大事。其文旣開闢痛暢。而又放浪嶺海。四方人士爲之扼腕。故身益困而名益彰。石湖遭值壽皇清明之朝。言無不合。凡所奏對。其文皆簡樸無華。而又致位兩府。福禄過之。流風餘韻。亦易消歇耳。

文忠周平園先生必大別見范許諸儒學案補遺。

石湖同調

詹先生道子

詹道子。□□人。教授奉祠養親。石湖送之詩曰。新安學宫天下稀。先生孝友眞吾師。斑衣誤作長裾曳。二年思歸今得歸。牋詞上訴人亘挽。璽書賜可羣公歎。青山百匝不留人。空與諸生遮望眼。白雲孤起越南天。向來恨身無羽翰。下馬入門懷橘拜。身今却在白雲邊。鶴髮鬖鬖堂上坐。兒孫稱觴歸供果。世閒此樂幾人同。看我風前孤淚墮。一杯送舟下水西。我欲贈言無好詞。徑須喚起東廣微。爲君重補南陔詩。范石湖集。

龜山續傳

文公朱晦庵先生熹詳晦翁學案。

宣公張南軒先生栻詳南軒學案。

成公吕東萊先生祖謙詳東萊學案。

吏部廖槎溪先生德明詳見滄洲諸儒學案。

梁溪門人

朝奉張先生元幹

張元幹字仲宗。長樂人。官右朝奉郎。致仕。賜緋魚袋。宣和閒。拜了齋于廬山之南。了齋命從忠定遊。後數年。始見忠定梁溪之濱。歷論古今成敗數至夜分。忠定卒。再爲文祭之。梁溪集附録。

雲濠謹案。先生著有蘆川歸來集十卷。四庫提要云。元幹及識蘇軾。又從陳瓘遊頗久。劉安世。游酢。楊時。李綱。朱松諸人。皆爲題幽嵓尊祖録。故其學尊元祐而詆熙寧。詩文亦皆有淵源。

鄭先生昌齡

梓材謹案。先生與張先生元幹並爲忠定門人。忠定卒。並作詩以挽之。時先生官右宣教郎。新授太府寺主簿。

逸平門人

補通判江玉汝先生介

梓材謹案。先生世居徽之婺源。至先生始居饒之德興。其卒也。朱子誌其墓。黄東發嘗序朱子與先生往復帖。以爲在官之書而學之見于用者。又跋先生文集。謂其遠究伊洛之學。而近師晦庵先生。嘗爲進賢令。極力賑荒。寬租下户。及宰永興。以去就爭冤獄。其在廣西。又爭不當增綱馬廐置。雖有朝旨。不暇恤。此濂溪提典廣西刑獄之心。此明道出宰上元之心。此朱文公守南康持節浙東之心。而大學之正心。本之格物致知。而達之治國平天下者也。但朱子特言予與君善。非必師朱子而爲受業弟子也。

補隱君江西莊先生泳

梓材謹案。先生乾道八年卒。遺文曰西莊題意。曰朋遊講習。曰天籟編。曰因心録。易中庸有解。見樓攻媿所作墓志。

附録

束髮知讀書。一以爲己爲本。手鈔中庸大繫置座右。口誦心維。寒暑不廢。年益壯。學益明。再應鄉大夫舉。不利。絶不爲舉子語。

既遭外艱。廬墓毀瘠。除喪因弗去。遂不復謀仕。而行其志于家。號所居爲西莊堂。上至軒館。下至器用。悉有銘記。以便觀省。創樓西偏。揭先聖像。朝夕瞻仰。如親見而師之。樂以所聞見告人。願學而力不逮者。教且食之。曰。吾非養其口體。養其才也。

樓攻媿銘其墓曰。仕以行志。而或害義。孰若不仕。以全吾氣。允矣南塘。源由二程。有派其流。君挹其清。德成行修。不用于世。淑諸人者。抑君之細。

補寺正柴潛心先生衛

梓材謹案。浙江通志。紹興八年。黃公度榜進士柴瑾。殿中侍御史。十八年。王佐榜進士柴衛。大理寺正。是先生官至大理寺正也。方桐江集柴性初道存説云。靜德之祖潛心先生清江使君。乃龜山先生高第逸平先生徐公誠叟存之門人。與羅仲素諸公交。柴氏世守龜山之學。與紫陽同一源流云云。侍御號退翁。故知潛心卽先生也。

柴益深先生淵

柴淵字益深。其先自衢之江山徙信之永豐。先生事親以孝聞。撫育孤姪。與其子無閒。閨門之内和樂而肅靜。鄉人亦愛敬之。連遭二親喪。足不入私室。哭泣幾失明。蓋其所遊多一時名儒。講究經旨以躬行爲本。故其行如此。既去喪。年踰四十。卽不復應進士舉。卒年五十有五。汪玉山集。

梓材謹案。王雪山爲先生哀辭。稱其所師清湖先生徐君存。則先生逸平門人也。又案。萬姓統譜載先生云。蚤從吕東萊游。其學必以聖賢爲師表。親没。年方四十。卽不應舉。攷先生年五十五。卒乾道八年。當生于重和元年。長成公十九歲。蓋大東萊弟子也。

楊先生伯起

楊伯起。徐逸平弟子。儒林宗派。

董先生爲良

董爲良字景房。德興人。少學于徐誠叟之門。以文行聞于州。再試禮部不第。退而講學。不復以榮達爲事。嘗作活國書一編。識者韙之。朱子文集。

蔣先生羽

蔣羽字汝翔。家世居吴。高宗朝舉賢良。辭不赴。繼舉文學。亦辭。適三衢。聞徐逸平講學南塘里。就訪酬和。因見須江山水清邃。占籍文明坊。江山縣志。

鄭先生可與附子魏挺。

鄭先生升合傳。

鄭可與。寧國人。與弟吏部郎中升同師逸平徐誠叟。得聞龜山緒論。子魏挺字景烈。早承家學。登嘉定甲戌進士。調分宜尉。江淮提舉司幕。杜絕餽遺。引疾歸。臺章交薦。除國子監書庫官。力辭不受。隱居九龍山西園者十五年。稱西園老圃。年八十卒。著有禔身粹言二卷。讀書通説五卷。寧國府志。

林先生叔文

林叔文。浦城人。嘗從徐誠叟學。能道其緒言。朱子文集。

程明善先生□附孫可庵。

程□號明善。番陽人。實師徐南塘。孫某。號可庵。星源王拙齋。朱文公之門人。可庵實師之。陳定宇集。

王氏家學

王先生漢

王漢。師愈子。與兄瀚。洽。皆朱子門人。金華徵獻略。

梓材謹案。徵獻略于王魯齋傳云。父瀚。與其叔季于麗澤書院執經于朱子之門。先生即其季也。

魏氏門人

補文懿陳菊坡先生居仁

梓材謹案。周益公爲神道碑云。故相陳正獻公嘗薦公有父風。汪端明應辰。韓尚書元吉。程尚書大昌。楊待制萬里。當世儒宗文師。推公爲名勝。是先生所受知者。不獨魏丞相也。

附錄

初。虞雍公一見奇公。欲引以爲用。公不就。又導公言兵。謝不能。退以書抵之。謂有定力。乃可立事。若徒爲大言。終必無成。幸成。亦旋敗。雍公爲之動色。

嘗論朝廷之事。失于好詳。君人之道貴在執要。願舉綱要以御臣下。省知慮以頤精神。上曰。邇亦自覺叢脞。遠近大小之臣未曾及此。尤見忠誠。少以文受知于魏丞相汪端明。進學不倦。文亦愈工。黄南山先賢文懿贊曰。公之事功。先定大計。公之文章。首見兩制。委蛇鳳池。前父後子。世綸名堂。光賁來嗣。

補管庫張雪窗先生良臣

梓材謹案。戴剡源題徐可與詩卷云。雪窗先生自洪徙鄞。高才博學。好爲詩。爲吾鄉渡江以來詩祖。有一女嫁上饒徐氏。其子是爲忠愍公。以進士第一人。得名于時。蓋忠愍元杰爲雪窗外孫。可與名九齡。其從子也。

附録

兩仕都城。司糴于外。司帑于内。皆甚劇。泊然如在山林。苟非所知。雖貴而欲見不造也。樓攻媿書先生詩集後序曰。隆興初。與余爲同年生。閉門讀書。室中無一物。或謂君不爲歲晚計。君曰。水禽有名信天翁者。食魚而不能捕。兀立河上。俟他禽偶墜魚于前。乃拾之。然未聞有餓死者。其夷澹雅謔類此。

王深寧困學紀聞曰。攻媿記張武子之語。有名信天公者。按晁景迂集。黄河有信天緣。常開口待魚。

謝山箋曰。此朱灊山語。非雪窗。灊山則本之景迂。

雲濠謹案。景迂生集云。黄河多淘河之屬。有曰漫畫者。常以觜畫水求魚。有曰信天緣者。常開口待魚。感之賦三詩。其賦淘河云。淘河復淘河。后土激浪沙分波。大石羽轉雜龍鼉。汝欲澄清力幾多。官家費盡水衡錢。萬夫政待汝漪漣。天上有河鵲以塡。可憎汝。漫髡其巓虛名覈。何常休譏汝在梁。其賦漫畫云。漫畫復漫畫。河尾沙軟喙一尺。天生剛啄不解禿。倦魚薄淺幸有脱。謀拙力而費。何處有金翅。饑腸倚暮烟。慚愧信天緣。其賦信天緣云。信天緣。何爲者。非達亦非賢。終朝開口不敢仰。待魚落咮急下咽。大魚變化小魚黠。誰肯效命于爾前。皇天日月高無心。憐爾曹。幾欲强求索。豈不鑑漫畫。

安通村先生昭祖

安昭祖字光遠。其先祥符人。建炎避地。著籍于明。爲鄞人。丞相魏公退處碧溪。山中之客推雪窗張武子與先生。從容觴詠如裴迪之在輞川也。先生自號通村老子。有文集二十卷。名通村遺稾。樓攻媿集。

柴先生厓

柴厓字張甫。梅庵其别號也。與王季彝張武子前後在文節家。戴剡源集。

汪先生度

汪度字仲容。奉化人。樸學而好文。文節無恙時。先生年少。及以布衣客于其父子閒。戴剡源集。

高氏續傳

高先生衡孫

高衡孫。抑宗從孫。爲户部侍郎。知臨安府。其爲檢□時。史宅之括浙西公田。官屬皆增秩二等。先生知不便。獨辭賞。以壽終。延祐四明志。

梓材謹案。袁清容序高一清醫書十事云。高氏衣冠爲四明望。自獻簡公閲掌成均。定學制。當秦氏廢錮正士。即致事。以春秋禮學教授鄉里。内翰公文虎。禮部公似孫。父子皆以文學致清顯。至大宗伯衡孫。爲端平正士。修儀偉貌。年八十餘。手鈔見聞及方技諸書。亹亹道舊不輟。一清爲諸孫。得于宗伯爲多云。

沙隨家學

程先生絢附子仲熊。

程絢。沙隨子。以致仕恩調巴陵尉。攝邑事。能理冤獄。朱子以書告之曰。敬維先德。非獨章句之儒。曾不得一試而奄棄盛時。此有志之士所爲悼歎咨嗟而不能已者。然著書滿家。足以傳世。是亦足以不朽。子仲熊。亦有名。宋史。

沙隨門人

補高萬竹先生元之

梓材謹案。先生所著又有易論。詩説。論語傳。後漢曆志解。揚子發揮。茶甘甲乙稿。

雲濠謹案。樓攻媿誌先生墓云。吾鄉及旁郡之爲春秋者。多出君之門。或其門人之弟子也。是先生學徒甚廣。惜不得盡譜之也。

附録

少讀襄陵許翰書。及從程沙隨。故尤邃于春秋。春秋義宗蓋十餘年而後成。晚多所更定。專務明經。自三傳而下。不盡以爲可。自謂樂府不媿前作。嘗謂離騷之學幾亡矣。爲之九篇。曰愍畸志。曰臣薄才。曰惜來日。曰感回波。曰力𠻳。曰危衷。曰悲娟嬋。曰古誦。曰繹思。深得三閭大夫旨意。且曰。變離騷者沿流于千載之後。而探端于千載之前。非變而求異于騷。所以極其志之所歸。引而達于理義之衷。以障隄于隤波之不反者也。

周侍郎綰爲記謙齋。稱其刻苦。雖聚螢積雪。和膽刺股。不能過也。屬文贍蔚。咄咄逼人。學益富。文益進。行益修。此其志欲立于萬人之上。而以謙名齋。可謂有志之士矣。

嘗結廬察廉。在大小黄竹之閒。著萬竹先生傳。自言爲人達生任性。不拘拘儒者之節。好學而未至于道。好文而不中繩墨。好閒而刳心于古。濇苦吟而不能自已。鄉評亦謂先生有不可曉者三。貧而疏財。貌古氣嚴。而樂易已甚。衣冠垢敝。望之如木雞。而胸次灑落。綽有晉韻。知之者以爲然。

黄南山先賢萬竹贊曰。五舉不第。授業門人。九騷見志。廬墓終身。萬竹森嚴。萬卷沈酣。實多著述。允矣荼甘。

縣令董尚隱先生熠

董熠字季興。德興人。受學沙隨程氏。紹熙進士。知瑞安。改辰溪。值歲饑。行救荒策。民賴以蘇。寧宗褒之。召見。進所譔救荒活民書。敕曰。爾忠爲報國。志在愛民。自號尚隱先生。著有尚隱集。饒州府志。

梓材謹案。先生娶沙隨之女。有家法。故其學爲沙隨之學云。

附録

注德安府應城令。適應城易右選。改授郢州文學。至則作新校宫。市田畮百。以資士之不能上春官者。中庸大學章句論孟注説。皆指授口講。士知向方。

調辰溪。辰地遠。人緩于學。君乃急之。取成童以上。擇師教之。且身率之。期年文風大振。

程洺水誌其墓曰。古之學者格物以致其知。開物以成其用。二者常相須而未始相悖也。自王者之迹熄。曲學之士雜然四出。窮理者流于虚無之説。而不本乎性命之原。用世者汩于功利之末。而不知乎流濟之本。此先王之道所以不明。而隆古之治所以不復。至嵩洛諸儒先後發明。體用備具。然後談經者始以理義而爲歸。讀史者以理亂而爲斷。濟時者亦以行道而爲急。至若商功較利。如所謂俗吏者。人亦得以指其非。非講學素明之力耶。君之學蓋源流若此。故平日之論。以爲自漢以前固未易言。而唐之人才亦非後世所可及者。相則房杜。將則李郭。節義則張許。論諫則魏陸。文則韓柳。詩則李杜。字畫則歐顔。下而至于術數。技藝。亦皆精絶一世。而非謾爲文具者。至若空犬羊而蕩戎羌。僇鯨鯢而造王室。勛業巍皇。卓桀當代。豈後世空談者可望耶。降是而後。往往緼藉有餘而振厲不足。論議有餘而事功不足。文彩有餘而武備不足。意氣有餘而風骨不足。夫是以風雨不適。不能調。姦宄不戢。不能滅。戎狄不賓。不能服。千百餘年萎薾一日。非講學不盛之故也。人才不如古耳。每聆君言。意其必有立于世者。而今則亡矣。命也夫。

又曰。蓋君之學出于沙隨。而沙隨之學則源于嵩洛。故君終身守其力行之説。而以及物爲究極之地。活人之書已足垂後。有若辨明聖孝書。壽國脈書。求賢變俗書。皆切于當世者。餘詩文多散落。家有抱膝稿十卷。

錢先生節

錢節。忠懿王之後。居上虞。從沙隨程氏學館。虞雍公之孫勇守富川。以盡室行。任松鄉集。

尤氏門人

文節陳止齋先生傅良詳止齋學案。

林氏續傳

朝請林先生蒙亨

林蒙亨字宿西。仙遊人。宋卿之孫。其學于天文地理諸子百家之書無不該貫。莆泉學者多從之。而王臞軒邁尤加敬焉。以子有之恩。贈朝請郎。姓譜。

澹軒門人

縣令張先生彦清附師徐翙。

張彦清字叔澄。浦城人。紹熙進士。初主光澤簿。教授泉州。丞安福。用薦知慶元縣。先生初從朱子遊。得其大旨。及仕光澤。與隱君子李澹軒遊。質疑辨惑。造詣日深。其爲人以孝弟忠信爲本。根潔廉勁。挺爲質幹。親早没。恨養弗逮。不茹甘服美者終其身。女兄未嫁。捐所有資之。少從鄉先生徐翙學。徐欲妻以女。未及而死。既與薦。有富室將女之。先生曰。忍負徐公。仕雖久。家無旬月儲。歲暮貧且迫。里人欲餉之。曰。得錢固所欲。然非吾本心。卒不受。晚宰慶元。目眚作。然兩造在庭。猶諄之至前。兒女語之。人人得吐情。吏束手不能欺。以疾請主台州崇道觀。閩書。

林氏家學

經略林先生行知别見晦翁學案補遺。

石湖家學

范先生成績

范先生成□合傳。

范成績。成□。石湖二弟也。石湖教而撫之。待成績尤至。爲朝請郎。通判建康府。周益公集。

石湖門人

簡先生世傑

簡世傑字伯俊。進賢人。自幼穎異。讀書略章句。要爲有用之學。隆興進士。調靜江府司理參軍。范公石湖鎭全蜀。辟爲四川制置司。準備差遣。悉心贊畫。蜀人大和。尚書鄭丙手書以貽云。聞蜀士翹楚皆爲范公得。可謂自吾有回。門人益親。歷除權知賀州。先生學問通古今。其好善出天性。試進士。爲石湖所識拔。因是游石湖之門。而遂爲所薦云。楊誠齋集。

劉先生翰別見衡麓學案補遺。

李氏續傳

縣令李先生東詳見滄洲諸儒學案。

楊氏續傳

楊先生道夫別見九峯學案補遺。

西莊家學

江先生震

江先生升合傳。

江先生蒙合傳。

江先生革合傳。

江震。江升。江蒙。江革。開化人。皆南塘門人。元適泳之子。元適榜其家塾曰明善。命諸子肄業其中。所訓先德行。後文藝。絶口不以利達啓其心。亦不使預家務云。樓攻媿集。

益深家學

教授柴先生端義

柴端義。益深從子。益深實長養教誨之。官左迪功郎。復州州學教授。汪玉山集。

萬竹門人

鄭先生沆

鄭沆。三山屯田之子也。高端叔未知名。屯田一見奇之。俾訓其子。人以此加敬云。樓攻媿集。

屠先生槐

屠槐字□□。奉化人。萬竹門人也。萬竹將卒。力疾作書。以母氏他日事屬之。以其居近察廉也。樓攻媿集。

董氏家學

董先生甄

董先生城合傳。

董甄。董城。季興二子。皆敏而好學。程洺水集。

錢氏家學

孝子錢先生興祖附師陳九達。張時可。

錢興祖字國材。節之子。少類成人。長事三山陳九達與温陵張時可。辨析理學。爲畏友。事親孝。奉母氏尤謹。疾二年不愈。醫藥且匱膚體不惜。曰。自吾母而不得吾情。吾惡乎用吾情。及終。貧不能葬。孺子泣者五年。既葬。白鳥千百集墓木上。二大鶴巡行墓旁。卒百日而後去。人以爲至孝所感。卒于至元己卯。年六十有七。任松鄉集。

龜山之餘

馮先生夢得

馮夢得字初心。將樂人。篤志嗜學。博洽經史。登嘉熙進士。歷給事中。累官禮部尚書。居官不私薦拔。嘗奏立龜山書院。請賜田養士。復其後立祀。時謂扶植道南脈。先生之力居多。延平府志。

胡先生士行

胡士行。廬陵人。官臨江軍軍學教授。著有尚書詳解十三卷。其解經多以孔傳爲主。而存異說于後。孔傳有未善。則引楊龜山。林三山。吕東萊。夏柯山諸説補之。諸説復有所未備。則以己意解之。四庫書目提要。

梓材謹案。尚書詳解。焦氏國史經籍志作書集解。朱氏經義考作初學尚書詳解。四庫提要以爲一書。是也。提要又云。堯典星辰之伏見。列爲四圖。以驗分至。洪範初一曰五行。則補繪太極圖。以釋初字。見五行生尅之有本。雖皆根據舊說。要能薈萃以成一家之言。解經之篤實者也。

黄先生去疾

黄去疾。邵武人。咸淳閒宰將樂。創龜山精廬。聚輯簡策。政暇與學子誦習其閒。又取龜山紀而訂正之。題曰年譜。姓譜。

陳先生宏磬別見南軒學案補遺。

徐氏續傳

徐先生應鑣附子琦崧。

徐應鑣字巨翁。江山人。世爲衢望族。咸淳末。試補太學生。德祐二年宋亡。瀛國公入燕。太學生百餘人皆從行。先生不欲從。乃與其子琦崧。女元娘。誓共焚。子女皆喜從之。太學故岳鄂王飛祠。先生具酒肉祀之。曰。天不祐宋。社稷爲墟。應鑣死以報國。誓不與諸生俱北。死已將魂魄累王作配神主。與王英靈永永無斁。琦亦賦詩以自誓。祭畢。以祭肉餉諸僕醉臥。先生乃與其子女入梯雲樓。積諸房書籍箱笥。四周縱火自焚。一小僕未寐。聞火聲。起至樓下。穴牖視之。先生父子儼然坐立如廟塑像。走報諸僕。壞壁入。撲滅火。先生不能死。與其子女怏怏出户去。倉卒莫知所之。翌日得其屍祠前井中。皆僵立瞠目。面如生。諸僕爲具棺斂。殯之西湖金牛僧舍。益王立福州。褒其節。贈朝奉郎。祕閣修撰。後十年。其同舍生劉汝鈞率儒者五十餘人。收而葬之方家峪。私謚曰正節先生。宋史。

附録

謝皋羽哭正節徐先生詩曰。淒涼攜子女。冠佩赴重陰。塌井千年事。青天此夜心。哀辭山石刻。郵典海舟沈。里族南薰夢。東都直至今。

潛心續傳

柴先生一桂附子性初。

柴一桂號靜德。三衢人。潛心之孫。太學上舍。名其次子曰性初。字道存。而方桐江爲之説。方桐江集。

嚴氏續傳

嚴先生巨川

嚴巨川。四明人。袁清容稱其垂老隱居。充然自足。不倚于當世。而獨卷卷表章先夫人之訓範。以示厥後云。清容居士集。

陳氏續傳

補參議陳西麓先生允平

梓材謹案。阮亭居易録載黄俞邰南宋詩小集。有四明陳允平衡仲西麓稿。

梓材又案。謝山句餘土音泛舟南湖。有陳參議西麓詩。

監丞陳先生定孫

陳定孫。鄞人。參知政事卓之孫。爲軍器監丞。家居四十年。歲奉祭祀必哭泣。年八十餘乃終。清容居士集。

雲濠謹案。據此則監丞爲先生。謝山學案原底標題以爲陳西麓監丞者。蓋係筆誤。

沙隨續傳

黄先生定子

黄定子字季安。吴草廬友人也。草廬序其易説。稱其用功于易有年。專以一畫變一畫不變者起義。蓋與春秋左氏傳沙隨程氏説及朱子啓蒙三十二圖皆合云。經義考。

李氏續傳

李先生學遜

李學遜。忠定九世孫。博學洽聞。尤邃于易。所著有易精解。閩書。

宋元學案補遺卷二十六目録

宋元學案補遺卷二十六

後學 鄞 王梓材 慈谿馮雲濠 同輯

廌山學案補遺

二程門人

補 文肅游廣平先生酢

梓材謹案。先生謚文肅。見魏時應建陽新縣志世家凡例。

廌山語要

大學自誠意正心至治國平天下。只一理。此中庸所謂合外內之道也。

欲誠其意。先致其知。故不明乎善。不誠乎身矣。學至于誠身。安往而不致其極哉。以內則順乎親。以外則信乎友。以上則可以得君。以下則可以得民。此舜之允塞。所以五典克從也。

天下之大經。五品之民彝也。凡爲天下之常道。皆可名爲經。而民彝爲大經經綸者。因性循理而治之。無汩其序之謂也。

祭祀之禮。非精義不足以究其說。非體道不足以致其義。蓋惟聖人爲能饗帝。爲其盡人道而與帝同德。孝子爲能饗親。爲其盡子道而與親同心也。仁孝之至。通乎神明。而神祇祖考安樂之要。不過乎物而已。

大孝。聖人之絶德也。達孝。天下之通道也。要其爲人倫之至則一也。

武王于泰誓三篇稱文王爲文考。至武王而柴望。然後稱文考爲文王。仍稱其祖爲太王王季。然則周公追王太王王季者。乃文王之德。武王之志也。禮記大傳載牧野之奠。追王太王亶父。王季歷。文王昌。亦據武成之書。以明追王之意出于武王也。世之説者。因中庸無追王文王之文。遂以謂文王自稱王。豈未嘗攷泰誓武成之書乎。君臣之分。猶天尊地卑。紂未可去。而文王稱王。是二天子也。服事殷之道。固如是邪。書所謂九年大統未集。後世以虞芮質厥成爲文王受命之始故也。當六國時。秦固以長雄天下。而周之位號微矣。辛垣衍欲帝秦。魯仲連以片言折之。衍不敢復出口。蓋名分之嚴如此。故以曹操之英雄。逡巡于獻帝之末而不得逞。彼蓋知利害之實也。曾謂至德如文王。一言一動順帝之則。而反盜虛名而拂天理乎。且武王觀政于商。而須假之五年。非僞爲也。使紂一日有悛心。則武王當與天下共尊之。必無牧野之事。然則文王已稱之。名將安所歸乎。此天下之大戒。故不得不辨。

素其位而行者。卽其位而道行乎其中。若其素然也。

道在天下。不以易世而有存亡。故無古今。君子行道。不以易地而有加損。故無得喪。

凡爲天下國家有九經。經者。其道有常而不可易。其序有條而不可紊。

中庸之道造次顛沛不可違。惟自强不息者爲能守之。故以子路問强次顔淵。

孔子曰。過而能改。善莫大焉。蓋能改一言之過。則一言善矣。能改一行之過。則一行善矣。若過而每不憚改者。其爲善可勝計哉。

忠信所以進德也。知㊀甘之受和。白之受采。故善學者。其心以忠信爲主。不言則已。言而必忠信也。故其行爲德行。止而思。動而爲。無時而不在是焉。則安往而非進德哉。故爲仁不主于忠信。則仁必出于姑息。爲義不主于忠信。則義必出于矯執。操是心以往。則禮必出于足恭。智必出于行險。安往而非敗德哉。而何進德之有。譬之欲立數仞之牆。而浮埃聚沫以爲基。亦没世不能立矣。故主忠信者。學者之要也。

三代之學。皆所以明人倫也。能是四者。則于人倫厚矣。學之爲道。何以加此。子夏以文學名。而其賢賢易色云云。則古人之所謂學者可知矣。

君子務本。待其有餘。然後從事于文。則其文足以增美質矣。猶木之有本根也。然後枝葉爲之庇護。苟無其本。則枝葉安所附哉。孝不稱于宗族。弟不稱于鄉黨。交遊不稱其信。醜夷不稱其和。仁賢不稱其智。則其文適足以滅質。其博適足以溺心。託眞以酬僞。飾奸言以濟利心者。往往而是也。然則無本而學文。蓋不若無文之愈也。是以聖人必待行有餘力。而許之以學文。不

㊀「知」當爲「如」。

然固有所未暇也。後之君子稍涉文義。則沾沾自喜。謂天下之美盡在于是。或訾其無行。則驁然不顧。或詆其不足。則忿疾如仇。亦可謂失羞惡之心矣。烏知聖人之本末哉。事親孝。故忠可移于君。事兄弟。故順可移于長。孝弟者。忠順之資也。其不足于忠順者寡矣。故孝弟之人鮮好犯上。至于不好犯上。則忠順足于己。而悖逆之氣不萌于中矣。若是者。其事君必如其親。憂國必如其家。愛民必如其子。固足以禦亂矣。曾何作亂之有。木漸于上。水漸于下。有本者如是。故君子之道。亦務本而已矣。

學者貴心得。譬諸飲食之美也。借使易牙日譽其前。而己不預饗焉。終不足以知味。

好善而惡惡。天下之同情。然人每失其正者。心有所繫而不能自克也。惟仁者無私心。所以能好惡也。

爲我至于無君。兼愛至于無父。則非教矣。

血氣之剛。能得幾時。

鷹山文集

古人有言禮義廉恥謂之四維。四維不張。國非其有也。今欲使士大夫人人自好而相高以名節。則莫若朝廷之士唱清議于天下。士有頑頓無恥一不容于清議者。將不得齒于縉紳。親戚以爲羞。鄉黨以爲辱。夫然故士之有志于清議者。寧飢餓不能出門户而不敢以喪節。寧阨窮終身不得聞達而不敢以敗名。廉恥之俗成而忠義之風起矣。人主何求而不得哉。論士風。

不能博學詳説而遽欲反約。不能文章而遽欲聞性與天道。猶之欲立數仞之牆。而浮埃聚沫以爲基。絺兮綌兮而欲温。吸風飲露而欲飽。無是理矣。與友人帖。

楊升庵曰。近日厭窮理之煩。而貪居敬之捷者。安得以是説告之。

附録

嘗爲明道贊曰。天地之心。其太一之體歟。天地之化。其太和之運歟。確然高明。萬物覆焉。隤然博厚。萬物載焉。非以其一歟。陽自此舒。陰自此凝。消息滿虚。莫見其形。非以其和歟。夫子之德。其融心滌慮。默契于此歟。不然。何穆穆不已。渾渾無涯。而能言之士莫足以頌其美歟。

謝上蔡曰。舊在二程之門者。伯淳最愛中立。正叔最愛定夫。二人氣象亦相似。

楊龜山曰。伊川稱游君。德宇睟然。問學日進。政事亦絶人遠甚。于師門見稱如此。其所造可知矣。

又誌其墓曰。公自幼不羣。讀書一過輒成誦。比壯。益自力。心傳自到。不爲世儒之習。誠于中。形諸外。儀容辭令燦然有文。望之知爲成德君子也。其事親無違。交朋友有信。涖官遇僚吏有恩意。人樂于自盡而無敢慢其令者。惠政在民。戴之如父母。既去則見思。愈久而不忘。若其道學足以覺斯人。餘潤足以澤天下。遭時清明。不究所用。士論共惜之。

又祭之曰。嗟吾先生。微言未泯。而學者所記多失其眞。賴公相與參訂。去其訛謬。以傳後學。書往未復。而訃之及門。嗚呼悲夫。宜任其責者復誰歟。斯文將泯滅而無傳歟。抱遺編而求之。悼此志之不伸。

晁氏客語曰。游定夫問程伊川陰陽不測之神。伊川云。賢是疑了問。揀難的問。

朱子曰。游楊謝三君。初皆學禪。後來餘禪猶在。故學之者多流于禪。游先生大是禪學。必是程先生當初説得太高了。他們只睥見上一截。少下面着實工夫。故流弊至此。

又語類曰。游定夫編明道語。言釋氏有敬以直内。無義以方外。吕與叔編則曰。有敬以直内。無義以方外。則舉直内底也不是。又曰。敬以直内。所以義以方外也。又曰。游定夫晚年亦學禪。

又曰。游定夫德性甚好。

又曰。游定夫徽廟初爲察院。忽中本臺乞外。如所請。志完駭之。定夫云。公何見之晚。如公亦豈能久此。

黄東發曰。賜不受命一也。游定夫所録則謂不受天命。不知姓氏所録則謂不受爵命。子貢蓋嘗結駟鄰國矣。何嘗不受人之爵命。是或者之録。不如游之得事實。

鷹山講友

文學劉先生元振

劉元振字君式。崇安人。少沈靜有器識。季父中散大夫當任子將屬㈠。先生辭。與其弟賏。弱冠游太學。持身有禮。國子先生吕與叔游定夫皆與之友善。元豐中。士子方尚文華。先生獨沈涵載籍。深造義理。以是不合于有司。送歸。篤意養親。放情泉石。卒于家。友人翁彦深銘其墓。

雲濠謹案。先生父滋。爲崇安鄉先輩。見安定學案翁開府傳。

尚書陳先生顯

陳顯。鄞縣人。由進士官至户部尚書。政和二年。言復相蔡京。士民失望。貶官。成化四明志。

梓材謹案。鄞縣志壇廟。據采訪册載柿林廟云。祀宋游酢及邑人陳顯。以二公嘗講學往來柿林。寓言士林也。邵中丞基有碑記。不知其本何書。鷹山嘗爲蕭山尉。亦未知其至鄞否也。

梓材又案。廣東郝志載先生云。陳顯字德明。固始人。元豐中進士。歷户部尚書。政和二年。因言蔡京。帝怒貶知越州。遂隱于四明。五年詔起爲宣和殿學士。辭不就。靖康之亂。避地南海。因家焉。此較詳于四明志。游陳講學當在越中。吾郡定海有南海之稱。其言避地南海。恐非粤之南海耳。

㈠「屬」下脱「先生」。

廌山家學

游先生揆

游揆字德華。廣平先生幼子也。胡五峯集。

廌山門人

黄先生中

黄先生章合傳。

黄中字通老。邵武人。生而穎悟端慤。少長。受書不過一再讀。退輒成誦。未冠。從舅游御史定夫愛其厚重。爲其母賀。始以族祖薦補修職郎。紹興五年舉進士。廷對極論孝弟之意。高宗異其言。擢置第二。授左文林郎。以不附秦檜。滯淹下僚者二十餘年。檜死。召爲祕書省校書郎。歷官至兵部尚書兼侍讀。浩然有歸志。猶陳十要道之説以獻。曰。用人而不自用者。治天下之要道也。以公議進退人才者。用人之要道也。察其正直納忠阿諛順旨者。辨君子小人之要道也。廣開言路者。防壅蔽之要道也。考核事實者。聽言之要道也。量入爲出者。理財之要道也。精選監司者。理郡邑之要道也。痛懲贓吏者。恤民之要道也。求文武之臣面陳方略者。選將帥之要道也。稽考兵籍者。省財之要道也。言皆切中時病。每奏一篇。孝宗未嘗不稱善。先生遂從容乞身以歸。

乃除顯謨閣學士。提舉太平興國宫。再疏告老。遂以龍圖閣學士致仕。進職端明殿學士。卒年八十五。謚簡肅。弟章。由進士官台州。嘗爲御史臺主簿。以治行精敏。議論慷慨。有聞于時。始。其母每語諸子曰。視乃舅而師法之。足以爲良士矣。朱子文集。

梓材謹案。姓譜載黄通老。朱子嘗裁書以見。有曰。今日之來。將再拜堂下。惟公坐而受之。俾進于門弟子之列。其爲人敬慕如此。

鷹山私淑

副使蕭先生之敏

蕭之敏字敏中。九江人。隆興閒知建陽縣事。廉靜易直。問邑之先賢。而得三御史焉。曰陳公洙師道。曰陳公師錫伯修。曰游公酢定夫。皆以學行風節有聞于時。心獨慨然慕之。爲肖像立祠于學。牓曰三賢。既而仕于朝。亦爲御史。實踐三君子之跡。出使江東。上思其言。復召以爲國子祭酒。因事獻言。鯁直不少變。又使湖南以卒。卒時貧甚。至無以爲家。建陽之人復肖其像。以合食于三君子。而更其牓曰四賢。而晦翁爲之記。朱子文集。

梓材謹案。萬姓統譜以爲字好學。乾道閒知建陽縣。皆誤。

附録

遷國子祭酒。太學之士以得明師。交相賀。先是職事闕。請託紛然。公籍校定優劣。升補先後爲之格。遇闕。則察行藝次第而授。奔競頓絶。舊制。職事官例牒宗族補試。公自以長官臨涖。令二子毋得入。其後學官子弟中國子生者皆駁放。始服公之先見。

素無嗜好。惟聚書至數千卷。讀之不倦。每見歷代及本朝名卿奏議剴切平正者。輒三復慨歎。恥躬不逮。尤慕司馬文正公之誠實。蘇文忠公之議論。二書手不停披。暗誦率數百言。樂爲晚進道之。其後正色立朝。不諂不瀆。淵源蓋有所自。

陳氏家學

宣撫陳先生仲

陳仲。尚書顯子。爲國子祭酒。慶元初。僞學論起。先生七上章論之。爲吏部尚書韓侂胄北伐。又上書切諫。出爲京湖宣撫使。遂乞致仕。成化四明志。

曾氏家學

補 知軍曾先生集

梓材謹案。朱子爲先生作壯節亭記云。致虚學有家法。故其爲政知所先後如此。又爲作冰玉堂記。壯節亭者。因修葺劉屯田凝之之墓而築之。而冰玉堂則訪其舊居爲之。繪屯田父子。且以陳忠肅嘗館于此。故繪而侑之者也。又案。先生爲東萊内弟。見朱子跋吕伯恭書説。

雲濠謹案。楊誠齋薦舉奏狀云。朝散郎知南康軍曾集。胄出名家。躬服寒素。少從名儒張栻講學。以爲士君子之學。不過一箇實字。再立朝列。皆監六部門。不事干謁。不肯附麗。往往皆以爲次。其政一遵朱熹之舊。如請于朝。乞均減星子一縣預買。如輟郡廩。以教育白鹿書院生徒。皆朱熹欲爲而未及盡行者。

蕭氏家學

蕭先生之美

蕭之美。之敏弟也。祭酒力教之。後登進士第。知蘄水縣令。周益公集。

鷹山續傳

黄先生榦詳勉齋學案。

宣撫家學

陳先生德剛

陳德剛。仲子。歷官户部侍郎。理宗立。遷工部尚書。論濟王之冤。忤史彌遠。奉祠。紹定六年除知福州。入對。帝問。夾攻蔡州以復讎何如。對曰。在國家一日不可忘此舉。恐此舉之後。方勞聖慮耳。成化四明志。

陳本堂先生著詳見東發學案。

游氏續傳

游先生開別見滄洲諸儒學案補遺。

文清游默齋先生九言

莊簡游受齋先生九功並詳嶽麓諸儒學案。

學正游先生應祥附子欽。

游應祥字子善。崇安人。定夫七世孫。祖伯祥。因過武夷澄川。愛其秀麗。遂卜居之。先生天資淳厚。博通經史。無媿先世。由武夷直學士陞學正。卒。長子欽。字敬仲。幼受學于家庭。綽有父風。官建陽縣尹。姓譜。

宋元學案補遺卷二十七目録

宋元學案補遺卷二十七

後學 鄞 王梓材 慈谿馮雲濠 同輯

和靖學案補遺

伊川門人

補 肅公尹和靖先生焞

雲濠謹案。先生國朝雍正二年從祀廟廷。又案。戴剡源爲和靖書院記云。會稽五雲鄉之石帆里。尹肅公之墓在焉。

和靖語要

學者必自本而往。姑推其類而舉其概。會于理。則豈有二哉。天下事物。理雖一而分則殊。莫不有本。猶道一而已。而得名之衆。所主之不同也。

伊川教人學。先於君臣父子夫婦長幼朋友上求樂處便是。

大抵爲學貴乎有用而已。

先生遺書。雖以講解而傳。脱使窮其根源。謹其辭説。苟不踐行。等爲虚語。

讀書者當觀聖人所以作經之意。與聖人所以用心。與聖人所以至聖人。而吾之所以未至者。

句句而求之。書誦而味之。中夜而思之。平其心。易其氣。闕其疑。則聖人之意見矣。

附朱子和靖手筆辨

伊川先生曰。某在。何必看此書。若不得某之心。只是記得他意。豈不有差。

朱子曰。某在不必看。則先生不在之時。語録固不可廢矣。不得先生之心而徒記己意。此亦學者所當博學審問精思而明辨之。不可以一詞之失而盡廢其餘也。所見有淺深。故所記有工拙。失其意者不假一二言也。

朱子曰。淺拙而失其意者。固不足觀矣。其見深。其記工。而得其意。豈可以彼之失而遽廢之哉。

如世傳史評之類。皆非先生所著。

朱子曰。史評固非先生所著。但當論辨以曉學者。不可因此并廢語録也。

紹興初。士大夫頗以伊川語録資誦説。言事者直以狂怪淫鄙詆之。蓋難力辨也。

朱子曰。以語録資誦説者。當時士大夫之罪。以狂怪淫鄙詆之。當時言事者之失。非語録使然也。

掇同門所記。僅數十端示之。

朱子曰。愚嘗讀此書矣。類多解釋經義之言。若程氏之學止於如此。則亦無以繼孔孟不傳之緒矣。前輩言學欲博不欲雜。欲約不欲陋。誠有味哉。

伊川之學在易傳。不必他求也。

朱子曰。孔子删詩。定書。繫周易。作春秋。而其徒又述其言以爲論語。其言反復證明。相爲表裏。未聞以此而廢彼也。

易傳所自作也。語録他人作也。人之意他人能道者幾何哉。

朱子曰。如是則孔氏之門亦可以專治春秋。而遂廢論語矣。而可乎。

伊川先生爲中庸解。疾革。命焚于前。門人問焉。伊川先生曰。某有易傳在。足矣。何以多爲。

朱子曰。嘗見别本記。或問和靖。據語録。先生有言中庸已成書。今其書安在。和靖曰。先生自以爲不滿意而焚之矣。此言恐得其眞。若無所不滿于其意。而專恃易傳。遂廢中庸。吾恐先生之心不如是之隘也。

附録

先生問伊川如何是道。曰。行處是道。或問明道如何是道。曰。於君臣父子兄弟夫婦朋友上來。

一日看大學。有所得。欲舉以問伊川。伊川聞之。先生曰。心廣體胖。何只有所樂。伊川曰。

到這裏和樂字也著不得。

伊川既没。先生聚徒洛中。非弔喪問疾不出户。士大夫宗仰之。

先生之學。學聖人者也。曰。聖人必可以學而至也。而不可以爲也。玩味以索之。踐履以身之。涵養以成之。成之有敘。于是乎下學上達。窮理盡性而無贅無外者。學之正也。

吕稽中誌先生墓曰。先生莊正仁實。不過於心。不欺闇室。自誠而明。以之開物成務。推而放之四海而準。其於聖人六經之言。耳順心得。如出諸己。天下知道者必宗之。不知者必慕之。

馮忠恕序記善録曰。先生學聖人之學者也。聖人所言。吾當言也。聖人所爲。吾當爲也。詞章云乎哉。其要有三。一曰翫味。諷味言辭。研索歸趣。以求聖賢用心之精微。二曰涵養。涵泳自得。蘊蓄不憹。存養氣質。成就充實。至于剛大。然後爲得也。三曰踐履。不徒誦其空言。要須見之行事。躬行之實。施于日用。形於動靜語嘿。開物成務之際。不離此道。所謂修學。如此而已。所謂讀書。如此而已。

韓南澗曰。和靖先生教學者必先讀東銘。然後看西銘。謂從寡過而入爾。

周紫芝和靖先生眞贊曰。先生誦聖人之言。行聖人之道。退不以矯。進不以躁。用能隨隱顯以無心。歷嶮夷而一操。彼佞人之譾譾者。又奚足以窺先生之所造也。

朱子曰。論語中程先生及和靖説。只于本文上添一兩字。甚平瞻。然意味深長。須當仔細看。又曰。尹氏解論語。守約定。不走作。所少者精神爾。

又曰。和靖持守有餘。而格物未至。故所見不精明。無活法。

又序言行録曰。程夫子有言涵養必以敬。進德則在致知二言者。夫子教人所以造道入德之大端。而不可以偏廢者也。若尹先生者。其學于夫子而有得于敬之云乎。何其説之約而居之安也。

又書先生遺墨後曰。皆先生晚歲片紙手書。聖賢所示治氣養心之要。黏之屋壁。以自警戒者。

又答王德修書曰。熹兒時侍先君子官中祕書。是時和靖先生實爲少監。熹嘗于衆中望見其道德之容。又得其書而鈔之。然幼穉愚蒙。不能識其爲何等語也。

又答許順之書曰。論語。尹先生説句句有意味。可更翫之。不可以爲常談而忽之也。

又答范文叔曰。尹和靖門人贊其師曰。丕哉聖訓。六經之編。耳順心得。如誦己言。要當至此地位。始是讀書人耳。

梓材謹案。朱子又答柯國材云。尹和靖門人稱尹公于經書不爲講解。而耳順心得。如誦己言。此豈必以創意立説爲高哉。其語略同。

又語類曰。和靖在程門直是十分鈍底。被他只就一箇敬字做工夫。終被他做得成。

又曰。尹先生門人言尹先生讀書云。耳順心得。如誦己言。工夫到後。誦聖賢言語都一似自己言語。良久曰。佛所謂心印者也。印第一箇了。印第二箇只與第一箇一般。又印第三箇。只與第二箇一般。惟堯舜孔顏方能如此。堯老遜位與舜。教舜做。及舜做出來。只與堯一般。此所謂眞同也。孟子曰。得志行乎中國。若合符節。不是且恁地説。

林膚齋學記曰。有人欲和靖爲伊川作行狀。和靖曰。自不須得。又欲爲伊川請謚。和靖亦曰。不必如此。又有曰。伊川文集講解近皆刻行。亦可喜。和靖曰。正不要得如此。和靖此見極高。豈亦預憂慶元道學僞學之所由起乎。

又曰。和靖每早晨拜經書二首曰。道之所在也。今庸愚人見釋氏書則知敬。儒者却以枕頭。或置之坐側。或袒跣以讀。皆不知畏。此即侮聖人之言者也。此語極佳。

劉後村詩話曰。尹和靖詩纔二三首。其自秦入蜀道中云。緑陰深處竹籬遮。也有紅花映白花。却憶故鄉卿相第。不及張三李四家。和靖洛人。洛陽名園甲天下。一旦蕩爲劫灰。故其詩如此。又一絶云。南枝北枝春事休。啼鶯乳燕也含愁。朝來回首頻惆悵。身過秦川最盡頭。亦甚佳。

又曰。自种放常秩後。惟尹和靖得位最速。然一生轉徙患難。全家死虜禍。僅以身脱。南渡再召。已六七十歲。不兩年至從槖其峻擢。以力拒僞齊。亡命入蜀。不專爲程氏高第之故。

王深寧困學紀聞曰。祁寬問和靖尹先生曰。伊川謂歐陽永叔如何。先生曰。前輩不言人短。每見人論前輩。則曰。汝輩且取他長處。吕成公與朱文公書曰。孟子論孟施舍北宫黝曰。二子之勇未知其孰賢。然而孟施舍守約也。所以委曲如此者。以其似曾子子夏而已。若使正言聖門先達。其敢輕剖判乎。文公答曰。和靖之言。當表而出之。

黄東發跋先生家傳曰。中天以來。程門之學。惟和靖巋然獨存。而得程門之傳者。亦惟和靖爲最正。碩果不食。此陽剛之所以來復歟。

馬平泉曰。彦明于正公可謂亦步亦趨者矣。研經道古。引繩切墨。其大較然也。觀其力却劉豫之聘。詭爲自沈。得亡去。而與時相力爭和議之非。又似大有權略局幹者。論者稱其富貴不淫。威武不屈是已。而或又謂其無用。何歟。豈以正公謂道要用便不是。而無意于用耶。將觀時勢之不可爲而善藏其用。以無用爲用也耶。

陳石士師與鄧鹿耕書曰。宋儒有奉母之命。母既没而日誦佛經一卷者。朱子以謂平日鮮論親于道之學。從親之令爲孝。固不聞于存殁也。世之忘親而不知孝者。無論已。固有天性甚摯。而察理未明者。執爲其親諱之説。而或護其親之非以爲是。諱之可也。以非爲是。不可也。

陸氏先緒

御史陸先生韶之

陸韶之字虞仲。世爲錢塘人。先生幼孤。鞠于大父。器質嚴重如成人。大父卒。依諸父。皆愛重之。聰悟不凡。甫冠。舉進士。爲榜首。明年擢第。益刻意問學。累知開封府衛南縣。稍厭吏役。試教授。中之。除海州教授。講説答問多自得之旨。學晚益粹。發爲文詞。温厚典雅。試詞學兼茂科。復首中。有旨除書局官。久之。除敕令所删定官。未上。會減員罷。遂授以大晟府。按協聲律兼編集舒王遺文所檢討官。通判宣州。且攝郡事。數月。敷明豈弟。吏民愛仰之。除太常丞。繼擢監察御史。未上。以疾致仕而卒。先生談經論文。倫類該貫。妙極理致。所爲詩文。以意爲主。不事華靡。三子。長景端。毘陵集。

和靖門人

補 知州呂仁夫先生廣問

梓材謹案。宋史朱子列傳。紹興時。以輔臣薦。與徐度呂廣問韓元吉同召。是先生固在徐韓之閒矣。

補 計議呂先生稽中

梓材謹案。和靖論語解後序云。紹興七年被召。到闕。有旨給筆札。解論語。明年詔促成書以進。四月二十一日進呈。而學者祁寬呂稽中堅中在焉。書成。皆三子之助也。是先生兄弟皆有力于論語之解也。

補 隱君祁先生寬

附録

和靖論語解後序曰。紹興九年。丐歸。蒙恩授以閒祿。聽其自便。遂寓居平江府虎邱寺之西庵。寬從予居上方。暇日見此帙云。當瀦録。欲終身誦之。甚矣其嗜學也。相從既久。若是書也。講亦熟矣。豈不知此一時奉詔而成。皆前人成說。雖有一二臆見。坐以老病拙訥。心之精微。詞不能達。今取觀之。徒有愧汗。先聖不云乎。吾無行不與二三子者。是某也。焞于諸公亦云。何用此爲。寬復請藏之。因說始末。并戒其勿以示人。幸諒區區之意。

朱子跋王樞密贈先生詩曰。祁公以布衣諸生抗彊相。折悍吏。卒全窮交。非其所養之厚。所守之堅。何以及此。

林鬳齋學記曰。王佺期字子眞。不見富韓公。而丐茶炷香以待伊川。且曰。正叔欲來。信息甚大。嵩山董五經亦謂伊川曰。先生欲來。信息甚大。祁寬以爲至誠前知。和靖但附伊川之語曰。靜則自明。又舉伊川之語曰。釋氏庵内坐。見庵外事亦是此類。此語當矣。

補 隱君王先生時敏

梓材謹案。道南源委以先生爲南劍人。

附録

朱子嘗與書云。某于和靖先生既不得親受音旨。而其高第弟子如老丈者。又未得見。其仰慕如此。

又答林德久書曰。德修王丈逝去。甚可惜。雖其所講未甚精到。然樸厚誠實。今亦難得此等人也。

又語類曰。王德修相見。先生問德修和靖大概。接引學者話頭如何。德修曰。先生只云在力行。曰。力行以前更有甚工夫。德修曰。尊其所聞。行其所知。曰。須是知得方始行得。德修曰。

自吾十有五而志于學。以至從心所欲不踰矩。皆是説行。曰。便是先知了然後志學。

補侍郎徐惇立先生度

附録

陶宗儀曰。敦立嘗揭磨兜堅三字於坐隅。磨兜堅者。古之愼言人也。其善于自防者哉。

梓材謹案。阮亭居易録載先生卻掃編云。專詳宋累朝官制沿革同異之故。亦有用之書也。又言其爲宰相處仁子。處仁仕政宣閒。靖康初拜中書侍郎。獨能不附京貫。以剛廉稱。其在東京末。亦庸中佼佼者也。

補教授虞先生仲琳

梓材謹案。先生官永嘉時。林直閣季仲送之以詩。見周許諸儒學案。

補尚書韓南澗先生元吉

梓材謹案。先生爲劉茗溪行狀云。予兄弟久從公遊。荷公之愛爲深。是先生兄弟得爲劉氏門人也。又案。先生嘗爲朱子作武夷書院記。

南澗文集

嘗謂學者要須有得。始能自信。故易與中庸大學中皆語其得。孟子又發明自得之説。此猶默識。非口耳之所及矣。至于自信。則所謂考諸三王。建諸天地。質諸鬼神。百世俟聖。無所疑惑。

然後可也。向示胡子知言有意乎窮理者。惜其著書之早爾。程氏遺書則極詳備。所謂不敢去取者。非所望于元晦也。愚意則以爲須去取爾。和靖先生甚不欲人觀。止令讀易傳。故其所編極簡。且云。觀此足矣。近見王德修秀才從和靖于晚年者。則聞其説尤詳。蓋云所以令諸君只讀易傳者。易傳所自作也。語録他人作也。豈能盡記其意。答朱元晦。

至謂無用于世。非復士大夫流不知元晦平日所學何事。願深攷聖賢用心處。不應如此忿激。恐取怒于人也。與世推移。蓋自有道要不失己。但人于道不熟。便覺處之費力耳。同上。

夫君子之待時。亦猶智者之用兵。先爲不可勝。以待敵之可勝也。不可勝在己。可勝在敵。苟有以待之矣。其于世之用何必焉。惟不至于用而卒無有也則善矣。誠願足下益厚其有以俟之也。答陳亮。

中庸之爲義。猶體用云也。不曰中和而曰中庸。以和者在人之喜怒哀樂則發而中節。在天地萬物則成位而生育。不若庸之盡爾。與相表裏。易則始于天地。貫以人事。中庸則貫以性命。終以天道。皆一揆也。前輩謂乾之九二。龍德而正中者。庸言之信。庸行之謹。閑邪存其誠。善世而不伐。德博而化。卽中庸之義。但後世未之識耳。答祝允之。

仲尼之學所以不同于異端者。正在合而不分爾。惟合而不分。此中庸之不可能也。若遂分焉。則猶異端矣。同上。

學者欲操聖人之道。當自易始。欲明聖人之意。當自繫辭始。于是而得焉。知天之所以爲天。

人之所以爲人。施之天下。何務之不成。何功業之不見哉。況夫異端之説。皆不攻而自破矣。繫辭解序。

天下之數。其出無窮。而天下之理。皆本于一。有是理然後有是數焉。蓋理者存乎内。數者見乎外。存乎内者微妙而有所難言。見乎外者纖細而可以畢舉。是二者其所由來。皆始于一矣。易論。

儒者之效莫先于禮樂。儒者之弊莫大于徇禮樂之名而不識其實。蓋禮樂之實不可一日去于天下。而禮樂之名則天下有時而不用。人見夫禮樂之名有時不用。遂以爲天下眞無禮樂。夫天下而無禮樂。其何可以言治哉。禮樂論。

聖人順民心以立法于天下者。不過曰禮與義而已。禮義者。非有以强天下也。亦曰天下之心吾先得之云爾。奈何務高其説以衒于世俗者。則曰聖人之所謂禮義。非出于自然也。詩論。

附録

陳龍川與尚書書曰。本朝二百年之間。學問文章政事術業各有家法。其本末源流斑斑可考。于兩漢無所不及而或過之。前輩遞相授受。厥有準繩。渡江諸賢收拾遺餘。無所墜失。不幸三四十年之間。廢置不講。後生小子不獲聞前輩緒論。皆以爲天下安有定法。各出意見。自立尺度。惟平者爲合律。奇者爲出倫耳。豈不悲哉。豈不痛哉。合渡江諸賢所聞。而又浩然自得于其間者。

于今惟尚書一人。亮雖不言。尚書固自知之。如亮豈不願從之學。顧筋力念慮已如此。恐不復堪錘鑪耳。

趙章泉輓南澗先生詩曰。唐室文公裔。國朝桐樹家。學探和靖藴。文嗣一門華。尚擬洛黄髮。居成後白麻。公身寧有憾。物論自興嗟。

又次韻南澗先生曰。歲月侵尋兩鬢稀。駕言乃復歎多歧。陳詩故匪初來識。辱贈何堪謬取知。太息先生作今日。頓還諸老在當時。倦游已恨歸來晚。南澗潺湲日日思。

安撫邢先生純（補）

梓材謹案。宋史和靖傳言。和靖自蘭州奔蜀。至閬。得伊川易傳十卦于其門人吕稽中。又得全本于其壻邢純。拜而受之。

縣令蔡先生迨（補）

梓材謹案。謝山引或説。以二蔡徐黄皆從和靖于虎邱。然澗泉日記謂。先生流落川蜀。疑其從和靖。當是和靖在涪之時。

附録

周益公送先生赴桂陽令詩曰。工部詩題滿劒川。儀曹文筆照湖南。身行蜀棧曾幽討。舟挂湘帆又飽參。晞驥有心眞自得。拔茅無術定誰慚。金蘭正好追英彦。蒲轂翻令試子男。縣古荒祠憐義帝。地靈勝概憶蘇耽。冰臺小試醫民瘼。帛幅高張律吏貪。衛颯化行先禮教。茨充政美是耕蠶。故家遺俗今無幾。往行前言孰可談。鴻雁峯遥書莫繫。驪駒歌闋酒空酣。伊予已卜江湖隱。靈壽何時寄草庵。

雲濠謹案。益公集原注。肩吾嘗著禮訓二十三篇。言修齊治平之道。

陸放翁跋之罘先生稾曰。肩吾文忠公四世孫。博學工文章。與予蓋莫逆也。

補 徐先生正夫

梓材謹案。南澗甲乙稾跋和靖先生手筆後云。某見和靖先生書。此凡三本。一傳于九江。一邢正夫家。而此爲最後。蓋以贈吕景實者。據此。則正夫當爲邢氏。姑識以俟攷。

潘先生琛

潘琛字□□。宿松人。嗜學。謁尹和靖。盡質所疑。登紹興進士。授廬州司户參軍。涖事勤敏。陞祁門丞。教崇禮讓。士民化之。江南通志。

范先生淑

范淑。和靖門人。自洛陽以經侍和靖。入蜀。時春秋廢于新學久。先生有經樞三卷行于世。李万舟集。

節夫學侶

補 司户滕溪堂先生愷

附録

嘗爲萬言。論和戰守利害。其言甚偉。

節夫門人

補 隱君李鍾山先生繒

梓材謹案。朱子跋吕仁甫諸公帖云。仁父來主婺源簿。而奉其兄節夫以俱。于是李氏父子得從之游。又言李丈參仲以老壽終。爲後進所高仰。其弟元質亦美才好學。不幸不壽云。又案。朱子表程韓溪墓。稱先生爲韓溪學徒。

李氏學侶

李先生綺

李綺字元質。婺源人。博學强記。登紹興乙丑進士第。終福州教官。年三十二。嘗與盤州伯仲共習詞科。南省校文。考詞科。得周益公必大。姓譜。

仁甫門人

文學汪先生存父紹。

汪存。婺源人。父紹。字子博。好義樂施。嘗闢義學。教鄉里子弟。割田三百以充膳費。學者無裹糧束脩之勞。延舊邑簿呂廣問爲師。廣問嘗學于尹和靖。與聞二程之學。時先生爲西京文學。言時政得失。不報。遂棄官歸。就學焉。姓譜。

王氏門人

余先生大雅詳見滄洲諸儒學案。

徐氏門人

補林雪巢先生憲

雲濠謹案。先生字景思。魯人。文獻通考作東魯林景獻。舊浙江通志又作林憲章。未詳孰是。

附録

樓攻媿序雪巢詩集曰。詩之衆體惟大篇爲難。非積學不可爲。而又非積學所能到。必其胸中浩浩。包括千載。筆力宏放。間見層出。如淮陰用兵。多多益辦。變化舒卷。不可端倪。而後爲不可及。君蓋于此有得者。

戴氏先緒

戴先生敏

戴敏字敏才。黄巖人。博學工詩。號東皋子。不肯作舉子業。終窮而不悔。且死。語親友曰。吾病革矣。而子甚幼。詩遂無傳乎。語不及他而卒。子復古。號石屏。稍長。或告以遺言。乃篤志古學。父子俱以詩名。一時人謂石屏爲善繼志云。台州府志。

戴氏師承

徐先生似道

徐似道字淵子。號竹隱。黄巖人。乾道二年進士。歷官太常丞。終朝散大夫。提點江西刑獄。所至以廉能稱。閒居姓字不通州縣。其于里社歡洽最甚。力學工詩。與虞仲房爲友。有文稾。台州府志。

德舉家學

高先生翥附叔邁。姪鵬飛。

高翥字九萬。號菊磵。餘姚人。軍推選之子。孝宗時游士也。有菊磵集二十卷。久佚。不存。

今存信天巢遺稾一卷。信天巢者。先生所以名其居也。後附林湖遺稾一卷。爲其姪鵬飛字南仲者所撰。又附江邨遺稾一卷。則其父與叔邁之詩也。邁登第。官縣尉。四庫全書提要。

滕氏家學

滕先生洙

滕洙字希尹。婺源人。溪堂先生愷之從子。溪堂以文學聞于時。先生幼聞家學緒餘。長從鄉先生俞宋祐及一二諸名士遊。教諸子爲學。而不專爲場屋計。厲以篤志力行之訓甚悉。晚得末疾。猶手鈔孔孟言仁梗概一編。日夕玩誦。而又大書躬自厚而薄責于人之語于壁。以自警。其好學檢身。雖老不倦如此。子璘。珙。朱子文集。

和靖續傳

文節李貫之先生道傳詳見劉李諸儒學案。

鍾山門人

録參程先生洵詳見滄洲諸儒學案。

林氏門人

戴石屏先生式之

戴式之名復古。以字行。黄巖人。號石屏。篤志古學。從林景思徐淵子游。雲濠案。黄巖縣志作徐似道。又登三山陸放翁之門。

雲濠謹案。先生有石屏集行世。眞西山稱其詩句法不減孟浩然。

希尹家學

滕先生璘

縣令滕先生珙並詳滄洲諸儒學案。

和靖之餘

忠節李肯齋先生芾詳見鶴山學案。

鄭先生震

鄭震又名起。字叔起。號菊山。連江人。淳祐丁未鄭清之再相。先生聞除命下。痛哭流涕。謂我自上流歸。聞端平出師復兩京之敗。皆鄭相誤國罪。卽登其門。歷歷數之。執下天府。京尹趙與篙越一宿縱之。在京師居時。屋後有淫祠。因其妻病。鄰人謂宜禱之。先生以狄仁傑嘗毁江南淫祠一千七百。獨留禹廟泰伯廟伍子胥廟。程子尚謂伍子胥廟亦不當留。先生竟手毁廟像。後亦無他。客京華三十餘年。不行狹邪徑竇之門。屈其氣節。以道自鳴。高潔其行。家藏古今書數千卷於潛縣。請主於潛學。壬子伏闕言水火災。不報。漕臺請爲諸暨縣主學。蕭山縣主學。絜居吴門。浙西倉臺請爲尹和靖書院堂長。淮東閫請爲泰州胡安定書院山長。平江府請爲三高堂長。無錫縣宰請至邑庠開講。環轍淮左浙右。據坐皋比。深衣竹笏。講性理學。一時學者翕從焉。歸故廬。潛心窮理盡性之學。晚年造詣益深。正欲毁舊太極無極説。别作太極書。病亟遂卒。著述有講義。詩集。雜著。前後讀書愚見。太極無極説。修攘事鑑。南北要覽。深衣書。鄉飲酒書。并注易六十卦。外又有碑銘記序百五十餘篇。詩百餘篇。子思肖。所南雜文。

梓材謹案。湖廣總志。鄭菊隱。其先閩人。移家于湘陰之東湖。元統間。再聘不起。賜諡安節。事與先生相類。附識于此。

鄭氏家學

鄭先生思肖

鄭思肖字憶翁。號所南。連江人。安定和靖二書院山長震之子。太子上舍。應博學宏詞科。侍父至吴。元兵南下。叩閽上太皇太后幼主疏。辭切直。忤當路。不報。初名某。宋亡。乃改名思肖。思肖。憶翁與所南。皆寓意也。素不娶。孑然一身。念念不忘君形。言于詩文中。如過徐子方書塾云。不知今日月。但夢宋山川。鄭子封寓舍云。此世但除君父外。不曾別受一人恩。梓材案。鄭子封一作齊子芳。寒菊云。寧可枝頭抱香死。不曾吹落北風中。贈人云。天下皆變。吾觀其不變。惟其不變。乃所以變。其變者物也。不變者道也。又云。古人重立身。今人重養身。立身者蓋超乎千古之上。與天地周流于不知不識之天也。養身者惜一粟以活微命。役于萬物。死于萬變者也。何足道哉。姑蘇志。

所南自戒

有行至貧至賤。可以進之。無行至富至貴。不可親之。何也。有行之人綱紀森然。動皆法度。不敢一毫越理犯分。恣其所行。雖貧乏不以爲不足。無故與之猶不受。況妄謀乎。忠孝仁義睦于家。藹于鄉。不以害遺于人。斷無後殃。無行之人譎佞殘妒。塞于胸閒。心目所至。悉犯于理。貪涎滿腦。并包之心熾然。使得時則以勢劫之矣。雖死且有謀。餘孽猶毒于人也。必難終以福。匹夫有行。保身保家保子孫。遺善爲閭里傳。卿相無行。亡身亡家亡國亡天下。遺臭爲後世笑。敢斷之曰。無行之卿相。不若有行之匹夫。得若人而交之。非損我者也。是益我者也。然我或有一于此人。將拒我如之何。得若是之人而交之耶。其懼人之拒我也。莫若以所以拒于人者反拒乎吾身。庶乎可矣。妄以言議人。則幾于小人。能自檢其身。則不失爲君子。終身其行斯言乎。我少也昧。惟由我父所行之塗行焉。凜凜然。或恐悖之。玷于父母。願必進于道。期爲君子之歸。故書以自戒。

梓材謹案。謝山鮚埼亭詩集有云。蘇人造爲所南心史舊本。索高價不一而足。然卽係舊本。亦屬海鹽姚叔祥之筆。並非所南故物也。閣丈百詩蓋嘗辨之。而吾友厲二徵士獨以爲眞。則嗜奇之過矣。是用作歌。以曉蘇人。兼寓徵士。其歌卒云。我昔在三館。曾見錦綫篇。欲鈔竟未果。至今魂夢纏。何時得此集。侑以所畫蘭。緘之示諸子。斯價直琅玕。注云。所南錦綫集。予于永樂大典中見之。

附録

隱居吴下。一室蕭然。坐必南嚮。歲時伏臘。望南野哭而再拜乃返。誓不與朔方交往。或于朋友坐上。見有語音異者。便別去。人咸知其狷潔。亦弗爲怪。

公畫蘭。不妄爲人畫。邑宰求之不得。聞先生有田三十畝。因脅以賦役取先生。先生怒曰。頭可斫。蘭不可畫。嘗日寫一卷。長丈餘。高可五寸。天眞爛漫。超出物表。題云。純是君子。絶無小人。深山之中。以天爲春。

晚年究竟性命之學。以壽終。並輟耕録。

宋元學案補遺卷二十八目録

宋元學案補遺卷二十八

後學 鄞 王梓材 慈谿馮雲濠 同輯

兼山學案補遺

伊川門人

補 提刑郭兼山先生忠孝

兼山語要

有用者是聖人之道。無用者非聖人之道。學可用于天下。方始是。若未可用。終未是。

梓材謹案。此條本之劉氏明本釋。

艮內外皆止。是內止天理。外止人欲。又如門限。然在外者不得入。在內者不得出。

梓材謹案。朱子語類吴伯豐問。兼山所得于程門者如此。

兼山易説

卽鹿无虞。鹿如鉅鹿沙鹿之鹿。故知從禽非專鹿也。屯六二。

蒙之爲蒙。可以達材。可以成己也。蒙大象。

人之生。不知學問之可成。不知罟擭陷阱之可避。凡以蒙故也。蒙初六。

上下遠于二。剛无所資焉。謂之困蒙。是以君子慎其獨也。六四。

不利爲寇。利禦寇。彼我賓主之辭。非有時而利爲寇也。上九。

文武以天保以上治內。采薇以下治外。而始于燕羣臣嘉賓者。需之道也。需大象。

既醉以酒。既飽以德。人有士君子之行。詩之所謂太平。需之所謂貞吉也。需九五。

上六不當有事之地。至于三陽彙征。不能退聽以違之。雖敬之終吉。未大失而已。乃若鴻飛冥冥。弋者何慕焉。上六坎也。故不足以追此。上六。

十室之邑必有忠信。則三百户不爲小矣。訟九二。

鞶大帶也。男子帶鞶。婦人帶絲。蓋爵命之服。非所以賞訟也。上九。

地所以容民。水所以蓄衆。大司徒有比閭族黨州鄉。容民之道也。小司徒有伍兩卒旅師軍。畜衆之法也。師大象。

武成之終曰。列爵惟五。分土惟三。又曰。敦信明義。崇德報功。則盡上六之義者。其武王乎。師上六。

洪範五皇極曰。無偏無陂。遵王之義。無有作好。遵王之道。無有作惡。遵王之路。無偏無黨。王道蕩蕩。無黨無偏。王道平平。無反無側。王道正直。凡上之所以示下者。如此也。凡厥庶民。無有淫朋。人無有比德。惟皇作極。凡下之所以從上者。如此也。方顯比建大中之道。逆者不追。順者不拒。无恤于去來。无閒于小大。邑人之不誡。特爲其微者言之。至于自西自東自南自北。蓋有无思而不中者矣。可勝言哉。比九五。

視履猶洪範之五事也。考祥猶念用庶徵也。其旋元吉。猶嚮用五福也。履上九。

大道之行也。天下爲公。故君子得以爲君子。小人不肯爲小人。君子則尊道屈身。而行道者有之。小人事事屈道而信身。无不爲也。況否之時。小人非惟屈道信身。又將惡直醜正。協比讒言。以害君子者多矣。詩云。爲鬼爲蜮。則不可得。有靦面目。視人罔極是也。孔子稱殷有三仁焉。微子去之。箕子爲之奴。比干諫而死。方其自靖人自獻于先王。固有不可去之者。而儉德辟難。發于早辨。與疏且遠者言也。孟子曰。我無官守。我無言責也。則吾進退。豈不綽綽然有餘裕哉。故醴酒不設。穆生去之。曰。國人將鉗我於都市。何必見否之已然而後避之。不亦晚乎。否大象。

先大夫有言曰。居廟堂之高則憂其民。居江湖之遠則憂其君。蓋泰言志在外。否言志在君之意也。否初六。

陳相道許子之言。使市價不二。國中無僞。孟子曰。物之不齊。物之情也。或相倍蓰。或相什百。或相千萬。子比而同之。是亂天下也。故類族辨物。乃所以盡同人之道。同人大象。

天之虧盈。日月是也。地之變流。山河是也。鬼神害福。吉凶是也。人之好惡。得失是也。

以此居尊則益光。以此居卑則不可踰。故惟有德君子能終之。謙彖傳。

孟子有言。得道者多助。失道者寡助。寡助之至。親戚畔之。多助之至。天下順之。以天下之所順。攻親戚之所畔。故君子有不戰。戰必勝矣。謙六五。

雷出地。蓋帝出乎震之時。于夏則仲春之二月。于周則孟夏之四月也。大司樂以圜鐘爲宮。雷鼓雷鼗。孤竹之管。雲和之琴瑟。雲門之舞。于地上之圜丘。奏之圜鐘夾鐘也。夏時二月律也。則雷出地奮豫。而作樂崇德。其在于斯時乎。帝者生物之宗。祖考者人之始也。故推以配焉。豫大象。

隨不止于人道而言。震東方之卦也。萬物隨之以生。兌西方之卦也。萬物隨之以成。其出入也。孰不隨之。故春生之。夏長之。秋成之。冬藏之。隨也。聖人東作西成。亦隨也。五載一巡狩。亦隨也。隨之大。豈一端而已也。隋彖傳。

舍己從人。不咈人以從己之欲。隨民之道也。隨民之極。則民之隨也。亦如是而已。方文王之三分天下有其二。固有不隨者也。至于其化自北而南。皆有德以維其心。此亨于西山之道也。故詩曰。自西自東。自南自北。無思不服。方是時。民歸之若自拘係。乃從而維之也。必也。文王有以拘係。有以維縶。豈文王之道。而上六所言。乃上窮之民。將從文王之維。無孑遺者也。大哉隨乎。舍己從人。隨也。達則兼善天下。亦隨也。不當時命而獨善其身。亦隨也。故始之言父子夫婦朋友之隨。而終之以文王之成王道。皆隨時之義也。隨上六女惑男。風落山。爲蠱。長女從少男。惑也。風在山下。落也。以人事言。則風俗敗也。故必有振德之術焉。蠱大象。

伯夷目不視惡色。耳不聽惡聲。非其君不事。非其民不使。治則進。亂則退。横政之所出。横民之所止。不忍居也。思與鄉人處。如以朝衣朝冠坐于塗炭。當紂之時。居北海之濱。以待天下之清也。故聞伯夷之風者。頑夫廉。懦夫有立志。故曰伯夷聖之清者也。當蠱之時。非其德可以忘世。其道可以高人。不爲事窮。不以物累。不如是曷足以振之哉。蠱上九。

臨觀之義。或與或求。故初九。九二。六四。六五皆有焉。臨初九。

古之人。道合則從。不合則去。孰無賓之義乎。觀六四。

噬嗑自否來。否乾剛而坤柔。初六外而爲離。柔也。九五降而爲震。剛也。噬嗑彖傳。

噬嗑先動而後明。初未明也。故不敢折獄致刑。豐則先明而後動。初已明也。故不待明罰敕法而後用也。噬嗑大象。

胏骨之乾。堅强難噬者也。噬嗑皆以柔而爲頤中之閒。上下二陰。三五之所同。欲以噬者也。故在訟則爲難聽之訟。在獄則爲難折之獄。而九四以剛明而聽之。能得其情者也。古者以兩造禁民訟。以兩造聽之。而无所偏受。則不直者自反。而民訟禁矣。入束矢于朝。不直則入其矢。所以懲不直也。以兩劑禁民獄。而無偏信。則不信者自反而民獄禁矣。入鈞金。三日乃致于朝。不信則入其金。所以懲不信也。方九四之聽訟也。既得其矢。則不直者自反而服其非。又得其金。

則不信者自反而服其罪。則難折之獄既折而得其情矣。尚且曰。利艱貞。吉。則人之于獄訟。其可易言之哉。故曰。刑者侀也。侀者成也。死者不可復生。刑者不可復續。言一成而不可變也。故于聽之始也。如此之審。于其成也。則又可知矣。噬嗑九四。

噬嗑之義。有審克之斷。无五過之疵。可以明于刑之中。率乂于民。棐彝者也。故噬乾肉得黄金。亦庶幾居中之得也。六五之貞厲。得當而已。校之虞芮質厥成。其亦未優乎。六五。

鄭康成輩謂離爲日。天文也。艮爲辰。地文也。天地二文交相飾焉。成賁。蓋在天成象。在地成形。无一物不相文。今纔得之二象而已。故經曰日月麗乎天。百穀麗乎土。則凡麗乎天地者。无非文也。惟人則内之于一身。外之于庶物。因其理而節文之所謂文。明以止是也。故君尊臣卑。君南面臣北面。父坐子立。兄先弟後。夫唱婦隨。上行之以爲教。下化之以成俗。一本于上下相文。自然而止耳。故觀乎天文。則日中星鳥。宵中星虚。而知東作西成之序。時變可知也。觀乎人文。則二南之道。麟趾騶虞之應。化成可知矣。故謂水火土石風雨露雷。不如剛柔相摩。八卦相盪之爲博也。斗振天而進。日違天而退。不如日往則月來。寒往則暑來之爲約也。故君子惟易可以盡心焉。賁彖傳。

安定先生謂須待也。君子之道不可以躁進也。蓋上下相文之時。六二以文明而麗乎下。柔順中正。无私无應。静而有待。物必有致飾者。賁六二。

賁之文。陰陽上下之相文。自然之文也。至于文明而不以止。人爲之僞也。人爲之僞。殆不若白賁之爲得也。禮有以文爲貴者。有以素爲貴者。孔子曰。惡衣服而致美乎黻冕。卑宮室而盡力乎溝洫。禹吾無閒然矣。此之謂也。故三代之王。忠質相先。救時之弊也。方賁之時。文既勝矣。白賁无咎。其救僿之道歟。然則人之文也。率歸之僞。可乎。詩云。緜蠻黄鳥。止于丘隅。子曰于止。知其所止。可以人而不如鳥乎。爲人君止于仁。爲人臣止于敬。爲人子止于孝。爲人父止于慈。與國人交止于信。未有不知止者也。知止。則誠而无僞矣。上九。

先儒謂易以靜爲復。天地以无心爲心。觀其自古以固存。未有不由乎順行周旋之必信者也。且卦之二體。靜以法坤。動以象震。震已復于下。雷已復于地中。惡在其靜而已也。然則靜之終。動之始。斯可矣。復彖傳。

先儒皆以頻爲頻蹙之頻。不得已而復也。獨王昭素謂爲頻數之頻。頻蹙不得已則勉强而行之。及其成功一也。何厲之有歟。孔子所謂義无咎者。爲不侔矣。孔子曰。中庸其至矣乎。民鮮能久矣。人皆曰予知擇乎中庸。而不能期月守也。唯君子能久于其道。其餘則日月至焉而已。故道有至于數失。亦有知其數復。得失之閒。不能一寸。是以危也。然而義无咎者。知復故也。是以子夏之徒出。見紛華盛麗而說。入聞夫子之道而樂。蓋頻復也。與夫回之爲人。擇乎中庸。得一善則拳拳服膺而弗失之者。固有閒矣。復六三。

堯曰放勳。舜曰重華。君臣也而並。文王武王。宣重光奠麗。父子也而繼。此所謂繼明。離大象。

文明之初。錯然者也。不敬何以行之。子入太廟。每事問。亦履錯之敬歟。離初九。

葉公問孔子於子路。子路不對。子曰。女奚不曰。其爲人也。發憤忘食。樂以忘憂。不知老之將至云爾。若孔子者。又安有大耋之嗟乎。九三。

易稱近取諸身。獨咸艮二卦言之爲詳。而其成終者特異。豈非咸極于感而艮終于止而已耶。觀艮。其輔咸有序。可見矣。咸上六。

柔而在中位。有餘而才不足稱也。能恆其德。婦人則吉。夫子則凶。何也。婦人從一而終可也。夫子制義。從婦之義可乎。是以伯夷聖之清。孟子謂之隘。宋伯姬守禮而不去。孔子取其恭。于此可見矣。恆六五。

居震之極。以動爲常。窮而不知變者也。是以言其得失則凶。語其道則敗。終无功矣。上六。

堯授舜。舜授禹。雖曰天之曆數在爾躬。其可嘉遯之志則一也。故子謂韶盡美矣。又盡善也。其是之謂乎。遯九五。

鴻漸于陸。陸當作逵。逵者。九逵之衢。漸上九。

兼山蓍卦說

蓍必用四十九者。惟四十九卽得三十六。三十二。二十八。二十四之策也。蓋四十九去其十三。則得三十六。去其十七。則得三十二。去其二十一。則得二十八。去其二十五。則得二十四。

凡得者策數也。去者所餘之扐也。

頤正先生曰。世俗皆以三多三少定掛象。如此則不必四十九數。凡三十三。三十七。四十一。四十五。五十三。五十七。六十一。六十五。六十九。七十三。七十七。八十一。八十五。八十九。九十三。九十七。皆可以得初揲。非五卽九。再揲三揲。不四卽八之數。獨不可以得三十六。三十二。二十八。二十四之策爾。

朱子曰。今按此書之中。此説最爲要切。而其疏率亦無甚于此者。蓋四十九者蓍之全數也。以其全而揲之。則其前爲掛扐。其後爲過揲。以四乘掛扐之數。必得過揲之策。以四除過揲之策。必得掛扐之數。其自然之妙。如牝牡之相御。如符契之相合。可以相勝而不可以相無。且其前後相因。固有次第。而掛扐之數所以爲七。八。九。六。又有非偶然者。皆不可以不察也。今于掛扐之數。既不知其所自來。而以爲無所務于揲法。徒守過揲之數以爲正策。而亦不知正策之所自來也。其欲增損全數以明掛扐之可廢。是又不知其不可相無之説。其失益以甚矣。聖人之道中正公平。無向背取舍之私。其見于象數之自然者蓋如此。今乃欲以一偏之見議之。其亦誤矣。

四象之數必曰九。八。七。六者。三十六。三十二。二十八。二十四之策。再以四揲而得之也。

九六天地之數也。乾坤之策也。七八出于九六者也。六子之策也。乾坤相索而成也。

朱子曰。今按四象之數。乃天地之閒自然之理。其在河圖洛書。各有定位。故聖人畫卦自兩儀而生。有畫以見其象。有位以定其次。有數以積其實。其爲四象者久矣。至于揲蓍然後掛扐之奇耦方圓有以兆之于前。過揲之三十六。三十二。二十八。二十四。有以乘之于後。而九六七八之數。隱然于其中。九七天數也。三十六。二十八。凡老陽少陽之策數也。六八地數也。三十二。二十四。凡老陰少陰之策數也。今專以九六爲天地之數。乾坤之策。謂七八非天地之數。而爲六子之策。則已誤矣。

天之生數。一三五合之爲九。地之生數。二四合之爲六。故曰九六者天地之數也。乾之策三百一十有六。以六分之則爲三十六。又以四分之則爲九。坤之策百四十有四。以六分之則爲二十四。又以四分之則爲六。故曰九六者乾坤之策數也。陰陽止于九六而已。何七八之有。故少陽震坎艮三卦皆乾畫一。其策三十六。坤畫二。其策四十八。合之爲八十四。復三分之而爲二十八。復四分之而爲七。少陰巽離兌三卦皆乾畫二。其策七十二。坤畫一。其策二十四。合之爲九十六。復三分之而爲三十二。復四分之而爲八。是七八出于九六而爲六子之策也。然九六有象而七八無象。蓋以卦則六子之卦。七八隱于其中而無象。以爻則六子皆乾坤之畫。而無六子之畫也。故惟乾坤有用九用六之道。諸卦之奇畫。用乾之九也。得耦畫者。用坤之六也。無用七八之道也。

朱子曰。今按一二三四五天地之生數也。五中數。故不用。六七八九十天地之成數也。十全數。故不用。而河圖洛書之四象。亦無所當于五與十焉。故四象之畫成。而以一二三四紀其次。九八七六積其實。揲蓍之法具。而掛扐之。五與四以一其四而爲奇。九與八以兩其四而爲耦。奇以象圓。而徑一者其圍三。故凡奇者其數三。耦以象方。而徑一者其圍四而用半。故凡耦者其數二。所謂參天兩地者也。及其揲之三變。則凡三奇者。參其三而爲九。三耦者。參其兩而爲六。此九六所以得數之實也。至于兩奇一耦。則亦參其兩奇以爲六。兩其一耦以爲二。而合之爲八。兩耦一奇。則亦兩其兩耦以爲四。參其一奇以爲三。而合之爲七。此七八所以得數之實也。是其老少雖有不同。然其成象之所自。得數之所由。則皆有從來而不可誣矣。若專以一三五爲九。二四爲六。則雖合于積數之一端。而于七八則有不可得而通者矣。不自知其不通。而反以七八爲無象。不亦誤乎。又況自其四營三變。而先得其七八九六之數。而後得其一卦過揲之策。此于大傳之文。蓋有序矣。今乃以乾坤之象爲母。反再分之而後得九六焉。且又不及乎七八。而以爲無象。誤益甚矣。抑七八九六之用于蓍。正以流行經緯乎陰陽之閒。而別其老少。以辨其爻之變與不變也。九六豈乾坤之所得專。而七八豈六子之所偏用哉。若如其言。則凡筮得乾坤者。無定爻。得六子者。無定卦矣。尚何筮之云哉。其曰。乾坤有用九用六之道。六子無用七用八之道。此又不攷乎歐陽子明用之説。其鑿甚矣。又況方爲四象之時。未有八卦之名耶。如蘇氏所引一行之言。謂有其象而合其數則可爾。今直以八卦分之。不亦大早計哉。

附五歲再閏圖

一變	二變	三變	四變	五變	六變	七變	八變	九變
掛扐	扐	扐	掛扐	扐	扐	掛扐	扐	扐
甲閏	乙	丙	丁閏	戊	己	庚閏	辛	壬

朱子曰。郭氏之説。以掛爲奇。三變之中第一變掛扐。第二第三不掛而扐。故以有掛有扐之變爲掛。無掛有扐之變爲扐。其有掛之扐又棄不數。而曰歸奇必俟再扐者。象閏之中閲再歲也。然則掛象閏歲而不象三才。扐反象不閏之歲而不象閏。且必二扐而後復掛。與大傳之文殊不相應。又其閏必六歲而後再至。亦不得爲五歲而再閏矣。

附録

伊川先生病革。門人郭忠孝往視之。正瞑目而臥。忠孝曰。夫子平生所學。正要此時用。子曰。道著用便不是。忠孝未出寢門而卒。程氏遺書。

梓材謹案。此條見遺書第二十一下。朱子注云。一本作或人。仍載尹子之言曰。非忠孝也。忠孝自黨事起。不與先生往來。先生卒。亦不致奠。

程允夫問曰。郭立之以不動心處己。以擴充之學教人。與王介甫以高明中庸之學析爲二致何以異。朱子答曰。郭立之議論不可曉多類此。析爲二致。止恐其所謂不動心者。未必孟子之不動心也。

問。郭仲晦何如人。朱子曰。西北人。氣質重厚淳固。但見識不及。如兼山易。中庸義。多不可曉。不知伊川晚年接人是如何。問。游楊諸公早見程子。後來語孟中庸說。先生猶或以爲疏略。何也。曰。游楊諸公皆才高。又博洽。略去二程處參較。所疑及病敗處。各能自去求。雖其說有疏略處。然皆通明。不似兼山輩立論可駭也。

梓材謹案。據此。似仲晦爲兼山之號。俟考。

陸放翁跋兼山易說曰。郭立之從程先生遊最久。程先生病革。猶與立之有問答語。著于語錄。而尹彥明獨謂立之自黨論起。卽與程先生絕。死亦不弔祭。蓋愛憎之論也。立之子雍。亦著易說。得其家學。蓋程氏易學立之父子實傳之。

雲濠謹案。四庫書目郭氏傳家易說提要云。朱子云。兼山易溺于象數之學。陸游跋兼山易說則謂程氏易學立之父子實傳之。立之。忠孝字也。忠孝書自大易粹言所引外。别無完本。今觀雍書。則大抵剖析義理。與程傳相似。其謂易之爲書。其道其辭皆由象出。未有忘象而知易者。如首腹馬牛之類。或時可忘。此象之末也云云。實非專主象數者。游所跋或近實耶。至雍又不以卦辭爲彖。而謂觀乎彖辭者。卽孔子自謂其彖傳。馮厚齋易學深斥其非。則公論也。

兼山家學

補 隱君郭白雲先生雍

郭氏傳家易説

説卦曰。乾爲天。故世之説乾者止于天。不得其道。又以天爲體。乾爲用。夫以乾止于天。則乾象當一畫。不當有人道地道。而備三才也。孔子曰。乾。陽物也。自道言之。乾坤天地人无非一物。則是三才陽物皆乾之道。故説卦曰。乾爲天。在天之乾也。爲圜。在象之乾也。爲君爲父。在人之乾也。爲玉。爲金。爲寒。爲冰。爲火赤。爲馬。爲木果。在地在物之乾也。以乾能備三才萬物之象。而三才萬物之一物。不能兼乾之象。故不得獨名曰天。而必名曰乾也。又況乾坤道也。天地物也。得是道而後爲物。故天得乾之道而爲天也。

文言之初言四德。後又曰乾元者。始而亨者。利貞者。性情也。又觀餘卦。利牝馬之貞。利君子貞之類。則疑其以元亨二德爲一。利貞二德爲一矣。蓋自易論之。乾。陽物也。坤。陰物也。由乾之一卦論之。則元與亨陽之類也。利與貞陰之類也。是猶春夏秋冬雖爲四時。由陰陽觀之。則春夏爲陽。秋冬爲陰。是以四德或爲二義可也。且四德者在卦則爲天地人。而言之曰元亨利貞。在天地別而言之。雖亦曰元亨利貞。然天之所謂元亨利貞者。如立天之道陰與陽之類是也。地之所謂元亨利貞者。如立地之道柔與剛之類是也。人之所謂元亨利貞者。如立人之道仁與義之類是也。天地人陰陽剛柔仁義皆可謂之元亨利貞。而卦之元亨利貞。不可謂之陰陽。不可謂之剛柔。不可謂之仁義者。以卦得兼三才。而三才之一物不得以兼卦故也。

世有以得爲吉者。堯之得舜是也。有以喪爲吉者。坤之喪朋是也。得朋則以順濟。順可小事不可大事之道。喪朋則以健濟。順天下無不濟矣。坤道以喪朋爲正。君子安此。則吉孰大焉。

易爲三才之書。其言則三才之道也。天地人雖均爲三才。獨人道雜而多端。无天地之純全。故純剛爲乾。而盡天道。純柔爲坤。而盡地道。至于人事不齊。一卦不足以盡。故自屯至未濟。共爲人道以配乾坤。是以諸卦所事人事爲多。而人道自此明矣。然則人道以六十二卦而後能配乾坤。所謂乾以易知。坤以簡能歟。

乾坤之四德。所以生萬物而康屯者。故屯有得于乾坤之四德也。然四德非一于屯也。屯之所得者。屯之時。屯之事而已。

童蒙。處蒙者也。我所以發蒙者也。一德以筮之。則我一德以告之。彼二三其德。是以不能告也。

天地之大。尚不能无所需以生萬物。況人道乎。有孚者充實之美也。光亨者輝之大也。有是德。衆之所需也。需之亦以成是德也。

需訟一體也。相親而需則爲需。相違而訟則爲訟。性情之異耳。然性情之異而有孚則同者。親而无孚。需之妄也。訟而无孚。訟之妄也。窒者。塞其源而不流也。惕者。謹其事而知懼也。得其中則吉。成其終則凶。如此則知訟之爲道矣。非特訟者爲然。聽訟亦如之也。好生之德洽于民心。兹用不犯于有司。窒之也。欽哉欽哉。惟刑之恤哉。惕之也。吕刑曰。簡孚有衆。又曰。

獄成而孚。輸而孚。有孚也。故乃明于刑之中。中。吉也。舜典之疑惟輕。吕刑之疑有赦。不成其終也。

貞。正也。師之道正于一者也。故師以貞爲先。丈人。尊嚴老者之稱。故能慮善以動。无輕敵貪利危國喪師之患。所以惟丈人爲吉也。與武王惟師尚父。宣王方叔元老同義。

一陽之卦得位者師比而已。得天位則爲比。得臣位則爲師。天下之吉莫吉于此。故比直言治天下之衆。莫吉于貞。故師先言貞帥。師有君道。而不得如是之大。如是之久也。故无元永之貞。

剛德。天德也。天德畜之則止。不能畜則失。聖人之所以爲聖。以能畜天德而已。然畜有二道。有止而畜之者畜之大也。故爲大畜。有入而畜之者畜之小也。故爲小畜。捨是皆不能畜矣。能大畜天德。則理無不亨。小畜疑于未亨。故言亨也。

履者行道之義。乾在上。天道也。天道至大。天下之所難履而行之也。故有履虎尾之象。履虎尾直取其難。非取其爲害也。然履虎尾者有咥人之患。履乾之道者。雖難而无咥人之患。惟有亨之理也。孔子之博施濟衆。則曰堯舜其猶病諸。言修己以安百姓。則曰堯舜其猶病諸。信乎天道之難履如此。

泰。通之大者也。通不足以盡之。故曰泰。

否。閉也。塞也。天地閉塞而不通。人道何從而立乎。故否之時。非人道也。人道配天地而言。聖人之道是也。聖人之道絶。故曰否。

同人名卦。不曰同者。同。大同也。大同則三才无不同矣。聖人明人道得失。必有所指。故名曰同人。不曰同也。然聖人雖行人道。而其道未嘗不同天者。蓋由同人則同天矣。人道以同人爲大故也。故爲君臣父子。爲兄弟夫婦朋友。至于臨民爲政。處己接物。凡有見于外者。無非欲盡同人之道。子思之所謂盡性。孟子之所謂㊀心。其説一本于此。然天无事于人也。聖人亦同其无事于人。則不期同天而天自同矣。大舜善與人同。孔子稱其無爲而治。則同天矣。孔子曰。予欲無言。是亦同其无事之義也。野者遠于有事。又其廣大無際。同人之道至于野。則廣大无不同矣。六爻之才。皆不及此。

乾坤四德。諸卦有之者。皆自乾坤中得其一時一事。非全有之也。雖使彖釋无異辭。亦不得與乾坤同。如屯爲屯之時元亨利貞。臨爲臨之時元亨利貞。屯之元亨利貞。已不得施于臨。臨之元亨利貞。亦不得施于屯。又安得如乾坤四德。天地長久。其用无窮哉。故知四德支分派別。散爲諸卦。合則爲乾坤矣。譬之水焉。澗谿沼沚江淮河漢以至于海。皆水也。其功皆能潤。其德皆能生。其力皆能載。而大小相遠則有閒矣。乾卦言不言所利大矣哉。正所以別坤也。諸卦不必言也。

有德而不居。亨在其中矣。小人矜能伐功。日損之道。君子德日進而謙不已。是以有終也。

豫之爲卦。上動而下順。惟動丕應徯志者也。以此建侯則内無不服之人。以此行師則外無逆

㊀「謂」下脱「盡」。

命之敵。周封同姓五十而不以爲私。順故也。所謂利建侯也。湯東西南北之征而天下不以爲怨。順故也。所謂利行師也。

謙卦一謙而得四益爲吉。隨卦一隨具四德而无咎。非无咎不足于吉也。蓋謙之得失在人事。人事以吉爲善。隨之得失在道。道以无咎則不失。不可一概論。

觀易之爻兼三才而兩之。故六。是以陽不過九。陰不過六而盡矣。復稱七日。自姤經六爻至復初九而七日。臨稱八月。自復經六爻至遯六二而八也。蠱之先甲後甲亦六日之義。先甲三日者。蠱之先也。義之終而弊之始也。至中而大弊矣。是爲蠱也。以言乎治。則不治之時也。後甲三日者。蠱之後也。弊之終而新之始也。至中而大新矣。是爲蠱之反也。以言乎治則治之時也。故治爲蠱之反。而蠱爲治之反。二者之義兼于先甲後甲之甲。相與循環而已。甲卽蠱也。

元亨利貞天生物之大德。澤下于地。施生物之德。故臨具四德也。自一陽生而爲復。長而爲臨。凡八變而得遯。遯。臨之反也。有臨之大亨。是以知遯之有凶也。有凶不必凶至。蓋有凶之理也。與隨有獲同義。

鬼神至幽也。人至明也。聲臭之所以不能交也。聖人設爲祭祀。寓之誠心。洋洋乎如在其上。如在其左右。是道也。天地鬼神尚且不違。況人乎。故盥而不薦。一示于上。則有孚顒若。必見于下。觀而化也。

頤中有物。事之至小者也。而名卦之義有取于此者。蓋易之道觸類而長之。雖大而天下莫能載。小而物莫能破者。其道皆一也。又況頤中至小。猶須震之動離之明而後可斷。矧有大于此者乎。是以聖人欽慎之而不忽也。

賁自泰來。雖取六二上九之變。其實主文明之道者六二而已。故彖釋賁亨。則曰柔來文剛。其文有異于噬嗑。所謂剛柔分也。小利有攸往。以上九之變而非主卦之爻。是以小利而已。

剥有二道。有民剥君。小人剥君子。民之剥君。不過厚百姓。以自薄爲安宅順止之道。小人剥君子。則勿與爭利。藏器待時而已。潛龍勿用。内文明而外柔順。艱正㊀晦其明。儉德辟難。遯之時義。皆君子遇剥之義也。

乾坤剛柔相爲消長。陰剥陽盡至復而剛。反在卦之中。其義爲大。幽微難言。故因七日以言之。則復之爲義易明。非復之義盡于七日而止也。

自太極函三論之。則无有妄无妄之别。自三才之判論之。然後有妄无妄分焉。天之于覆。地之于載。皆无妄也。聖人所以成天地之能者。亦无妄也。无妄。天道也。盡天道。故具元亨利貞也。諸卦具四德者。各見其義。无妄則以天道得之也。

健。天德也。能止天德。其畜大矣。惟天爲大。惟堯則之。堯之止健也。不識不知。順帝之則。文王之止健也。天何言哉。四時行焉。百物生焉。孔子之止健也。能止之。則畜而有之矣。

㊀「正」當爲「貞」。

天下之養。自養生養心養德養人。其養雖不一。然非如頤之虚中。則口實无自而致養。必有虚以容之。斯足以受養矣。故卦辭祇以觀頤口實爲言。以明頤之道以虚中爲主故也。

過。非人之失也。過于用剛也。過于用剛。所以爲大者過也。當本末弱而棟橈之時。非過于用剛不可也。夫大廈將顛。梁棟傾橈。不可扶持。是以必當大過治之也。亦猶衰亂之世。天下蕩蕩。无綱紀文章。非聖人大過常道以治之。豈能復治哉。

坎離等六卦。卦辭并彖皆只以三畫取義。坎以剛中而實。故稱有孚。心亨有剛中之德者。未有不能濟難也。故行有尚。如頤。大過。噬嗑。中孚之類。皆六畫取象者也。

離之與坤。道雖不同。而性略相類。故坤之牝馬。自順而健。離之牝牛。自柔而强。馬。乾象也。故坤之黄裳元吉見于六五。牛。坤象也。故離之黄離元吉見于六二。君臣之辨。觀二五之象。斯得之矣。以上上經。

咸以感爲義。蓋无所不感。故謂之咸。感而无不通。是以咸亨。咸无不亨。上也。利貞以感。次也。夫婦之感。人倫之始。人道之大也。是以以咸取女。則無不吉。然序卦言天地萬物男女夫婦父子君臣上下皆有咸之道者也。聖人明人道。故卦辭以男女爲言。而彖并天地萬物言之。所以盡卦之象也。

其道可久。斯无不通。无不通。則无過擧。内利以固。外利以行。此其所以爲恒也。

乾。健也。艮。止也。有剛健之德。而止于上者。大畜也。有剛健之德。而止于下。此其所以爲遯也。孔子之德與天同矣。而可以止則止。遯之義也。

大壯之象。四陽過中。名卦之義。實取于大也。雖天地亦大者之壯。非獨人事而已。與泰言大來。無以異也。

晉卦取名之義。與大有兼相類。大有火在上。君道也。故爲大有。晉。明出地上。臣道也。故爲晉。君臣天地之象雖不同。其欲以明德居上則一而已。

聖人之德。惟明爲大。有明德以在上。大有之君是也。有明德以居下。晉之臣是也。明夷者。明傷也。故爲明德遭難之時。非聖人其難其愼。用悔而明。殆且傷矣。所以利艱貞也。

大學言古之欲明明德於天下者先治其國。欲治其國者先齊其家。故家齊而後國治。國治而後天下平。則一家之治。所以爲治國治天下之本也。而家人之道。亦與治國治天下之道皆一也。齊家自夫婦始。故舜觀厥刑于二女。文王刑于寡妻。至于兄弟。然則利女貞者。又家道之本也。此與詩首關雎言后妃之德同意。

有睽之事。有睽之時。睽本小人事。而大人有睽者。遇睽之時也。

見難而知止。謂之蹇。故蹇爲智者之事。

解與屯爲內外。亦與蹇爲反復。故蹇利西南。而解亦利西南。雖止與動不同。其險難則相接跡矣。

世以損有損下厚己之意。故以損爲非美。然損美損惡。損上損下。損其惡與不及。或損而爲君子。或損而爲小人。一治一亂。莫不有損之謂也。文王取損惡益善爲言。孔子因之至益。則彖言民説无疆。然後知損亦有損下厚己之意也。

損而致益。損之得也。損而无益。損之失也。得則爲善。爲君子。失則爲惡。爲小人。此損之道有二也。益一而已。

以剛決柔謂之夬。剛柔者。君子小人之象也。小人之害君子也。以喜怒之私心。往往陰爲之謀以行譖害。君子之去小人也。以天下之公義。是以暴揚于王庭。孚號其有自取危厲之道而決之也。以一柔而乘五剛。自危之道也。不能退聽以違之。是其可決也。告自邑者。始王庭孚號其有厲而決之。然後自邑國告之及于四方。以見盡天下之公義也。

觀一陽之復。猶曰朋來无咎。而姤以一陰之遇。不待得朋。是以知其壯也。陽至四五而後言壯。姤一陰方長。卽爲壯者。亦見君子小人之情不同也。是以陽爲君子而陰爲小人。

萃聚之世。既庶既富之時也。故萃有亨之道。孔子曰。既富矣。又何加焉。曰。教之。聖人設教。必于富庶之後。而設教之道。莫先于孝。享以爲天下先。故觀之神道設教。亦必以盥而不薦爲首。與萃之時。王假有廟。致孝享之意同。

天地萬物皆有升。在人則位之升謂之升。德之升亦謂之升也。升位則足以行道。升德則足以進道。是以元亨之理在焉。升位而見大人。故無附麗小人之失。升德而見大人。則日入于君子之塗。故用見大人。可以无憂而有慶也。

處困。尚德而不尚言。雖君子之言。人亦未之信。況衆人乎。

井。言其凶者。以見雖有德而不及用。非井也。中庸曰。天命之謂性。率性之謂道。修道之謂教。又曰。能盡其性。則能盡人之性。又曰。誠者非自成己而已也。所以成物也。故中庸之言。皆終于用。盡井之義。則中庸之道得矣。然卦辭不言其功。獨言其凶者。蓋深以不克終其功爲戒也。能終其功。則吉可知。亦猶中庸言人。皆曰。予知擇乎中庸。而不能期月守之謂也。井字本取井榦之象。而井田又取井字之義。故卦名非井田之義。

天下之事。不和則革。和則無革。是革之繫乎時也。聖人以道論之。乖于道則革。不乖于道則不革。是革又繫乎聖人也。然方革之初。固不能使天下之盡信。俟其盡信。則失時矣。

井以不改爲德。以動出爲功。井之道也。鼎用以享上帝。養聖賢。鼎之道也。

文武始于憂勤。終于逸樂。其亦震來虩虩。笑言啞啞之義乎。

艮止之義。最爲近道。而知之行之者鮮。且天下之欲無窮。而人每患于不能止者。蓋不知无欲之地而止之也。有欲而止之。大畜是也。故有説輹豶豕之象。伊川所謂力止之者也。止于无欲之地。所謂艮其背也。人之有目。欲于色者也。耳。欲于聲者也。口。欲于味者也。鼻。欲于臭者也。至于背則无見无知。故无欲。常與物背馳而不相向。使欲无自而生。故得安。得于止之道。一身且不獲。況外物乎。内欲不動。則外境不入。是以行其庭不見其人也。不獲其身。忘我也。不見其人。忘人也。忘我者在止之止也。忘人者在行之止也。以止而忘我之止。施之于行。施之于人。皆一也。

内外兼止。則人欲自滅而天理存。是以无咎。孟子言養心莫善于寡欲。與艮其背之義正同。

凡天下之進。如女歸之漸。无不吉也。利貞者。女歸之道。正也。固守之。无不利矣。然聖人制昏禮。有納采問名納吉納徵請節。其禮爲尤備。是以知其漸也。

少女從長男。非正之道。樂于自進。則凶也。何所利哉。卦辭言征凶者。獨歸妹一卦。然而非樂于自進。亦无凶矣。

豐者。盛大之名。盛大所以亨極。天下之盛大。惟王能至之。蓋王者有道之主也。然物極太盛者。憂必將至。惟用中道自持。則可无憂。故欲勿憂。則宜如日之方中也。日過中則昃。豐過盛則憂。一道也。聖人欲持滿以中。故言宜日中。

自亨之道論之。則旅得其小者耳。自貞吉論之。亦不能大全。獨得旅之貞吉也。

巽。入也。故能亨。然柔弱自居其小宜矣。能入故利有攸往。居柔小亨。故利見大人。聖人懼小其志而欲養其大體也。是亦沈潛剛克之意歟。

天下有說之道。在上者不違是道以臨人。在下者得其志而自説耳。使有心于其閒。非兑也。

天下離散爲涣。而散天下之難亦爲涣。居涣得散而亨。散天下之難亦亨也。

節之過與无節同。非亨之道。故吉㊀節不可貞如是。則節无他道焉。中而已。

㊀「吉」當爲「苦」。

雜卦曰。中孚。信也。夫信者。孚之一也。孚者。其道之大全也。以信不足以盡孚。故必曰中孚。然有信之而信者。有作也。有未嘗信之而信者。无作也。无作。中孚是也。故自人之爲德論之。則曰信。又其小者則信于言而已。自道論之。則曰孚。或未見于有孚。而其道可孚。或无其人焉。而是道爲可孚。皆曰有孚也。故孚之道。有无心于信天下而天下信之之意。无不感也。无不通也。亦无不受而容之也。无作也。无止也。亦无損益盛衰之理。有孚于一身。于一家。于一國。于天下。遠近大小。衆寡之不同。其孚一也。

大過四剛二柔。剛過之象。小過二剛。亦曰過者。蓋剛實其中。則爲過矣。是以聖人貴夫居柔而用剛。故中孚而後有小過。頤而後有大過也。

易六爻有應者八卦。既濟未濟居其二。而未濟不能濟難者。以既濟六爻皆得位。未濟六爻皆失位故也。六爻皆應皆得位。在六十四卦之中獨此一卦而已。以是知欲濟者必在有應。必得其位。然後可也。

先既濟而後未濟者。猶泰之與否也。泰極則否。既濟窮則未濟。天道人事莫不然也。聖人之爲戒深矣。以上下經。

蓍卦辨疑序

聖人易數之學不傳久矣。今粗能通者天地之數。大衍之數。乾坤二篇之策而已。捨揲卦之外。

亦莫知其用也。世之言易數者。皆出于緯書星曆災異之學。流爲陰陽末技。非聖人之道也。然大衍天地謂之數。乾坤二篇謂之策。則數者策之所宗。而策爲已定之數也。

朱子曰。數是自然之數。策卽蓍之莖數也。禮曰。龜爲卜。筴爲筮是已。老陽一爻。過揲三十六策。故積六爻而得二百一十有六策耳。

孔穎達謂。于二篇之策。萬有一千五百二十之中。獨取五十策爲用。是則數反出于策。大衍反出于二篇。其倒置甚矣。豈不思積數之揲而後有策。由大衍而後有二篇乎。京房以十日十二辰二十八宿爲五十。馬融以太極兩儀日月四時五行十二日二十四氣爲五十。荀爽以八卦六爻加乾坤用九用六爲五十。皆妄相傅會。非學者所宜言。至鄭康成姚信董遇皆取天地之數以減五六。義雖近之。而鄭氏謂五行減五爲五十。姚董謂六畫減六爲四十九。五六當減則減。又何必傅會五行六畫。此儒者之蔽也。韓氏取王弼之言曰。演天地之數。所賴者五十。夫何賴焉。顧懽云。立此五十數以數神。又何立焉。夫數本于自然。數之所始。聖人能而明之耳。安能以私意加毫末于是也。故大衍之數五十。是爲自然之數。皆不可窮其義。窮之愈切。其失愈遠。惟毋意毋必斯得之矣。故曰至誠如神。自其用四十有九之後。聖人得以用之也。若是則大衍之數五十。猶數之天也。其用四十有九。猶數之人也。天人之道既立。則用不用生焉。此之謂易之數也。

然近世曆家多稱出于大衍。蓋傅會其數于其始。名是而實非。及一變用則其數支離。終不可復得。何大衍之有。皆妄人之說也。曆數之學傅會甚易。且以五十爲始。四十九爲始。五十五爲始。八十一六十四皆可首數。至其窒而不通。則小小遷就。亦无大失。是如顧歡之言可立之數也。儒者往往不明乎此。肆爲術士所欺。然自漢以來。太初四分猶爲近古。故其數多本乎自然。是以曆家有言曰。古之六術並同四分。以遷史攷太初。亦四分也。而亡失特甚。曆之疏繆。有古以來莫甚于三統。班氏不復討論太初。而備載三統。至其傅會欺妄之言。一語不遺。良可歎也。後世皆謂一行王朴之術出于大衍。二者亦皆術士之學。第能文飾之耳。欲如太初四分近古之數。尚未之有。況易乎。故易數與曆不可同論也。

朱子曰。既謂之數。恐必有可窮之理。

五十者數之本也。四十有九者數之用也。此聖人用數揲蓍之法也。揲蓍之法自四十有九分而爲二。以象兩儀。就兩儀之閒。于天數之中。分掛其一而配兩儀。以備三才之象。故曰掛一以象三也。揲之以四象。四時也。奇者所掛之一也。扐者左右兩揲之餘也。得左右兩揲之餘寘于前。以奇歸之也。歸奇象閏也。五歲再閏。非以再扐象再閏也。蓋閏之後有再歲。故歸奇之後亦有再扐也。再扐而後復掛。掛而復歸。則五歲再閏之義矣。

朱子曰。奇者左右四揲之餘也。扐。指閒也。謂四揲左手之策而歸其餘于無名指閒。四揲右手之策而歸其餘于中指之閒也。一掛之閒凡再扐。則五歲之閒凡再閏之象也。

凡一奇再扐。三變而成一爻。十有八變則一卦成矣。然倂奇與扐計之。初揲非餘五則餘九。再揲三揲皆非餘四則餘八。世俗以八九謂之多。四五謂之少。故有三多三少之言。其數雖不差而其名非矣。且初揲餘五。再揲餘四。三揲餘四。以四十九數計之。去此十三數。則左右兩手之中。得四九三十有六。老陽之數也。故陽爻爲九。而其策爲三十六。初揲餘九。再揲餘八。三揲餘八。以四十九數計之。去此二十五數。則左右兩手之中。得四六二十有四。老陰之數也。故陰爻爲六。而其策爲二十四。至于世俗所謂兩少一多者。去其十七。則得四八三十有二。少陰之數八也。世俗所謂兩多一少者。去其二十一。則得四七二十有八。少陽之數七也。揲蓍之法本無二致。因或者誤以扐爲奇。又好以三多三少論陰陽之數。故異說從而生焉。

朱子曰。多少之説雖不經見。然其實以一約四。以奇爲少。以耦爲多而已。九八者。兩其四也。陰之耦也。故謂之多。五四者。一其四也。陽之奇也。故謂之少。奇。陽數。體圓。其法徑一圍三而用其全。故少之數三。耦。陰。體方。其法徑一圍四而用其半。故多之數二。歸奇。積三三而爲九。則其過揲者四之而爲三十六矣。歸奇。積三二而爲六。則其過揲者四之而爲二十四矣。歸奇。積二三一二而爲八。則其過揲者四之而爲三十二矣。歸奇。積二二一三而爲七。則其過揲者四之而爲二十八矣。過揲之數雖先得之。然其數衆而繁。歸奇之數雖後得之。然其數寡而約。紀數之法。以約御繁。不以衆制寡。故先儒舊説。專以多少決陰陽之老少。而過揲之數亦冥會焉。初非有異説也。然七八九六所以爲陰陽之老少者。其説又本于圖書。定于四象。詳見後段。其歸奇之數。亦因揲而得之耳。大抵河圖洛書者。七八九六之祖也。四象之形體次第者。其父也。歸奇之奇耦方圓者。其子也。過揲而以四乘之者。其孫也。今自歸奇以上皆棄不録。而獨以過揲四乘之數爲説。恐或未究象數之本原也。四營謂分而爲二。掛一象三。揲之以四。歸奇于扐。其營有四也。四營而後有爻。爻而後有卦。故云成易也。一掛再扐。共爲三變。而成一爻。六爻則十有八變矣。

朱子曰。四營方成一變。故云成易。易即變也。積十二營三掛六扐。乃成三變。三變然後成爻。

自八卦少成。引而伸之。觸類而長之。重爲六十四卦。合三百八十四爻。爲策萬有一千五百二十。則天地之間无不備矣。乾坤策數之後。復以四營成易之道者。以明易之作始于數也。太極者三才未分之名。統三才之道者也。兩儀猶曰二象也。謂有乾坤天地二象。而未爲乾坤天地也。四象者。九八七六。陰陽老少之象。此與大衍之序同。大衍。太極也。分而爲二。兩儀也。揲之以四。四象也。四象既生。然後太極分而爲三才。兩儀定而名乾坤。八卦以成。吉凶以定。而大業生焉。吉凶者。八卦之所有。而非八卦之所生。大業者。聖人之所造。吉凶定則易道成矣。易道成。故聖人用之以崇德廣業也。以上繫辭。

朱子曰。是有太極。是生兩儀。兩儀生四象。四象生八卦。熹竊謂此一節。乃孔子發明伏羲畫卦自然之形體。次第最爲切要。古今説者惟康節明道二先生爲能知之。故康節之言曰。一分爲二。二分爲四。四分爲八。八分爲十六。十六分爲三十二。三十二分爲六十四。猶根之有幹。幹之有枝。愈大則愈小。愈細則愈繁。而明道先生以爲加一倍法。其發明孔子之言。

又可謂最切要矣。蓋以河圖洛書論之。太極者虛其中之象也。兩儀者陰陽奇耦之象也。四象者河圖之一含六。二含七。三含八。四含九。洛書之一含九。二含八。三含七。四含六也。八卦者河圖四正四隅之位。洛書四實四虛之數也。以卦畫言之。太極者象數未形之全體也。兩儀者⚊爲陽。而⚋爲陰。陽數一而陰數二也。四象者。陽之上生一陽。則爲⚌。而謂之太陽。生一陰。則爲⚍。而謂之少陰。陰之上生一陽。則爲⚎。而謂之少陽。生一陰。則爲⚏。而謂之太陰也。四象既立。則太陽居一而含九。少陰居二而含八。少陽居三而含七。太陰居四而含六。此六七八九之數所由定也。八卦者太陽之上生一陽。則爲☰而名乾。生一陰。則爲☱而爲兌。少陰之上生一陽。則爲☲而名離。生一陰。則爲☳而名震。少陽之上生一陽。則爲☴而名巽。生一陰。則爲☵而名坎。太陰之上生一陽。則爲☶而名艮。生一陰。則爲☷而名坤。康節先天之説。所謂乾一兌二離三震四巽五坎六艮七坤八者。蓋謂此也。至于八卦之上又各生一陰一陽。則爲四畫者十有六。經雖無文。而康節所謂八分爲十六者此也。四畫之上又各有一陰一陽。則爲五畫者三十有二。經雖無文。而康節所謂十六分爲三十二者此也。五畫之上又各生一陰一陽。則爲六畫之卦六十有四。而八卦相重。又各得乾一兌二離三震四巽五坎六艮七坤八之次。其在圖可見矣。今既以七八九六爲四象。又以揲之以四爲四象。疑或有未安也。河圖洛書。熹竊以大傳之文詳之。河圖洛書蓋皆聖人所取以爲八卦者。而九疇亦并出焉。今以其象觀之。則虛其中者。所以爲易也。實其中者。所以爲洪範也。其所以爲易者。已見于前段矣。所以爲洪範者。則河圖九疇之象。洛書五行之數。有不可誣者。恐不得以出于緯書而略之也。

附録

曾氏伋書郭氏傳家易説後曰。郭子和家傳伊川先生之學。初示予兼山先生中庸解易説。四學淵源論。久之。子和又以所著中庸易説二書及兼山九圖相授。其道則子思孟軻一出于誠。廣而充之。求爲聖賢。皆有益于德者也。舉而措之事業。可以迪哲爽邦。則清靜簡易。悉本諸人情。可无爲而有成功。是書之傳。豈曰小補之哉。

朱子跋長陽醫書曰。予嘗謂古人之于脈。其察之固非一道。然今世通行。唯寸關尺之法爲最要。且其説見于難經之首篇。則亦非下俚俗説也。故郭公此書。備載其語。而并取丁德用密排三指之法以釋之。夫難經則至矣。至于德用之法。則予竊意診者之指有肥瘠。病者之臂有長短。以是相求。或未得爲定論也。蓋嘗細考經之所以分寸尺者。皆自關而前卻以距乎魚際尺澤。是則所謂關者。必有一定之處。亦若魚際尺澤之可以外見而先識也。然今諸書皆無的然之論。唯千金以爲寸口之處。其骨自高。而關尺皆由是而計取焉。則其言之先後。位之進退。若與經文不合。獨俗閒所傳脈訣五七言韻語者。詞最鄙淺。非叔和本書明甚。乃能直指高骨爲關。而分其前後以爲寸尺陰陽之位。似得難經本指。然世之高醫以其贋也。遂委棄而羞言之。

朱子語類曰。郭子和性論與五峯相類。其言曰。目視耳聽性也。此語非也。視明而聽聰乃性也。箕子分明説視曰明。聽曰聰。若以視聽爲性。與僧家作用是性何異。五峯曰。好惡性也。君子好惡以道。小人好惡以欲。君子小人者。天理人欲而已矣。亦不是。蓋好善惡惡乃性也。

楊士奇曰。頤正先生于易發明精到。

白雲講友

趙恕齋先生善譽

趙善譽字靜之。一字德廣。宋宗室。系出太宗。乾道五年進士。主昌國簿。累除提舉荆湖北路常平茶鹽。陛辭。先嘗進南北攻守類攷。上曰。卿向所進書可謂有志。至是又進易説。謂聖人以斯道寓之書。上又曰。聖人以此寓之于書。天何言哉。易學要須兼通天人。卿史學如此。經學又如此。及臨遣。又曰。卿向來學優則仕。今乃仕優則學。朕得人矣。後除潼川府路提點刑獄。所至就郡庠立學。以教宗子。率知嚮學。持節東蜀凡三年。士民愛之如父母。遂寧尤所歸心。丐歸。主管雲臺觀。卒。先生研精性命之説。所著易説明白簡易。朱晦庵一見歎賞。以爲擴先儒之所未明。郭頤正序其書。謂貫三才之理于其中。一諸儒之説于其外。二公師表一世。于先生特厚。所著又有論語説。恕齋類藁。年止四十有七。識者痛之。樓攻媿集。

恕齋易説

乾初九之辭決。戒之切也。九四之辭疑。則與之進也。九三之辭詳。猶可勉也。上九之辭直。則不可爲也。聖人之言纖悉委曲一至于此。亦惟恐其陽剛之或偏而已。

乾坤二卦。惟二五兩爻爲善。而他爻皆有戒之之辭。履霜戒于一陰之生。括囊戒于多懼之位。三猶可以含章而從事。上則至于龍戰而道窮。亦乾卦爻辭不同之意。

頤以養正而不妄動爲善。下卦震體有動而求養之象。故三爻皆凶。上卦艮體有静而知止之象。故三爻皆吉。

内明則見理必盡。外説則無咈于人情。不如是而能革者。未之有也。

節六四一陰柔而應于初。又上承九五之陽。能安于節者。安則無所往而不通。故曰亨。承上道也。九五居尊得位。剛健中正。節之當者也。當則無所往而不可。故曰甘節。吉往有尚。以其在臣。故曰安。曰亨。言已能安之。則亨也。以其在君。故曰甘。曰吉。言施之天下。人皆美之。然後爲吉也。

頤井鼎皆有養人之義。豈非養人之利博。故多取象以示人耶。三卦義雖不同。皆以上爻爲吉。故頤之由頤。井之勿幕。鼎之玉鉉。皆在上爻耶。

雲濠謹案。四庫書目著録易説四卷。提要云。其書于各卦名義之相似者。多參互以求其義。至于各卦之六爻。亦往往比類以觀之。其論皆明白正大。朱子謂其能擴先儒之所未明。馮椅易學亦多取之。謂其能本畫卦命名之意。參稽卦爻彖象之辭。以貫通六爻之義。而爲之說。蓋不虛美也。

附録

朱子語類曰。趙善譽説易云。乾主剛。坤主柔。剛柔便自偏了。某云。若如此。則聖人作易。須得用那偏底在頭上則甚。既是乾坤皆是偏底道理。聖人必須作一箇中卦始得。今二卦經傳又却都不説那偏底意思。是如何。剛。天德也。如生長處便是剛。消退處便是柔。如萬物自一陽生後。生長將去。便是剛。長極而消。便是柔。以天地之氣言之。則剛是陽。柔是陰。以君子小人言之。則君子是剛。小人是柔。以理言之。則有合當用剛時。合當用柔時。

胡庭芳曰。宋朝宗室前此未有推明易學者。蓋自先生始。

白雲門人

補學士謝艮齋先生諤

附録

楊誠齋爲神道碑曰。淳熙儒學之士雲湧川滙。人舒向家毛鄭也。而其耋艾典刑之尤者。二浙則震川程泰之。西蜀則眉山李仁仲。江西則清江謝昌國也。然程李二公。或以經學鳴。或以史學鳴。或以文辭鳴。曰經而經。曰史而史。曰文而文者。其惟謝公乎。

又志曾伯虞墓曰。艮齋先生未仕日。嘗假館于廬陵蘭溪王氏之槐堂。授徒講學。一時俊秀自遠來學者。北自九江。南暨五嶺。西而三湖。東則二淛。鱗集于堂下。詩禮之訓。仁義之實。誦弦之聲。洋洋如也。後數十年。異材林立。布列朝野。或以學傳。或以行著。或以能稱。或以文炳者。多艮齋之門人弟子也。

陸放翁跋兼山家學曰。予始得此書。猶未識昌國。後五年始同朝。詳觀其爲人。誠法度之士。閒相與論學。輒忘昏旦。乃知其得于子和先生者深矣。昌國名其所居曰艮齋。亦以嗣兼山之學歟。

梓材謹案。先生亦號定齋。朱竹垞經義考有艮齋定齋二先生書說。謂艮齋者薛氏季宣。定齋者謝氏。則先生也。

韓先生彰

張先生昌基合傳。

韓彰。安陽人。守夷陵。秩滿過荆。謁項平甫曰。彰幸甚得事頤正郭先生于夷陵。聞教多矣。平甫曰。先生之言云何。曰。先生言子思但言誠而程子乃言敬。敬故其弊多欺。誠則不欺矣。平甫曰。是在子思之書。而先生不知察耳。夫誠者天之道也。誠之者人之道也。先生將使學者以天自居乎。將使之修人道而後至于天乎。若猶修之則必有事矣。子思之首章曰。道不可須臾離也。

可離非道也。是故君子戒愼乎其所不睹。恐懼乎其所不聞。莫見乎隱。莫顯乎微。故君子愼其獨也。此修道之方也。誠之者人之事也。人之道也。名之曰敬可乎。不可乎。他日夷陵張昌基來。平甫問之曰。郭先生謂程子言敬不若子思言誠有諸。曰。有之。平甫曰。立之以爲如何。曰。天下之至言也。平甫曰。立之素豪士。不奈程子所言敬何。吾固知立之之以爲至言也。子以爲行子之欲。嗜酒好色。無所矯揉而以爲誠乎。將樂循禮義無所勉强而以爲誠乎。使吾胸中樂循禮義。則誠固未嘗不敬也。而又何悖焉。吾苟未能樂循禮義。則必將戒謹不見。恐懼不聞以持之。齊明盛服。非禮不動以修之。人一己百。人十己千以勉之。此皆子思之說也。敬乎不敬乎。夫安而行之。生而知之。不勉不思。從容中道者。古固有之矣。然豈後學之所可自居哉。利而行之。勉强而行之。則非敬不可也。項氏學說。

知州黄復齋先生畚詳見滄洲諸儒學案。

知州曾先生穜

曾穜字獻之。温陵人。知舒州。嘗受學于郭白雲。姓譜。

梓材謹案。先生爲舒州守時。刻所裒輯大易粹言七十卷。總論三卷。凡七家。明道。伊川。横渠。廣平。龜山。兼山。白雲之説也。門人李祐之爲之跋。

艮齋講友

長者鄒先生昶

鄒昶。廬陵人。富而好禮。王瀘溪。周平園。楊誠齋。謝艮齋。皆與之游。廬陵南方之上游。支水自贛興國而下。曰富川。川流在門。能不愛重貲。疊石爲屋。以脱往來于厄。平園記之。一時稱爲長者。其殁也。洪文敏銘其墓。文文山集。

曾氏同調

方先生聞一

方聞一字□□。舒州人。淳熙中爲郡博士。時温陵曾穜守舒州。聞先生輯爲大易粹言十卷。所采二程子。張子。楊龜山。游廌山。郭兼山及曾穜師郭白雲七家之説。今兼山之書不傳。惟賴是書以存。四庫全書提要。

白雲私淑

文惠洪先生适

洪适字景伯。初名造。字温伯。鄱陽人。忠宣公皓之長子。幼穎悟。日誦三千言。紹興閒與弟遵同中博學宏詞科。擢祕書省正字。後秦檜惡忠宣。先生亦論罷。檜死。復官。嘗總領淮東軍馬錢糧。究心調度。饋餉無闕。終尚書右僕射兼樞密使。謚文惠。遵字景嚴。刻志苦學。官至同知樞密院事。後知建康。有惠政。卒謚文安。季弟邁。字景盧。亦中博學宏詞科。歷知建寧婺州紹興。皆有善政。以端明殿學士致仕。謚文敏。姓譜。

梓材謹案。周益公爲文惠神道碑云。公量宏履坦。行以忠恕。每語人曰。吾自得頤正先生簡易之説。用亦不盡。頤正卽白雲。是先生可稱郭氏私淑也。梓材又案。阮亭居易録引内閣藏書目録載盤洲集八十卷云。竹垞鈔本止有詩。又載盤洲集十三卷云。文惠與弟文安文敏同登館閣。文名滿天下。號稱三洪。時朋芻炎兄弟亦稱三洪。而功名爵位遠不及此。又云。其父忠宣公松漠紀聞及景伯隸釋。景嚴泉志。景盧容齋五筆。夷堅志。唐人萬首絶句。今皆傳于世。

雲濠謹案。先生有盤洲集一百卷。隸釋二十七卷。隸續二十一卷。周益公爲神道碑。稱其將踵歐陽文忠集古録。趙明誠而下勿論也。又云。初居縣南之竹坡。榜曰艮齋。晚徙邑東。竹木參天。巖桂尤多。命曰桂山。二名聞於中外。予在從班。嘗被召薦人。及公姓名。上遽曰。是所謂艮齋耶。予問陛下何自得之。上曰。朕見其性學性源五卷而得之耳。又稱其平生著述至多。有艮齋集四十卷。論語詩書解各二十卷。春秋左氏講義三卷。柏臺諫垣奏議各五卷。經筵總録三卷。其他如金石庵類稾。鈐閣約草筆。隱堂記。自嬉集。楚山游稾。雲根叢稾。樵林機鑒。南坡學林。天上詩稾。江行雜著。景符堂文稾。尚數十編。又嘗進孝史五十卷。詔付祕書省云。

附録

忠宣使朔方。先生年甫十三。能任家事。以忠宣出使。恩補修職郎。紹興十二年。與弟遵同中博學宏詞科。高宗曰。父在遠方。子能自立。此忠義報也。宜升擢。遂除敕令所删定官。後三年。弟邁亦中是選。由是三洪文名滿天下。

自兩制一月入政府。又四閲月居相位。又三月罷政。家居十六年。兄弟鼎立。子孫森然。以著述吟詠自樂。

盤洲學侶

文安洪先生遵

洪遵字景嚴。忠宣仲子。自兒時端重如成人。從師業文。不以歲時寒暑輟。父留沙漠。母亡。先生孺慕攀號。既葬。兄弟卽僧舍肄詞業。夜枕不解衣。與兄同試博學宏詞科。中選。賜進士出身。擢祕書省正學㊀。歷遷翰林學士兼吏部尚書。知隆興二年貢舉。拜同知樞密院事。薦眉山李燾。永嘉鄭伯熊。莆田林光朝。未及用。御史周操劾之。□㊁免。乾道六年。起知信州。徙知太平州建康府。進資政殿學士。卒謚文安。宋史。

雲濠謹案。周益公爲神道碑云。文安有文集八十卷。東陽雙忠譜各十卷。錢譜五卷。

文敏洪容齋先生邁

洪邁字景盧。忠宣季子也。幼讀書。日數千言。一過目輒不忘。博極載籍。從二兄試博學宏

㊀「學」當作「字」。

㊁「□」當作「乞」。

詞科。紹興十五年始中第。授兩浙轉運司幹辦公事。入爲敕令所删定官。累遷左司員外郎。三十二年假翰林學士。充賀金登位使。欲令金稱兄弟敵國。而歸河南地。書用敵國禮。孝宗即位。殿中侍御史張震以先生使金辱命。論罷之。明年起知泉州。乾道二年。復知吉州。入對。除起居舍人。歷拜翰林學士。上四朝史。一祖八宗百七十八年爲一書。淳熙改元。知紹興府。過闕奏事。言新政宜以十漸爲戒。明年再上章告老。以端明殿學士致仕。卒年八十。贈光禄大夫。謚文敏。先生以博洽受知孝宗。手書資治通鑑凡三。有容齋五筆夷堅志行于世。惟所修欽宗紀多本之孫覿所紀。多失實云。宋史。

梓材謹案。阮亭居易録引内閣書目載野處前後集九册。無卷數。阮亭又云。忠宣奉使。大節不殊蘇子卿。文敏又奉使。可稱無忝。乃太學諸生論之曰。厥父既無謀。厥子安能解國憂云云。南渡太學之横如此。

盤洲講友

文穆范石湖先生成大

別見龜山學案補遺。

教授李先生綺

別見和靖學案補遺。

艮齋家學

謝先生識

謝先生諮合傳。

謝識。謝諮。艮齋二弟也。艮齋教育之。識有譽庠序。諮中淳熙乙未科。艮齋每謂之曰。二親高年。兄弟侍養之樂。雖聖賢亦所難必云。楊誠齋集。

艮齋門人

補縣令歐陽先生朴

梓材謹案。先生字全眞。新喻人。舉進士。作州縣二十餘年。不求人知。改知衡陽。未赴。一日無疾。輒大書力學持身語數幅。戒其子勿徇俗爲釋老費。言畢而逝。見姓譜。

雲濠謹案。平園續稾。洪文惠神道碑以先生爲文惠高第。述其事實。時知衡陽縣。

彭求志先生惟孝附子一鳴。一德。一愚。一遵。

彭惟孝字孝求。太和人。甫冠而孤。事母盡子道。稍長力于學。聚書萬餘卷。號彭氏山房。延老師宿士主講說命。子姪執弟子禮惟謹。先生亦造其席。旦暮不懈。每自勵曰。學而不施于事。猶不學也。于是賙鄉閭之急。赴公上之難。必行其志乃已。自號求志居士。或曰玉峯老人。開禧三年卒。年七十有三。初從艮齋。平園。誠齋三先生遊。其卜築也。三先生賦詩屬文以表之。子一鳴。一德。一愚。一遵。皆有學行。陸渭南文集。

□靜齋先生子山

□子山。謝艮齋之徒也。艮齋爲作靜齋銘。而朱子跋之曰。艮齋受學長陽冲晦先生之門。行其宗旨。訓誘後學。孜孜不倦。其論求仁功夫如此。所以期于子山者遠矣。子山盍亦有以用其一日之力。使斯銘者不爲虛語乎哉。朱子文集。

曾氏門人

李先生祐之

李祐之。蚤遊温陵曾氏之門。嘗跋其所裒輯大易粹言。經義考。

盤洲家學

洪先生祕

洪祕字必之。鄱陽人。忠宣之孫。而文惠之仲子也。姿稟英悟。加以生長見聞。不繩而直。方忠宣南遷。文惠繼免。先生力學任家。娱適親意而忘其謫。以忠宣恩補官。累判桂陽軍郢州。差知武岡軍。尤篤意學校。延登諸生講授經義。溪洞聞風。至遣子入學。又差知南劍州。不赴。卒。年七十一。魏鶴山集。

盤洲門人

縣令歐陽先生朴詳上艮齋門人。

容齋門人

知州危驪塘先生稹詳見槐堂諸儒學案。

太師袁彥淳韶詳見絜齋學案。

靜廬家學

曾先生克定

曾先生克永合傳。

曾克定。克永。伯虞二子也。俱好學有文。楊誠齋集。

郭氏續傳

補司業黎所寄先生立武

大學本旨

格物。即物有本末之物。致知。即知所先後之知。蓋通徹物之本末。事之終始。而知用力之先後耳。夫物孰有出于身心家國天下之外者哉。天下之本在國。國之本在家。家之本在身。身之主在心。心之發爲意。此物之本末也。誠而正。正而修。修而齊。齊而治。治而平。此事之終始也。本始先也。末終後也。而曰知所先後者。其究在乎知止而已。

附録

少年高科。常懷謙抑。篤志嗜學。一如未仕。佐洪府時歲饑。有同僚言殺一牛活萬蟻。欲籍富户賑貧民。駁之曰。萬蟻固可憐。一牛何罪而死。衆稱善。

于大學中庸等書。間與世所宗尚者異義。

趙滏水序先生中庸大學曰。所寄先生宿德峻望。如魯靈光振鐸鄉國。以覺後爲己任。慨然謂二書道統所載。乃取兼山郭氏説。從而發之。作中庸指歸。首以正統居體所以名中之義。其説曰。乾九二。人道之始。故稱龍德正中。中之體也。坤六五。心君之位。故稱黄中。通理中之位也。帝降衷民。受中。萬化之所由出也。作大學發微曰。大學。曾子之書。一書之功在于止善。止善之説蓋取諸艮。曾子固嘗稱艮象曰。君子思不出其位。厥旨甚深。所謂一以貫之者。此也。夫易冒天下之道。中庸大學實出于易。先生提綱舉要。統宗會同。由是天人相與之際。體用一源之實。昭徹無間。非先生之學深造自得。卓然有見于大本。其孰能與于斯。既又原作者之意。爲中庸分章。以見繩聯珠貫之妙。據舊文之古爲大學本旨。以訂夫更定錯簡之疑。備論詳說。歸其有極。先生有功于聖門。有賜于後學。可謂遠且大矣。

梓材謹案。是序云。又建鳳洲精舍。彷佛河汾。蓋卽江西通志所謂金鳳書院也。又案。四庫書目著録中庸指歸一卷。中庸分章一卷。大學發微一卷。大學本旨一卷。提要言。其中庸分章。發明郭氏之旨。所言具有條理。大學本旨。仍用古本。皆以爲曾子之書。不分經傳。而以所稱曾子爲曾晢之言。要其歸宿。與程朱亦未相牴牾。惟其謂中庸大學皆通于易。列圖立說。絲連繩貫而排之。未免務爲高論云。

黎氏學侶

黎先生立言

黎立言。元中子。伯兄。國學進士。好讀易。纂諸儒所傳成一書。吴文正集。

洪氏續傳

縣令洪先生簡

詳見慈湖學案。

元中門人

吴草廬先生澄

詳見草廬學案。

宋元學案補遺卷二十九目録

宋元學案補遺卷二十九

後學　鄞　王梓材　慈谿馮雲濠　同輯

震澤學案補遺

震澤先緒

奉議王先生仲舉

王仲舉字聖俞。其先福清人。唐水部棨八世孫。剛介厲學。不徇時好。徙家吳之震澤。卒贈奉議郎。生蘋。爲世父伯起後。姑蘇志。

伊川門人

補著作王福清先生蘋

梓材謹案。明文海郭萬程撰宋福清儒林傳有云。自唐水部棨之八世。尚書郎伯虎。教授伯起。皆世其文學。從弟仲舉。從吳。生蘋。而爲伯起後。伯起遺之從程子學。于洛得高第之學。若楊時者居多。

王著作語

帝王之學與儒生異尚。儒生從事章句文義。帝王務得其要。措之事業。蓋聖人經世大法。備在方策。苟得其要。舉而行之。無難也。

震澤禮説

學者須是下學而上達。灑掃應對。即是道德性命之理。曲禮所言。糞除之禮。試體究此時此心如何。體究之。斯知上達之理。

附録

信伯問學于伊川。曰。願聞一言。先生曰。勿信吾言。但信諸理。程氏外書。

先生資稟精粹。充養純固。平居恂恂儒者。及語當世之務。民俗利病。若習于從政者。然不徼名當世。世亦罕知之。

力以聖學爲己任。言行純懿。爲程門高第。

先生論語集解自述曰。讀書須求聖賢所以反覆翫味。優游涵泳。期于默識心通。洞達無閒。然後爲學。若祇循習詁訓。析文義。適足爲玩物爾。

章復軒誌其墓曰。先生淳一不雜。故得之深。不事表襮。故所養厚。貌肅而氣和。言簡而義明。故望之可欽。卽之可愛慕。其接物意誠而感通。其治事從容而中理。其從政必盡其能。其涖民必極其惠。豈非所謂時措之宜耶。

又曰。嗚呼。夷考世儒之學。自先秦兩漢。更魏晉涉隋唐。窮經探道。號稱名儒者不乏。然韓愈氏顧以謂孟軻氏死不得其傳。下到於今。若河南程氏之學。若先生之所受。遠有端緒。質之孔孟無愧也。其學要以深造自得。敏于躬行。其序自正心誠意以至修身齊家治國平天下。要本于格物致知。自盡己之性。以至盡人物之性。極于參天地。贊化育。要本于至誠不息。達于禮樂。則可以窮神知化。擇乎中庸。則可以開物成務。然士無師傳以肄業考疑。往往不得其門而入。雖然。後生可畏。焉知來者無涣然冰釋于斯道。

章氏先緒

章先生甫

章甫字端叔。浦城人。知壽春縣。著孟子解義。詔付祕書省。除國子教授。以薦歷除都官郎中。抗言元祐黨籍之禁非出陛下本意。上優容之。子八人。憲悊知名。姓譜。

雲濠謹案。龜山楊文靖公誌先生墓云。年十四即辭親求師友。薄遊江淮閒殆十年。知泰州。掛冠居吳門。卒。有文集二十卷。

震澤家學

王先生大本

王先生大中合傳。

王大本。大中。福清先生二子也。大本朝請郎。浙西安撫參議。大中儒林郎。姑蘇志。

王先生誼

王誼字正仲。福清人。蘋從子。家吴江。以學行鳴于時。當出仕。秦檜當國。忌天下才能。先生發憤爲罷相對以刺之。爲僕所告。檜怒。貶象州。十年乃歸。遂不復仕。著春秋類書。蘇州府志。

震澤門人

補 教授陳唯室先生長方

唯室遺文

孔子作春秋。于二百四十二年閒。獨書宋災。伯姬卒。以其得死所也。夫以二百四十二年之久。君臣上下不爲無人。于一女子。聖人進之。豈聖人亦將有感于斯乎。二烈婦傳。

附録

長方見尹子于姑蘇。問中庸解。子云。伊川先生自以爲不滿意。焚之矣。

王深寧困學紀聞曰。紀侯大去其國。陳齊之謂聖人。蓋生名之。大。名也。若漢欒大是也。愚按以大爲紀侯之名。本劉質夫。

補 隱君章復軒先生憲

雲濠謹案。姑蘇志載先生與弟悊俱受學于王信伯。游于楊龜山朱漢上吕紫微諸公閒。宣和中。責監漢陽軍酒稅。没于兵。

附録

先生志著作墓曰。道學衰微千有餘載。士習于章句傳注。孰有心傳自到者。憲自髫齔已聞河南二程夫子紹孔孟之絶學。私淑諸人。獨恨不得供灑掃應對之役。問所以學也。既冠。居吴。則聞州里福清王先生實程門高第。乃與季弟悊及閩陳長方少方執門弟子之禮。薰蒸灌溉于仁義道德之言。若江海之浸。雖莫測其涯涘。然知師道可尊。朋友講習可樂也。

補 侍郎曾習庵先生逮

附録

樓攻媿曰。乾道末年。余客授東嘉。貳卿曾公以吏部郎出守。嘗侍坐論訓詁音韻數端。公皆以爲然。余因曰。此皆學者之細也。公正色曰。不然。中庸所謂博學之。審問之。愼思之。明辨之。力行之。五者不可闕一。茲非所謂博學者乎。余爲之悚然。公乃文清次子。文清及見元城龜山諸公。家學有自來矣。

補 正字方次雲先生翥

讀易詩

蕩蕩春風野老家。欲尋蹤跡隔煙霞。洞中擕出小桃核。種作碧雲千樹花。乾。
雨過前村湖水平。魚頭戢戢逐波生。鄰家籃裏收雞子。昨夜分明報五更。元。
洛邑舟車萬里均。舟車白浪與紅塵。微掀衣角涼生面。不是清風動白蘋。亨。
江上柴門照夕陽。牧童蓑笠下牛羊。明朝依舊山前路。溪北溪南花草香。利。
牛背穩如千斛舟。斜煙細雨任遨遊。春風草緑江南岸。祇見輕寒不見牛。貞。

附録

林竹溪序次雲先生詩集曰。綱㊀山先生嘗曰。在昔乾淳。莆之人物最盛。其間諸大老若文節。次

㊀「綱」當爲「網」。

雲。景韋。漁仲。皆千載人物。今艾軒以集行。夾漈通志。溪東藝圃。久傳于世。可以讀其書而知其人。獨麟臺方公既歿。其後浸微。平生著述片紙不存。其可傳者惟古律詩兩卷。亦復沈没不顯。姓氏僅見于老艾一銘。是豈非可重慨惜也耶。

劉後村跋竹溪所藏次雲與夾漈帖曰。昔聞之林井伯孔初平諸老。言麟臺方公給札時。院吏先送策題。卻之曰。何待我之淺也。發策者遂以三國六朝形勢戰守爲問。廋辭僻事若傲以所不知者。公一揮六千字。條列縷析。如響答聲。凡陳壽。王隱。孫盛。習鑿齒。沈約。魏收諸書所載。無毫粟漏失。學士大夫讀之失驚。入館未幾。而性高亢。惟友夾漈。善艾軒。以公精博。眼空四海。而猶約艾軒相聚。盡借夾漈新書讀之。前輩尚友服善如是。然則謂公恃才傲物。不容于館閣者。非篤論也。

震澤私淑

文節林艾軒先生光朝詳艾軒學案。

文安陸象山先生九淵詳象山學案。

王氏續傳

王先生楙附子德文。孫敉。

王楙字勉夫。福清先生之孫也。梓材案。原本作從孫。攷吴匏庵跋眞西山與周卿手簡云。周卿仕宋不甚顯。其學實出于其曾祖信伯先生。周卿爲信伯曾孫。則勉夫乃其孫。非從孫矣。蚤孤。奮學事母。母歿。以不逮養。不肯預鄉薦。所著有野客叢書三十卷。巢睫稾筆五十卷。子德文。字周卿。克世其學。魏了翁。眞德秀。游似。杜範。王遂。皆薦之官。止承節郎。周卿子敉。字行父。終日清坐。不聞謦欬。童竪入見。亦斂容而起。著雲嶠類要。紀事極該博。姑蘇志。

楊氏家學

楊定軒先生□

楊定軒。佚其名。震澤人。其大父紫微公。受學于伊川之門人。先生所學自其家世。嘗以定名軒貽書眞西山以記之。西山稱其嬰繁劇而不亂。遭變故而不懾。于定之一言。用力深云。眞西山集。

楊氏門人

王先生伯廣

王伯廣字師德。常熟人。少從中書舍人楊邦弼學。由進士乙科調德清尉。歸鄉里。悉以家產予諸弟。一毫不自取也。又試教官。授温州平江教授。改常州。未上卒。先生文章出于天性。嘗與張于湖友善。著聽雨集。姑蘇志。

曾氏門人

忠公呂大愚先生祖儉詳見東萊學案。

方氏家學

方先生景嚴

方景嚴。次雲子。有父風。劉後村集。

宋元學案補遺卷三十目録

宋元學案補遺卷三十

後學 鄞 王梓材 慈谿馮雲濠 同輯

劉李諸儒學案補遺

譙氏師承

郭先生載

郭載。羌中人。涪州譙定嘗受易焉。告以見乃謂之象。與擬議以成變化之義。郭本蜀人。其學傳自嚴君平。程沙隨說。

附録

王深寧困學紀聞曰。譙天授之學得於蜀曩氏夷族。袁道潔之學得於富順監賣香薛翁。故曰。學無常師。

梓材謹案。曩氏。宋史隱逸傳作郭曩氏。云。世家南平。始祖在漢爲嚴君平之師。世傳易學。蓋象數之學也。與沙隨説少異。

二程門人

補博士劉質夫先生絢

劉質夫語

盡心知性。佛亦有至此者。存心養性。佛本不至此。

伊川先生曰。盡心知性不假存養。其惟聖人乎。

頻復不已。遂至迷復。

附録

詔爲太學博。及就試。有疾。猶勉力學校。論議不倦。學者多親之。將終。啓手足。自盥靧。猶道詩書語。

或問。謝游楊尹侯郭張皆門人也。朱子答曰。程門高第不止此數人。如劉質夫。李端伯。吕與叔諸公。所造尤深。所得尤粹。

朱子語類曰。伊川語各隨學者意所録。不應一人之説。其不同如此。游録語慢。上蔡語險。劉質夫語簡。永嘉諸公語絮。

又曰。李端伯語録宏肆。劉質夫語記其髓。

蔡覺軒續近思録曰。劉質夫氣和而體莊。持論不苟合。跬步不忘學。

補 校書李端伯先生籲。

梓材謹案。邵氏聞見録數康節交游最密。或稱門生者有李侍講育。字仲象。子籲。字端伯。然則先生父爲康節交遊。先生殆亦康節門生矣。

端伯傳師說

籲問。每常遇事卽能知操存之意。無事時如何存養得熟。曰。古之人。耳之于樂。目之于禮。左右起居。盤盂几杖。有銘有戒。動息皆有所養。今皆廢此。獨有理義之養心耳。但存此涵養意久。則自熟矣。敬以直内。是涵養意。言不莊不敬。則鄙詐之心生矣。貌不莊不敬。則怠慢之心生矣。

籲言。趙澤嘗云。臨政事不合著心。惟恕上合著心。是否。曰。彼謂著心。勉而行恕則可。謂著心求恕則不可。蓋恕自有之理。舉斯心加諸彼而已。不待求而後得。然此人之論。有心爲恕。終必恕矣。

梓材謹案。先生傳師說末條云。嘗與趙汝霖論爲政。切忌臨事著心。曰。此誠是也。然惟恕上合著心。蓋卽此說而重記之。汝霖卽趙澤之字。

附録

黄東發曰。程氏遺書卷一。蓋李端伯所録。而伊川嘗謂得其意者。

補侯荆門先生仲良

侯師聖語

仁如一元之氣。化育流行。無一息間斷。

事君者以行道爲志。非爲禄也。然亦有時而爲貧。若專以食爲事。則廝役之爲志也。

梓材謹案。胡五峯題呂與叔中庸解曰。靖康元年。河南門人河東侯仲良師聖自三川避亂來荆州。宏兄弟得從之遊。議論聖學。必以中庸爲至。又言。河南夫子侯氏之甥。而師聖又夫子猶子也。師聖少孤。養於夫子家。至於成立。其從夫子最久。而悉知夫子文章爲最詳。其爲人守道義。重然諾。言不妄。可信云。

附録

坐客有問侯先生語録異同者。朱子曰。侯氏之説多未通。胡先生嘗薦之羅。後延平先生與相會。頗謂胡先生稱之過當。因言其人輕躁不定。羅先生雖以凜然嚴毅之容與相待。度其頗難之。但云其遊程門之久。甚能言程門之事。然于道理未有所見。故其説前後相反。没理會。有與龜山一書。

羅欽順曰。侯氏說中庸。以孔子問禮問官爲聖人所不知。似乎淺近。恐未得爲至也。以孔子不得位爲聖人所不能。尤害事。

補學士朱先生光庭

梓材謹案。先生受學於安定。告以爲學之本。主於忠信。先生終身力行之。見范内翰所撰墓誌。吾邑萬季野所輯儒林宗派。列先生於胡氏學派。蓋本於此。

奏疏

黄老之術主于清淨虚無。世惑猶淺。唯是釋氏最爲大惑人。無賢愚皆被驅率。高明之士則沈溺于性宗。中下之材則纏縛于輪回。患淺之俗則畏懼于禍福。甚可怪也。聖人曰。天命之謂性。儒者當盡性而後知。苟不務知此而求他。可乎。聖人曰。未知生。焉知死。儒者當窮理而後知。苟不務知此而求他。可乎。聖人曰。惠迪吉。從逆凶。惟影響。儒者當親履而後知。苟不務知此而求他。可乎。聖人言行布在方策。明如日星。可師可法。今士大夫被儒者服。當師法聖人言行。而乃自暴自棄。區區奔走從事胡法。古者學非而博。在四誅而不以聽。今之棄先聖之言。從胡人之學。無乃學非而博者乎。豈可以不禁之也。請戒約傳習異端。

臣竊以聖朝用經術取士。冠越前代。止是不當專用王安石之學。使後生習爲一律。不復窮究聖人之藴。此爲失矣。若謂學經術不能爲文。須學詩賦而後能文。臣以爲不然。夫六經之文可謂純粹渾厚。經緯天地。光輝日新者也。今使學者不學純粹渾厚輝光六經之文。而反學彫蟲篆刻童子之技。豈不陋哉。請用經術取士。

附經術取士條列

一。第一場。試諸經大義六道。乞令每人各治二經。每經各試大義三道。仍須先本注疏之説。或注疏違聖人之意。則先其注疏所以違之之説。然後斷以己見及諸家之説。以義理通文采優者爲上。義理通文采麤者爲次。義理不通。雖有虚文。不合格。

一。第二場。試論語孟子大義四道。論孟各兩道。□□㊀之法與經義同。

一。第三場。試論十道。乞于荀子。揚子。文中子。韓吏部文中出題。

一。第四場。試策三道。内兩道乞問歷代史。一道時務。省試五道。三道乞問歷代史。兩道問時務。

㊀「□□」當作「考試」。

附録

公掞在洛有書室。兩旁各一牖。牖各三十六隔。一書天道之要。一書仁義之道。中以一榜。書毋不敬。思無邪。中處之。此意亦好。

奉議練先生繪

練繪字質夫。浦城人。少同楊龜山遊伊川之門。大觀進士。浮沈州縣。不以軒冕爲榮。而以名教爲樂。官至奉議郎。姓譜。

附録

楊龜山嘗與書曰。孟子曰。萬物皆備于我。反身而誠。樂莫大焉。知萬物皆備于我。則雖行止疾徐閒。有堯舜之道存焉。世之人多不自己求之。以質夫篤志强學。因其所進。勉而卒之無難矣。

補 尚書邢和叔恕

梓材謹案。和叔嘗爲康節伊川擊壤集後序云。恕嘗從先生學。而奉親從仕南北。未之卒業。然於講聞其文章。而次第其本末。則或能之。是和叔之於洛學。不獨從遊二程先生。而惜其有玷師學也。

梓材又案。和叔又從曾南豐遊。朱子南豐年譜後序曰。世有謂公爲史官。薦邢恕陳無己爲英録檢討。而二子者受學焉。其實不然者三。又云。公所以教恕者。其在元豐史館之時乎。未可知也。

附録

神宗問明道以張載邢恕之學。奏云。張載臣所畏。邢恕從臣遊。

孔氏談苑曰。邢恕有文學辨論。多不請而教人。士大夫謂之邢訓。竟坐教朝士上書奪中書舍人。出知隨州。後自襄州移領河陽。彭器資作告詞云。勉蹈所聞。無煩多訓。蓋譏之也。

伊川門人

補張思叔先生繹

思叔文集

客有難者曰。天下何思何慮。同歸而殊塗。一致而百慮。天下何思何慮。而子欲思之耶。侯笑曰。公知其一。未知其二。靖共爾位。好是正直。神之聽之。介爾景福。人道之常也。吾又何思。日往則月來。月往則日來。天道之常也。吾又何思。子見世之人矯情亂志。拂頹以成其行者乎。富貴之未來。則爲之巧語輭熟。視人有詡詡乞憐之色。不得則戚戚以爲憂。患難之來。則爲怨愁無聊之聲。鼠匿鳥伏。若不可容。以僥倖險阻之萬一。不得則戚戚以爲憂。嗚呼。是未來者果可來。而既來者果可去耶。夫爲不知有是理。而强思之也。天下始紛紛多事矣。是所謂憧憧往來。朋從爾思是也。子所謂不思。殆謂是歟。

子見庭中之杏。當未春時橛然一枯株耳。然則春而華。秋而落。果何有耶。子能思其所以華。思其所以落。則死生之理盡矣。子見坐隅之燭。當中夜晰晰。可以見幽隱。仆之則瞑目不見邱山。果何物耶。子能思其所以見。思其所以不見。則鬼神之理盡矣。孔子所謂學而不思則罔。孟子所謂思則得之。不思則不得是也。不然。子欲捨是而求道家者流。浮屠之説。去人情。絶思慮。塊然坐乎窮荒之域。視吾君臣父子。泛泛若江湖之適相值也。頽廢壞蕩不自收斂。且曰。吾之道將自同於獸死木爛而已。吾又何思。嗚呼。是道也。吾不知其果何道也耶。而子不願學之耶。以上絳州思堂記。

朱子曰。張思叔與人作思堂記。言世間事有當思者。有不當思者。利害生死不當思也。如見萬物而思終始之云云。此當思也。

凡語必忠信。凡行必篤敬。飲食必慎節。字畫必楷正。容貌必端莊。衣冠必肅整。步履必安詳。居處必正靜。作事必謀始。出言必顧行。常德必固持。然諾心重應。見善如己出。見惡如己病。凡此十四者。我皆未深省。書此于座隅。朝夕視爲警。座右銘。

家甚微。年長未知學。傭力于市。出聞邑官傳呼聲。心慕之。問人曰。何以得此。人曰。此讀書所致爾。卽發憤力學。遂以文名。

附録

自見伊川後。作文字甚少。伊川每云張繹朴茂。

思叔一日于伊川坐上理會盡心知性。知天事天。伊川曰。釋氏只令人到知天處休了。更無存心養性事天也。思叔曰。知天便了。莫更省事否。伊川曰。子何似顔子。顔子猶視聽言動不敢非禮。乃所以事天也。子何似顔子。

和靖言。某與思叔旣相友善。思叔始見伊川。思叔穎悟疏通。先生亦便喜之。自此同游處。先生以族女妻之。甚相敬待。學者從之漸衆。

和靖嘗因侍坐稟伊川曰。張某每聞先生語。言下解悟。某聞先生語。須再三尋思。或更請問。然後解悟。然他日持守。思叔恐不及某。先生以爲然。

先生祭伊川文曰。自我之見。七年于兹。含孕化育。以蕃以滋。天地其容我兮。父母其生之。君親其臨我兮。夫子其成之。欲報之心何日忘之。昔先生有言。見乎文字者。有七分之心。繪乎丹青者。有七分之儀。七分之儀固不可益。七分之心其猶可推。而今而後。將築室于伊洛之濱。望先生之墓。以畢吾此生也。嗚呼。夫子没而微言絶。則吾固不可得而聞也。然天不言而四時行。

地不言而百物生。惟與二三子洗心去智。格物去意。期默契斯道。在先生爲未亡也。

又寄友人詩曰。有客厭事事。潔身山之幽。寒暑不相待。乃有卒歲憂。有生此有事。簡之成贅疣。澄江本無浪。不如信虛舟。六經力道要。無以利心求。一朝與理會。萬境眞天遊。

思叔長于爲文。又善辦事。先生没未幾。思叔亦没。和靖被召。嘗曰。思叔若在。到今自當召用。必能有爲于世。

朱子曰。思叔敏似和靖。伊川稱其朴茂。然亦狹。無展拓氣象。

又語類曰。張思叔語類多作文。故有失其本意處。不若只録語録爲善。

蔡覺軒續近思録曰。張思叔因讀孟子志士不忘在溝洫。勇士不忘喪其元。始有得處。後更窮理造微。少能及之者。

黄東發曰。孔子夢周公一也。張繹所録則謂晚年不遇。不復夢見。鮑若雨所録則謂若曾夢見。大段害事。夢周公何害事之有。殆惑于異端眞人無夢之説耳。是鮑之録不若張之近人情。

補 侍御馬東平先生伸

附録

崇寧初。元祐學有禁。姦人用事。出其黨爲諸路學使。專糾其事。伊川之門。學者無幾。雖宿素從遊。聞以趨利叛去。公方白吏部。求爲西京司法。銳然爲親依之計。先生及門求見。伊川辭之。先生欲先棄官而來。伊川曰。近日盡逐學徒。恐非公仕進所利。公能棄官。則官不必棄也。

胡文定時政論曰。仲言。汪黄自言官黜爲監稅。而其言則有狀矣。不愼命令。則以下還都之詔也。廣布私恩。則以復祠官教官之闕也。黜陟不公。則以罷衛膚敏而用孫覿不祥之人也。杜塞言路。則以貶吴給張閭邵成章也。妨功害能。則以沮宗澤與許景衡也。私收軍情。則以各置親兵千人。請給獨厚也。同惡相濟。則以力庇罪人王安中也。凡舉一事。必立一證。皆衆所共知。亦衆所共見。當時罷之。反以爲言事不實。而重責之。是罰沮忠讜捐軀爲國之人。邪說何由息。公道何由行乎。

蔡覺軒續近思録曰。馬時中天資重厚。雖勇于爲義。而恥以釣名。居朝凡所建明。輒削其稾。故人少知者。

補 待制吴先生給

梓材謹案。先生嘗爲御史。宋史馬先生伸傳。其進疏有云。吴給張閭以言事被逐。

吴先生語

孟子云。乍見孺子。乍見字極有意義。

補

鹽場周先生孚先

伯忱問答

問。先生舊語門人云。天下至忙者無如禪客。市井之人雖日營利。猶有休息時。禪客行住坐臥無不在道。存無不在道之心。便是至忙。孚先竊謂此語如孟子所謂必有事焉。而勿正。心勿忘。勿助長也。若正。若助長。即是忙也。或者謂此語非爲學者設。謂以聖人方之。禪客未嘗閒。若學者須是行住坐臥是道。伊川答曰。存無不在道之心。便是助長。方其學也。固當有事。亦當知助長之非。

問。書曰。惟聖罔念作狂。惟狂克念作聖。孚先竊謂聖者謂有聖人資質。不念則流入于狂。狂者進取。曾皙之徒是也。借如顏子。不能拳拳服膺。亦必至于此。若是聖人。則從心所欲不踰矩。雖不念亦無害也。伊川答曰。六德。知仁聖義中和。聖。通明之稱。狂。狂愚之稱。

問。孔子曰。知者樂水。仁者樂山。知者動。仁者靜。知者樂。仁者壽。孚先竊謂樂山樂水狀仁知之體。動靜述仁知之用。樂與壽明仁知之效。知則能知之。能知之則務窮物理。務窮物理則運用不息。故樂水。水謂其周流也。故動。動謂其理之無窮也。故樂。樂謂其無疑也。仁則能體之。能體之則有得于所性。有得于所性則循理而行之。故樂山。山謂其安止也。故靜。靜謂其無待于外也。故壽。壽謂其達生理也。伊川答曰。言意未能體仁知。且宜潛思。

問。孔子曰。知及之。仁不能守之。雖得之。必失之。知及之。仁能守之。不莊以涖之。則民不敬。知及之。仁能守之。莊以涖之。動之不以禮。未善也。孚先竊謂此語是告學者。亦是入道之序。故知及之。見得到也。仁能守之者。孳孳于此也。莊以涖之者。外設藩垣以遠暴慢也。動之以禮。觀時應用。皆欲中節也。或者謂此是人君事。伊川答曰。臨政處已。莫不皆然。所謂仁能守之者。孳孳于此也。此言未能盡仁。且宜致思。仁則安矣。所以云守也。

伯忱跋曰。孚先舊講習太學。建中靖國庚辰冬過洛陽。遊伊川先生之門。預羣弟子之列。親炙模範。時聞誨語。越明年暮春歸省庭闈。期歲復入學。以所疑爲書。請質于先生。皆得親筆開諭。逮今幾四十年矣。以今日視前日。固知學之不博。問之不切。日月逝矣。功不加倍。祇益自歉。紹興丁巳冬孚先謹書。

補坑治周先生恭先

伯温問答

問。子貢。後人多以貨殖短之。曰。子貢之貨殖。非若後世之豐財。但此心未去耳。

問。學者如何可以有所得。曰。但將聖人言語玩味。久則自有所得。當深求于論語。將諸弟子問處便作己問。將聖人答處便作今日耳聞。自然有得。孔孟復生。不過以此教人耳。若能于論孟中深求玩味。將來涵養成甚生氣質。

問。心術最難。如何執持。曰。敬。

問。回也三月不違仁。如何。曰。不違處只是無纖毫私意。有少私意。便是不仁。

問。博施濟衆。何故仁不足以盡之。曰。既謂之博施濟衆。則無盡也。堯之治。非不欲四海之外皆被其澤。遠近有閒。勢或不能及。以此觀之。能博施濟衆。則是聖也。

問。孔子稱管仲如其仁。何也。曰。但稱其有仁之功也。管仲其初事子糾。所事非正。春秋書公伐齊納糾。稱糾而不稱子糾。不當立而事之。失于初也。及其敗也。可以死亦可以無死。與人同事。而死之理也。知始事之爲非而改之。義也。召忽之死。正也。管仲之不死。權其宜可以無死矣。故仲尼稱之曰。如其仁。謂其有仁之功也。使管仲所事子糾正而不死。後雖有大功。聖人豈復稱之耶。若以聖人不觀其死不死之是非。而止稱其後來之是非。則甚害義理也。

問。如何是仁。曰。只是一箇公字。

問。至大至剛以直。以此三者養氣否。曰。不然。是氣之體如此。又問。養氣以義否。曰。然。又問。配義與道如何。曰。配道言其體。配義言其用。又問。我知言。我善養吾浩然之氣。如何。曰。知言然後可以養氣。蓋不知言無以知道也。此是答公孫丑夫子烏乎長之問。不欲言我知道。故以知言養氣答之。

問。夜氣如何。曰。此只是休息時氣清耳。至平旦之氣未與事接。亦清。只如小兒讀書。早晨便記得也。

問。孔子言血氣如何。曰。此只是大凡言血氣。如禮記說南方之强是也。南方人柔弱。所謂强者。是理義之强。君子居之。北方人强悍。所謂强者。是血氣之强。故小人居之。凡人血氣。須理義勝之。

問。盡其心則知其性。知其性則知天矣。如何。曰。盡其心者。我自盡其心。能盡心則自然知性知天矣。如言窮理盡性以至于命。以序言之。不得不然。其實只能窮理便盡性至命也。又問事天。曰。奉順之而已。

問。人有逐物是心。逐之否。曰。心則無出入矣。逐物是欲。

補侍郎晏先生敦復

附録

時伊川道學爲天下宗師。公不遠千里而見焉。先生一見奇之。由是學問日益純正。士類推重。上方鋭意恢復爲内修外攘之計。公進治本之說曰。朝廷者天下之本也。自古未有朝廷治而天下不治者。亦未有朝廷不治而天下治者。故曰正朝廷以正百官。正百官以正萬民。正萬民以正四方。此不易之序也。

補 進士袁道潔先生溉

附録

道潔及登河南程夫子之門。聞蜀隱者薛叟名。晚遊蜀。以物色求之。莫能得。末至一郡。並舍有叟。旦荷笈之市。午漏下輒扃其户。道潔從壁間覘之。方隱几默坐。意像静深。問諸鄰。則曰。是鬻香薛翁。不知其所從來。道潔亟款門以弟子見。

雲濠謹案。陳止齋爲薛艮齋行狀嘗稱。袁道潔少學於河南程先生。特未見其爲從學二程也。止齋又云。湖湘間皆高仰道潔。

補 布衣焦公路先生瑗

附録

朱子語類曰。汪端明少從學于焦先生。汪既達。時從杲老問禪。憐焦之老。欲進之以禪。因勸焦登徑山見杲。杲舉寂然不動。感而遂通。焦曰。和尚不可破句讀書。不契而歸。亦奇士也。

梓材謹案。朱子全書載是條原注云。焦名援。字公路。南京人。清修苦節之士。其名與里。與本傳稍異。

謝山句餘土音賦大涵焦徵君講舍詩。光堯臨御日。洛學正褒崇。乃有游楊侶。偏追箕潁風。翹車辭上相。徽尚託冥鴻。小隱大涵水。長瞻太白峯。道隆心倍古。德盛禮彌恭。慨自夷吾輩。相尋放誕中。乍逢鷲嶽嶽。侍久始融融。漸醉醇醪味。同遊元氣沖。簽書傳正派。端憲溯芳蹤。學録遺高第。圖經失寓公。徵文原脱落。考獻益冥蒙。一綫從誰考。陳編賴直翁。原注云。焦先生公路爲程門弟子。顧不見于伊洛淵源録。爲吾鄉寓老。顧不見于志乘。向非史直翁之集。則無考矣。

補 進士周先生純明

梓材謹案。二程傳大中公訪康節於天津之廬。明日明道謂周全伯純明曰。昨從堯夫先生游。聽其議論。振古之豪傑云云。邵氏聞見録作明日悵然謂門生周純明云云。果係明道之言。則先生亦明道門人矣。聞見後録有云。全伯。程伊川子壻。

補 孟先生厚

附録

敦夫問。莊子齊物論如何。伊川曰。莊子之意欲齊物理耶。物理從來齊。何待莊子而後齊。若齊物形。物形從來不齊。如何齊得。此意是莊子見道淺。不奈胸中所得何。遂著此論也。

伊川嘗謂學者曰。孟厚不治一室。亦何益。學不在此。假使灑掃得潔淨。莫更快人意否。

補 博士謝先生湜

雲濠謹案。魏鶴山嘗跋金堂謝氏所藏伊川程氏眞蹟。

梓材謹案。宋志載。先生春秋義二十四卷。又總義三卷。經義考並云佚。

附録

伊川與先生書曰。若欲治易。先尋繹令熟。只看王弼胡先生王介甫三家文字。會通貫。餘人易説無取。枉費功。

青陽夢炎曰。麟經在蜀。尤有傳授。蓋濂溪先生仕于合。伊川先生謫于涪。金堂謝持正先生親受教于伊川。以發明筆削之旨。老師宿儒持其平素之所討論。傳諸其徒。守之不變。熏陶漸漬。所被者廣。如馮公輔。朱萬里。張習之。劉光遠諸先生。皆一時所宗。

補李先生參

附録

黄東發曰。程氏外書李參録拾遺。以望道未見爲望治道太平。恐于本文有增。

雲濠謹案。先生爲其兄質夫春秋序。見晁氏郡齋讀書志。又案。四庫提要於二程外書云。凡撰朱光庭。陳淵。李參。馮忠恕。羅從彦。王蘋。時紫芝七家所録。

補徵君譙天授先生定

雲濠謹案。道南源委於劉白水傳言。先生嘗從二程子遊。魏鶴山記簡州四先生祠堂言。河南之學以先生與謝持正爲大徒高第。似先生不必列於私淑。以爲私淑者。則本朱子之説也。

附録

伊川貶涪。實先生之鄉也。北山有巖。師友遊詠其中。涪人名之曰讀易洞。

朱子與汪尚書曰。郭子和云。譙天授亦黨事後門人。某見胡劉二丈。説親見譙公。自言識伊川于涪陵。約以同居洛中。及其至洛。則伊川已下世矣。問以伊川易學意。似不以爲然。至考其它言行。又頗雜于佛老子之學者。恐未得以門人稱也。以此一事及其所著象學文字推之。則恐其于程門亦有未純師者。不知其所謂卒業者。果何事耶。

王雪山記涪陵先生祠曰。涪陵譙先生初習佛。伊川授其學以大學中庸。而指其法以敬。先生悦之。棄家破產。疲曳妻子以從之遊。及其困飢且死。不以非義之粟而易將殞之命。非天下之豪傑。其能建立如此哉。往余在都。有不悦伊川之學者爲余道之。余曰。建炎之初。詔起譙先生于河南。無所蹤跡。有野人道使者入嵩山深絶。見先生臥土屋。衣襦釜竈皆塵。强擁起之。既至。與宰相不合。遂去。不知所之。此孔子所謂遯世無悶。樂則行之。憂則違之。確乎其不可拔。潛龍也。天地造化。有不可羈紲。或攝受之無難。可謂有力。非耶。制伏虎豹。非西方獅子不能。他非余所知也。是時尚未知先生之詳。後數年過涪陵。見伊川之孫太守程公。示余以武夷胡公憲。河南郭公雍諸文。且道所未盡者。乃得其本末出處甚悉。初。涪陵未有先生祠堂。公至。始克爲之。險遠幽仄。有此足以重天下。而無與揚之至今。蓋其後徙于伊洛。而轉仄于吴楚。存没皆不關于故鄉。其疏固宜。雖于先生無所爲虧。而鄉黨之典與牧守之職則爲曠。非公道問學。敦教化。念其祖而欲崇其徒。奬其先賢而欲風厲其後來者。誰與領此。堂成而余來。非平時有慕于其中。而竊見其餘末。又誰當言之。此豈偶然乎哉。

梓材謹案。是記又言。先生起布衣。爲通直郎。直祕閣。喪亂莫知所終。或云終於嵩山少林寺。又云。隱居青城之老人村。易姓。迨於今猶存云。

補承議趙先生彦道

景平問答

問。子罕言利與命與仁。所謂利者何利。曰。不獨財利之利。凡有利心便不可。如作一事。須尋自家穩便處。皆利心也。聖人以義爲利。義安處便爲利。如釋氏之學皆本于利。故便不是。

問。未見蹈仁而死者。何謂蹈仁而死。曰。赴水火而死者有矣。殺身成仁者未之有也。

補祕書唐先生棣

録伊川語

棣初見先生。問初學如何。曰。入德之門。無如大學。今之學者。賴有此一篇書存。其他莫如論孟。

又問。如何是格物。先生曰。格。至也。言窮至物理也。又問。如何可以格物。曰。但宜誠意。去格物。其遲速卻在人明暗也。明者格物速。暗者格物遲。

棣問。禮記言。有忿懥憂患恐懼好樂則心不得其正。如何得無此數端。曰。非言無。只言有此數端。則不能以正心矣。

又問。聖人之言可踐否。曰。苟不可踐。何足以垂教萬世。

棣問。使孔孟同時。將與孔子並駕其説于天下耶。將學孔子耶。曰。安能並駕。雖顔子亦未達一間耳。顔孟雖無大優劣。觀其立言。孟子終未及顔子。昔孫莘老嘗問顔孟優劣。答之曰。不必問。但看其立言如何。凡學者讀其言。便可以知其人。如不知其人。是不知言也。

又問。大學知本。止説聽訟吾猶人也。必也使無訟乎。無情者不得盡其辭。大畏民志。何也。曰。且舉此一事。其他皆要知本。聽訟則必使無訟是本也。

棣問。退而省其私。亦足以發。如何。曰。孔子退。省其心中。亦足以開發也。又問。豈非顔子見聖人之道無疑歟。曰。然也。孔子曰。一以貫之。曾子便理會得。遂曰唯。其他門人便須辨問也。

棣又問。克己復禮如何是仁。曰。非禮處便是私意。既是私意。如何得仁。凡人須是克盡己私後只有禮。始是仁處。

棣問。福善禍淫如何。曰。此自然之理。善則有福。淫則有禍。

又問。天道如何。曰。只是理。理便是天道也。且如説皇天震怒。終不是有人在上震怒。只是理如此。又問。今人善惡之報如何。曰。幸不幸也。

棣問。孔孟言性不同。如何。曰。孟子言性之善。是性之本。孔子言性相近。謂其稟受處不相遠也。人性皆善。所以善者于四端之情可見。故孟子曰。是豈人之情也哉。至于不能順其情而悖天理。則流而至于惡。故曰。乃若其情。則可以爲善矣。若。順也。

又問。才出于氣否。曰。氣清則才善。氣濁則才惡。稟得至清之氣生者爲聖人。稟得至濁之氣生者爲惡人。如韓愈所言。公都子所問之人是也。然此論生知之聖人。若夫學而知之。氣無清濁。皆可至于善而復性之本。所謂堯舜性之。是生知也。湯武反之。是學而知之也。孔子所言上智下愚不移。亦無不移之理。所以不移。只有二。自暴自棄是也。

又問。如何是才。曰。如材植是也。譬如木曲直者性也。可以爲輪轅。可以爲梁棟。可以爲榱桷者才也。今人説有才。乃是言才之美者。才乃人之資質。循性修之。雖至惡可勝而爲善。

又問。性如何。曰。性卽理也。所謂理性是也。天下之理原其所自。未有不善。喜怒哀樂未發。何嘗不善。發而中節。則無往而不善。凡言善惡。皆先善而後惡。言吉凶。皆先吉而後凶。言是非。皆先是而後非。

梓材謹案。四庫存目録唐氏遺編四卷。提要云。宋唐棣編。又言。其嘗受業於伊川程子。與門人共記平日問答之語爲此書。已載入二程遺書。又案。四庫提要於二程遺書云。自程子既没以後。所傳語録。有李籲。吕大臨。謝良佐。游酢。蘇昞。劉絢。劉安節。楊迪。周孚先。張繹。唐棣。鮑若雨。鄒柄。暢大隱諸家云云。是先生所記固諸家之一也。

附録

嘗從伊川學。伊川曰。入德之門。無如大學。其次莫如語孟。自是有所得。

補暢先生大隱

暢潛道語

以有心息念。則愈紛擾。一寓諸敬。則俱無事。

慮而後能得。得者對失之名。人爲利欲沈湎。若失之者。學者能慮而得之。然所謂得亦何所得哉。

附録

官婢行酒。暢大隱力拒之。先生聞而不善之也。

晁氏客語曰。有道潛道少時。嘗見温公論性善惡混。潛道極言之。温公作色曰。顔狀未離于嬰孩。高談已至于性命。伊川笑之。又問。莫應舉否。對曰。某之應舉。得禄而已。

又曰。李曰。不欺之謂誠。暢曰。便以不欺爲誠。非也。徐仲車云。不息之謂誠。中庸言至誠則不息。非以不息解誠也。伊川曰。無妄之謂誠。不偏之謂中。

黄東發曰。謂以心知天爲未然。而謂心即是天。固于知天之上加通徹矣。若夫謂道不可離爲未然。而謂道豈有可離不可離。何其蕩無繩墨也。此暢潛道之録。朱子註。其多非先生語歟。

補范先生文甫

附録

范文甫問四象。子曰。左右前後。楊中立問四象。子言四方。

范文甫問趙盾弑其君夷皋。又問許世子弑其君買。皆從傳説。

唐棣問春秋書王如何。曰。聖人以王道作經。故書王。范文甫問杜預以謂周王如何。曰。聖人假周王以見意。棣又問。漢儒以謂王加正月上。是正朔出于天子。如何。曰。此乃自然之理。不書春王正月。將如何書。此漢儒之惑也。

梓材謹案。唐氏所編伊川語録又一條云。范公甫將赴河清尉。問到官三日例須謁廟。如何。曰。正者謁之。如社稷及先聖是也。其他古先賢哲亦當謁之。又問。城隍當謁否。曰。城隍不典。土地之神。社稷而已。何得更有土地邪。又問。只恐駭衆爾。曰。唐狄仁傑廢江浙閒淫祠七百處。所存惟吴太伯伍子胥二廟爾。今人做不得。以謂時不同。是誠不然。只是無狄仁傑耳。當時子胥存之亦無謂。公甫恐即文甫傳寫之訛。如係二人。則伊川弟子范棫蓋其一人也。又一條云。范季平問。博學而篤志。切問而近思。仁在其中。如何。曰。仁卽道也。百善之首也。苟能學道。則仁在其中矣。是又一范也。

補 暢先生中伯

附録

暢中伯問。密雲不雨。自我西郊。伊川曰。西郊陰所。凡雨須陽倡乃成。陰倡則不成矣。今雲過西則雨。過東則否。是其義也。所謂尚往者。陰自西而往。不待陽矣。

補 舍人李先生處遯

嘉仲問答

問裁成天地之道。輔相天地之宜。如何。曰。天地之道不能自成。須聖人裁成輔相之。如歲有四時。聖人春則教民播種。秋則教民收穫。是裁成也。教民鋤耘。灌溉。是輔相也。又問。以左右民如何。曰。古之盛時。未嘗不教民。故立之君師。設官以治之。周公師保萬民。與泰卦言左右民皆是也。後世未嘗教民。任其自生自育。只治其鬬而已。

問否之匪人。曰。泰之時。天地交泰而萬物生。凡生于天地之閒者。皆人道也。至否之時。天地不交。萬物不生。無人道。故曰否之匪人。

補 張先生閎中

附録

閎中以書問易傳不傳。及曰。易之義本起于數。程子答曰。易傳未傳。自量精力未衰。尚冀有少進爾。然亦不必直待身後。覺老耄則傳矣。書雖未出。學未嘗不傳也。第患無受之者爾。來書云。易之義本起于數。謂義起于數則非也。有理而後有象。有象而後有數。易因象以知數。得其義則象數在其中矣。必欲窮象之隱微。盡數之豪忽。乃尋流逐末。術家之所尚。非儒者之所務也。管輅郭璞之學是也。又曰。理無形也。故因象以明理。理見乎辭矣。則可由辭以觀象。故曰。得其義則象數在其中矣。

謝先生收

謝收。□□人。問學于伊川。答曰。學之大無如仁。汝謂仁是如何。久之無入處。一日再問。曰。愛人是仁否。伊川曰。愛人乃仁之端。非仁也。先生去。和靖曰。某謂仁者公而已。伊川曰。何謂也。和靖曰。能好人能惡人。伊川曰。善涵養。尹和靖語。

蕭先生服

蕭服字昭甫。廬陵人。舉進士。調望江令。治以教化爲本。移知高安縣。尉獲凶盜。獄具。

先生審其辭。疑之。且視其刀室不與刃合。頃之而殺人者得。因蓋平民也。徙知康州。改親賢宅教授。入對。論人主聽言之要。纚纚數百言。徽宗謂有爭臣風。奉詔作崇寧備官記。帝稱善。語輔臣曰。服文辭勁麗。宜居翰苑。朕愛其骾諤。顧諫官何可缺此人。張商英當國。引爲吏部員外郎。以父老請蘄州。宋史。

雲濠謹案。豫章書載先生著有接伴遼使語録。并文集十卷。

彭先生醇

彭醇字道源。廬陵人。登熙寧六年進士第。歷守康賀二州。所至有惠政。嘗上書譏切王氏之學。崇寧三年。編入黨籍。政和初。以朝奉大夫致仕。廬陵縣志。

梓材謹案。先生號澈溪居士。楊誠齋爲其文集後序云。方其壯也。以文明策上第。及其晚也。以治具最三郡。及其老也。終官朝奉大夫。年未七十。懸車以示子孫。雖曰未達。亦可以爲達矣。

朱先生定

朱定。□□人。伊川云。定亦嘗來問學。但非信道篤者。曾在泗州守官。值城中火。定遂使兵士舁僧伽避火。某後語定曰。何不舁僧伽在火中。若爲火所焚。即是無靈驗。遂可解天下之惑。若火遂滅。因使天下尊敬可也。此時不做事。待何時邪。惜乎定識不至此。程氏遺書。

賈先生易

賈易字明叔。無爲人。中進士甲科。爲常州司法參軍。自以儒者不嫺法令。議獄惟求合于人情。曰。人情所在。法亦在焉。訖去。郡中稱平。歷官侍御史。上書言天下大勢可畏者五。一曰上下相蒙。二曰政事苟且。三曰經費不充。四曰人材廢闕。五曰刑賞失中。言頗切直。歷吏部侍郎。卒。宋史。

雲濠謹案。宋史道學小程子傳云。蘇軾不悦於頤。頤門人賈易朱光庭不能平。合攻軾。是先生之於伊川。大略與朱公掞同。

張先生杲

張杲字暘叔。□□人。程氏弟子。儒林宗派。

梓材謹案。暘叔記得有墓誌。見聚珍版文集類。

雲濠謹案。宋志有張杲用易罔象成名圖一卷。未知卽先生否。

時先生紫芝

時紫芝。□□人。程氏弟子。儒林宗派。

梓材謹案。宋文鑑載張思叔絳州思堂記云。金臺太守時侯默而好深沈之思。下車之六月。作堂於治所之東偏。命之曰思。且將進思盡忠。退思補過。以盡吾之才也。時侯恐卽先生。

周先生綸

周綸。

梓材謹案。先生之爲程氏門人。見解學士春雨堂集。特未詳其事實耳。

補　縣令李□□處廉

梓材謹案。唐氏編伊川語録。李嘉仲後有亨仲問答六條。亨仲嘉仲似屬一家。豈即謝山序録所云以墨敗者之李處廉耶。姑識於此。

雲濠謹案。周許諸儒學案大劉先生傳中述伊川云廉仲之徒。疑謂處廉。

侯氏門人

周先生憲詳見震澤學案。

侯氏所傳

高先生元舉

高元舉。荆門人。祁居之寬跋濂溪通書後曰。始出于程門侯師聖。傳之荆門高元舉。朱子發寛初得于高。後得于朱。又後得和靖尹先生所藏。亦云得之程氏。今之傳者是也。周子全書。

朱漢上先生震詳漢上學案。

馬氏門人

補　通判何龜津先生兑

梓材謹案。道學言行録載馬公仲撫諭湖廣。遂訪得執政汪黄不法事。作彈文。方具稾而何兑追及於建康。曰。先生方以使還。且當奏職事。徐論似未晚。又云。公死。秦檜揚言己功。蓋取富貴。公之子孫漂泊閩中。有甥何琉得公之稿。累欲上之。而其子止之。紹興乙亥春。琉忽夢公衣冠如平生。云。秦氏將敗。趣使往陳之。琉即持其稿以叫閽。據此。似取東平事狀達尚書省者。别爲何琉。豈先生一名琉耶。

焦氏門人

汪玉山先生應辰詳玉山學案。

趙先生恭夫

趙恭夫。□□人。焦公路弟子。其上列也。鄖峯眞隱漫録。

譙氏門人

補知州馮縉雲先生當可

馮時行説

趾。所以行。輔。所以言。艮其趾。雖行猶不行也。艮其輔。雖言猶不言也。故能時行時止。動静不失其時。其道光明。

縉雲文集

古之人以友天下善士爲未足。又尚論古之人。誦其詩。讀其書。謂之論世尚友。此孔子以堯舜文王爲友。孟子以孔子爲友。其下揚子荀子以孟子爲友。射者之志于的。射而志的猶不能中。況又不志的。則射東中西矣。答李悅之榜雲安尉廳後小堂曰馮公書。

附録

朱子曰。馮時行博學能文。其集中有封事云。願陛下遠便佞。疏近習。清心寡欲。以臨事變。此興事造業之根本。洪範所謂皇建其有極者也。其論皇極深合鄙意。

王氏困學紀聞曰。馮當可謂王輔嗣蔽于虛無。而易與人事疏。伊川專于治亂。而易與天道遠。又謂近有伊川。然後易與世故通。而王氏之説爲可廢。然伊川往往捨晝求易。故時有不合。又不會通一卦之體。以觀其全。每求之爻辭離散之間。故其誤十猶五六。晁子止爲易廣傳。當可答書曰。判渾全之體。使後學無心致其思。非傳遠之道。

謝山箋曰。輔嗣疵纇誠有之。然未嘗不近人事。未可廢也。

沈氏門人

知州張先生祖順

張祖順字和卿。鄞縣人。以父朝議邦彦致仕。恩補將仕郎。官至知梅州。卒。先生性質明悟。執喪如成人。長從鄉先生沈僉判游。僉判愛之。至育于家。居官。所至有聲。其宰龍游也。以廉勤公平自誓。上不負于君。下不欺于民。終始如一。神其臨之。聞者竦然。平居念當世利害。擬爲奏草以待施用。久遂成編。名愚見録。藏書教子。尤所留意朝議。有經解雜著數十卷。編次寶藏。對之輒泣下云。樓攻媿集。

袁先生方別見邱劉諸儒學案補遺。

馮氏門人

補宗正李子思先生舜臣

隆山易説

乾九二言誠。坤六二言敬。誠敬者。乾坤之別也。先儒誠敬之學起于此。乾九二言仁。坤六二言義。仁義者。陰陽之辨也。先儒論仁義之用取諸此。

見羣龍无首。此卽天德。不可爲首者也。考之古書。无毋通用。則无首者。戒之之辭。

易之三畫。三才自然之數也。參之則九。兩之則六。聖人以九六名爻者。雖起于倚數。而參之揲蓍之餘數。與五行之行數。亦无不合焉。繫辭傳中論數之文。盡于此矣。

屯六二近初九之陽而正。應在五。然震之性動而趨上。竟舍初而歸五。蒙六三近九二之陽而正。應在上。然坎之性陷而趨下。乃舍上而求三。

二以誠。實居中理。固得矣。而先後二陰陷之。故窒塞而不通。懼而不安。軍事出則尚右。故旋反爲左次也。春秋左傳師三宿爲次。六五寬柔之主。以之興師則不暴。以之任將則疑于無斷。故有輿尸之戒。卦言來者。謂天氣之下降。爻言往者。謂君子之上亨。卦以氣言。爻以位升也。

復。剛長以日云者。幸其至之速。臨。陽消以月云者。幸其消之遲。

卦下故曰尾。譬之他卦。以足趾爲喻者也。止而不許。則可以免禍。此乃所以爲陰柔之戒。

易中以大名卦者凡三。皆陽畫四而陰畫二。

三以陰居陽。震動不安。有凶之象。

蓋用凶事。如周禮以委積待凶荒。以荒禮哀凶札者也。益之爲卦。初則可以用之于大事。二則可以用之于大禮。三則可以用之于大災。四則可以用之于大遷。厚下之益。无所不利。

天下之事。不至于決則不通。故雜卦之次序與十三卦之制器尚象皆終乎夬。

夬初九。此以戒君子之未得位。而憤往以決小人者也。

夬九四。此爻與大壯九四爻位皆同。而吉凶不同者。彼震體。此兌體也。

震六爻。陽爻。震物者也。陰爻。受震者也。

巽離皆女子之卦。而在離則論女。在巽則論男。豈非專取畫而生義乎。

傳因涉川而論乘木者凡三。卦唯此言有功。蓋木行水上。獨此象爲著也。故繫辭傳曰。舟楫之利。以濟不通。蓋取諸渙。

未有與者。无應故也。若在上者有以與之。則爲禍烈而君子无噍類也。

畜極而通。君子之道將盛行于世也。程子以説爲設問之辭。道爲道路之道。疑皆未安耳。初在下位。未有官守之命。

離兑皆同而性不同。傳言睽中有合。所以責君子濟睽之功。象言同中有異。所以論君子不苟同之性。

六四往蹇來連者。以九三九五陽實居當其位。而乘承之際。實遇之耳。

議獄如周官之八議。

附録

樓攻媿曰。子思之論易。專究心于卦畫。其言甚富。如中孚豚魚之説。前未有發明及此者。

蕭氏續傳

蕭先生許附師李端臣。

蕭許字嶽英。吉水人。御史服之從孫也。七歲知屬文。鄉先生李端臣一見期以偉器。特奏名授將仕郎。歷調清湘丞。改武陵丞。以通直郎致其仕。卒年七十五。方子孫侍疾。神氣清夷。顧曰。吾無一物以遺子孫。平生所學得中庸二字。今以遺汝。言訖而逝。楊誠齋集。

舒氏門人

邊先生恢別見槐堂諸儒學案補遺。

宗正家學

補侍郎李秀巖先生心傳

丙子學易編

先儒謂上經天道。下經人道。晉韓康伯非之。當矣。程子復論分上下經之故。其説甚詳。晦庵則以爲簡帙重大而已。信斯言也。則諸卦自可平分爲二。曷爲多寡之不齊乎。愚嘗考之上下篇之卦。數雖不齊。而反復觀之。皆爲十有八。故繫辭傳亦言二篇之策。則其來蓋遠。未爲无意也。

訟而見抑者。必懲創而無他慮。訟而獲勝者。將滿假而有後憂。故歸而逋其邑人三百户。是固訟而有失也。然而無眚者。禍止此也。或錫之鞶帶。是因訟而有得也。然而三褫之者。憂未已也。先儒之説于義固安。但辭未順耳。

鄭氏曰。小國之下大夫。采地方一成。其定税三百家。故三百户也。張子以輿尸爲不一。先君子曰。或者不一也。

有禽。徐氏作□禽㊀。愚謂以恆九四田无禽例之。則所謂有禽。當爲動而有獲之象。

卦辭連卦名者四。履也。否也。同人也。艮也。此皆无義。但有反耳。否下三字疑衍。

素履往。卽中庸所謂素位而行者也。獨行願。卽中庸所謂无願乎其外者也。張子以爲素潔。蓋從王氏而失之。

門外之治義掩恩。故柔弱則往吝。門内之治恩掩義。故剛者又戒以不可堅正也。

上三爻曰好。曰嘉。曰肥。取義皆一。但愈遠而愈貴耳。子夏傳。肥。饒裕也。

賈氏周禮疏云。離爲日。日圓。巽爲木。木器。圓。簋象。其穿鑿如此。

立心勿恆。猶云不恆其德。非謂不令如是也。

告自邑。與泰上九自邑告命之意同。蓋欲決小人而命出于下。則權柄移而不可以卽戎矣。

張子程子以行止皆凶釋之。愚謂當決之時。而四以陽居陰。失位不進。臀无膚。其行次且矣。似不必分也。

用見大人。荆公程子皆用此道以見大人。

鄭氏曰。二據初。辰在未。未爲土。此二爲大夫有地之象。未上值天廚。酒食象。困于酒食者。采地薄不足用也。二至四爲離火。火色赤。故云朱紱。漢儒象學拘泥如此。

㊀「□禽」當爲「擒愚」。

居豐而有慶譽。易也。在旅而有譽命。可謂難矣。

張珍甫曰。此卦火以不炎爲利。水以不洩爲利。

張子曰。變言其著。化言其漸。晦庵先生曰。變者化之漸。化者變之成。二説不同。愚以經考之。有自化而至于變者。如繫辭傳化而裁之謂之變者是也。此即張子之説。有自變而至于化者。中庸動則變變則化者是也。此即晦庵之意。又晦庵又言。當通觀之乃可。即此意也。

游定夫曰。應是无疆。指君子攸行言之也。

卦辭言元亨利貞者六。乾也。屯也。隨也。臨也。无妄也。革也。傳獨于乾析爲四德。而屯以下言大亨貞者二。自臨以下言大亨以正者三。晦庵曰。自屯以下釋元亨利貞。乃周文王本意。得之矣。

易言利涉大川者九。卦辭七。需。同人。蠱。大畜。益。涣。中孚也。爻辭二。頤上九。未濟九三也。言用涉大川者一。謙初六也。言不利涉大川者一。訟也。言不可涉大川者一。頤六五也。言利見大人者七。卦辭四。訟。蹇。萃。巽也。爻辭三。乾九二。九五。蹇上六也。言用見大人者一。升也。

言剛中而應者凡五。師也。臨也。下應上也。无妄也。萃也。升也。上應下也。以卦論之。二五相應者凡三十。聖人惟于此五卦言之。略舉以明義也。必爲之説。則鑿矣。

後夫謂上六乘陽。无順從之義。

言光明。言尊而光。皆以艮止取義。

需于利涉言有功。此言有事有功者。需之之久。必有其功也。有事者。亂之之極。方進而有所事也。

乾行以理言。天行以氣言。此又不可不辨。

蠱剥復言天行義同。

咸恒萃皆兼天地萬物言之。其專指天地而言。則復與大壯而已。

小事吉。與小過傳同。程氏以卦才之善釋之。似非也。志行正。惟此與臨之初爻兩言之。

乘剛之義。傳凡五言之。屯二。豫五。噬嗑二。困三。震二。而彖傳又有柔乘剛。柔乘五剛。蓋舉其重。不必盡見也。

何可長也。凡四言之。此爻與豫之上六。中孚之上九。皆戒之之意。若否之上九。則幸之之辭也。

順巽之義。此及漸六四。家人六二。凡三言之。巽體。此與家人則但取其義耳。

未失常。于師六四再言之。皆一意也。

以九居五。正而又中者也。屯之時不足以當此義。故于需與訟明之。若豫與晉之六二。則柔之中正者也。姤與井之九五。皆直言卦德。故无以字。需上六與隨初九同。皆變而不失正者。

舉爻者凡三十有二。初五。比。大有。觀。涣。中孚。二凡八。頤。恆。大壯。明夷。家人。

井。解。損。四凡二。賁。兌。五凡八。豫。賁。大畜。離。姤。損。豐。巽。上凡九。履。豫。大有。坎。井。鼎。歸妹。旅。兌。而六二之吉凡再言之。明夷。家人。九二貞吉凡三言之。大壯。解。未濟。六五之吉凡四言之。賁。大畜。離。豐。惟履。豫。井。鼎。旅之辭。取在上之義。其他未必皆有意。

位正中凡三言之。比。隨。巽之九五皆同。

上合志。此與大畜九三。升初六。凡三言之。皆謂上與陽爻合也。損初六尚合志同。

位不當凡十六。惟晉。夬。萃。豐。小過。爲以九居四。大壯以六居五。餘皆以六居三。履。否。豫。臨。噬嗑。睽。震。兌。中孚。未濟也。然爻位不當者。蓋不止此。聖人亦隨事明之耳。

志行。此及否。睽。未濟之九四。凡四言之。豈非謂其離下而進于上乎。

位正當。此及否。兌。中孚之九四六㊀四言之。孚于剥之屬。正與此同。否。中孚又自有意。

或言有慶。或言往有慶。而大有慶者。獨于此爻與頤之上九言之。其吉可知矣。

志在外。此與咸初六。渙六三言之。皆内外之相應者。

渙六四言光大也。雖无以字。義與此同。

中以行願。此中字恐與上爻中心之中同。

㊀「四六」當爲「五亦」。

又誰咎凡三言之。在解與節者。其意不同。

困九五亦云以中直也。義與此同。

志未得。案謙之上六。困之九五。義與此同。

易而无備也。晦庵曰。太柔則人將易之而无畏備之心。愚案。此説本出程子。然以爻論之。柔得尊位大中。則不失于弱矣。張子曰。君子至平易。有何關防擬備。惟以抑抑威儀。維德之隅。儼然人望而畏之。既易而無備。則威如乃吉也。此雖王氏舊説。于文則□㊀矣。

巽上六亦云。上窮。皆謂在上而極耳。

傳言得中道凡四。離以六居二固得中矣。而此爻與解夬皆以九居二。是以陽居陰爲得中也。豈非所謂時中者歟。既濟六二與此同。

咎不長。大壯上六同此意。

行中。疑與泰爻辭中行同意。

志在内。此及蹇之上六兩言之。内謂内卦。

未失道。與睽九二同。

未光也。與震九四兑上六三言之。

㊀「□」當作「順」。

聽不明也。與夬九四同。豈非澤上于天。亦爲水涸之象乎。

終无尤。及剥六五。蹇旅六二。鼎九二。凡五言之。尤罪自外至者也。故守正則无尤矣。

大畜六四。升九二。皆以有喜贊之。此爻爲能求賢以自助。是可喜也。

象言君子五十三。言先王七。比。豫。觀。噬嗑。復。无妄。涣。言后三。泰。復。姤。言大人與上各一。離。剥。先王者。立法創制者之稱。君子者。有德有位之通稱。上者。在人上者之通稱。后者。有天下者之通稱。大人者。德位並至之稱。此卦六五不爲君位。故指陽爲上。而不言后王。

終不可用也。此及豐九三兩言之。大抵一意。

后卽書所謂元后也。省方卽觀之省方也。王氏以方爲事。張子以后爲繼體。守文之君。疑皆失之。

義无咎也。此及解。漸。既濟之初爻。凡四言之。意各有異。蓋解漸自可无咎。此及既濟則有謹戒之意耳。

未富也。愚聞之邑人班道新曰。无妄之福。未可以爲富也。

固有之也。益六三與此同。

豐之五。兑之四。言有慶。略與此同。至于中有慶。往有慶。則各以其爻義言之。若所謂大有慶者。則有取義。

亦可醜也。此及解之三凡兩言之。義蓋一耳。

得中道也。解夬之九二皆言之。

涣之六四。涣其羣。而傳曰。光大也。此爻憧憧往來。與涣之四正相及㈠。故其辭然。

无所容。與離九四同。

不可大事。與豐其沛之意同。蓋剛雖得位而不中。是以不可大事。

无所疑也。此及升之九三並言之。此決于退。彼決于進。時之宜耳。

爻辭言九二貞吉者三。而此言以中。解言得中道。未濟言中以行正。大意相類。但各叶韻耳。

威如之吉。與大有之傳略同。蓋夫子慮人以猛爲威。故特出此義。先儒各自爲説。失之矣。

睽六五與晉六五同。皆文明柔順虚中之主。往則有慶。

以從貴也。與鼎之初六同。義則稍異。

明兩作。雷雨作。二象皆當以作字爲句。程子誤也。

宜負而反乘。與老婦士夫之醜同。

未當位也。案諸爻失位者。皆云位不當。而此變其文者。謂未當君位。故但去其應也。若進而之五。則當盡去羣陰。乃爲得耳。

㈠「及」當爲「反」。

益之五。損之上。皆以益下爲大得志。與升于尊位者同。聖人之意可見矣。後漢向長讀損益二卦。喟然歎曰。吾今已知富不如貧。貴不如賤。但未知死何如生耳。愚謂君子生順死安。未聞以死爲貴也。貧賤之人固寡怨咎。然得其大志。而大行于天下。非達而在上者能之乎。長之言非易之意矣。

五比于六。非其罪也。但時位如此。是中心歉然。自爲未光耳。晉之道未光。萃之志未光。與此大同而小異。

中正也。與井之升同。皆陽剛在上。自然中正。故不言以。

有慶有喜。大意略同。所從言之異者。恐此叶韻耳。

雖不當位。彖與爻傳三言之。小畜乃爲无位。此爻與未濟則爲失位耳。

以中直也。與同人之乾同義。及无異受福也。與井之坎同。

未當也。案歸妹之大壯。贊辭同此。而韻叶之皆爲平聲。則此言宜與需之小畜贊辭同義。

吉行也。與豐九四之吉行大同小異。

此言亦爲井地設勸。相卽相友相助相扶持之意。

時舍也。與乾九二文言傳同。王氏程子以文言爲次舍之舍。此爲取舍之舍。晦庵皆讀作上聲。愚謂二卦音義固所當同。但皆作去聲。乃爲愜耳。時舍猶云時止。

順以從君。小人之事也。君子則可否相濟。不但順從而已。

醜類也。三與初二爲同體。上比于四。則離其類矣。婦謂四。自三論之。四非婚也。乃寇也。能禦之。則與其類爲能順以相保矣。

豐六二與大有九五贊辭同。上下之位爲少異耳。

得願也。與漸九五略同。

志未變。與家人之漸同義。志變則有他矣。

司馬談六經要指。引天下殊塗而同歸。一致而百慮。謂之易大傳。此今繫辭下傳中語也。故相承以繫辭傳爲大傳。然劉向封事引易大傳曰。誣神者。殃及三世。此豈繫辭傳中語乎。意者秦漢諸儒自爲易大傳。如伏生尚書大傳之比。其閒引繫辭之文。而談不考詳。誤以爲大傳耳。亦猶差之毫釐。繆以千里。本易緯之文。而漢儒所引。乃冠以易曰二字。鹵莽類此。要不足據也。

大也。天也。陽也。日也。易也。皆指乾也。廣也。地也。陰也。月也。簡也。皆指坤也。

愚嘗疑繫辭雜論諸爻。似文言之未成者。故其體絶相類。然坤文言視乾已甚簡略。則他卦不必盡作。豈聖人姑舉此諸爻以見義。例如三陳九卦之比歟。

以前章考之。辭象皆居者之事也。變占皆動者之事也。

制器如罔罟耜耒舟楫杵臼之類。

案先儒言金木水火得土而成。似未盡善。鄭氏曰。自五以上陽无耦。陰无配。未得相成。六十下氣。并則成矣。其言是也。

案。韓本天一至地十。凡二十字。繫于夫易何爲者也之上。而天數五至行鬼神也。凡四十四字。繫于再扐而後掛之下。其文參錯不相貫屬。故張子又曰。聖人之于書。亦有不欲一併説盡者。或在此。或在彼。要終必見。但俾學者潛心。蓋謹之也。晦庵則以爲錯簡。移此六十四字繫于大衍之數五十之上。蓋合天地大衍之數爲一章也。今案鄭康成言易詩書春秋簡長尺二寸。每簡三十字。孝經半之。論語簡八寸。蓋古人簡册字有定數。每簡三十字。則錯一簡亦三十字。近世諸儒于經文之可疑者。類以錯簡名之。然文章句多寡不齊。恐非錯簡也。但傳寫者偶失其次耳。又案。漢書律曆志引此文自天一至行鬼神也六十六字。前後相連。蓋班固之時本猶未錯。今從韓本。二十字无次。而依律曆志本。以四十四字附之。庶文理變通。又有依據也。

法象卽前章所謂成象效法者也。變通卽此章所謂闔闢往来者也。懸象著明言日月麗天垂象最著。

理者不相侵亂之意。且以税斂言之。什一者天下之正理也。什而取二。如魯之法。則上侵下矣。三十而取一。如貊之道。則下侵上矣。皆非所謂理矣。後世興利之臣往往藉此説。以文姦言。故不可以不辨。

觀象觀法以作易言。仰觀俯察以用易言。

張子謂易言制作之意。止取義與象契。非必見卦而後始有爲也。蓋先儒誤以爲文王重卦。故有此論。而或者因㈠益噬嗑之象。又以爲神農重卦之□□㈡。龜山先生遂以爲畫前之易。其誤益以甚矣。

文言傳者十翼之第七篇也。先儒以其首章八句與春秋傳所載穆姜之言不異。疑非孔子之言。故梁武帝以此篇爲文王所作。而吕氏音訓取朱内翰之説曰。司馬遷謂孔子晚喜易。序彖繫象説卦文言。信斯言也。則古有是言。孔子文之而已。晦庵曰。疑古有是言。穆姜稱之。夫子亦有取焉。故下文別以子曰表孔子之意。蓋傳者欲以明此章之爲古語也。愚案。春秋傳及戰國時人所作。記獲麟後五十年事。疑其取諸此傳。如王肅采中庸爲家語之比。若謂下文加子曰字以明此章之爲古語。則繫辭説卦諸傳豈皆古語乎。況繫辭傳文全體與此同。故愚疑此二傳。往往後人取夫子之説而彙次之。故文勢節目頗與中庸相似。王氏註本附此篇于經卦末。晁氏從古別出爲傳。今從之。

褚少孫補龜筴傳曰。天下和平。王道得而蓍莖長丈。其生滿百莖。漢儒之説如此。今犍爲郡田野閒生此蓍草。一本百莖。絶無餘支。愚親觀之。但長可二尺餘。不盡如先儒之説也。

雲濠謹案。四庫書目著録丙子學易編一卷。提要言其所取惟王弼。張子。程子。郭雍。朱子五家之説。而以其父舜臣易本傳之説證之。亦閒附以己意云。

㈠「因」當爲「困」。
㈡「之□□」衍。

附録

高恥堂跋先生學易編誦詩訓曰。秀巖先生近世大儒也。世徒見其論著藏于明堂石室。金匱玉版。遂以良史目之。不知先生中年以後。窮極道奥。經術之邃。有非近世學士大夫所能及者。又其天質彊敏絶人。三禮辨二十餘萬言。二百日而成。學易編二百八十日而成。誦詩訓亦踰年而成。攷訂鄭王孔賈之謬。折中張程吕朱之説。精切的當。有功于學者爲多。

梓材謹案。宋史藝文志載先生春秋考義十三卷。丁丑三禮辨二十三卷。中興藝文志言三禮辨以儀禮之説與鄭氏辨者八十四。周禮之説與鄭氏辨者二百二十六。皆有據。大戴之書疑者三十。小戴之書疑者一百九十八。鄭氏之註疑者三百七十五。亦各辨其所以□㈠而詳識之。

雲濠謹案。王阮亭居易録載建炎以來朝野雜記甲集二十卷。乙集二十卷。井研李伯微撰。編首有國史院劄子行下隆州。宣取高宗繫年要録指揮。孝宗光宗兩朝繫年要録指揮。公牒三通。自序二通。阮亭謂此書于宋南渡後。朝章國故大綱細目粲然悉備。史家巨擘也。據此。則史傳遺其孝光繫年録矣。

補 文節李貫之先生道傳

㈠「□」當作「疑」。

李貫之語

敬能集義。義不離敬。敬不容不義。義不容不敬。敬義夾持。則心常存。心存則心熟而智益明。敬義二字。該盡六經語孟中所言之理。

蓋文不高則不傳。文高矣而節不能與之俱高。則雖傳而不久。是故君子惟節之爲貴也。

附録

虎邱論和靖祠詩曰。涵養當用敬。進學在致知。如車去隻輪。跬步不可移。夫子愛師説。惟敬實所持。升堂逮易簀。參倚日在兹。遺言落人閒。考論極研幾。是心要收斂。中不容毫釐。大學著明德。格物及階梯。放心苟不收。窮格將安施。古人貴爲己。末俗多外馳。豈無實踐者。兹焉當反思。晚生拜遺像。敷衽跪陳詞。願言服予膺。没齒以爲期。

王魯齋曰。李果州雖不及師文公。卻能尋訪考亭門人。相與磨礪。此詩不特提出和靖精微處。爲學之要盡在是矣。讀者盍潛心焉。

黄勉齋誌其墓曰。貫之以疾終于江州之寓舍。聞之者識與不識莫不咨嗟涕洟。相與語曰。是刻意勵行。求聖賢之道。而能踐其實者。是立天子殿上。危言正色。爲宗社無窮之計者。是懇惻愛民。救災捍患。江東父老子弟數十萬皆得全其生者。是利禄不能動其心者。是危險不能易其守者。斯人也。止于斯。可哀也夫。

又祭之曰。晦庵先生以孔孟周程之道誨及後進。見而知者。固有之矣。聞而知者。非吾貫之耶。貫之聞晦庵之門人。則虛心屈己而與之友。得晦庵之遺書。則手鈔口誦而講其疑。昔之門人雖同堂合席。然往來不常。或得其一而失其二。貫之雖殊方異世。旁搜博採。乃反總其凡而會其歸。而又篤信力行。切問近思。毫釐必辨。精麤不遺。故其動容周旋莫不有則。出處進退莫得而疵。

眞西山祭之曰。君之天資清明純粹。君之學問深潛篤至。氣夷且温。而毅然有難犯之色。行峻且方。而泊然亡近名之累。昔在芸省。交情最親。及使江東。同心拯民。我或君違。君弗以爲忤。君雖我從。我豈以爲恩。君舟西旋。我旆南下。相與夜宿金山之上。江濤轟豗。風鐸震撼。偉勁論之。英發旁森。嚴于鬼神。至于天理人欲消長之機。吾道異端邪正之辨。嚴毫釐之剖析。極涇渭之區分。方且自視欿然。念窮格之未精。舉措之多戾。期舍舊而圖新。蓋其用志之剛。進道之篤。俛焉孶孶而弗自已者。直欲古人之與鄰。

宗正門人

僉判李先生維正

李維正字仲父。蒲江人。少力學。誦書窮晨夜。長游成都學官。受知于仙井李舜臣。遂寧楊輔楊甲兄弟。舜臣親授尚書。小楊亦相與上下其議論。登紹興八年進士。調漢州户掾。僉㈠仁壽。禾麥甘露呈祥者七。邦人繪爲七瑞圖。僉書大安軍判官。逆曦變起。潔身自全。後辟僉書劍南西川節度判官。嘗著書翼論。至是翼孟猶未成書。公退則竟其説。内外勞勩。遂得疾卒。魏鶴山集。

文節門人

牟先生桂父忻。

牟桂。井研人。父忻。字伯廣。貧不能自振。爲後學師。歲資束脩以給。履艱居約。有人所難能者。以先生始仕龍水。乃説于禰曰。書生初筮。毋苟得。毋濫刑。官無小。爲朝廷愛惜百姓。不獨爲家榮也。先生嘉定元年進士。調龍水尉。封父承務郎。後知什邡縣。嘗命其子子才從鶴山遊。魏鶴山集。

梓材謹案。先生乃李貫之門人。貫之卒。先生狀其行。見黄勉齋集。

牟氏家學

牟先生子才詳見鶴山學案。

㈠「僉」當爲「令」。

宋元學案補遺卷三十一目録

宋元學案補遺卷三十一

後學 鄞 王梓材 慈谿馮雲濠 同輯

呂范諸儒學案補遺

張程門人

補 龍學呂晉伯先生大忠

梓材謹案。先生兄弟並游程門。觀與叔東見二程。明道語之以識仁。而伊川亦多所答問。知先生與和叔皆及大程之門矣。

附録

上蔡作秦教。爲程氏之學。晉伯每屈車騎。同馬涓過之。則上蔡爲講論語。晉伯正襟肅容聽之。曰。聖人之言行在焉。吾不敢不肅。

補 教授呂和叔先生大鈞

和叔遺文

古之所謂天下爲一家者。盡日月所照以度地。極舟車所至以畫疆。以八荒之際爲蕃衛。以九州之限爲垣牆。列國則羣子之舍。王畿則主人之堂。凡民之賢而不可遠者。皆我之父兄保傅。愚而不可棄者。皆我之幼穉獲臧。理其財。乃上所以養下之道。分責之事。乃下所以事上之常。渾渾然一尊百長。以斟酌其教令。萬卑千幼。以奉承其紀綱。貿遷有無而不知彼我之實。損益上下而不辨公私之藏。大矣哉。外無異人。旁無四鄰。無寇賊可禦。無閭里可親。一人之生。喜如似續之慶。一人之死。哀若功緦之倫。一人作非。不可不媿。亦我族之醜。一人失所。不可不閔。亦吾家之貧。尊賢下不肖則父教之義。嘉善矜不能則母鞠之仁。朝覲會同則幼者之定省承稟。巡守聘問則長者之教督撫存。天下爲一家賦。

附朱子增損鄉約

凡鄉之約四。一曰德業相勸。二曰過失相規。三曰禮俗相交。四曰患難相恤。衆推有齒德者一人爲都約正。有學行者二人副之。約中月輪一人爲直月。都副正不與。置三籍。凡願入約者書于一籍。德業可勸者書于一籍。過失可規者書于一籍。直月掌之。終則告于約正。而授于其次。

又月旦集會讀約之禮

凡預約者月朔皆會。朔月有故。則前朔三日別定一日。直月報會者。所居遠者。惟赴孟朔。又遠者。歲一再至可也。直月率錢具食。每人不過一二百。孟朔具果酒三行。麪飯一會。餘月則去酒果。或直設飯可也。會日夙興約正副正直月本家行禮。若會族罷。皆深衣俟于鄉校。設先聖先師之象于北壁下。無鄉校。則擇一寬闊處。先以少長序拜于東序。凡拜尊者。跪而扶之。長者跪而答其半。稍長者俟其俯伏而答之。同約者如其服而至。有故則先一日使人告於直月。同約之家子弟雖未能入籍。亦許隨衆序拜。未能序。亦許侍立觀禮。但不與飲食之會。或別率錢略設點心于他處。俟于外。次既集。以齒爲序。立于門外。東向北上。約正以下出門。西向南上。約正與齒爵尊者正相向。揖迎入門。至庭中。北面皆再拜。約正升堂。上香。降。與在位者皆再拜。約正升降。皆自阼階。揖分東西向立。如門外之位。約正三揖。客三讓。約正先升。客從之。約正以下升自阼階。餘人升自西階。皆北面立。約正以下西上。餘人東上。約正少進。西向立。副正直月次其右。少退。直月引尊者東向南上。長者西向南上。皆以約正之年推之。後放此。西向者其位在約正之右。少進。餘人如故。約正再拜。凡在位者皆再拜。此拜尊者。尊者受禮如儀。惟以約正之年爲受禮之節。退北壁下。南向東上立。直月引長者東面如初禮。退則立于尊者之西。東上。此拜長者。拜時惟尊者不拜。直月又引稍長者東向南上。約正與在位者皆再拜。稍長者答拜。退立于西序。東向北上。此拜稍長者。拜時尊者長者不拜。直月又引稍少者東面北上。拜約正。約正答之。稍少者退立于稍長者之南。直月以次引少者東北向西北上。拜約正。約正受禮如儀。拜者復位。又引幼者亦如之。既畢。揖各就次。同列肅。講禮者拜於西序如初。頃之。約正揖就坐。約正坐堂東南向。約中年最尊者坐堂西南向。副正直月次約正之東。南向西上。餘人以齒爲序。東西相向。以北爲上。若有異爵者。則坐於尊者之西。南向東上。直月抗聲讀約一過。副正推說其意。未達者許其質問。于是約中有善者衆推之。有過者直月糾之。約正詢其實狀于衆。無異辭。乃命直月書之。直月遂讀記善籍一過。命執事以記過籍徧呈在坐。各默觀一過。既畢。乃食。食畢。少休。復會于堂。或說書。或習射。講論從容。講論須有益之事。不得陳道神怪邪僻悖亂之言。及私議朝廷州縣政事得失。及揚人過惡。違者直月糾而書之。至晡乃退。

附録

伊川曰。和叔及相見。則不復有疑。既相别。則不能無疑。然亦未知果能終不疑。不知他既已不疑而終復有疑。明道云。何不問他疑甚。不如劇論。

范侍郎表其墓曰。君性純厚易直。强明正亮。所行不二于心。所知不二于行。其學以孔子下學上達之心立其志。以孟子集義之功養其德。以顔子克己復禮之用厲其行。其要歸之誠明不息。不爲衆人沮之而疑。小辨奪之而屈。勢利劫之而回。智力窮之而止。其自任以聖賢之重如此。

又曰。張先生之學。大抵以誠明爲本。以禮樂爲行。衆人則姑誦其言。而未知其所以進于是焉。君卽若蹈大故。朝夕從事。不啻饑渴之營飲食也。潛心翫理。望聖賢之致。剋期可到。而日用躬行。必取先生㈠之法度以爲宗範。自身及家。自家及鄉人。旁及親戚朋友。皆紀其行而述其事。

㈠「生」當爲「王」。

補 正字呂藍田先生大臨

雲濠謹案。經義考載先生書傳十三卷。佚。又書傳一卷。佚。引晁子止云。不載撰人。蓋爲程正叔之學者。疑諸呂所著也。

藍田語要

君子之道莫大乎孝。孝之本莫大乎順親。故仁人孝子欲順乎親。必先乎妻子不失其好。兄弟不失其和。室家宜之。妻帑樂之。然後可以養父母之志而無違也。故身不行道。不行于妻子。文王刑于寡妻至于兄弟。則治家之道必自妻子始。

古者憲老而不乞言。憲者。儀刑其德而已。無所事于問也。其次則有問有答。問答之閒。然猶不憤則不啓。不悱則不發。又其次則有講有聽。講者不待問也。聽者不致問也。學至于有講有聽。則師益勤而道益輕。學者之功益不進矣。又其次則有講而未必聽。學至于有講而未必聽。則無講可矣。

蔽有淺深。故爲昏明。蔽有開塞。故爲人物。稟有多寡。故爲强柔。稟有偏正。故爲人物。故物之性與人異者幾希。惟塞而不開。故知不若人之明。偏而不正。故才不若人之美。然人有近物之性者。物有近人之性者。亦繫乎此。

小學之學。藝也。行也。大學之學。道也。德也。禮樂射御書數。藝也。孝友睦姻任恤。行也。古之教者。學不躐等。必由小學進于大學。自學者言之。不至于大學所止則不進。自成德言之。不盡乎小學之事則不成。

四端之在我者。人倫之在彼者。皆吾性命之理。受乎天地之中。立人之道不可須臾離也。不明人倫。則性命之旨無所措。不本性命。則理義之文無所出。孔子之言性與天道。合天人。兼本末。妙道精義。常存乎父子君臣夫婦朋友之閒。不遠乎交際酬酢。灑掃應對之末。非如異端之學。絶倫離類。造乎難行難知之域。

天之誠。行健而已。人之誠。自强不息而已。

天之所以爲天。不已其命而已。聖人之所以爲聖。不已其德而已。夫大禹惜寸陰。成湯坐以待旦。文王自朝至于日中昃不遑暇食。召公告成王。夙夜罔或不勤。成王戒卿士。業廣惟勤。子張仲由問政。夫子皆誨之以無倦。聖人莫不以自暇自逸爲戒也。

持一法以待物。則物必有窮而人狹矣。

古之學者純意于德行。而無意于功名。今之學者有意于功名。而未純于德行。至其下。則又爲利而學也。

周禮直欲無一物不得其所。其書無一言而非仁。

藍田儀禮説

冠禮所薦脯醢爲醴子設。非奠廟也。蓋禮有斯須之敬。母雖尊。有從子之道。故當其冠也。以成人之禮禮之。若謂脯自廟來。拜而受之。則子拜送之後。其母又拜。義復何居。

以布爲卷幘。約四垂。短髮而露其髻。冠禮謂之缺項。冠者先著此缺項。而後加冠。古者有罪免冠而缺項存。因謂之免喪服。恐與冕弁之冕音相亂。故改音問。以上士冠禮。

物不可以苟合。受之以賁天下之情。不合則不成。其合也。敬則克終。苟則易離。必受以致飾者。所以敬而不苟也。昏禮者。其受賁之義乎。自納采至親迎。皆男先于女。所以别疑遠恥。成婦之順正也。

納徵者。納幣以聘之也。古之聘士聘女。皆以幣交。貞潔之女非禮則不行。猶貞潔之士非其招則不往。是以有儷皮束帛。

昏期主于男氏。必請于女氏。固辭然後告者。賓客之義不敢先也。以上士昏禮。

君子之祭也。既内自盡。又外求助昏禮是也。醮子曰。承我宗事。詩有采蘩采蘋。皆以承先祖。共祭祀。爲不失職。士昏記。

諸臣執圭璧。孤執皮帛。婦人無外事。贄用棗栗腶脩。天子無客禮。唯告于鬼神。用鬯以爲贄。

自天子至于士。其臣之貴者皆稱老。記曰。天子之吏自稱于諸侯。曰天子之老。列國之大夫使于諸侯。自稱曰寡君之老。又諸侯使卿弔于他國。辭曰。一介老某相執紼。此天子諸侯之臣稱老者也。魯臧氏老將如晉問。此大夫之臣稱老者也。士昏禮納采。主人降。授老雁。此士之臣稱老者也。以上士相見禮。

鄉飲酒義云。洗當東榮。主人之所以自絜而篤賓也。賓雖亦就此洗。不曰賓主共之者。明以教人者自盡也。

賓介與衆賓異矣。賓與介又有等。故介不拜洗。主人不于阼階拜送。不嚌肺。不啐酒。不告旨。不自酌。酢主人。不酬。省于賓。可知矣。衆賓則升受坐。祭立飲。不酢。其拜。受者賓長三人。餘則不拜。省于介。可知矣。此所以辨隆殺也。以上鄉飲酒禮。

先王制射禮。以善養人于無事之時。使其習之久而安之。君子敬以直內。義以方外。則不疑其所行。故曰。內志正外。體直然後持弓矢審固可以言中也。

孔子曰。射者何以射。何以聽。循聲而發。發而不失正鵠者。其惟賢者乎。蓋欲其容體比于禮而多中。故曰何以射。欲其節比于樂。故曰何以聽。體之所動。耳之所司。不在于他。是謂用志不分。不過于物。以上鄉射禮。

燕以飲爲主。食以食爲主。故燕禮有薦俎而無黍稷。食禮酒漿以漱而不獻。此燕食之別也。饗禮雖無文。然雜見于傳記者。言爵盈而不飲。則不卒爵矣。言有體薦。則俎不折矣。言几設不倚。則無脱屨升坐矣。此燕饗之别也。燕禮。

古之選士。中多者得與于祭。蓋禮樂節文之多。惟射與祭爲然。能盡射之節文而不失其敬。可以奉祭祀矣。能心平體正。持弓矢審固而中多。其誠可以事鬼神矣。大射儀。

藍田禮記説

禮聞取于人。不聞取人。學者之道也。禮聞來學。不聞往教。教者之道也。取猶致也。致于人者。我爲人所致而致之。在教者言之。則來學者也。取人者。我致人以教己。在教者言之。則往教者也。師嚴然後道尊。道尊然後民知敬學。友不可以有挾。況于師乎。雖天子不召師。況于學者乎。

師弟之分不正。則學之意不誠。學之意不誠。則師弟之情不親而教不行。

人之所以異于禽獸者以有别也。有别者。先于男女。天地之義。人倫之始。内則曰。禮。始于謹夫婦。爲宫室。辨内外。男子居外。婦人居内。深宫固門。閽寺守之。男不入。女不出。所以别于居處者至矣。非祭非喪。不相授器。其相授。則女授以篚。其無篚則皆坐奠之。而後取之。不雜坐。不通乞假。内言不出。外言不入。所以别于往來者至矣。道路男子由右。婦人由左。女子出門。必擁蔽其面。夜行以燭。無燭則止。御婦人則進左手。所以别于出入者至矣。外内不共。井不共。湢浴不通。寢席不通。衣裳不同。椸枷不同。巾櫛不敢縣于夫之楎。椸不敢藏于夫之篋笥。所以别于服御器用者至矣。姑姊妹女子子。天屬也。許嫁。則非有大故。不入其門。已嫁而反。則不與同席而坐。同器而食。嫂與諸母。同宫之親也。嫂叔則不通問。諸母則不漱裳。妻之母。婚姻之近屬也。壻見主婦。闔扉立于其内。壻立于門外東面。主婦一拜。壻答再拜。主婦又拜。壻出。所以别于宗族婚姻者至矣。男女非有行媒。不相知名。非受幣。不交不親。必日月以告君。齋戒以告鬼神。爲酒食以召鄉黨僚友。取妻不取同姓。買妾不知其姓則卜之。寡婦之子非有見焉。則弗與爲友。所以厚别于交際者至矣。男女不雜坐。經雖無文。然喪祭之禮。男女之位異矣。男子在堂。則女子在房。男子在堂下。則女子在堂上。男子在東房。則女子在西房。坐亦當然。

出必告。反必面。受命于親而不敢專也。所遊必有常。所習必有業。體親之愛而不敢貽其憂也。恆言不稱老。極子之慕而不忍忘也。出入而無所受命。是遺親也。親之愛子至矣。所遊必欲其安。所習必欲其正。苟輕身不自愛。則非可以養其志也。君子之事親。親雖老而不失乎孺子慕者。愛親之至也。孟子曰。五十而慕者。予于大舜見之矣。故髦彼兩髦爲孺子之飾。苟常言而稱老。則忘親而非慕也。以上曲禮上。

喪不貳事。則祭雖至重。亦有所不可行。蓋祭而誠至則忘哀。祭而誠不至。不如不祭之爲愈也。後人哀死不如古人之隆。故多疑于此。王制。

祀天。禮之至敬者也。然人道有所未盡。故從其祖配之。所謂配者。當於祀天禮成之後。迎祖尸以人鬼之禮祭之。必配祭者。所以盡人道之至愛。凡言配天及郊祀之有尸者。義當如此。郊特牲。

內則一篇。首言后王命冢宰降德于衆兆民。蓋三代所以教天下者。皆以是。自秦漢以來。外風俗而論政事。不復以人家事爲問矣。內則。

宗子法久不行。今雖士大夫亦無收族之法。欲約小宗之法。且許士大夫家行之。其異告同財。有餘則歸。不足則取。及昏冠喪祭必告。皆今可行。仍似古法詳立條制。使之遵行。以爲睦宗之道。亦無所害于今法。可以漸消析居爭競之醜。所補當不細矣。大傳。

禮樂之原在于一心。孔子閒居。

以聖人之所性而議道。則無不盡。以衆人之可爲而制法。則法無不行。

文王非無武。武王非無文。止取其一以爲謚。惟恐名浮于行。以上表記。

莊生之言非不善也。卒不可以治天下國家。此言之飾也。五霸假仁義而行非不美也。而後世無傳焉。此行之飾也。緇衣。

深衣之用。上下不嫌同名。吉凶不嫌同制。男女不嫌同服。諸侯大夫士夕深衣。庶人吉服深衣。此上下同也。有虞氏深衣而養老。將軍文子除喪而受越人弔。練冠深衣親迎女在塗。壻之父母死。深衣縞總以趨喪。此吉凶男女同也。深衣。

其過失可微辨而不可面數一句。乃尚氣好勝之言。于義理未合。成湯改過不吝。子路聞過則喜。推是心也。苟有過失。雖怨詈且將受之。況面數乎。

人有知不知。吾所恃者。尚論古之人而有命也。時有遇不遇。吾所守者。不喪乎本心也。志有行不行。吾所存者。不敢忘天下也。三者義理之所在。至於窮不悔。達不變。自信之篤者也。以上儒行。

容體顏色辭令三者。脩身之要。必學而後成。必成人而後備。童子未成人者也。自七年始教。至于二十。則三者備矣。然後可以冠而責成人之事。

父老則傳之子。姑老則傳之婦。所傳皆適也。故冠禮。子冠于阼。昏禮。舅姑饗婦。卒饗。降自西階。婦降自阼階。所以著其傳付之意也。未嘗傳而示之以傳付之意。所以使之知繼之之重。敬守而不敢墜也。

古者重事必行之廟中。昏禮。納采至親迎。皆主人筵几于廟。聘禮。君親拜迎于大門之外而廟受。爵有德。禄有功。君親策命于廟。喪禮。既啓則朝于廟。皆所以示有所尊而不敢專也。冠禮者。人道之始。所不可後也。孝子之事親也。有大事以告而後行。歿則行諸廟。猶是義也。故大孝終身慕父母者。非終父母之身。終其身之謂也。以上冠義。

古之大孝。養志而已。雖有三牲之養。而不能和其家人。則不足以解憂。其養也微矣。婦順舅姑。何以異此。故和于室人。而後當于夫。以成絲麻布帛之事。以審守委積蓋藏。是亦養志者也。養志者順莫大焉。故内和理。而後家可長久也。昏義。

禮之所尊。尊其義也。其文則擯相習之。其義則君子知之。修其文。達其義。然後可以化民成俗也。貴賤明。隆殺辨。和樂而不流。弟長而無遺。安燕而不亂。此五者。皆見于飲酒之禮。而可以化民成俗。故曰。吾觀于鄉。而知王道之易易也。易謂易行。

一生二。二生三。三生萬物。三者物之所由致。是故禮有三讓。賓有三賓。國有三卿。上法于月。則三日成魄。三月成時。政教所本。禮之所以行也。以上鄉飲酒義。

君子責己重而責人輕。我之不中。則反求諸己。曰。非病也。不能也。必心平體正。持弓矢審固。循聲而發。發而不失正鵠者。唯賢者能之。非不肖者所能也。此責己之重也。彼之不中。則曰。非不能也。病也。老也。酒者所以養老與病也。揖讓而升。以禮相下。以飲其不勝者。此責人之輕也。射義。

禮之所貴。別而已矣。貴貴之義。有所不行。此亂之所由生也。燕禮之別。故上卿。小卿。大夫。士。庶子。其席其就位皆有次。獻君。獻卿。獻大夫。獻士。獻庶子。及舉旅行酬皆有序。俎豆。牲體。薦羞皆有等。養君臣貴賤之義。極其密察。至于此者。所以防亂也。燕義。

大行人五人。四人。三人。此王迎朝賓之擯也。諸侯之卿。各下其君二等。則主待聘客之擯。上公當三人。侯伯二人。子男一人矣。聘禮聘義皆云。卿爲上擯。大夫爲承擯。士爲紹擯。必三人而後備。亦舉公禮言之也。鄭以王待諸侯之擯。爲諸侯待賓客之擯。恐未然。

古者制國用。量入以爲出。至于國新殺禮。凶荒殺禮。故有祈以幣。更賓以特牲者。則用財于賓客。不皆如此之厚也。然禮存其數。將使富而奢汰者不敢過制。貧而儉嗇者不敢不盡。則盡之于禮。此天子所以養諸侯。使内外不相侵陵之道也。以上聘義。

附録

婦翁張天祺嘗謂人曰。吾得顔回爲壻矣。

嘗作藍田詩曰。背負肩任幾百斤。山蹊寸進僅容身。先難後獲應如是。重愧端居飽食人

又克己詩曰。克己功夫未肯加。吝驕封閉縮如蝸。試于清夜深思省。剖破藩籬卽大家。

汲公祭之曰。子之學。博及羣書。妙達義理。如不出諸口。子之行。以聖賢爲法。其臨政事。愛民利物。若無能者。子之文章。幾及古人。薄而不爲。四者皆有以過人。而其命乃不偶于世。登科者二十年。而始改一官。居文學之職者七年而逝。

横渠語録曰。吕與叔姿美。但向學差緩。惜乎求思也褊。求思雖似褊隘。然褊不害于明。褊是氣也。明者所學也明。何以謂之學明者。言所見也。

和靖語録曰。曲禮雖是末節。皆不可廢。蓋灑掃應對便是窮理盡性。毋不敬四句便是曲禮總目。因舉吕與叔詩曰。禮儀三百復三千。酬酢天機理必然。寒卽加衣饑卽食。孰爲末後熟爲先。

胡五峯曰。張燾攜所藏明道先生中庸解以示侯師聖。師聖笑曰。此吕與叔晚年所爲也。又曰。某反復究觀。詞氣大類横渠正蒙書。而與叔乃横渠門人之肖者。徵往日師聖之言。信以今日己之

所見。此書與叔所著。無可疑明甚。

梓材謹案。朱子序石氏中庸集解云。明道不及爲書。今世所傳陳忠肅公之所序者。乃藍田吕氏所著之别本也。其説本此。

晁子止曰。與叔師事程正叔。禮學甚精博。中庸大學尤所致意也。

又曰。與叔編禮三卷。以士喪禮爲本。取三禮附之。自始死至祥練。各以類分。其施于後學甚惠。尚恨所編者五禮中特凶禮而已。

朱子曰。與叔本是箇剛底氣質。涵養得到如此。故聖人以剛爲君子。柔爲小人。若剛矣須除去剛之病。全其爲剛之德。相次可以爲學。若不剛。終是不能成。

又曰。吕氏之先與二程夫子游。故其家學最爲近正。然不能不惑于浮屠老子之説。故其末流不能無出入之弊。若其他説之近正者。君子猶有取焉。

又語類曰。吕與叔欲奏立四科取士。曰德行。曰明經。曰政事。曰文學。德行則待州縣舉薦。下三科卻許人投牒自試。明經裏面分許多項目。如春秋則兼通三傳。禮則通三禮。樂則盡通諸經所説樂處。某看來樂處説也未盡。政事則各試法律等及行移決判事。又定爲試辟。未試則以事授之。一年看其如何辟。則令所屬長官舉辟遠器。云。這也只是法。曰。固是法也。待人而行。然這卻法意詳盡。如今科舉直是法。先不是了。今來欲教吏部與二三郎官。盡識得天下官之賢否。定是了不得這事。

又曰。向見劉致中。說今世傳明道中庸義。是義是與叔初本。後爲博士演爲講義。先生又云。尚恐今解是初著。後掇其要爲解也。又云。吕中庸文滂沛意浹洽。

又曰。李先生說陳幾叟輩皆以楊氏中庸不如吕氏。先生曰。吕氏飽滿充實。

蔡覺軒續近思録曰。吕與叔與人語。必因其可及而喻諸義。治經說得于身踐而心解。其文章不作于無用。

方桐江曰。藍田吕與叔初師横渠。後與上蔡謝顯道。廣平游定夫。龜山楊中立。在程門爲四先生。乾用九坤用六凡例。惟與叔歐陽文忠公及文公三人知之。

補 博士蘇先生昞

梓材謹案。先生嘗請質于伯淳正叔二先生。是其師二程者。不獨伊川矣。

附録

吕晉伯薦之曰。某德性純茂。强學篤志。行年四十。不求仕進。從張載之學。爲門人之秀。秦之賢士大夫亦多稱之。如蒙擢用。俾充學官之選。必能盡其素學。以副朝廷樂育之意。

程子曰。季明安。

程氏遺書曰。蘇某録横渠語云。和叔言香聲。横渠云。香與聲猶是有形。隨風往來。可以斷續。猶爲麤耳。不如清水。今以清冷水置之銀器中。隔外便見水珠。曾何漏隙之可通。此至清之神也。先生云。此亦見不盡。卻不説此是水之清。銀之清。云是水。因甚置瓷碗中不如此。

藍田講友

太學劉先生元振別見廌山學案補遺。

橫渠門人

補學士范巽之先生育

侍郎遺文

惟夫子之爲此書也。有六經之所未載。聖人之所不言。或者疑其蓋不必道。若清虛一大之語。適將取訾於末學。予則異焉。自孔孟没。學絶道喪。千有餘年。處士橫議。異端閒作。若浮圖老子之書。天下共傳。與六經並行。而其徒移其説。以爲大道精微之理。儒家之所不能談。必取吾書爲正。世之儒者亦自許曰。吾之六經未嘗語也。孔孟未嘗及也。從而信其書。宗其道。天下靡然同風。無敢置疑于其閒。況能奮一朝之辨。而與之較是非曲直乎哉。子張子獨以命世之宏才。曠古之絶識。參之以博文强記之學。質之以稽天窮地之思。與堯舜孔孟合德乎數千載之閒。閔乎道之不明。斯人之迷且病。天下之理泯然其將滅也。故爲此言。與浮圖老子辨。夫豈好異乎哉。蓋不得已也。浮圖以心爲法。以空爲眞。故正蒙闢之以天理之大。又曰。知虚空卽氣。則有無隱顯。神化性命。通一無二。老子以無爲爲道。故正蒙闢之曰。不有兩。則無一。至于談死生之際。曰。輪轉不息。能脱是者。則無生滅。或曰久生不死。故正蒙闢之曰。太虚不能無氣。氣不能不聚而爲萬物。萬物不能不散而爲太虚。夫爲是言者。豈得已哉。使二氏者眞得至道之要。不二之理。則吾何爲紛紛然與之辨哉。其爲辨者。正欲排邪説。歸至理。使萬世不惑而已。使彼二氏者天下信之。出于孔子之前。則六經之言。有不道者乎。孟子常勤勤闢楊朱墨翟矣。若浮屠老子之言。聞乎孟子之耳。焉有不闢之者乎。故予曰。正蒙之言。不得已而云也。正蒙序。

附録

横渠語録曰。某唱此絶學。亦輒欲成一次第。但患學者寡少。故貪于學□㊀。今之學者大率爲應舉壞之。入仕則事官業。無暇及此。由此觀之。則呂范過人遠矣。

呂紫微曰。范侍郎作庫務官。隨人箱籠。只置廳上。以防疑謗。凡若此類。皆守臣所宜詳知也。

補 龍圖游景叔先生師雄

雲濠謹案。張芸叟誌其墓云。有文集十卷。奏議二十卷。藏於家。

㊀「□」當作「者」。

附録

年十五。入京兆學。益自刻厲。蚤暮不少休。同舍生始多少之。已而考行試藝。屢居上列。人畏敬。無敢抗其鋒。

横渠以學名家。日從之游。益得其奧。

授儀州司户參軍。郡委以學校。徙而新之。士皆就業。

移秦鳳等路提點刑獄公事。完郡縣之獄。且授以唐張説獄箴。使置之坐右。朝夕省觀。盡心于聽訊。買書以給學者。

知陜州。居無事。時常親居學舍。執經講問。以勸諸生。

友愛其弟師韓甚篤。嘗遇明堂推恩。不奏其子而以師韓爲請。朝廷雖不從。而人皆義之。

畢西臺祭之曰。嗚呼哀哉。吾景叔者。止于斯耶。功名事業。願卒違耶。風義慷慨。今復誰耶。慈仁殷勤。孰不思耶。

謝山鮚埼亭詩集。東潛以予修學案。購得直閣游公景叔墓志見示。張公芸叟之文。邵公皩之書。章公楶之篆。而安民所鐫也。題詩于後云。關陜淪亡後。横渠學統湮。吕蘇僅著録。潘薛更誰陳。石墨何從購。遺文大可珍。邵公亦五鬼。鴻筆壯安民。

補忠憲种先生師道

附録

公入對。次見都堂李邦彦以下。與議和戰之計。答對往復。而邦彦弗識。獨大笑而已。是後廟堂懲二月一日劫寨之事。自此因噎廢食。公與李綱遂俱掣其肘。公知兵有謀。艱難時獨巍然有柱石望。爲執政所二三。故使其進退翕忽。終不能用。

朱子語類曰。昔人嘗問尹和靖。世難如此。孰可以當之者。尹曰。种師道可。曰。將則可矣。孰可以相。久之曰。亦只令師道做也好。一日召師道來。全不能言。遂不用。許翰時爲諫議。爲徽宗言當今之世。豈可令閒而不用。上曰。种老不堪用矣。卿可自見种問之。如何。往見之。种亦不言。許曰。上令某問公。公無以某爲書生。某以爲今日之兵云云。要從其去而擊之意。种方應。謂彼云云。今不可擊。俟其過河擊之。許爲上備言其意。方用之。种關西人。其性寡默。與中朝士大夫不合。一日因對。淵聖曰。朕已與和矣。种于此全不能有所論。但曰。臣以甲兵之事事陛下。其他非臣所與聞。

補　修撰李濬水先生復

梓材謹案。樓攻媿序靜齋迂論言。先生及與横渠浮休諸公游。所著濬水集。四庫書目提要云。是集如謂揚雄不知道。謂井田兵制不可遽言復古。皆確然中理。其他持論亦皆醇正。不止朱子所稱論孟子養氣一條。又久居兵間。嫺習戎事。故所上奏議。大都侃侃建白。深中時弊。亦不止洪邁容齋隨筆所稱排詆邪恕。諫用戰車戰艦二疏。至其考證今古。貫穿博洽。於易象算術五行律吕之學。無不剖晰精微。具有本末。在宋儒中可謂有體有用者矣。

溹水遺説

小雅雖言政。猶有風之體。大雅之正。幾于頌矣。

㮚氏爲量。鄭玄以方尺積千寸。此乃九章米粟法。某家舊有一銅敦。乃周成王時物。甘人侵扈。命正人出師。復扈邦。賜有功師氏。而數亦皆備。

孔子世家欲尊大聖人。而反小之。其所以稱夫子者。識會稽之骨。辨墳羊之怪。道楛矢之異。測桓釐之災。斯以爲聖而已矣。何其陋也。

梓材謹案。深寧困學紀聞考史引溹水李氏説如此。謝山三箋云。溹水原本作淇水。按淇水乃李侍郎清臣。有集。其年輩稍前於溹水。溹水則復也。閻氏改淇爲溹。殆以是書引溹水爲多耳。

同州韓城縣北有安國嶺。東西四十餘里。東臨大河。瀕河有禹廟。在山斷河出處。禹鑿龍門。起于唐仁愿所築東受降城之東。自北而南。至此山盡。兩岸石壁峭立。大河盤束于山硤間千數百里。至此山開岸闊。豁然奔放。怒氣噴風。聲如萬雷。廟像豖首而冕服。舊傳鯀入羽淵化爲黄熊。又云。鯀爲玄熊。熊首類豖。肖像以此。而廟乃稱禹。非也。然鄉人不敢以豖肉薦。必致神怒。大風發屋拔木。百里被害。

朱子曰。舊説禹鑿龍門而不詳言其所以鑿。誦説相傳。但謂因舊修闕。去其齟齬。以伏水勢而已。今詳此説。則謂受降以東至于龍門。皆是禹所新鑿。若果如此。則禹未鑿時。河之故道不知卻在何處。而李氏此説。又何所考也。李氏之學極博。所論禹像豕首。當是鯀廟。爲黄熊之像。而不考漢書啓母石處註中言。禹亦嘗變熊。則俚俗相傳塑禹像爲豕首。自不足怪也。

梓材案。朱子文集記潏水集二事。其一記而辨之如此。其一卽因邢恕之奏。打造船五百隻於黄河。順流放下。至會州西小河内藏住。而潏水奏其不然。已載先生本傳。朱子辨之曰。禹貢所言雍州貢賦之路。亦曰浮於積石。至於龍門。西河會於渭汭。則古來此處河道固通舟楫。如恕策矣。復之言乃如此。何也。

補太學田誠伯先生腴

梓材謹案。先生説讀經自當先看説條。因李君行説而言其不然。非專爲其叔明之而言。見經義考。

補太學邵彦明先生清

附録

從横渠學易。至崇寧大觀時。還築室先塋之側。聚書千卷。角巾鶴氅。徜徉其閒。鄉黨敬之。不敢以名字稱。因其嘗應八行舉。呼爲八行先生。年八十四。閩書。

補待制張浮休先生舜民

梓材謹案。先生又號矴齋。

芸叟易論

妙萬物而爲言者。道也。妙道而爲言者。元也。天地之大不能加于道。道之妙不能加于元。仰觀而俯察。探往而知來。天地之藴不能逃也。故曰不能加于道。道有善惡大小。隨世汙隆。並游于君子小人之閒。故曰加于元。

乾之彖曰。大哉乾元。萬物資始。乃統天。坤之彖曰。至哉坤元。萬物資生。萬物可資也。所謂資之以始。資之以生者。果何物哉。故其探幽而識顯。察微而知彰。見明則仰之以日月。履潤則俯之以江河。見資生則知其地力也。又烏觀其資始之功哉。始不可見。況于元乎。

元者。聖人之賾也。亨利貞。百姓與能焉。故彖曰。大哉乾元。萬物資始。乃統天。雲行雨施。品物流行者。天之化也。能統天之化者。惟元乎。大明終始。六位時成。時乘六龍以御天。乾道變化。各正性命。保合大和。乃利貞。首出庶物。萬國咸寧。凡此皆亨利貞之功也。先立乾元之功。次言三德之效。終著人物之性。萬物皆有性。性其情者。唯君子能之。窮理盡性。以至于命者。唯聖人能之。如下文乾元者。始而亨者也。利貞者。性情也。互爲體用矣。

文言曰。元者善之長也。又曰。君子體仁。足以長人。善之長。況天道也。體仁足以長人。況君道也。亨者嘉之會也。又曰。嘉會足以合禮。嘉會者時也。合禮者朝廷鄉黨之事也。君明臣良。化行于上而格于下。天下無犯非禮。三代之盛皆是也。利者義之和也。又曰。利物足以和義。

凡言利者有徇焉爾。徇利而忘義。則爭端作。唯義之所以爲利者。先義而主和。先義而利物也。主和則天下莫能與之爭。湯武是也。貞者事之幹也。又曰。貞固足以幹事。自無名而至有事。其漸可知已。幹大患。濟大難。唯堅貞幹固者能之。參之以權。挾之以霸。危而克存。顚而克扶。皆可也。期于濟事而已。復何嫌哉。

孔子文言。不以乾加元。直曰。元者善之長。明雖乾之大。不能加于元。用之周而不能亢于體。故曰。乾元用九。天下治也。又曰。乾元用九乃見天。則前言用九天德。不可爲首。此言乃見天。則申明用九之義也。孔子以乾之六爻。三復重言之。聖人之意深矣。夫天下之勢陽乘陰。尊臨卑。賢役愚。此禮之常也。兩貴者。則不能相事。兩賤者。則不能相使。彼乾陽物也。九陽數也。以陽用陽。則孰爲受制。以貴事貴。則孰爲祇役。故必以乾元乃可用九。九既爲用。則天下之法較然可見也。孰爲天下之法。則用九天德。不可爲首是也。其功如是。彼亨利貞者。疇敢往參焉。然雖不若元之用九。其與有功焉。皆由此出矣。

卦具四德者有七。乾。坤。屯。隨。臨。无妄。革也。坤之利牝馬。屯之利建侯。至於諸卦各因其德。唯乾不言所利。孔子曰。乾始能以美利利天下。不言所利大矣哉。以言天之道。無所不利也。

王弼曰。凡卦具四德者。則專以勝者爲先。故曰。元亨利貞也。其有先貞而後亨者。由于貞也。容有亨利。貞先于元者乎。弼之此論未爲確也。然常究之卦具四德者。必從曰。大亨以正。

四德者本也。大亨正者事業也。本原其始也。事要其終也。聖人行法如是。所期事遂而遠災。保常而免咎。舍此則凶吝隨之矣。凶悔吝不能免。亦何言易。

晝墁集

天下之事非一。不靜則不能勝也。故因其所居及其所職。因其所職及其所憂。自一室而及天下。然所謂靜者。不在乎地。而在乎人。不在乎人。而在乎平心也。靜勝齋記。

學校之設。所以教也。教之大倫。忠孝是也。當孔子不得中道而與之。雖潔己之童子。有常之人。狂狷之士。亦所不棄者。欲以教也。冉求一賦粟。將鳴鼓而攻之。欲以爲教也。教者取其材。而爲教者必責其成材。苟取其文章而略其德業。則奈何其爲教哉。四賢堂碑陰記。

附録

張芸叟見歐陽文忠公。多談吏事。疑之。且曰。學者求見。莫不欲聞道德文章。今先生多教人吏事。所未喻也。公曰。不然。吾子皆時才。異日臨事。當自知之。吾昔貶官夷陵。彼非人境。無書史可遣日。因取架閣陳案觀之。見其枉直乖錯。違法徇情。無所不有。且以夷陵如此。天下固可知也。當時仰天誓心。遇事不敢忽。迨今三十餘年。出入中外。忝歷三事。亮是當時一言之報耳。張又言。自得此語。至老不忘。老蘇父子亦聞之。其後子瞻亦以吏能自任。嘗謂人曰。我于歐陽公及陳公弼處學來。

王氏困學紀聞曰。五陽之盛。而一陰生。是以聖人謹于微。張芸叟曰。易者極深而研幾。當潛而勿用之時。必知有亢。當履霜之時。必知有戰。

張氏講友

教授汪青溪先生革詳見滎陽學案。

藍田門人

徐先生□

徐生在太學而卒。吕博士率其僚往弔而哭之慟。周行己躍而起曰。於美乎哉。師弟子之風興矣。因書其事。周浮沚集。

游氏家學

機宜游先生靖

游靖。景叔長子。舉進士。爲河南府左軍巡判官。管句秦鳳路機宜文字。有學行。克肖厥父。文章簡易順理。時以爲工。武功縣志。

邵氏家學

補邵蒙谷先生整

雲濠謹案。閩書載。先生於合沙學易傳六十四卦圖説及春秋元經。其纂集圖序。甫就而卒。經義考引之。作劉整。非也。

張氏門人

忠愍孫先生昭遠

孫昭遠。初名大年。字顯叔。其先眉山人。八世祖長孺起書樓。延名士講學。蜀人號書樓孫家。祖抃。參嘉祐政事。薨。謚文懿。葬開封。子孫遂爲管城人。先生幼警敏。力學善屬文。年二十四。登元祐九年進士第。時策問首及熙豐。凡不主新法皆在末甲。先生其一也。調長沙尉。潭帥張芸叟舜民。文學氣節名天下。奇其器識。厚禮之。教以立身行己。方丁外艱。服除。主永興簿。徽宗初元。芸叟自謫籍起爲諫議大夫。不數月。遷吏部侍郎。先生移書曰。明公爲諫臣。今天下事可憂者非一。不知何所論而遷擢如此其速。中外疑焉。因條時事所當言者。芸叟以其書奏曰。昭遠非獨曉臣一身進退之分。凡今日急務不假臣言。略盡之矣。尋辟爲河東經略司勾當公事。免官。復起爲天興縣主簿。歷除河北燕山路轉運副使。靖康元年。召爲水部員外郎。虜陷洛陽。京師戒嚴。特除祕閣修撰。西道副都總管。許便宜從事。建炎元年。高宗卽位。詔入覲。先生御下嚴整。所過肅然。除河南尹。西京留守。西道都總管。會罷四道都總管。以先生爲京師北路制置安撫使。西師既非所隸。悉引去。先生數以洛無城池而强虜對境侵牧之狀聞于朝。又與諸子書曰。今日捍禦甚難。若假一歲。庶或可保。吾四男二女。今不復念。要爲忠義死耳。汝曹加意讀聖人書。行古人事。無以我爲念。虜兵來攻。先生悉衆捍禦。驍將姚慶戰偃師死之。先生即命將官王保等。奉啓運諸殿神閒道走行在。虜兵益熾。戰益不利。而虜已破岐雍秦隴。南侵唐鄧陳蔡。潰兵益熾。先生猶招集之。已而見其麾下單弱。欲擁而南。先生駡曰。若等平日衣食縣官。不以此時報國。今將何爲。叛兵怒起擊之。遂死焉。官屬從者皆死。詔贈徽猷閣待制。累贈左金紫光禄大夫。先生天資孝友。輕財重義。遇事剛果。議論詳明。待人一以至誠。未嘗附麗干進。好學。老而不衰。與人商論古今及本朝故實。纚纚可聽。晚值時艱。志大而命不副。卒以身殉。士論惜之。周益公集。

梓材謹案。名臣言行録載。先生爲忠愍公。而宋史忠義傳遺其謚。

附録

張南軒跋公帖曰。公之數帖。其處死蓋已素定。事豫則立。豈不信乎。自熙寧相臣以釋老之似亂孔孟之眞。其説流遁蠹壞士心。波蕩風靡。中閒變故仗節死義之臣鮮聞焉。論篤者知其有自來也。觀公訓敕諸子。從事經史。大抵以實用爲貴。以涉虛爲戒。其不受變于俗可知。卒有以自立宜也。

藍田私淑

程先生永奇詳見滄洲諸儒學案。

李氏續傳

李先生龜朋附門人錢象祖。

李龜朋字才翁。自號靜齋。長安人。潏水先生之孫也。寓柯山。嘗試流寓。爲魁選。錢忠肅端禮聞其賢。延致館下。丞相象祖嘗從之學。先生學有本原。又自刻厲。素安貧約。粗給卽止。家無冠裳。通謁止稱長安李某。台之人無貴賤老少。莫不敬而愛之。幾如康節之在洛也。丞相屢出仕。與之偕行。有直諒多聞之益。所著迂論五十餘篇。攻媿爲之序。樓攻媿集。

蒙谷門人

補知州蘇雙溪先生大璋

雲濠謹案。閩書言先生事母孝。嘉泰中。邑大水。墊溺饑饉。乞常平粟。躬賑施。民賴存活。

藍田續傳

義士陳先生有霖

陳有霖字希説。長樂人。至正中。築鄉約堂于藍田書院之旁。中祀先聖。以朱吕二先生配享。朔望舉行藍田鄉約。使鄰里子弟講學于中。嘗與歐陽佺往來論道。尚書貢師泰爲作義士記。福建通志。

知州劉先生輝

別見魯齋學案補遺。

宋元學案補遺卷三十二目録

宋元學案補遺卷三十二

後學 鄞 王梓材 慈谿馮雲濠 同輯

周許諸儒學案補遺

浮沚師承

馮先生參

馮參初名□。□□人。浮沚之師也。浮沚爲之贊曰。舜盡事親。先生實能。以庶被逐。慟哭于庭。恐傷親心。順命以行。假卜以食。迺徂于京。元豐元年。補國子生。三歲告歸。父猶不聽。稽顙自責。以顯厥誠。遂名曰參。以摹于曾。迺與其弟。復來自西。不得于親。不慰孝思。憂心耿耿。望白雲飛。實隱不言。人莫之知。吾非斯人。而誰與歸。又爲之辨曰。或問先生何如。而子欲以爲師乎哉。曰。先生之孝于親。友于弟。雖舜亦不過如此而已。吾不是師而將何師乎。周浮沚集。

蔡氏先緒

蔡先生汝平附子元嘉。

蔡汝平。平陽人。君濟之父也。與君濟及季子元嘉。浮沚稱其皆爲儒者。周浮沚集。

程呂門人

補正字周浮沚先生行己

梓材謹案。温州志稱。舊志及永嘉志俱載先生永嘉人。浮沚書院卽其故居。文獻通考則稱其宅在謝池坊。而瑞安志載先生與其父墓在瑞安杉坑。考文集陶隱居丹室記稱。維揚呂君少逸令瑞邑。行己以邑民仕於鄉校。則先生祖籍當在瑞安。而卒葬父墓之側。此言良是。

浮沚座右銘

惟余之生兮。父命以名。謂余曰行己兮。俾充夫性之所能。曰汝立志必高而宏。曰汝學道必思而行。待人過厚。可以保生。責己盡詳。然後有成。人惡勿記。人善乃稱。切磋琢磨。孰無朋友。惟善可親。惟敬能久。聞過必改。見善斯守。誠心行此。惟汝之有。聖人何得。不輕小善爲無益。聖人何長。不恃小惡爲無傷。告汝以行己之道。汝愼無忘。嗚呼子乎。年旣成人矣。而行實迷其塗。嗟已往之無及。念來今之可圖。汝尚不守。惟汝不孝。汝尚無知。惟汝無教。敬之戒之。久乃知效。

浮沚勸學文

天地之性。莫貴于人。四民之長。莫貴乎士。士之所貴者。以學而已。然人皆有可學之性。

而或不得學者。蓋由出乎貧賤之家。日迫于饘粥之不暇。所以沈爲下愚。終身不靈。以貽笞戮。無所不至。此人之不幸也。諸生生于富有之家。復賴父兄之賢。使得從師爲學。一身亦幸矣。然而父兄願望于子弟者。豈幸一身而已哉。亦期于有成。將以幸一家。幸一鄉。又推而廣之。幸一國。幸天下也。當今太平之世。不能力學。期乎有成。以幸一鄉一國而及乎天下。以副父兄之顒㊀望。亦自棄而已。語曰。將相寧有種。諸君勉之哉。

浮沚經解

敬者。君子修身之道。所以閑邪而存其誠者也。敬斯定。定斯正。正者德之基也。慢斯怠。怠斯邪。邪者德之賊也。儼若思者。非思也。凡思者。其心必有所止。必有所止者。其耳目視聽必有所忘。蓋其心定者。其容寂。此儼者所以若思而非思也。安定辭者易。所謂易其心而後語也。蓋一辭之不中。皆心之過。孟子所以謂不得于言。勿求于心。不可。而頤之養正。君子所以慎言語。是以存于心者。既見乎辭。考其辭者。亦可以知其人也。敬則無敢慢。民莫不愛矣。儼則人望而畏之。民莫不敬矣。安定辭則其言善。民莫不應矣。敬也。儼也。安定也。舉乎其上者如此。所以安民之道也。曲禮曰。毋不敬。儼若思。安定辭。安民哉。

㊀「顒」當作「願」。

人之所以有傲者。何也。以其有我而已矣。以我爲我。則彼爲之對矣。彼我既分。勝心生焉。强此而劣彼。所謂我也。傲不足輕彼。適所以害我。是心且不可有。況可長乎。若我既無我。則彼亦無彼。何傲之有。人之所以有欲者。何也。以其有物而已矣。以物爲物。則我爲之役矣。物我既交。愛心生焉。忘己而徇物。所謂欲也。欲不足以益我。適所以喪我。是心且不可有。況可從乎。若物既無物。則我亦無我。何欲之有。人之志所以滿者。所志者利也。志在利者。利得。其志必滿。志滿者必驕。由志道者觀之。不亦隘乎。人之樂所以極者。所樂者物也。物得。其樂必極。樂極者必淫。由樂道者觀之。不亦鄙乎。傲不可長。欲不可從。志不可滿。樂不可極。

君子有同天下之志。而無善一己之心。故致其大知以釋其疑。使天下之疑者不疑。質其所疑。則天下疑矣。推其大直以直其未直。使天下之不直者直。有其直。則天下不直矣。疑事毋質。直而勿有。

君子之所以必莊必敬者。非所以飾外貌。所以養其中也。蓋其心肅者。其貌必莊。其意誠者。其體必敬。尸所以象神。必莊必敬。然後可以爲尸。故君子之坐如之。齋所以接神。必莊必敬。然後可以爲齋。故君子之立如之。方是時也。其心寂然而無一物。其孚顒若而無他慮。顏子三月不違仁。不違此心也。其餘日月至。至此心也。聖人從心所欲不踰矩。不踰此心也。聖人常。顏子久。其餘暫。百姓日用而不知也。學者舍是何求哉。坐如尸。立如齋。

今之所以妄悦人者。不有求于人。必欲逭己責也。所以辭費者。不有矜己能。必欲辭己過也。

君子無求而安于命。何爲而妄説于人哉。君子不矜而過必改。何爲而費于辭哉。禮不妄説。人不辭費。

居下而犯上。則踰上之節。居上而逼下。則踰下之節。侵侮者失人。好狎者失己。君子居上不驕。爲下不亂。與人不爭。處己必敬。禮不踰節。不侵侮。不好狎。

天下莫不爲善。豈人人爲舜也哉。非也。方其爲善。其心則舜之心也。天下莫不爲利。豈人人爲跖也哉。非也。方其爲利。其心則跖之心也。故人不可以不爲善也。

修身者必敬。踐言者必忠。忠與敬者善之大端。人德之要也。故曰修身踐言。謂之善行。行篤敬。則行修矣。言忠信。則言道矣。故曰義以爲質。禮以行之。又曰。忠信之人可以學禮。此行修言道所以爲禮之質也。以上修身踐言。謂之善行。行修言道。禮之質也。

性者道之質也。禮樂者道之具也。文之以禮樂。

聖人之道。言所不能傳。而非言亦無以傳。是故善學者因其言而求其心。躍然有得于中。然後合之于聖人之道。果無以異也。而後爲之。是亦聖人也。故見而師之于當時者易。聞而師之于後世者難。知其難而能難者。孟某一人而已。乃所願則學孔子也。

萬物皆有太極。太極者道之大本。萬物皆有兩儀。兩儀者道之大用。無一則不立。無兩則不成。太極卽兩以成體。兩儀卽一以成用。故在太極不謂之先。爲兩儀不謂之後。散殊而可象者爲物。物者陰陽之迹也。故曰乾陽物也。坤陰物也。清通而不可象者爲神。神者陰陽之妙也。故曰陰陽不測謂之神。不測則不可謂之二。成物則不可謂之一。二卽一而不離神。體物而不遺。見此者謂之知道。體此者謂之得道。孟子曰。可欲之謂善。又曰。性無有不善。夫善者對不善之稱也。可欲者對可惡之稱也。無不善則亦無善之可稱。無可惡則亦無欲之可稱。是知失性者天下之不善也。不善者天下之可惡也。得性者天下之善也。善者天下之可欲也。然則人之有善。皆得乎性者也。人之有不善。皆失乎性者也。苟能食則見善于羹。坐則見善于牆。立則見善參于前。在輿則見善倚于衡。顛沛必于善。造次必于善。相繼無閒。不離于道矣。夫一物之中。皆具一道。一道之內。皆具陰陽。不能盡其大心。以充其性。遂以小見爲大道。止于斯。良由生稟之或偏而不知學。或學之不至而小成。此皆賢者之過。所以君子之道鮮也。夫所謂君子之道中而已矣。或偏于仁。或偏于知。過乎中者也。日用而不知。不及乎中者也。太極卽中也。中卽性也。太極立而陰陽具乎其中矣。性成而陰陽行乎其中矣。是故易之爲書。陰陽之道也。六十四卦。三百八十四爻。無非是者。然而得所謂君子之道者寡。而過與不及者多。此孔子繫辭所以明一陰一陽之道。而深歎夫君子之道鮮也。仁者見之謂之仁。知者見之謂之知。百姓日用而不知。故君子之道鮮矣。

浮沚文集

易者陰陽之道也。卦者陰陽之物也。爻者陰陽之動也。卦雖不同。所同者奇耦。爻雖不同。所同者九六。是以六十四卦互爲其體。三百八十四爻互爲其用。遠在八荒之外。近在一身之中。暫于瞬息。微于動靜。莫不有卦之象焉。莫不有爻之義焉。至哉易乎。易講義序。

聖人達則化人以德。窮則教人以言。其窮也。其達也。皆天命之以成人而已。堯舜湯文化人以其德者也。孔子教人以其言者也。論語序。

禮記文義時有牴牾。然而其文繁。其義博。學者觀之如適大都之肆。珠珍器帛隨其所取。如遊阿房之宫。千門萬户隨其所入。博而約之。亦可弗畔。蓋其麤在應對進退之閒。而其精在道德性命之要。始于童幼之習。而卒于聖人之歸。惟達古道者然後能知其言。能知其言然後能得其理。然則禮之所以爲禮。其則不遠矣。禮記講義序。

守位莫大于得人心。聚人莫先于經國用。

賢者在位則朝廷尊。朝廷任賢則天下服。以上上皇帝書。

昔之舉天下之善者。莫不歸之于舜。舉天下之惡者。莫不歸之于跖。而孟子以爲舜與跖之分無他。義與利之閒而已。夫天下之人莫不爲義也。固未必人人皆至于舜。莫不爲利也。固未必人人皆至于跖。而匹夫卓行。一不受嗟來之食。此其爲義至小也。然而君子之所以與之者。謂其已有舜之心矣。尋常之人簞食豆羹之不忍。此其爲害至小也。然而君子之所以惡之者。謂其已有跖之心矣。是故聖人之所恃以爲天下者。爲其有善。教以養天下仁義之心。而君子之所以自重其身。以有仁義之實也。謝祭酒司業書。

越石父之責人也。終無已乎。脱之縲絏而弗謝。一入閨而請絶。何其嚴哉。雖然。石父以君子望晏子者也。然非人之情也。設于晏子可也。惟晏子能受盡言而善改過。孔子曰。晏平仲善與人交。久而敬之。非此之謂乎。論晏平仲。

風化所以動民心。法制所以定民志。法制立而風化行。故廉恥興而忠厚之俗成。然欲善俗。莫若擇吏。良吏之所施設。則各論俗而尚教。奚必同條而共貫哉。問風俗盛衰策。

漢文帝時幾至刑措。而賈誼有流涕太息之言。唐貞觀時米斗三錢。外户不閉。可謂治平矣。而馬周所建言皆切一時。蓋天下未嘗無事。惟其安不忘危。所以常安。治不忘亂。所以常治。今欲不忘儆戒于無事之時。以防危亂于治安之日。將亦有所謂流涕太息事。有切于一時者乎。問賈誼馬周所言策。

堯舜之後。世之士皆堯舜之學也。而曰不可及焉。則不學而已矣。顏淵曰。舜何人也。予何人也。有爲者亦若是。有人焉而爲曾子之孝其親者。吾必曰曾子而已矣。吾不知其不可及也。有人焉而爲舜之孝其親者。吾必曰舜而已矣。吾不知其不可及也。馮先生辨。

嗚呼斯乎。是嘗去詩書以愚百姓者乎。是嘗聽趙高以立胡亥者乎。是嘗殺公子扶蘇與蒙恬者乎。是嘗教其君嚴督責而安恣睢者乎。使其璽不得傳者斯人也。而其刻畫吾忍觀之哉。跋薛唐卿秦璽文。

學也者。學爲人者也。思爲人。不可以不敬其親。思敬其親。不可以不敬其身。思敬其身。不可以不敬其人。齋揖文。

博于古今而不知道。謂之多聞可也。而不可謂之善學。善于辭章而不知道。謂之能文可也。

而不可謂之善學。然則如之何斯可謂之學乎。在乎明吾之善。以誠吾之身。然後知道之爲道也。儲端中字序。

天下之不足者生于貪。安于分者常自得。力不足而求仕。智不足而求名。噫。亦惑矣。樂生傳。

附録

其上宰相書曰。某少負羸疾。不樂通物。泯然居閒。竊慕存心養性之説。于周孔老佛無所不求。而未嘗有意于進取。

又上祭酒書曰。行己七歲就傅。授句讀。誦五經書。十五歲學屬文。十七歲補太學諸生。學科舉文。又二年讀書差見古人文章浩浩如濤波。纚纚如春華。于是樂而慕之。學爲古文。又二年讀書益見道理。于是始知聖人作書遺後世。在學而行之。非以爲文也。早晚思古人之修德立行。

示負書詩曰。平生萬卷漫多聞。一悟中庸得本眞。從此盡將覆醬瓿。只於心地起經綸。

樓攻媿曰。伊洛之學。東南之士自龜山楊公建安游公之外。惟永嘉許公景衡周公行己數公。親見伊川先生。得其傳以歸。中興以來。言理性之學者宗永嘉。

雲濠謹案。四庫書目提要稱。先生之學雖出程氏。而與曾黄晁秦李之儀左譽諸人皆相唱和。集中寄魯直學士一詩稱。當今文伯眉陽蘇。新詞的皪垂明珠。於蘇某亦極傾倒。絶不立洛蜀門户之見云。

林霽山序二薛先生文集曰。永嘉自許少伊右丞。周恭叔太傅。劉元承給事。受業程門。爲最先一輩。而義理之學始于此矣。生而晚者。雖不及成德達材之列。而亦竊聞私淑之教。見知聞知成功一也。

補忠簡許横塘先生景衡

附録

公孝弟慈祥。忠厚樂易。恂恂然爲君子長者。鄉人化其德。搢紳推其賢。而萬乘信其忠。其師友淵源。蓋有所由也。平居與人言。如不出諸口。至其已臨事。則毅然有不可回奪之操。王誠叟先賢祠記曰。我朝渡江之前。右丞許公偕博士周公。舍人劉公伯仲。親承伊洛性命之傳。其立朝大節。固已炳蔚煥耀。具在國史。天下聞望風采。頑廉懦立。薫其德。承其教。聆其謦咳者。拔起衡茅。皆足以供世室明堂之用。何啻家夷齊而人曾閔也。

補閤門謝先生天申

雲濠謹案。温州舊志云。永嘉洛學自許景衡始。而用休與潘閔繼之。今程氏全書與伊洛淵源録所載問答。皆根據至理。其所得深矣。

用休問答

問。夫子賢于堯舜。如何。子曰。此是説功。堯舜治天下。孔子又推堯舜之道。而垂教萬世。

門人推尊。不得不然。

問。温故而知新。如何可以爲師。曰。不然。只此一事可師。如此等處。學者極要理會得。若只指認温故知新。便可爲人師。則窄狹卻氣象也。凡看文字。非只是要理會語言。要識得聖賢氣象如孔子曰。盍各言爾志。而由曰。願車馬衣輕裘與朋友共。敝之而無憾。顔子曰。願無伐善。無施勞。孔子曰。老者安之。朋友信之。少者懷之。觀此數句。便見聖賢氣象大段不同。若讀此不得見聖賢氣象。他處也難見。學者須要理會得聖賢氣象。

問。易言知鬼神之情狀。果有情狀否。曰。有之。又問。既有情狀。必有鬼神矣。曰。易説鬼神便是造化也。又問。名山大川能興雲致雨。何也。曰。氣之蒸成耳。又問。既有祭。則莫須有神否。曰。只氣便是神也。今人不知此理。纔有水旱。便去廟中祈禱。不知雨露是甚物。從何處出。復于廟中求耶。名山大川能興雲致雨。卻都不説著。卻于山川外木土人身上討雨露。木土人身上有雨露耶。又問。莫是人自興妖否。曰。只妖亦無。皆人心興之也。世人只因祈禱而有雨。遂指爲靈驗耳。豈知適然。某嘗至泗州。恰值大聖見。及問人曰。如何形狀。一人曰。如此。一人曰。如彼。只此可驗其妄。興妖之人。皆若此也。

問。老者安之。少者懷之。朋友信之。曰。此數句最好。先觀子路顔淵之言。後觀聖人之言。分明聖人是天地氣象。

問。井田今可行否。曰。豈有古可行而今不可行者。或謂今人多地少。曰。不然。譬諸草木。

山上著得許多便生許多。天地生物常相稱。豈有人多地少之理。

問。陳文子之清。令尹子文之忠。使聖人爲之。則是仁否。曰。不然。聖人爲之。亦是清忠。

補太學沈石經先生躬行

附録

平居色怡氣和。似不能言。及辨是非。則毅然不可奪。

伊川門人

補知州大劉先生安節

附録

其與人遊。常引其所長。而陰覆其不足。其所施置。常在于公。天下以爲不如是則非。所謂合内外。通彼我也。

黄東發曰。以至誠贊天地爲未足。而云同此一誠。何助之有。固于天地聖人之誠加混合矣。若夫謂謹禮者不透。可讀莊子。何其矯枉過正也。此劉元承之録。朱子文注。其爲别本所增歟。

補 給事小劉先生安上

雲濠謹案。水心題二劉文集後云。紹興末。州始祠周公及二劉公於學。號三先生。

梓材謹案。馮氏涪陵記善録云。鮑若雨劉安世劉安節數人。自太學謁告來洛。見伊川。問堯舜之道。孝弟而已矣。堯舜之道。何故止於孝弟云云。安世當是安上。傳寫之譌。蓋即先生也。

補 教授戴先生述

梓材又案。阮亭居易録。宋永嘉二劉文集九卷。留元剛序。安上安節皆伊川弟子。皆官御史。安上劾蔡京。安節追餞鄒浩。葉水心題二劉集。謂爲俊豪先覺之士者也。其謂大劉追餞鄒道鄉。蓋仍晦翁之説耳。

附録

君孝友直諒。挺然不可屈折。世儒或訾其太高。博學精識。議論古今審至。常自許欲有爲于世。蓋于其小者不屑就也。

補 鮑敬亭先生若雨

敬亭問答

問。佛氏輪迴之説。凡爲善者死則復生爲善人。爲惡者死則變而爲禽獸之類。雖無此實應。竊恐有此理。何則。凡稟沖氣以生者。未始不同聖人。先得人之所同者而踐履之。故能保全太和。

至死。其氣質會于中和之所。造化之中。自然復生爲人之理。愚者平居作惡。而沖氣已喪。至死。其氣則會于繆戾之所。造化之中。自然有爲禽獸之理。故曰。恐有此理也。伊川答曰。夫子曰。未知生。焉知死。知生則知死矣。能原始則能要終矣。

問。易曰。陰陽不測之謂神。又曰。神妙萬物而爲言。觀此則佛氏所謂鬼神者妄矣。然祖考來格。敬鬼神而遠之之説。則似乎有佛氏所謂意者。氣類感應處。便是來格。但當至誠。不當褻近。近得卻有也。不知此説如何。伊川答曰。潛心久當自明。

問。孟子曰。其爲氣也。至大至剛。以直養而無害。則塞于天地之閒。嘗謂凡人氣量窄狹。只爲私心隔斷。苟以直養而無害。則無私心。苟無私心。則志氣自然廣大。充塞于天地之閒。氣象自可以意會。而莫能狀者。此所謂難言也。或謂塞于天地之閒。只是到處去得。此言似無氣味。伊川答曰。如是涵養。

補隱君潘先生閔

子文問答

問。由之瑟。奚爲于丘之門。如何。曰。此爲子路于聖人之門有不和處。

問。主忠信。毋友不如己者。如何。曰。無友不忠信之人。

附録

先生性資敏悟。博極羣書。

補陳先生經正

貴一問答

問。齊王謂時子欲養弟子以萬鍾。而使國人有所矜式。孟子何故拒之。曰。王之意非尊孟子。乃欲賂之爾。故拒之。

問。日月有明。容光必照。曰。日月之明有本。故凡容光必照。君子之道有本。故無不及也。

問。興于詩。如何。曰。古人自小諷誦。如今謳唱。自然善心生而興起。今人不同。雖老師宿儒。不知詩也。人而不爲周南召南。此乃爲伯魚而言。蓋恐其未盡治家之道爾。欲治國治天下。須先從修身齊家來。不然則猶正牆面而立。

附録

謝顯道崇寧閒上殿不稱旨。先生聞之喜。已而就監門之職。陳貴一問。謝顯道如何人。先生曰。由求之徒。

朱子答林擇之書曰。陳經正云。我見天地萬物皆我之性。不復知我身之爲我矣。伊川先生曰。他人食飽。公無餒乎。正是説破此病。知言亦云。釋氏以虛空沙界爲己身。而不知其父母所生之身。亦是説此病也。

補進士陳先生經邦

貴新問答

問。詩説言。唐魏已變先代之風。又言。先聖流風遺俗盡。故次以陳。兩意似不異。何以分先後。伊川答曰。聖人之都。風化所厚。聖人之國。典法所存。唐魏聖人之都。其風雖變而典法尚在。陳。舜之後。聖人之國亦被夷狄之風。則典法隨而亡矣。三代之後。有志之士欲復先王之治。而不能者皆由典法不備。故典法尚存。有人舉而行之。無難矣。

周許講友

補學正趙先生霄

梓材謹案。先生有顏子之稱。姑蘇志以爲洛人。實師伊川。洛或温字傳寫之訛。謝山以先生爲私淑洛學。則以爲實師伊川者。非也。

附録

朱子答吴斗南書曰。李彦平所見趙顔子不知何人。莫是永嘉趙彦昭否。其所論學大意甚佳。然恐于窮理功夫有所未至。則亦只冥行。終不能升堂覩奥。直入聖賢之域也。哀程門諸公行事頃年。亦嘗爲之而未就。今邵武印本所謂淵源録者是也。當時編集未成。而爲後生傳出。致此流布。心甚恨之。比來深考程先生之言。其門人恐未有承當得此衣鉢者。此事儘須商量。未易以朝耕而暮穫也。

補 上舍蔣先生元中

經不可使易知論

聖人未生。六經未作。道安在乎。曰。斯道也。不以無經而亡。聖人既生。六經既作。道安在乎。曰。斯道也不以有經而存。是知聖人之作經也。蓋非專爲道設。爲求道者設也。後世之人所以深究聖人之經者。非以其經之難知也。聖人之難知也。聖人之難知也。非聖人之難知也。道之難知也。蓋聖人之道在我。而與天下共之。故發揮所藴。著爲六經。至于説天也。説事也。説體也。説理也。説志也。燦然靡所不載。叮嚀詳復。彌數萬言。而聖人之心幾無藴矣。嗚呼。聖人之心待後世之人知之也。然而後世之人每以爲不易知者。何哉。抑經眞不可使易知耶。抑道統于聖人而衆人未易知耶。抑使天下後世必深思而後得耶。抑故爲淵源闊略之辭。以俾後世之人。使常若不可知耶。曰。非也。言出于道。至深至遠。非聖人故爲難知也。豈如閭巷俚語聞聲而知意也。聖人之異于衆人也。智愚相半也。宜乎聖人昭昭。愚者昧昧。是則人以爲難知者。非聖人有以使之也。如是則揚子之言是耶。非耶。孔子嘗曰。民可使由之。不可使知之。似聖人任術以治天下。愚曰不然。聖人之心。豈不欲人知哉。直以民之愚。不可使知之耳。推是說以驗雄之說。不爲過也。或者問曰。必若斯言。則是聖人之道。欲與天下共之不可得。六經何濟乎世。而斯民何望于聖人哉。若雄之論。非以經爲不可知也。特不可俄而知耳。後世如有知者。觀之則思過半矣。如有困而學者。聞得其師要。得其要。業精于勤。而亦未使有不知者也。其有終身不與知者。是皆自暴自棄也。非聖人待知者未盡也。然則明經之道。其要安在。曰。經載道也。道在心也。我之心與聖人之心類也。以心明經者逸而有獲。以經明經者勞而無得。學者不可不知也。三代以上。士以心明經。故經明而爲君子。三代以下。士以經明經。故經明而爲書生。事業未足以副之也。是非眞知經者也。何則。以心明經者出于意言之表。以經明經者不出于意言之閒。道雖寓于意言而非卽此可知也。止求于意言之閒。則解頤折角之士皆可升堂入室矣。則漢儒之陋也。譬之說譜者不善琴。視勢者不善奕。工律吕者未深于樂。讀兵書者未嫺于武。業底于成。識造于精。不可以迹學也。百工小伎。皆以心得。而況于經乎。必有以心通。不可以言喻者矣。或曰。道非言喻。六經何爲。曰。將使學者由其所言。逆其所不言者也。不言之旨。非反身而求之無得也。是以古之明經。觀其言而明于身。反其本而復于心。及夫身久而安矣。心定而明矣。漢儒不然。明于此而不明于彼。徇于末而不知其本。皓髮箋註之閒。以求聖人之道。是猶觀没人之影而不識其面也。噫。讀易而知爻象。誦詩而知風雅。漢儒之所能也。至于觀易而忘象。善詩而不說。漢儒之所不能也。故學者以爲難知也。嗚呼。道之不明久矣。士之溺于書生之學亦久矣。然出于吾心者固常在也。苟惟反身而求之。得于意言之表者。經之明其庶乎。

浮沚講友

許先生景亮

許景亮字少明。瑞安人。從鄉里長者遊。皆奇其才氣。補太學生。居鄉里教授學徒。諸邑交禮迎。爲治說。奏闕下。不報。浩然有歸志。曰。君臣之義不可廢也。遇不遇。命也。遂卜居之東山。躬耕晦迹。不復進取。周浮沚嘗與之遊。大名少尹景衡。其弟也。周浮沚集。

横塘講友

左先生緯

左緯字經臣。黄巖人。號委羽居士。强記善屬文。與許景衡爲忘年友。劉元承。周行己皆兄事之。初業舉子。曰。此不足爲。學文如韓退之。詩如杜子美。吾將遊其藩焉。眞西山稱其避寇七詩可比老杜七歌。陳侍郎公輔銘其墓。且哭以詩云。有德傳鄉里。無金遺子孫。有詩集行于世。台州府志。

大劉講友

忠毅向先生子韶別見武夷學案補遺。

周許學侶

補 上舍蔡先生元康

附録

朋友病。爲之醫藥。同寢處。無倦色。死即護其柩歸之。

補 潘先生安固

附録

紹興初。王師討寇。范汝爲道經平陽。官民散避。先生散財粟。資戰士。邑賴以安。韓世忠上其勞。以宣德郎召。不赴。

浮沚同調

縣尉宋先生之珍

宋之珍字國寶。永嘉人。登紹聖第。歷吉州司理。常熟丞。坐上書言事削官。入元符黨籍。大觀四年除籍。終會稽縣尉。周浮沚行己稱之曰。從仕介廉。所操執挺不可移。姓譜。

浮沚家學

周先生承己

周承己字恭先。永嘉人。浮沚弟。清溪寇渡龍灣。將攻城。統制郭仲荀遣裨將張理帥師迎敵。先生與同邑婁淵潘守眞慨然請于郡以行。渡壩樓橋。賊鋒鋭甚。麾兵據橋爲陣。橋斷。皆溺死。德祐中。封理爲忠惠侯。配享忠烈廟。先生等皆從祀于旁。温州府志。

周先生成己

周先生審己合傳。

周先生直己合傳。

周先生存己合傳。

周先生用己合傳。

周成己。温州人。集賢校理之長孫也。審己其次。直己又其次。存己又其次。用己又其次。皆以其父命得名于浮沚。又以成人之禮待之。而于成己字思仁。于審己字思明。于直己字思敬。于存己字思養。于用己字思本。且爲之説以勉之曰。古之君子爲己而學。爲人而仕。今之君子爲己而仕。爲人而學。今之所謂君子。古之所謂小人乎。成己者果以仁矣。審己者果以明矣。直己者果以敬矣。存己者果以養。用己者果以爲本矣。則其學也。吾必以爲爲己之學也。必爲善者也。其仕也。吾必以爲爲人之仕矣。非爲利者也。斯所謂古之君子者也。浮沚集。

浮沚門人

補學士吴湛然先生表臣

附録

擢通州司理。陳瓘謫居郡中。一見而器之。

趙忠簡建炎筆録曰。初至温。對江心寺。卽薦温人吴表臣。林季仲。以備察官之闕。季仲奉其母避地山中。未至。表臣先對。至是再言之。上極喜曰。自渡江。閲三吴士大夫多矣。未嘗見此人物。如素宦于朝者。卿可謂知人矣。是日批出除監察御史。日下供職。

葉先生漸

葉漸。永嘉人。從浮沚遊。刻勤有志向。其父卒。浮沚志其墓。浮沚集。

横塘門人

補運副林先生叔豹

雲濠謹案。兩浙名賢録載先生字懿文。

附録

建炎初。爲慈溪令。廉明勁直。高宗南巡。勅戒衛士毋肆苛擾。以撓賢令。

東嶴學侶

韓先生汝翼

韓汝翼。瑞安人。止齋稱爲鄉先生。陳止齋集。

梓材謹案。先生與林喬年。沈東嶴。修唐隩故事。保墳墓。厚風俗。見瑞安縣志。

大劉家學

劉先生誠

劉誠。元承之子。臨川縣丞。陳默官吉之永豐簿。沿檄至臨川。問其父所録伊川説。示以元承手編云。程氏遺書附録。

趙氏家學

趙先生孝孫附子思。

趙孝孫字仲修。顏子之子也。宣和閒在太學。與李衡同舍。先生勸衡熟讀論語。且曰。學非記誦詞章。所以學聖賢耳。不可有絲毫僞。衡心佩其訓。子思。字再可。從父建炎避地。居常熟。時甫三歲。及長。通春秋。登第。調鍾離簿。乾道中。虞允文薦之。孝宗引見便殿。首問恢復大計。奏對稱旨。累官至祕閣修撰。後以集英殿修撰轉中大夫。卒。姑蘇志。

梓材謹案。仲修爲程門再傳。儒林宗派以爲程氏門人。誤。

趙先生寧孫

趙先生享孫合傳。

趙寧孫。享孫。彥昭子。皆才美而善學。人以爲彥昭有子也。僅勝冠。相繼以卒。周浮沚集。

仲修講友

修撰李先生衡

李衡字彥平。其先江都人。先生始居崑山。少博學。爲文操筆立就。紹興中進士。歷州縣。專以誠意化民。累官至侍御史。改起居郎。以祕書修撰致仕。歸崑山圓明野墅。日與門人講解經義。聚書踰萬卷。名其室曰樂菴。學者稱爲樂菴先生。卒年七十九。蓋先生博涉羣書。而以論語爲主。講學明道。樂于教人。中年絶欲清修。唯蒼頭給事。臨没沐浴冠櫛。作手書數十。别親舊。戒子孫。問天色何時。答以月明。翛然而逝。周益公必大聞之曰。此老平生跌蕩。到此乃得力。可敬羨也。又曰。彥平非逃儒入釋者。而臨終超然如此。殆聞道乎。著有易説。論語説。易義海撮要。樂菴文集。姑蘇志。

樂菴識字説

讀書須是識字。固有讀書而不識字者。如孔光。張禹。許敬宗。柳宗元。非不讀書。但不識字。孔光不識進退字。張禹不識剛正字。許敬宗不識忠孝字。柳宗元不識節義字。

附録

其初成樂菴詩云。老子平生百不足。菴成那管食無肉。終朝閉户只讀書。四面開窗都是竹。可以見其人品。

雲濠謹案。先生周易義海撮要十二卷。因蜀人房審權周易義海百卷删削釐定以爲此書也。四庫書目提要云。其程子蘇軾朱震三家之説原本未收。衡所續入。第十二卷雜論。亦衡所補綴云。

宋氏家學

宋先生敦樸

宋敦樸。國寶子。登建炎第。爲監察御史。乞詔守令以來。春耕籍之後。出郊勸農。諭以天子親耕。使天下曉陛下德意。詔從之。守令以勸農入銜。自先生進言始。温州舊志。

浮沚續傳

周先生學古附子景略。

周學古字會卿。永嘉人。浮沚先生行己孫也。兩薦漕闈不第。遂息意場屋。以風雅自娱。葉水心序之云。周會卿與潘德久齊名。德久漫浪江湖。吟不擇地。故所至有聲。會卿嘗閉户讀書。盤摺生語。有若天設。德久甚畏之。居謝池坊。窟山宅水。自成深致。其家集零落十數紙。然一幹之蘭。芳薌出林。豈紛然桃李所能限斷哉。子景略。字宗夷。爲鄉善士。兩浙名賢録。

周先生鼎臣

周鼎臣字鎮伯。永嘉人。勤志廣學。大書叢卷多數百者。親手傳寫。記憶略遍。未冠。與鄭景望同登名譽正等。既而諸弟迭起。爭爲聞家。皆由先生之教。授漳浦主簿。卒年六十一。子端朝。兄弟出入里中。指曰。周鎮伯兒也。葉水心誌其墓曰。余廬松臺下。而周氏居二百年矣。山之先儒故老。莫如君者。其學也惰者可殖。其行也薄者可化也。葉水心集。

忠文周先生端朝詳見嶽麓諸儒學案。

吴氏家學

補知州吴公叔先生松年

雲濠謹案。楊誠齋志先生墓云。張魏公居長沙。名士輳集。獨偉視公。每見必促席語移日。且勉之有用之學。與其子遊。公自是盡棄其學而學焉。又言其年二十三。侍父少師居婺州。晝夜讀書。甚至嘔血。少師以文名一世。公盡得其學。弟三人。皆師友公。後同薦書。而公獨下第。及試宏詞科。隱帙祕文。過目不忘。同學如洪适莫濟。皆推其業之精。初室周氏。永嘉先生行己弟之子也。能通孝經論語孟子諸書。與公德對云。

公叔講友

補文肅鄭景望先生伯熊

鄭敷文書説

古者先德而後力。貴謀而賤功。故出師必受成于學。而折馘執俘。反必以告。其意深矣。大禹之功非後世之所謂功也。聖人猶屈之於皋陶之下。蓋功未有不出於謨而宣力四方者。不得先於朝堂之論。以此示後世。則國正而朝廷嚴。書序。皋陶矢厥謨。禹成厥功。

不矜不伐。至公無我之心也。舉天下之善。安而行。無所累于心。故無驕矜之氣。天德也。禹之所優而顏子之所願也。蓋萬善本吾性之所固有。學至于聖賢。于性無所加益。而缺一焉則不足以爲盡性。知此則任重道遠。惟日不足矣。尚何敢矜之有。進此而安焉。則達乎天德矣。汝惟不矜。

湯勝夏而還。未至國都而慙德形焉。此不以爲善而以爲懼。不以爲滿而以爲不足。是心也。崇德之原。致治之本也。其賢臣又因其不自滿。假之美而將順之。使之終始如一而不忘此心。故曰。德日新。萬邦維懷。志自滿。九族乃離。又曰。能自得師者王。謂人莫己若者亡。好問則裕。自用則小。夫驕盈自滿之心。其端甚微。積而至于恥聞過失。好炫聰明。甘受佞辭而邪諂日親。惡聞忠諫而正直日疏。肆行不忌。民心日離。甚則骨肉怨叛。而趨於亡矣。可不畏哉。仲虺之誥。

太甲所謂欲敗度。縱敗禮者。蓋微見于視聽言動之間。出入起居之際。伊尹不待其流而救之。故其悔過也易。豈若漢羣臣數昌邑之罪也哉。伊尹放太甲。

夫謙則虚。虚則能受天下之善。而來天下之賢。滿則實。實則忠嘉之言不能入。而賢者望其顏色而去之。則知所謂謙者。帝德王功之所由終也。有其善。喪厥善。

鄭敷文周禮解

後世催科用保長户長。率以一人而督數十百家之税。定役者。又不問其居舍之廛野。故在遠郊而督城中之租。居東鄉而督西保之税。姓名里居不可識。逃亡死絶不可知。而督税者破家蕩産。窮于無所告矣。近世三十甲之法。亦近于五比爲閭之意。而民猶病之。蓋聯民不異廛野。役民不本保伍。雖以一夫徵十夫之税。而越境奔走之勞。死徙代納之害。猶前耳。

言邦之教法而曰稽國中云云者。教卽行乎其中也。貴賤老幼廢疾而舍其役。則貴貴養老慈幼寬疾之意足以示民矣。祭祀飲食喪紀皆有禁令。則養生送死之節。踰禮踰制之誅。足以範民矣。

先王緣人情而立辟讎之法。得報而不報焉。非臣子也。在海外。在千里之外。在異國。雖不得報。亦足少慰其志矣。

附録

景望有學行。于古人經制治法討論尤精。

周益公答其書曰。大凡深于學。必能合乎内外之道。近世士人稍通其説。則謂施于事者。便與聖賢合。自信太早。而知他日未免害道。所賴吏部暨欽夫二三公。推所蘊以覺來。于抑揚去取間。使是非深淺皆有所别。自然儒效日白于世。某所望門下莫先于此。

又跋其詩卷曰。言學道者薄詞章。近世則然。景望龍圖通經篤行。見謂儒宗。而其詩句乃綽有晉唐名勝之遺風。胸中所養亦可知矣。

陳止齋祭之曰。惟公及從渡江諸老尚有典刑之學。不墮紹興季年流俗之弊。本之躬行。加之講肄。充養和平。議論方大。析義利于秋毫。兼博約于獨詣。蓋伊洛源流與元祐之規模于是乎在。苦節至于長貧。靜退見于初筮。揚名二紀之久。致仕九卿之二。既物理之惟允。殆天意之將契。我觀人物。可爲流涕。瞻前靡及。顧後孰繼。公于此時。譬之東方未白。明星晰晰。續飄零之餘緒。道倏欻之亨會。方有識之自寬。俄覆出于意外。

葉水心祭之曰。某之于公。長幼分殊。登門晚矣。承教則疏。自聞公喪。晝喟夜吁。茫茫長空。慟不可呼。

樓攻媿祭之曰。其形于文也。渾然天成。而上軋于周漢。其進于道也。怡然理順。而深推于雄軻。是非至明而涵容。不顯其迹。進退至切而雍容。不見其他。

朱子跋先生書吕正獻公四事曰。夫吕公之行高矣。其可師者不止此。鄭侯亦無不學。顧豈舍其大而規規于其細如此哉。誠以理無巨細精麤之間。大者既立。則雖毫髮之間。亦不欲其少有遺恨。以病夫道體之全也。

胡雲谷序先生書説曰。心本同然。理不終泯。自伊洛諸先生力尋墜緒。遠紹正學。而敷文鄭公得其傳焉。探聖賢之心于千載之上。識孔子之意于百篇之中。雖不章解句釋。而抽關啓鑰。發其精微之藴。深切極至。要皆諸儒議論之所未及。亦可謂深於書者歟。

景望講友

李先生伯鈞附見水心學案補遺。

木氏師承

府丞張先生叔振

張叔振字振之。長溪人。乾道中進士。弱冠横經講授。狀元木待問嘗師事焉。一時衣冠之士多出其門。累官岳州判。四遷爲太府丞。凡三登對。所言皆當世急務。上深嘉納。而一時權貴多忌之。出知信州。卒。祠于學。姓譜。

竹軒私淑

文安陸象山先生九淵詳象山學案。

思豫門人

司理馮先生施叔

馮施叔字孟博。永嘉人。父光庭。娶唐隩林介夫之孫女。生先生。先生從草堂仲子思豫學。思豫之女適陳止齋。故先生二子琳瑜又從止齋遊。而先生官司理。卒。陳止齋集。

諸葛家學

補主簿諸葛易園先生説

雲濠謹案。先生有易園易説。論語説。俱佚。見經義考。

附録

公故負當世志。學不爲章句訓詁。淺事務。見于設施。

嘗曁張忠甫夜論學。比將歿。猶校讐儀禮。家人不知其甚病也。

陳止齋祭之曰。君之學問。不爲逕庭。曰意苟誠。萬物受命。固嘗講論。兹道閎大。尺矩寸繩。其施或隘。君曰余聞。力行以充。力之所至。日月未窮。閉户十年。讀易求志。朋友謂君。不仕無義。授官長樂。勉君載塗。曾未及期。上下交孚。少出所藏。已有端緒。遂昌熾之。豈不大肆。衆目棼絲。萬命流膏。天意何如。遽奪人豪。

南劒門人

文惠楊東山先生長孺別見趙張諸儒學案。

景望家學

補判官鄭歸愚先生伯英

附録

葉水心祭之曰。永嘉翩翩。號多友朋。公在其閒。前授後承。我最晚出。公顧亦厚。謬志紛紜。蓋嘗一剖。

又序歸愚文集曰。自二鄭公後。儒豪接踵。而永嘉與爲多。然皆兄事景元。方其家居。得朋友通共有無。並多接席。不知歲月遷改。自謂如華胥至樂。故其講習見聞尤精。而片辭半簡。必獨出肺腑。不規衆作也。

朱子跋先生簡曰。死生亦大矣。非其平日見善明。信道篤。深潛厚養。力行而無閒。夫亦孰能至此而不亂哉。今觀鄭君景元所報其兄龍圖公事。亦足驗其所學之正而守之固矣。所謂朝聞道夕死可矣者。于公見之。

朝奉鄭先生伯海

鄭伯海字彦容。文肅季弟。紹興進士第。授海門尉。歷官制置司參議。授朝奉大夫。卒於官。先生持身廉愼。家居立義塾。延師訓生徒五百餘人。至今名其里曰學堂前。所居距文肅百餘步。時人稱東西二鄭云。兩浙名賢録。

補 教授鄭節卿先生伯謙

雲濠謹案。四庫提要據王次點周禮訂義。首列宋代説周禮者四十五家。先生爲第三十。居黄度項安世之閒。以爲寧宗理宗時人。考永樂鄭氏有伯熊。伯英。伯海。並見本卷。先生蓋其兄弟行也。提要又言。其論天官五府諸職一條。車氏脚氣集頗稱之。

太平經國書

周公之序六典也。每篇冠以辨方正位。體國經野。設官分職。而終之以爲民極。凡此皆所以習民於尊卑等殺階級之中。消其亡等冒上之心。而寓其化導整齊之意。是以民服事其上。而下無覬覦。志慮不易。視聽純一。何往而非以爲民極哉。教化。

内宰爲冢宰之屬。則女寵近習皆畏師保之檢察。而無敢踰節。皇父作相。膳夫内史皆不得人。晉侯近女而惑疾。醫和以爲趙孟之過。古人致君二南之化。其道由此。内外。

君心之非。莫大乎侈心之生。財聚于公上。而大臣不敢撙節于其閒。則府庫之充牣。財物之浩穰。而人主之宮室。器用。服食。賜予。一切始無度矣。是固蠹壞心術之大源。而以道佐人主者之急務也。

夫惟財供于有司。而式法持于太宰。是以人主不敢違式法而過取。百官有司于此亦不敢至于違式法而過供。宰夫以式法掌祭祀。酒人以式法授酒材。掌皮以式法頒皮革。委人以式法具薪蒸木材。職幣以式法斂幣。餘職歲以式法贊逆會。太府以式法頒貨賄。人主之私心以式法而礙。則侈心以式法而銷。國用不屈。民力不匱。而五府之財用始沛然有餘。而論道經邦之地始造原立本于此。而無以蠹壞之也。以上節財。

牧伯皆有分地。則其地大有以服民。公卿各有采地。則其利入有以得民。長與吏雖有禄而無位。然既食其禄。則民亦有以尊其貴。既專其政。則民亦有以悦其治。蚩蚩之氓。其聚必以類。其分必以羣。不爲之兩。則涣散四出。而其勢不可合矣。是以牧長主吏。先王各使之繫其民而聽其兩。不可縱也。不聽其兩。則其勢將至于涣散。聽其兩而從其得民。他日有懷詐怵邪之諸侯。傾側擾攘之士。出于其間。則逆節之萌。禍心之包藏。其將何以制之。先王于是有師儒朋友宗族豪富之兩。以參互于其間。是九者相與爲兩。而後邦國之民有所耦合。有所耦合而後有相訓。相保。相及。相共。相利。相安之道。保治。

太平經國書自序

先王無自私之心。安家者所以寧天下也。存我者所以厚蒼生也。三代以還。人主始自私矣。以天下遺其子孫。故不得不爲久恃無恐之計。然天下猶因其自私之心而獲少安于其閒。至于秦隋魏晉南北之君。淫荒狂惑。則并與其自私之計而弗念矣。夫有天下而至于不愛己。固無望其愛民矣。而獨惜夫愛己者之所以及民。亦褊迫淺陋足以躋時于小康。而不足以憑藉維持于無窮也。三代聖人之紀綱法度。憲章文物。所以本諸身而布諸天下者甚悉也。而尤周密詳備于成王周公之時。彼其處心積慮。上徹乎堯舜。下及乎萬世者也。外不懼天下之謗而私其迹。曰。必使我子孫相承而宗祀不絕也。内實達天下之道而公其心。曰。必使我君臣相安而禍患不作也。是故兼三王施四事。夜以繼日。盡我精神心術而爲之。其兵農以井田。其取民以什一。其教民以鄉遂。其養士以學校。其建官以三百六十。其治天下以封建。其威民以肉刑。大本旣立。然後其品節條目日夜講求而增益之。其上則六典。八法。八則。九柄。九貢。九賦。九式之序。其次則祭祀。朝聘。冠昏。喪紀。師田。行役之詳。下至于車旌圭璧之器。梓匠輪輿之度。與夫畫繢刮摩摶埴之法。又其細者。則及于登魚取龜擉鼈之微。畢公所謂克勤小物者。周公尤盡心焉。蓋一而再三申復之。詒謀燕翼。後世豈無辟王。而皆賴前哲以免流彘之難。共和攝政而天下復如故。龍漦作孽。宗周滅矣。猶能挾鼎璽而東。當戰國之相吞噬。周塊然而處其中。猶百餘年。而宗主之至于垂亡臨絕之際。自分而爲東西。其子孫益謬戾乖忤。而弗念厥詒。故天下始去周而爲秦。法亡則周亡。天下後世苟有下泉之思治。匪風之思周道。則陳溼檜亂之極。一變而復見豳風之正。聖人序詩所以寓其意于十五國風之末也。秦人變古不道。不足深恨。漢氏去三代甚近。而去周爲尤近。不能因其自私之心而講求周公致太平之迹。惴惴然徒惟得失之重。而操心之危。苦智慮而盡防範。大抵不過爲握持天下之術耳。苟簡目前。未能深長之思。經久之慮也。封君古也。止于行推恩之令。井田古也。止于議名田之法。刑法止于定箠令。軍旅止于京師之南北軍。郡國之都尉建官則倣秦舊制。禮則雜秦儀。學校則隸太常。而選舉則數路。鄉里則煙火萬里。其淺近功利。已略足以隨世而及民矣。然乍安而忽危。幾亡而僅存。終不足以垂裕而傳後。其當世敏秀奇傑之上。深見遠識。而有志于先王之治者。或則請定經制。或欲退而更化。或願建萬世之長策。每觀王符論漢家失業之民。歲至三十萬。則田賦鄉里刑法等制。益知其苟然而已。仲長統欲更定吏禄。重三公之權。改税法。更官制。沛然思惟善道。而有易亂爲治之意。論甚美矣。至于請廢封建。復井田肉刑。亦復講之未精也。唐承八代之衰。太宗之所以造唐者。亦慨然欲庶幾先王之治。而補漢氏之缺。收召豪傑。相與修廢起墜。于貞觀一二十年閒。税爲租庸調。田爲口分世業。兵爲府。選士爲明經進士。官爲七百三十員。天下爲襲封刺史。然亦雜亂而不純粹。疏略而無統紀。未幾兼并不禁。課役不均。更租調爲兩税。變府兵而爲彍騎。停世襲而爲州縣。不愛名器而爲墨敕。斜封唐之子孫。固非善守法者。而立法之初。亦不得不分任其咎。當其弊端未見。天下因其自私而亦得以獲苟安之利。一旦利盡害形。罅隙呈露。則遂以大壞而不得支持矣。宋之元嘉。元魏之泰和。隋之開皇仁壽。夫豈不爲治安。而言治者不之數。功利在人。及身而止。漢唐之事何以異。此雖然漢承亡秦。絶學之後。不獨二帝三王之法度無復餘脈。雖五霸七雄區區富强之事。亦一掃而無遺。草創之初。大臣無學。方用秦吏治秦律令圖書。固難責以先王之制度也。唐自元魏北齊以來。授民以田。分民以鄉。先王之制十已用其一二。繼以蘇綽之在周。約六典以定官制。而府兵之法亦微有端緒。先王之制十已用其五六。又繼以隋文帝之富盛。蘇威高熲之損益。而先王之制十已用其七八。太宗躡其後而行之。使其深觀詳酌。纖悉委曲。有以補前世之未備。則以唐之治爲周之治。日月可冀也。而僅以若此。此豈無所自哉。世變不古。功利之蟠結于人心。而此書之宏博浩瀚。讀之難曉。而説之易惑也。彼其煨燼于秦火。貶駁于漢儒。好古如武帝。反謂之末世瀆亂不驗之書。伏藏泯滅于山巖屋壁之閒。漢之末年。雖入祕府。竟未嘗一出而試之于治。其後劉歆取以輔王莽。五均六幹。列肆里區皆有征。天下騷然受其弊。其餘杜氏不過能通其句讀。馬鄭諸儒亦止于作爲訓詁而已。隋唐之閒。文中子講道河汾。頗深識其本末。以爲經制大備。後世有所持循。然徒載之空言。不及見之行事也。唐太宗嘗與羣臣語及周禮。而房杜魏徵雖出王氏之門。然本無素業。留宿中書。聚議數日。竟不能定。問及禮樂。復不能對。大本既失。他何望焉。本朝王氏以儒學起相。熙豐又嘗一用周禮。而計利太卑。求民太甚。其禍甚于劉歆。伊洛老師。横渠張夫子。固習周公者矣。而又不及究其志。蓋自有周禮以來。若孔子文中子及伊洛横渠諸子。

則恨不及用。房元齡杜如晦魏徵則恨不能用。漢之劉氏。本朝之王氏。則又悔不善用。自漢唐以至今日。天下之治所以駁雜而難考。弊壞而不可收者。大抵出于是三者之閒也。是以時君世主厭薄儒生。姍笑王制。悉意于淺功近利。就其自私之心。而姑爲是目前苟簡之謀。倘可以維持一世足矣。不暇及此宏闊之談也。嗟乎。千載之下。有能起周公之治者。學者所不能而見也。有能講周公之制者。學者所不能而辭也。

梓材謹案。此序稱伊洛老師横渠張夫子。蓋永嘉周浮沚沈彬老諸先生。皆伊川門人。横渠再傳弟子。鄭景望又私淑浮沚。以緜伊洛横渠之傳。觀先生所稱。其爲景望流亞無疑也。

節卿同調

文康葉竹埜先生時

別見晦翁學案補遺。

林先生椅

林椅字奇卿。麗水人。紹興庚戌進士。以周禮爲周公經世之書。凡民極所由立。日用之常。誠僞之變。莫不區別。纖悉畢備。乃隨類條列之。名曰周禮綱目。翰林學士樓鑰。吏部尚書倪思表進。除工部架閣。括蒼彙紀。

景望門人

宣獻樓攻媿先生鑰

詳見邱劉諸儒學案。

農簿葉先生大顯別見艮齋學案補遺。

別附

補侍從木藴之待問

雲濠謹案。温州舊志作字應之。稱其敏而力學。

馮氏家學

馮先生琳

馮先生瑜並見止齋學案補遺。

劉氏家學

補劉先生天益

附録

性至孝。母殁。著思母篇。詞極悽愴。朱黼讀之。淚下不能禁云。

小鄭門人

文懿蔡先生幼學詳見止齋學案。

木氏門人

進士江先生史

江史字夢良。崇安人。淳熙進士。家貧好學。嘗慕大魁木藴之待問之名。不遠千里而就正。藴之曰。吾易東矣。姓譜。

永嘉私淑

賈先生昉之

賈昉之字成甫。東陽人。知處州。廷佐曾孫。幼穎悟。日記數千言。從永嘉諸老遊。嘉泰中登進士。仕終台州黄巖令。所著有抑齋集及記纂淵海。金華府志。

王先生致遠

王致遠。永嘉人。忠敏公允初子。以父蔭知慈溪縣。累遷湖北提刑。改知台州。召爲吏部郎。不赴。居鄉十年。創永嘉書院。祠周許二劉鮑五先生于中。温州舊志。

蕭先生彧

蕭彧。集永嘉先生尚書精意九卷。經義考。

潘氏家學

侍郎潘先生希聖

潘希聖。永嘉人。南夫從子。嘗率六館論丁大全。終户部侍郎。温州府志。

宋元學案補遺卷三十三目録

宋元學案補遺卷三十三

後學　鄞　王梓材　慈谿馮雲濠　同輯

王張諸儒學案補遺

王氏先緒

待制王先生沿附子鼎。

王沿字聖源。館陶人。少治春秋。中進士第。試祕書省校書郎。歷知宗城縣。張知白薦其才。擢著作佐郎。累遷殿中侍御史。聞喪。服除。改尚書工部員外郎。知邢州。復起爲河北轉運使。因詣闕奏事。上所著春秋集傳十六卷。梓材案。藝文志與長長㈠編皆作十五卷。復上書以春秋論時事。授直昭文館。爲三司户部副使。徙鹽鐵。遷兵部員外郎。天章閣待制。陝西都轉運使。降知滑州。徙成德軍。建學校。行鄉飲酒禮。遷刑部郎中。河東都轉運使。加龍圖閣直學士。知并州。進樞密直學士。右司郎中。爲涇原路經略安撫招討使兼知滑州。改涇州觀察使。坐葛懷敏敗。復爲龍圖閣直學士。知虢州。尋降天章閣待制。而爲權御史中丞賈昌朝所奏落待制。未幾徙知成德軍。復

㈠「長長」衍一「長」字。

待制。又徙河中府。卒。先生好建明當世事。而其論多齟齬。有文集二十卷。唐志二十一卷。子鼎。字鼎臣。以進士第。累遷太常博士。至刑部郎中。天章閣待制。河北都轉運使。徙使河東。卒。性廉不欺。事繼母孝。教育孤姪甚至。自奉養儉約。當官明敏强直不可撓。所薦士多知名。有終身不識者。宋史。

附録

患學者自私其家學。而是非多異。失聖人之意。乃集三傳之説。删爲一書。又見祕書目有先儒春秋之學多㈠。因啓求之。得董仲舒等十餘家。自以先儒猶爲未盡者。復以己意箋之。崇文總目。

百源門人

補王天悦先生豫

梓材謹案。先生大名人。宋史王沿附子鼎傳云。初。鼎與弟豫。皆有才氣。好上書言事。仁宗稱之。以爲豫孟浪。鼎所言多可用。又云。豫爲人不事羈檢。以大理寺丞知伊闕縣。有異政。棄官浮游江湖閒。殖貨自給以卒。沿爲大名館陶人。學案先生本傳。以先生爲瑰瑋博達之士。宋史所載。蓋屬一人。況其同爲大名人也。又案。温公傳家集有送王太祝豫知伊闕詩云。百里驩迎新令賢。儒經吏術盡家傳。又云。長才久屈君無恨。所惜斯民受賜偏。又有送伊闕王大夫歌。蓋天悦年世與康

㈠「多」上脱「頗」。

節相等。故温公亦得友善也。

梓材又案。金陵新志引蜀道士杜可大言。先生葬未百年。而吳曦叛。盜掘其冢。考曦叛于蜀。先生之冢蓋在蜀云。

補 常簿張先生峕

附録

觀洛城花呈康節曰。平生自是愛花人。到處尋芳不遇眞。祇道人閒無正色。今朝初見洛陽春。

康節和之曰。造化從來不負人。萬般紅紫見天眞。滿城車馬空撩亂。未必逢春便得春。

補 常博張先生峋

梓材謹案。先生於熙寧赴調。蓋調知吾鄞。康節擊壤集有代書寄鄞江知縣張太博云。長憶當年掃弊廬。弟兄同受策名初。一生不記尋常事。千里猶通咫尺書。風日遙知四明好。江山况是九秋餘。片帆未得閒飛去。徒見嚴君問起居。蓋以太常博士知鄞也。吾郡志乘作張珣。傳寫之譌。

附録

康節依韻和張子堅太博曰。八載相逢恨未平。如何別酒又還傾。雖慙坦率珠多纇。卻識清和玉有聲。處世當爲天下士。賞花須是洛陽城。也知今古眞男子。造化工夫不易生。

補學士楊先生國寶

附録

伊雒淵源録曰。楊學士國寶字應之。無他敍述。獨伊川有祭文。而吕氏諸書記其言行之一二。然詳祭文。亦先生交遊耳。非門人之列也。吕氏言其元豐中已老。則年輩與先生亦相若云。

元祐閒。爲成都都運判官。得召爲校書郎。有遠房母舅在蜀。官滿貧不能歸。應之盡以成都所得官橐遺之。

梓材謹案。吕氏家塾記。楊應之。予從姑之子也。又吕氏雜志。楊十七學士應之。力行苦節。伊雒淵源録引伊川先生云。楊應之兄弟皆安貧樂道。祭文云。管城之原。歸祔先兆。則先生固雒陽人。朝散郎賢寶。殆卽先生兄弟行耶。

雲濠謹案。聞見録言。先生元豐中爲河南府推官。康節已捐館。伯温復以兄拜之云。

補縣令姜先生愚

附録

子發説論語。士人樂聽之。爲一講會。得錢數百千。爲樂道娶妻。雲濠案。樂道。王陶字。

補殿丞侯先生紹曾

附録

梅聖俞送侯孝傑殿丞簽判潞州詩曰。同在洛陽時。交遊盡豪傑。倐忽三十年。浮沈漸摩滅。唯餘一二人。或位冠夔契。我今存若亡。似竹空有節。人皆欲吹置。老硬不可截。君自緱山來。別我不畏熱。言作潞從事。家貧禄仕切。六月上太行。辛勤非計拙。天當氣候涼。清風自騷屑。雖云數日勞。斗與炎蒸絶。君本公王孫。才行實修潔。鏗鏗發英聲。瑩瑩如佩玦。是爲君子器。終見不渝涅。相逢未易期。夢寐歸鼓枻。

邵氏聞見録曰。康節每展墓中塗上官店。必過孝傑殿丞家。孝傑從康節最早。孝傑死。有八子。康節遇之如子姪。每過之。則迎拜侍立左右甚恭。

朝請錢先生景諶

錢景諶。臨安人。由殿直中進士。王荆公旣薦送之。又推譽于公卿閒。自是執弟子禮。荆公提點府界。先生爲屬主簿。又以文薦之。執喪居許。聞荆公得政。因事來京師謁之。荆公顧先生。卒然問曰。青苗助役如何。先生曰。利少害多。異日必爲民患。又問。孰爲可用之人。曰。居喪不交人事。而知人尤難事也。遂辭出。後調官復來。荆公已作相。又往詣之。荆公令先與弟平甫相見。平甫謂先生曰。相君欲以館閣相處。而任以事。先生曰。百事皆可爲。所不知者新書役法耳。及見荆公。荆公欲得一人治峽路役書。且委以戎瀘蠻事。先生曰。峽路民情僕固不能知。而戎瀘用兵繫朝廷舉動。一路生靈休戚。願擇知兵愛人者。荆公大怒。坐上客數十人。皆爲之懼。退就謁舍。賞激之與詆以爲矯者參半。先生笑曰。自古來好利者衆。而顧義者寡。故天下凡事皆由人而不在于己。苟爲利所動而由于人。則盜亦可爲也。吾又何憾焉。遂與荆公絶。熙寧末。從張景憲辟知瀛州。終身爲外官。僅至朝請郎而卒。宋史。

梓材謹案。邵氏聞見録云。錢朝請者忠懿王孫。師事康節。先生仲父同場屋。仲父之葬康節。屬以爲誌。是先生本爲康節弟子也。

錢氏家集

後僕官繁鄧。彼益任政用事。而一代成法無一二存者。百姓愁苦。而郡縣吏惴惴憂懼。虞以罪去。且不但變其法制而已。至于教人之道。治人之術。經史文章。自名一家之學。而官人涖政。皆去故而尚新奇。天下靡然向風矣。乃以穿鑿不經入于虚無。牽合臆説。作爲字解者。謂之時學。而春秋一王之法。獨廢而不用。又以荒唐誕怪。非昔是今。無所統紀者。謂之時文。傾險趨利。殘民無恥者。謂之時官。驅天下之人務時學。以時文邀時官。僕既與仕籍。而所學者聖賢事業。專以春秋爲之主。皆大中至正。三綱五常之道。其所爲文學六經。而爲必本于道德性命。而一歸于仁義。其施于官者。則又忠厚愛人。兼善天下之道。自顧不合于時而學之又不能。方惶惶然無所容其迹。而故人張諫議正國辟僕爲高陽帥幕。至官已逾一年矣。今春邵堯夫先生亦有書招我爲洛中之遊。兼有詩云。年光空去也。人事轉蕭然。止俟貧而老者。生事羸足。幼而孤者。有分有歸。亦西歸洛中。守先人墳墓。倘佯于有洛之表。吾願畢矣。答兖州趙度支書。

黄先生景

黄景字子蒙。福建人。嘗從康節遊。文潞公尹洛。以兩府禮召見康節。康節不屈。遂以先生應詔。邵氏聞見前録。

縣尉張先生景觀

張景觀字臨之。□□人。學行甚高。康節喜之。將赴涪州武龍尉。告别。康節謂曰。吾不見子之歸矣。是年康節捐館。邵氏聞見録。

趙先生濟

趙濟。□□人。父宗道。學士。康節與之遊。年長。康節拜之。其諸子皆以父師之禮事康節。學士早出富韓公門下。熙寧初。自西都留臺領宫祠以卒。先生其季子也。爲提舉常平。劾韓公不行新法。朝廷坐其言罷韓公。使朔。學士卒。韓公以致政居洛。賻恤其家甚厚。其兄弟服除。欲往謝韓公。先生獨未敢行。請于康節。康節曰。以富公德度。尚何望于君。第往勿疑。明日偕諸兑以進。起謝罪。韓公止之曰。吾見故人子。前日公事不可論也。先生謝康節曰。微先生。濟之過不可贖也。聞見録。

補 主簿鄭揚庭夬

雲濠謹案。宋史藝文志有先生時用書二十卷。明用書九卷。易傳詞三卷。易傳詞後語一卷。又案。經義考劉鄭註周易六卷。胡一桂曰。集劉牧鄭夬二家所著。集者不知名。

附録

司馬温公進易測劄子曰。伏見并州盂縣主簿鄭揚庭。自少及長。研精易道。譔著所傳。成易測六卷。不泥陰陽。不涉怪妄。專用人事。指明六爻。求之等倫。誠難多得。臣不敢蔽。輒取進呈。

項氏家説曰。乾兑離震巽坎艮坤以次相生。重一卦爲八卦。爲六十四卦。此重卦法也。而先天圖用之。其畫自一陰一陽始。左畫自復之一陽逆數而至乾。右畫自姤之一陰順數而至坤。故鄭夬謂乾坤生八卦。爲大父母。復姤生六十四卦。爲小父母。其説蓋出于此。

補 兵部秦伯鎮玠

附録

康節寄伯鎮詩曰。人事紛紛積有年。何煩顰蹙向花前。萬般計較頭須白。饒了胷中不坦然。又曰。天心復處是無心。心到無時無處尋。若謂無心便無事。水中何故卻生金。

蔡忠惠期秦伯鎮不至詩曰。高人懷眞趣。每欲棄禄仕。超然外造化。那復顧妻子。有田給饑寒。有路出生死。儻得自由身。休隨榮利起。或聞亳郊滂。族大無餘米。且持州紱去。官廬尚可指。何時當歸來。焚香朝玉几。

宋元學案補遺卷三十四目録

宋元學案補遺卷三十四

後學 鄞 王梓材 慈谿馮雲濠 同輯

武夷學案補遺

武夷先緒

胡先生淵附師吴羨門。

胡淵字澤之。崇安人。少聰敏。能文。長益務彊識。以親老家貧。授學江浙。歲終度父母所須。力能致者。盡市歸以獻。退無私焉。初。同里有吴羨門者。以六經教授。先生父遣先生往從之。閱先生所寫論語尚書。終帙一無差舛。遂以女妻之。是生文定。姓譜。

附録

文定重過丫頭巖思先大夫詩曰。道旁山色古猶今。緑鬢偏驚白髮侵。回想臨歧分袂處。更誰能會此時心。又曰。慈顔何在杳難承。教子生來重一經。漫向人間拾青紫。豈勝衣綵日趨庭。

二程私淑

補　文定胡武夷先生安國

雲濠謹案。先生元至元二十二年封楚國公。明正統元年從祀。成化三年改封建寧伯。

梓材謹案。周益公爲籍溪墓表云。伊川之門。從學者衆。上蔡謝顯道最爲高第。以其所得授之文定。據此。則先生若親受業于上蔡者。故儒林宗泒亦以先生爲謝氏學派。山陽度氏爲濂溪年譜有云。二程之學。門人弟子亦多矣。上蔡及師聖傳之胡文定。則爲先生師傳者又有侯氏矣。又案。宋史儒林先生本傳云。入太學。以程頤之友朱長文及潁川靳裁之爲師。是先生之淵源又如此。

梓材又案。南軒爲胡廣仲墓志言。文定宦游荆楚歲久。皇考没。葬于荆門。紹興初。因徙家衡嶽之下。史云。築碧泉書堂。著春秋傳。蓋在此時。又案。先生曾修資治通鑑舉要補遺若干卷。見朱子資治通鑑綱目序。

文定語要

一以貫之。知之至也。非上智不與焉。

人皆有是心。堯舜能充爾。如充惻隱之心。至其仁如天。充羞惡之心。至以□□□。充辭讓之心。至以天下讓。充是非之心。至以嗣子爲嚚訟。

四端五典在人則一心也。在物則一理也。充四端可以成性。惇五典可以盡倫。性成而倫盡。斯不二矣。

物物而察。則智益明。心益廣。道可近矣。又豈逐物而不自反哉。又豈以己與物爲二哉。察於天行以自强也。察於地勢以厚德也。察于雲雷以經綸也。察於山泉以果行也。察於尺蠖明屈信也。遠察諸物。其畧如此。察于辭氣顔色。尊德性也。察于灑掃應對。兼本末也。察于心性四體。養浩然之氣也。近察諸身。其要如此。

釋氏但求見解。于用處全不究竟。學者亦可警矣。

恕有差處。失于姑息。

今人善者喜受之。惡者怒絶之。是不能體物。豈得與天地相似。

有志于學者。當以聖人爲則。有志于天下者。當以宰相自期。降此不足道矣。

聖人作易。于困卦則曰困亨者。困窮而致亨也。于震卦則曰震亨者。因震恐而致亨也。聖賢所以不畏艱難者以此。

君子守其常。聖人盡其變。

春秋變例。非聖人莫能裁。

梓材案。以上諸條皆劉氏明本釋所引。

人須是一切世味淡薄方好。不要有富貴相。孟子謂堂高數仞。食前方丈。侍妾數百人。我得志不爲。學者須先除去此等。常自激昂。使不到得墜墮。常愛諸葛孔明。當漢末躬耕南陽。不求聞達。後來雖應劉先主之聘。宰割山河。三分天下。身都將相。手握重兵。亦何求不得。何欲不遂。乃與後主言。成都有桑八百株。薄田五十頃。子孫衣食自有餘饒。臣身在外。別無調度。不別治生以長尺寸。若死之日。不使廩有餘粟。庫有餘財。以負陛下。及卒果如其言。如此輩人。眞可謂大丈夫矣。

知至故能知言。意誠故能養氣。

豈有見理已明而不能處事者。

文定春秋傳

前乎周者以丑爲正。其書始即位曰。惟元祀十有二月。則知月不易也。後乎周者以亥爲正。其書始建國曰。元年冬十月。則知時不易也。建子非春亦明矣。聖人語顏回以爲邦。則曰。行夏之時。作春秋以經世。則曰。春王正月。以夏時冠月。垂法萬世。以周正紀事。示無其位不敢自專也。其旨微矣。隱元年春王正月。

朱子曰。若如胡氏學。則月與時事常差兩月。恐聖人作經。又不若是之紛更也。

遇者草次之期。古有遇禮。不期而會。以明草次亦有恭肅之心。春秋書遇。私爲之約。自比於不期而遇者。直欲簡其禮爾。簡畧慢易。無國君之禮。則莫適主矣。隱四年夏。公及宋公遇於清。

利者人欲之私。放于利。必至奪攘而後厭。義者天理之公。正其義。則推之天下國家而可行。湯沐之邑。朝宿之地。先王所錫。先祖所受。私相貿易。而莫之顧。是有無君之心。而廢朝覲之禮矣。是有無親之心。而棄先祖之地矣。故聖人以是爲國惡而隱之也。其不曰以璧易田。而謂之假者。夫易則已矣。言假則有歸道焉。又以見許人改過遷善自新之意。非止隱國惡而已也。其垂訓之意大矣。桓元年。鄭伯以璧假許田。

夏數得天。百王所同。其在商周革命。改正示不相沿。至于敬授民時。巡狩承享。猶自夏焉。

桓八年春正月己卯烝。

黄東發曰。天時無可改易之理。聖人無謂冬爲春之事。商之建丑以異于夏。周之建子以異于商。皆以革命。欲整一人心。故以此月爲歲首。受朝饗耳。其建丑之爲十二月。建子之爲十一月。固自若也。建丑建子之爲冬。建寅而後爲春。固自若也。聖人作春秋。書春正月。夏四月。秋七月。冬十月。正以順天時。正人事。所謂行夏之時。見之行事者也。周實未嘗改天時。孔子亦初非改周制也。自漢儒有三正之説。杜氏有周正今十一月之説。諸儒遂以春秋之春爲今日之冬。每于繫時繫月之事。隨事生説。以爲非時而譏之。今以夏時參之。未見其有非時者。若此所書正月烝。正以烝乃冬祭。春正月行之。非禮耳。春秋非夏正。爲何哉。杜氏得汲冢書。亦皆夏正。

經於厲公復國。削而不書。獨書入於櫟。何也。夫制邑之死虢君。共城之叛太叔。皆莊公所親戒。今又城櫟。而寘子元焉。使昭公不立。何謀國之誤也。衛有蒲戚而出獻公。楚有陳蔡不羹而叛棄疾。末大必折。有國之害也。故夫子行乎季孫曰。古者家不藏甲。邑無百雉之城。遂墮三都。以張公室。于厲復國。削而不書者。若曰。既入于櫟。則其國已復矣。于以明居重馭輕。强幹弱枝。以身使臂之義。爲天下與來世之鑒也。爲國者可不謹于禮乎。桓十五年秋九月。鄭伯突入於櫟。

俘者二傳以爲寶。案商書稱遂伐三朡。俘厥寶玉。則俘者正文也。寶者釋辭也。言齊歸衛寶。則知四國皆受朔之賂矣。春秋特書此事。結正諸侯之罪也。夫以弟弑兄。臣弑君。簒居其位。上逆天王之命。人理所不容矣。彼諸侯者。豈其弗察而援之甚力。則未有驗其喪心失志迷惑之端也。及書齊人歸寶。然後知其有欲貨之心。而後動于惡也。世衰道微。暴行交作。徇于貨寶。賄賂公行。使君臣父子兄弟終去仁義。懷利以相與。不至于簒弑奪攘。則不厭也。春秋書此。結正諸侯之罪。垂戒明矣。莊六年冬。齊人來歸衛俘。

固國以保民爲本。輕用民力。妄興大作。邦本一搖。雖有長江巨川。限帶封域。洞庭彭蠡。河漢之險。猶不足憑。而況洙乎。書浚洙。見勞民於守國之末務。而不知本。爲後戒也。莊九年冬。浚洙。

凡志災見。春秋有謹天戒恤民隱之心。王者之事也。莊十一年秋。宋大水。

侵伐之義。三傳不同。左氏曰。有鐘鼓曰伐。無鐘鼓曰侵。先儒或非其説。以爲聲罪致討曰伐。無名行師曰侵。未有以易之者也。然攷五經皆稱侵伐。在易謙之六五曰。利用侵伐。征不服也。書之泰誓曰。我武維揚。侵于之疆。詩之皇矣曰。依其在京。侵自阮疆。周官大司馬以九伐之法正邦國。而曰。賊賢害民則伐之。負固不服則侵之。而以爲無名行師可乎。然則或曰。侵或曰伐。何也。聲罪致討曰伐。潛師掠境曰侵。聲罪者。鳴鐘擊鼓。整衆而行。兵法所謂正也。潛師者。銜枚卧鼓。出人不意。兵法所謂奇也。莊十五年。鄭人侵宋。

楚邱衛邑。桓公帥諸侯城之。而封衛也。不書桓公。不與諸侯專封也。木瓜美桓公。而夫子録之。意與異乎。不與專封。正王法也。木瓜有取焉。善衛人之情也。曷爲善之報者。天下之利以德報德。則民有所勸矣。僖二年春王正月。城楚邱。

春秋之法。明其道不計其功。正其義不謀其利者也。詳著城邱之師。而深没楚邱之迹。貴王賤霸。羞稱桓文。以正待人之體也。僖十四年春。諸侯城緣陵。

望。祭也。有虞氏受終而望。因於類。巡守而望。因於柴。皆天子之事也。今魯不郊而望。故特書曰猶。猶者。可以已之辭。其言三望何也。天子有方望無所不通。諸侯非名山大川在其封内者則不祭。魯得用重禮。視王室則殺。故望止于三。比諸侯則隆。故河海雖不在其封而亦祭。然非諸侯之所得爲也。僖三十一年。猶三望。

三望者。公羊曰。祭泰山河海。夫天子有天下。凡宇宙之内名山大川皆其所主也。故得祭天。而有方望。無所不通。諸侯有一國。則境外之山川。他人所主者。而可以望乎。季氏旅于泰山。冉求不能救。而夫子責之者。爲泰山魯侯所主也。大夫何與焉。季氏不得旅泰山。則河海非魯之封内。其不得祭亦明矣。猶者可已不當爲之辭。宣三年。猶三望。

案左氏傳。楚子爲夏氏亂。故謂陳人無動。將討於少西氏。遂入陳。殺徵舒。轘諸栗門。而經先書殺。後書入者。與楚子之能討賊。故先之也。討其賊爲義。取其國爲貪。舜跖之相去遠矣。其分乃在于善與利耳。楚莊以義討賊。勇於爲善。舜之徒也。以貪取國。急于爲利。跖之徒矣。爲善與惡。特在一念須臾之間。而書法如此。故春秋傳心之要典。不可以不察者也。宣十一年丁亥。楚子入陳。

夫王臣將命。必惇信明義。而後可以表正乎天下。諸侯守邦。必尊主奉法。而後可以保其社稷。今王臣下與諸侯約誓。諸侯亦敢上與王臣要言。斯大亂之道也。則亦不待書同盟而罪自見矣。襄三年六月。公會單子晉侯宋公衛侯鄭伯莒子邾子齊世子光。己未。同盟于雞澤。

夫子兼帝王之道。參文質之中。而作春秋。以法萬世。如公薨不地。滅國書取。出奔稱孫之類。所以放其文也。莊公名同。而書同盟。僖公名申。而書戊申。定公名宋。而書宋人之類。所以從其質也。襄四年春王三月己酉。陳侯午卒。

書城費。乃履霜堅冰之戒。强私家弱公室之萌。據事直書。而義自見矣。用人不惟其賢。惟其世。豈不殆哉。襄七年城費。

善爲國者不師。善師者不陣。善陣者不戰。知武子明于戰陣之法。以佐悼公。屢與楚□㈠諸侯伐鄭。楚輒救之。而不與之戰。楚師遂屈。得善勝之道矣。故下書蕭魚之會以美之。襄九年。同盟

㈠「楚□」衍。

于戲。

所謂死節者以義事君。責難陳善。有所從違。而不苟者是也。雖在屬車後乘。必不肯同入崔氏之宫矣。若此十人者。獨以勇力聞。皆逢君之惡。從於昏亂。而莊公嬖之者。死非其所。比諸匹夫匹婦。自經于溝瀆而莫之知者。猶不逮也。襄二十五年夏五月乙亥。齊崔杼弑其君。

於歲首朝正之時。特書曰。公在楚。使後世臣子戴天履地視君父之危且困者。必有天威不違顔。咫尺食坐見於羹牆之意。而不以頃刻忘也。此義一行。豈敢有顧其身與妻子與其家而不恤國。朋附權臣以圖富貴而背其君者乎。襄二十九年春王正月。公在楚。

婦人以貞爲行者也。伯姬之婦道盡矣。詳其事。賢伯姬也。易曰。恆其德。貞婦人吉。夫子凶。而或以爲共姬女而不婦。非也。世衰道微。暴行交作。女德不貞。婦道不明。能全其節。守死不回。見於春秋者。宋伯姬耳。聖人冠以夫謚。書于春秋。曰。葬宋共姬。以著其賢行。勵天下之婦道也。襄三十年五月甲午。宋災。宋伯姬卒。

書曰。弟者罪秦伯也。夫后子出奔。其父禍之而罪秦伯。何也。春秋以均愛望人父。以能友責人兄。父母有愛妾。猶没身敬之不衰。況兄弟乎。兄弟翕而后父母順矣。故不曰公子。而特稱秦伯之弟云。昭元年夏。秦伯之弟鍼出奔晉。

舉動人君之大節。賢哲量之以行藏其道。姦邪窺之以作止其惡。四隣視之以厚薄其情。故有國者必謹于禮而後動。此守身之本。保國之基。禮雖自卑而尊人。亦不妄悦人以自辱。昭公既不能據經守正。失禮而妄動。又不能從權適變。無故而輕復。終復失國出奔。客死他境。蓋始諸此行矣。昭二年冬。公如晉。至河乃復。季孫宿如晉。

大夫。國君之陪貳。以公心選之而不可私也。以誠意委之而不可疑也。以隆禮待之而不可輕也。以直道馭之而不可辱也。否則是忽其陪貳以自危矣。故人主不尊陪貳而與賤臣圖柄者。事成則失身而見弑。事不成則失國而出奔。此有國之大戒也。春秋凡見逐于臣者。皆以自奔爲文。正其本之意也。而垂戒遠矣。昭三年。北燕伯款出奔齊。

聖人以天自處。賢者聽天所命。春秋之法以人合天。不任于天。以義立命。不委于命。而宇宙在其手者也。故楚麇書卒。不革其僞赴于前。諸侯會申。與淮夷纍數於後。此以恕待人。而責備賢者之意。其垂訓之義大矣。昭四年夏。楚子蔡侯陳侯鄭伯許男徐子滕子頓子胡子沈子小邾子朱世子佐淮夷會于申。

宋公寵信閽寺。殺世嫡痤而父子之恩絶。逐華合比而君臣之義睽。刑人之能敗國亡家。亦可畏矣。猶有任趙高以亡秦。信恭顯十常侍以亡漢。寵王守澄田令孜以亡唐。而不知鑒覆車之轍者。不亦悲夫。昭六年。宋華合比出奔衛。

春秋之法制治于未亂。保邦于未危。貴事之豫。恥以苟成。而不要諸道者也。是以深惡此會。昭十三年秋。公會劉子晉侯齊侯宋公衛侯鄭伯曹伯莒子邾子滕子薛伯杞伯小邾子于平邱。

景王寵愛子朝。使孽子配適以本亂者。其言王室。譏國本之不正也。本正而天下定矣。唐虞公天下。則相禪而與賢。三代家天下。則相繼而與子。春秋兼帝王之道。可公也則達節爲權。故季札辭國。貶而稱名。可家也則以居正爲大。故莊公始生。卽書于策。鄭突歸而不氏以國。陽生入而得繫于齊。此皆正本以及天下之義也。其義苟行。無易樹子。王室豈有亂離之禍乎。春秋書子同生于前。而記王室亂于後。其爲來世法戒明矣。昭二十二年。葬景王。王室亂。

卽位大事也。宗嗣先定。則變故不生。蓋代君享國而主其祭。宜戚宜懼。一失機會。或萌窺伺之心。至于生變。則爲不孝矣。古人所以貴于早定國家之本也。定元年夏六月癸亥。公之喪至自乾侯。戊辰。公卽位。

仲尼一言。威重于三軍。亦順于理而已矣。故天下莫大于理。而强衆不與焉。定十年夏。公會齊侯于夾谷。

禮曰。制國不過千乘。都城不過百雉。家富不過百乘。以此坊民。諸侯猶有叛者。故家不藏甲。邑無百雉之城。禮所當謹也。郈費成者。三家之邑。政在大夫。三卿越禮。各固其城。公室欲張而不得也。三桓既微。陪臣擅命。憑倚其城。數有叛者。三家亦不能制也。而問于仲尼。遂墮三都。是謂以禮爲國。可以爲之兆也。推而行諸魯國而準。則方地五百里。凡侵小而得者。必有興滅國繼絕世之義。諸侯大夫各謹于禮。不以所惡於上者使其下。亦不以所惡于下者事其上。上下交相順而王政行矣。故曰苟有用我者。期月而可。三年有成。定十二年。季孫斯仲孫何忌帥師墮費。

富者怨之府也。使戌積而能散以財。發身不爲貪人之所怨。於以保其爵位。倘庶幾乎。定十四年春。衛公叔戌來奔。

夫椒之戰。復父讐也。非報怨也。春秋削而不書。以爲常事也。其意微矣。五月。於越敗吳于檇李。吳子光卒。

聖人道隆而德大。人之有惡。務去之而不積也。則不念其惡而進之矣。以邾子益來。惡也。歸邾子益于邾。是知其爲惡能去之而不積也。故書以邾子來而不諱者。欲見後書歸邾子之爲能去其惡而與之也。聖人之情見矣。明此然後可以操賞罰之權。哀七年秋。公伐邾。八月己酉入邾。以邾子益來。

達于時政者。欲先省國用。首寬農民。後及商賈。知春秋譏田賦之意矣。哀十二年春。用田賦。

存亡者天也。得失者人也。不可逆者理也。以人勝天則事有在我者矣。必若顛倒冠履而得天下。其能一朝居乎。故春秋撥亂反正之書。不可以廢焉者也。哀十三年。公會晉侯及吳子于黃池。

曾子曰。戒之戒之。出乎爾者反乎爾。老氏曰。佳兵不祥之器。其事好還。夫以力勝人者。人亦以力勝之矣。吳嘗破越。遂有輕楚之心。及其破楚。又有驕齊之志。既勝齊師。復與晉人爭長。自謂莫之敵也。而越已入其國都矣。吳侵中國。而越滅之。越又不監而楚滅之。楚又不監而秦滅之。秦又不監而漢滅之。老氏曾子其言豈欺也哉。哀十三年。於越入吳。

河出圖。洛出書。而八卦畫。簫韶作。春秋成。而鳳麟至。事應雖殊。其理一也。哀十四年春。西狩獲麟。

文定自序曰。古者列國各有史官。掌記時事。春秋。魯史耳。仲尼就加筆削。乃史外傳心之要典也。而孟氏發明宗旨。目爲天子之事者。周道衰微。朝綱解紐。亂臣賊子接跡當世。人欲肆而天理滅矣。仲尼。天理之所在。不以爲己任而誰可。五典弗惇。己所當敘。五禮弗庸。己所當秩。五服弗章。己所當命。五刑弗用。己所當討。故曰。文王既没。文不在兹乎。天之將喪斯文也。後死者不得與于斯文也。天之未喪斯文也。匡人其如予何。聖人以天自處。斯文之興喪在己。而由人乎哉。故曰。我欲載之空言。不如見諸行事之深切著明也。空言獨能載其理。行事然後見其用。是故假魯史以寓王法。撥亂世反之正。其大要則皆天子之事也。故曰知我者其惟春秋乎。罪我者其惟春秋乎。知孔子者謂此書遏人欲于横流。存天理于既滅。爲後世慮至深遠也。罪孔子者謂無其位而託二百四十二年南面之權。使亂臣賊子禁其欲而不敢肆。則戚矣。是故春秋見諸行事。非空言比也。公好惡則發乎詩之情。酌古今則貫乎書之事。興常典則體乎禮之經。本忠恕則導乎樂之和。著權制則盡乎易之變。百王之法度。萬世之準繩。皆在此書。故君子以謂五經之有春秋。猶法律之有斷例也。學是經者信窮理之要矣。不學是經而處大事。決大疑。能不惑者鮮矣。

文定時政論

自昔撥亂興衰者。必有前定不移之計。而後有舉必成大功。可就修内政。張四維。帥師不遣上卿。伐國不動大衆。教民懷生。示信討貳。此齊侯晉文前定之計也。取關中。據河内。大封同姓。以懲孤立。減省官吏。以息百姓。抑制將帥。保全功臣。此高帝光武前定之計也。斬高德儒。

吡宇文士及以遠佞。又賞孫伏伽。禮王魏以開言路。宣示好惡。使民向方。薄賦輕徭。選用廉吏。此唐太宗前定之計也。

弈者舉棊不定。不勝其偶。況立國而不定乎。夫難平者事也。易失者時也。舍今不圖。後悔何及。人主廣覽兼聽。不可自專。宰相擇才使能。不可自用。望賜咨詢。合定國計。以上定計論。

立國者必建都。必據形勢。握輕重之權。必居要津。觀方來之會。如北辰在天。居于其所。不可動也。陛下駐蹕金陵。本以舊邸稱建康。降詔爲受命之符。傳播天下。則可都者一也。自劉先生吴氏諸葛武侯一代英雄。周□㊀吴楚皆稱建康王者之宅。則可都者二也。北據大江。外阻長淮。隔絶奔衝。難于超越。則可都者三也。有三吴爲東門。有荆蜀爲西户。有七閩二廣風帆海舶之饒爲南府。則可都者四也。建都論。

梓材謹案。謝山學案劄記有此。未及歸併正編。特補于此。

凡爲國必以利不以義者。皆自小人始。謂其所見者小。不知大體。法所以弊也。祖宗時以義爲利。四海無窮困之苦。天禄永安。所利大矣。恤民論。

春秋治奸慝者。不以存没。必施其身。所以懲惡也。奬忠良者。及其子孫。遠而不泯。所以勸善也。陛下必欲繼仁宗之政。則按是非。明賞罰。使天下知懲勸。亦何遠之有。覈實論。

㊀「□」當作「游」。

人主以天下爲度者也。所好當遵王道。不可以私勞行賞。所惡當遵王路。不可以私怨用刑。其喜怒則當。發必中節。和氣絪緼而育萬物也。陛下聖度虛明。仁心廣大。固當不以私喜親近諛佞。亦當不以私怒疏遠正直。賞而必當。是謂天命。罰而必當。是謂天討。施諸一人。而千萬人悦以畏矣。宏度論。

君遇臣下恩禮雖一。而崇高嚴恪常行于介胄爪牙之夫。以折其驕悍難使之氣。柔遜謙屈必施于林壑退藏之士。以礪其廉靖無求之節。乃能駕馭人才。表正風俗。威有所當加。勢有所可屈。加于所當加以立威則强。屈于所可屈以忘勢則昌。望降詔申明。凡被召有不能赴者。悉從其欲。不强致之。獨以威刑外施暴横之戎。内拂貪殘之賊。與悍驕不可使之將。讒説殄行之臣。則治道成矣。寬隱論。

梓材謹案。文定時政論凡十有二。其進辭曰。保國必先定計。定計必先定都。建都擇地必先設險。設險分土必先遵制。制國以守。必先恤民。除暴。擇令。輕賦。革弊。省官。皆恤民之事也。而行此有道。必先立政。立政有經。必先核實。又曰。尚志所以立本也。正心所以決事也。養氣所以制嚴也。宏度所以用人也。寬隱所以明德也。

附録

七歲爲小詩。有自任以文章道德之句。

政和元年。張商英相。除提舉成都學事。二年丁内艱。移江東。父没。終喪。謂子弟曰。吾昔爲親而仕。今雖有禄萬鍾。將何所施。遂稱疾不仕。築室墓傍。耕種取給。蓋將終身焉。靖康初。至京師。方以疾在告。一日午枕。上急召公入見。奏曰。明君以務學爲急。聖學以正心爲要。心者事物之宗。正心者揆事宰物之權也。若分章析句。牽制文義。無益于心術者。非帝王之學也。願擇名儒。明于治國平天下之本者。虚懷訪問。以深發獨智。

公辭受取舍。一介之微。必度于義。恬靜簡嘿。寡于言動。雖在宴閒獨處。未嘗釋禮。士子有自遠來學者。公隨其資性而接之。

公性本剛急。及其老也。氣宇冲澹。容貌雍穆。于和樂中有毅然不可犯之象。于嚴正中有薰然可親近之意。年浸高矣。加以疾病。而謹飭于禮。無異平時。

子弟或近出燕集。雖夜已深。猶未寢。必俟其歸。驗其醉否。且問其所集何客。所論何事。有益無益。以是爲常。

侯無可諸孫仲良有祖風。言必稱二程先生。他無所許可。後至漳濱。覵公言行。日月淹久。不覺歎服。語同志者曰。某以爲志在天下。視不義之富貴眞如浮雲者。二先生而已。不意復有斯人也。

文定與子書曰。立志以明道希文自期待。立心以忠信不欺爲主本。行己以端莊清慎見操執。臨事以明敏果斷辨是非。又謹三尺考求立法之意而操縱之。斯可爲政。不在人後矣。汝勉之哉。治心修身以飲食男女爲切要。從古聖賢自這裏做工夫。其可忽乎。

又與吕尚書書曰。兒曹外甥輩比過治宇。在寅爲同年。宜盡切磋之義。在宏宜提耳教導之。

在范塄宜勉進其所未聞者。而一一以重言題品褒借之。豈所望也。昔事定夫先生。未嘗以言色相假。得[一]與民瞻叔夏遊。苟有過在安國。則二公必面折之。不令貳其過。在二公。卽安國亦正色規之。不但己也。數十年來。俗習頽靡。此風日以替矣。安老器識過人。當今之望津途軌。則當以往哲自期。庶幾此風之復見也。

梓材謹案。此與邵武尚書吕公誨者。吕爲朱子門人。方伯謨外大父。故朱子見而跋之。

先生春日書懷詩曰。一氣本無息。春風花又開。景多閒後見。詩好靜中來。午枕莊周夢。東軒靖節盃。不須籬畔菊。能制暮齡頽。

又首夏言懷曰。白日延清景。紅芳轉綠陰。川雲長淡蕩。魚鳥自高深。靜養中和氣。閒消忿慾心。此情雖不語。沙界總知音。

楊龜山諸宮觀梅寄胡康侯詩曰。欲驅殘臘變春風。自有寒梅作選鋒。莫把疏英輕鬭雪。好藏清艷月明中。

致堂奉家君遷居書堂道中作詩曰。五峯收卷萬層雲。一水流通四海春。南極有星天地久。東風無際柳梅均。

張橫浦曰。近世春秋之學。伊川開其端。劉質夫廣其意。至胡文定而其説大明。

[一]「得」當為「後」。

劉屏山挽文定詩曰。今代儒林伯。聲名舊藹如。不爲簪紱累。常樂燕閒居。悟主承三接。尊王著一書。天胡奪楊□㈠。素業未全攄。其二曰。有意扶名教。躬行語默中。楷模陶士器。藥石補天聰。衡嶽隣新卜。伊川道已東。傳經知有子。接武大明宮。

又觀文定手墨因求別本曰。温温文定公。至道夙所欽。神超雖緬邈。餘英壯儒林。正容閱眞翰。默默流至音。不事八法奇。天成寫幽襟。有如瀚海鴻。隨波自浮沈。又如太虛雲。舒卷杳莫尋。乃知晉魏還。筆端有哇淫。棄稾競韞藏。非將玩球琳。庶幾字畫間。可以求其心。清伊一派流。匯作萬丈深。溝渠有暴盈。洪涊時見浸。投膠了不難。公以獨力任。我慚步趨晚。悠然寄孤吟。流風在目前。著鞭要駸駸。願分墨本餘。刻之蒼崖陰。大塊有動搖。斯文無古今。原注。公帖云。世間一切如流水浮雲。所過者化。不足留胸中。

朱子曰。公傳道伊洛。志在春秋。著書立言。格君垂後。所以明天理。正人心。扶三綱。敘九法者。深切著明。體用該貫。而其正色危言。據經論事。剛大正直之氣。亦無所愧于古人。

又曰。胡春秋有牽强處。然議論有開闔精神。又曰。胡春秋說得太深。又曰。大義正。又曰。胡春秋未論義理。且看其文字。亦便見此老胸中問㈡架規橅。不草草也。

㈠「楊□」當爲「遺老」。
㈡「問」當為「間」。

又曰。胡傳家録。議論極有力。可以立貪起懦。但以上工夫不到。

或問。胡文定之學。與董仲舒如何。朱子曰。文定卻信得于己者可以施于人。學于古者可以行于今。其他人皆謂得于己者不可施于人。學于古者不可行于今。所以淺陋。然文定比似仲舒較淺。

又語類曰。原仲説文定少時性最急。嘗怒一兵士。至親毆之。兵輒抗拒。無可如何。遂回入書室中。作小册。盡寫經傳中文有寬字者於册上。以觀翫。從此後遂不性急矣。

又曰。季隨主其家學。説性不可以善言。本然之善。本自無對。才説善時。便與那惡對矣。才説善惡。便非本然之性矣。本然之性。是上面一箇。其尊無比。善是下面底。才説善時。便與惡對。非本然之性矣。孟子道性善。非是説性之善。只是贊歎之辭。説好箇性。如佛言善哉原註。此文定之説。某嘗辨之云。本然之性固渾然至善。不與惡對。此天之賦予我者然也。然行之在人。則有善有惡。做得是者爲善。做得不是者爲惡。豈可謂善者非本然之性。只是行于人者有二者之異。然行得善者。便是那本然之性也。若如其言。有本然之善。又有善惡相對之善。則是有二性矣。方其得于天者。此性也。及其行得善者。亦此性也。只是纔有箇善底。便有箇不善底。所以善惡須著對説。不是元有箇惡在那裏。等得他來與之爲對。只是行得錯底。便流入于惡矣。此文定之説。故其子孫皆主其説。而致堂五峯以來。其説益差。遂成有兩性。本然者是一性。善惡相對者又是一性。他只説本然者是性。善惡相對者不是性。豈有此理。然文定又得于龜山。龜山得之東林常總。總。龜山鄉人。與之往來。後住廬山東林。龜山赴省。又往見之。總極聰明。深通佛書。有道行。龜山問孟子道性善。説得是否。總曰。是。又問。性豈可以善惡言。總曰。本然之性不與惡對。此語流傳自他。然總之言本亦未有病。蓋本善之性是本無惡。及至文定。遂以性善爲贊歎之辭。到得致堂五峯輩。遂分成兩截。説善底不是性。若善底非本然之性。卻那處得這善來。卽曰贊歎性好之辭。便是性矣。若非性善。何贊歎之有。如佛言善哉善哉。爲贊歎之辭。亦是説這箇道好。所以贊歎之也。二蘇論性。亦是如此。嘗言孟子道性善。猶云火之能熟物也。荀卿言性惡。猶云火之能焚物也。龜山反其説而辨之曰。火之所以能熟物者。以其能焚故耳。若火不能焚。物何從熟。蘇氏論性。説自上古聖人以來至孔子。不得已而命之曰一。寄之曰中。未嘗分善惡言也。自孟子道性善。而一與中始支矣。盡是胡説。他更不看道理。只認我説得行底便是。諸胡之説亦然。季隨至今守其家説。

張南軒建寧祠記曰。公雖不及河南之門。然與游楊謝遊。而講于其説。其自得之奥。在于春秋。被遇明時。執經入侍。正大之論。竦動當世。所以扶三綱。明大義。抑邪説。正人心。亦可謂有功于斯文矣。

眞西山祭文定墓文曰。自熙寧以還。新學孔熾。春秋一王之法。闇而弗章。公聞道伊洛。慨然以尊君討賊自任。著爲訓傳。大義炳然。使洙泗之道復明。而荆舒之禍以熄。其有功世教。可謂盛矣。

又跋蕭定夫所藏胡文定碧泉詩卷曰。碧泉詩卷財數紙爾。而胡氏父子昆弟師友手澤皆在焉。伊洛二先生之學賴龜山楊氏傳之而南。文定得之以授五峯。五峯傳之南軒。其道益以光大。此卷諸詩雖爲末流而作。然玩其辭意。則師友間授受之微指。有蔚然可見者。非尋常賦詠比也。

又跋龔尉少仙全氏心遠堂記曰。昔有問心遠之義於胡文定者。公舉上蔡先生語以告曰。莫爲嬰兒之態。而有大人之器。莫爲一身之謀。而有天下之志。莫爲終身之計。而有後世之慮。此之謂心遠。嗚呼。今人局迫樊籠中。所見不逾尋丈。所志不過錐刀。焉足以語此。欲學淵明者。當即胡公之言求之。

梓材謹案。王深寧困學紀聞亦載此義。謝山箋云。若以杜詩言。則上蔡所云皆備之。但陶詩心遠二字則不如此耳。

又讀書記曰。二程之學。龜山得之。而南傳之豫章羅氏。羅氏傳之延平李氏。李氏傳之考亭朱氏。此一派也。上蔡傳之武夷胡氏。武夷胡氏傳其子五峯。五峯傳之南軒張氏。此又一派也。

又勸學文曰。竊惟方今學術源流之盛。未有出湖湘之右者。蓋前則有濂溪先生周元公。生于舂陵。以其心悟獨得之學。著爲通書太極圖。昭示來世。上承孔孟之統。下啓河洛之傳。中則有胡文定公。以所聞于程氏者設教衡嶽之下。其所爲春秋傳。專以息邪說。距詖行。扶皇極。正人心爲本。自熙寧後。此學廢絶。公書一出。大義復明。其子致堂五峯二先生。又以得于家庭者。進則施諸用。退則淑其徒。所著論語詳說。讀史知言等書。皆有益于後學。近則有南軒先生張益公。寓于茲土。晦庵先生朱文公。又嘗臨鎮焉。二先生之學。源流實出于一。而其所以發明究極者。又皆集諸老之大成。理義之祕至無復餘蘊。此邦之士登門牆承謦欬者甚衆。故人材輩出。有非它郡國所可及。

王深寧困學紀聞曰。胡文定春秋傳曰。元卽仁也。仁。人心也。龜山謂其説似太支離。恐改元初無此意。

謝山箋曰。文定之説固腐甚。然頗淵源于漢志。

虞道園序春秋胡氏傳纂疏曰。胡文定公之學實本于程氏。然其生也。當宋人南渡之時。奸佞用事。大義不立。苟存偏安。智勇扼腕。内修之未備。外攘之無策。君臣父子之間。君子思有以正其本焉。胡氏作傳之意。大抵本法于此。蓋其學問之有源。是以義理貫串。而辭旨無不通。類例無不合。想其發憤忘食。知天下之事。必可以有爲。聖人之道。必可以有立。上以感發人君。天職之所當行。下以啓天下人心之所久蔽。區區之志。庶幾夫子處定哀之間者乎。東南之人。賴有此書。雖不能盡如其志。誦其言而凜然。猶百十年。至其國亡。志士仁人之可書。未必不出于此也。

吴淵穎序吴正傳春秋胡傳補説曰。春秋之學自近世本河南程氏。程氏曾有春秋傳序。而傳未完。武夷胡公蓋又特出于程門之後而私淑艾之。故今胡傳多與程説相爲出入。吾固知胡氏之傳春秋本程氏學也。然而隱桓之際訓釋頗詳。襄昭以降遺漏甚衆。又況光堯南渡。而胡氏以經筵進講。至于王業偏安。父讐未報。則猶未免乎矯枉而過正也。

曹安讕言長語曰。胡文定語楊訓曰。人家最不要事事足意。得嘗有些不足處最好。人有才事事足意便不好。事出來亦體消息之理然也。

陳石士師與姚先生書曰。胡氏之傳春秋。前乎朱子者也。蔡氏之注尚書。後乎朱子者也。二子者論議之迂。名物之畧。誠有過焉。而攻朱子者叢擊之。不遺餘力。曰。吾漢學也。春秋每月書王以爲孔子之筆。此服虔説也。而胡氏因之。其不書王以治桓。賈逵説也。而胡氏取之。曰服賈而黨之。曰胡蔡而伐之。黨乎其所異。而不知固伐乎其所同。曾是以爲愈乎。

雲濠謹案。四庫全書著録先生春秋傳三十卷。提要云。胡氏此書久已屬稿。自奉敕撰進。又覆訂五年而後成。俞文豹吹劍録稱其自草創至于成書。初稿不留一字。其用意亦勤矣。顧其書作于南渡之後。故感激時事。往往借春秋以寓意。不必一一悉合于經旨。又言明初定科舉之制。大畧承元舊式。宗法程朱。而程子春秋傳僅成二卷。闕畧太甚。朱子亦無成書。以胡氏之學出程氏。張洽之學出朱氏。故春秋定用二家。蓋重其淵源。不必定以其書也。後張傳漸不行用。遂獨用胡氏書。漸乃棄經不讀。惟以胡傳爲主。當時所謂經義者。實胡氏之傳義而已。故有明一代。春秋之學爲最弊云。

文莊先緒

曾先生處仁

曾先生度合傳。

曾處仁。曾度。文莊公漸之曾祖與祖也。蓋曾氏別自撫州居南城者。至是始種殖于學。爲儒先生。葉水心集。

梓材謹案。程雪樓爲曾履祥墓誌言。其高曾自撫州房居南城。詩書世守。學行爲鄉先生。蓋卽謂二先生也。又云。曾祖度。特奏進士。

武夷講友

補忠毅向先生子韶

附録

公爲人端慤夷易。不事表襮。一言之出。洞見心膂。其父通奉篤于睦族。公承其志。率諸弟分俸以均給本房之未仕及待闕者。

與人交。主于忠信。不爲浮文末禮。以投衆人耳目。書尺不過一幅。語嚴而意盡。自始仕由幕職至縣令。退爲筦庫。進而處刺史二千石。一以誠意爲主。不以色辭假人。

武夷學侶

判監孫先生偉詳見元城學案。

武夷同調

文靖劉屏山先生子翬詳見劉胡諸儒學案。

武夷家學

補參議胡茅堂先生寧

茅堂春秋説

左氏釋經雖簡。而博通諸史。敘事尤詳。能令百世之下頗見本末。其有功于春秋爲多。公穀釋經其義皆密。如衛州吁以稱人爲討賊之辭也。公薨不地故不書葬。賊不討。以罪下也。若此之類。深得聖人誅亂臣討賊子之意。攷其源流。必有端緒。非曲説所能及也。啖趙謂三傳所記。本皆不謬。義則口傳。未形竹帛。後代學者妄加附益。轉相傳授。浸失本眞。故事多迂誕。理或舛駁。其言信矣。學者于三傳忽焉而不習。則無以知經。習焉而不察。擇焉而不精。則春秋之宏意大旨。簡易明白者。汨于僻説。愈晦而不顯矣。

附録

致堂嘗作和仲園詩曰。多謝春風吹雨晴。出遊今日計初程。去隨碧澗襴褷上。歸與閒雲澹洒行。順理以觀皆有趣。會心之樂最難名。山桃岸柳寧知此。斂笑舒顰合有情。

除敕令所删定官。秦熺知樞密院事。檜問先生曰。熺近除。外議云何。先生曰。外議以爲相公必不爲蔡京之所爲也。

朱子語類曰。定夫之後及康侯諸子。會之皆擢用之。嘗問和仲先世遺文。因曰。先公議論好。但只是行不得。和仲曰。聞之先人。所以謂之好議論。政以其可以措諸行事。何故卻行不得。答曰。公不知。便是六經也有説得行不得處。此是這老子由中之言。看來聖賢説話。他只將做一件好底物事安頓在那裏。

武夷門人

補 教授江先生琦

雲濠謹案。建寧府志以先生爲名錡。又謂其官終徽猷閣學士。誤。

附録

胡致堂誌其墓曰。宣政閒全叔雖習王氏新説爲舉子。而出入游公定夫楊公中立及予先君子之門。聞一善言。見一善行。必驩然志之。久而好尚益篤。

胡澹庵誌其墓曰。生平無他嗜好。獨研究春秋之旨。裒古今傳註。參校取舍。雖祁寒盛暑不少輟者十年。

補文清曾茶山先生幾

雲濠謹案。陸渭南誌先生墓言。其初與端明殿學士徐俯中書舍人韓駒呂本中游。諸公繼没。公巋然獨存道學。獨爲儒者宗。而詩益高遠。遂擅天下云。金仁山論語集註考證。以先生爲呂居仁門人成公外祖也。先生于紫微蓋在師友之間耳。

梓材謹案。王忠文公跋先生帖云。先生父準。贈少師。娶清江孔毅父女。故公之學得于外家爲多。

附録

未冠。從兄官郿州。補試州學。爲第一。教授孫勰亦贛人。異時讀諸生程試。意不滿。輒曰。吾江西人屬文不爾。諸生初未諭。及是持公所試文。矜語諸生曰。吾江西人之文也。乃皆大服。

公貫通六經。尤長于易。

平生取與一斷以義。三仕嶺外。家無南物。

初佐應天。時元祐諫臣劉安世亡恙。黨禁方厲。仕者不敢闖其門。公獨日從之遊。論經義及天下事。皆不期而合。

避亂寓南嶽。從胡文定推明子思孟子不傳之絶學。

時相倡程氏學。凡名其學者。不歷歲取通顯。後學至或矯託干進。公源委實自程氏。顧深閉遠引。務自晦匿。及時相去位。爲程氏學者益少。而公獨以誠敬倡導學者。吴越之間翕然師尊。然後士皆以公篤學力行不譁世取寵爲法。

方勺泊宅編曰。曾文清夙興誦論語一篇。終身未嘗廢。又曰。曾學士兒皆早慧。中子纔十歲。一日謂父曰。孔子死時。宰予必不行心喪三年。問。何以驗之。答曰。予親喪以期爲久。況師乎。其姊曰。只恐聞于汝安乎之語不敢違也。乃兄從旁對曰。記得夫子歿。宰予已先亡矣。

梓材謹案。王忠文云。文清子原伯。徽猷閣待制。仲躬。大理卿。皆爲時名卿。一女歸于倉部郎官呂公大器。實生東萊先生成公。大愚先生忠公。而忠公又大理壻也。又云。成公之道德。忠公之節行。所以師表乎天下後世者。雖有得于家庭傳習之懿。抑外氏之澤覆冒而漸被之者。有自來哉。又案。劉後村跋放翁與曾原伯帖云。成公父娶茶山女。原伯茶山長子。仲躬次也。皆成公母舅。放翁學于茶山。喜成公得薦。書賀原伯如此。

補 知州范先生如圭

梓材謹案。朱子文集題跋載胡文定與族兄書云。伯達甥今已長成。莫須早晚令隨貢元伯。伯習知禮義。若一向不讀書。恐不便也。文定族兄惜不知其名。

附録

金人陷長沙。湘中大亂。公崎嶇避地。艱苦百罹。而志業益修。論議皆切當世務。諸公多訪以事。而文定亦亟稱之。

秦檜死。公入對。高宗勞問久之。公因言爲治以知人爲先。知人以清心寡慾爲本。語甚切至。又論東南不舉子之俗。請舉漢胎養令以全活之。亦句踐生聚報吴之意也。高宗善其言。秉政者忌之。乃以直祕閣提舉江西常平茶鹽出之。所居門巷蕭然。士大夫益高仰之。遠近學者多從質問經子疑義。公亦孜孜接引。朝夕不倦。屬疾。移書政府舊交告訣。語不及私。惟以中原未復。民力未蘇。遺賢未用爲寄。戒諸子强學。且毋得用浮屠法治吾喪。

公爲人篤厚易直。不事邊幅。忠孝誠實得之于天。其學根本經術。不爲無用之文。

朱子答邵叔義曰。絜矩之義乃少日聞之。先友范公伯達義理切當。援據分明。先儒訓說。皆未及也。

雲濠謹案。朱子與劉平父書云。范丈素志不欲居泰寧。見于書札者非一。況啓手足之際。又有道學失傳之歎。不屬意可知矣。又云。當于建陽近墓買田。則建陽不憂食不足。斷然可居無疑。況近三世之墳墓。而范丈之門人子弟布滿左右。伯修兄弟動息必聞。小有過失。必有交謁而更諫之者。其于范氏門户久長之計。豈不優于入泰寧。范丈所不欲居之地。去墳墓。背朋友。而自肆其心乎。伯修蓋先生長子念祖之字。嘗知宜黄縣。致仕。見朱子所作先生神道碑。而劉平父玶則先生之壻也。

眞西山跋公文集曰。太史范公之學得于其舅氏胡文定。立朝行己。大畧相似。其見于議論。必尊春秋古經。必排王氏别說。必明夷夏大分。必闢和議。必詆權臣。今其集中班班可考。而上思陵諫。屈己封事。責秦檜忘讐國書。尤所謂光明絶特者也。

補舍人薛先生徽言

雲濠謹案。温州舊志載先生所著有經書訓解。

附録

獨與諸兄講學。識慮已過人。既長。能自力學刻苦。窮晝夜弗懈。遂傳通經。

補　忠簡胡澹庵先生銓

雲濠謹案。先生嘗與弟學于鄉先生鄧子充洵美。見其所撰彭文行墓誌。又案。先生書林舍人逸事。自稱門人。蓋其受知師也。其答劉子澄主簿書云。昔嘗從學楊先生中立。李先生先之。知讀書之法。三十年答方耕道書則云。某政宣間在上庠。侍中立楊先生席下。其序陳元忠洙泗文集。有江西李先之先生云云。則先生兼及楊李之門矣。周益公跋先生神道碑。稱其在新興。名室曰淡。晚自號淡庵老人。遂以名其集。總一百卷。又著易拾遺十卷。書解四卷。春秋集善二十卷。周官解十二卷。禮記解三十卷。經筵二禮講義一卷。奏議三卷。學禮編三卷。詩話二卷。治國本草三卷。

梓材謹案。先生爲李道遙易解序。自言嘗聞龜山。文定。紫巖。寂照。了翁。漢上諸老先生謦欬云云。是先生于文定外。嘗親炙諸家矣。紫巖嘗與先生八字云。寬弘詳練。生物之道。故先生與張丞相柬謂。仰荷鐫誨之篤。多稱相公。先生其祭魏公文云。公嘗謂人。平生相知。邦衡子韶。始末不移云云。

胡澹庵語

詩書禮樂易春秋。蓋堯舜禹湯文武周公孔子數聖人之心法在焉。觀于易則由多識以畜其德。觀于禮則由强識以敦其行。觀于論語則由默識以進乎道。亦識其大者而已。

澹庵易説

小畜下體乾。復上體坤。乾坤相應。故小畜初九復自道吉。九二牽復吉。與復六四中行獨復。六五敦復无悔。義甚相類。牽復中不自失。敦復中以自考。二五皆得中故也。

春秋集善

文公立十有八年。大夫盟會十八九。獨此書公盟。亦見大夫之張也。文十七年六月癸未。公及齊侯盟于穀。

宣篡立未列于會。故如齊納賂以請會。其下書齊人取田。則納賂明矣。行父之惡如此。而室無私積。近于公孫之布被。宣元年夏。季孫行父如齊。

盾弑逆之迹見于不討賊。所以正其罪。不得言爲法受惡。宣二年秋九月乙丑。晉趙盾弑其君夷皋。

宋文弑主已爲亂階。而欲治人之亂。故春秋不書曹師。而特書宋師。宣三年。宋師圍曹。

郯莒有怨。公黨于郯而偏于莒。此莒人所以不肯平。又伐莒而取其邑。左氏謂之以亂平亂也。宣四年春王正月。公及齊侯平莒及郯。莒人不肯。公伐莒取向。

自文公以來。中國無盟主。終晉靈之世。未嘗一合諸侯。至此成公立五年。始有黑壤之會。而大夫不與焉。聖人皆書其爵。庶幾諸侯復桓文之業。攘夷楚而尊中國也。宣七年冬。公會晉侯宋公衛侯鄭伯曹伯于黑壤。

澹庵禮說

魏徵云。憎者惟見其惡。愛者惟知其善。愛憎之間。所宜詳謹。春秋傳好不廢過。惡不去善。勦猶抄也。襄二十五年崔慶之盟。杜預云。讀書未終。晏子抄答。易其辭。是謂勦說。

父前子名。君前臣名。宣十五年。申犀謂楚王曰。毋畏知死而不敢廢王命。襄二十一年。欒盈謂王行人曰。陪臣書。皆名其父于君前也。于他國君前亦然。成三年。荀罃謂楚王曰。以賜君之外臣首。

春秋郊皆用辛。故郊特牲云。郊用辛。春秋之變禮。非古法也。社用甲。剛日。召誥用戊。亦剛日。卽此剛日之謂。又春秋升陘之戰用丁未。泓之戰用己巳。而武王癸亥陳于商郊。則非剛也。以上曲禮。

鄭云。此殷所因夏爵三等之制。何休云。春秋改周之文。從殷之質。合伯子男爲一。皆不經也。案。春秋尊周。何嘗變周。亦何嘗合伯子男以爲一。如杞入春秋書侯。莊二十七年黜爲伯。至僖二十三年貶稱子。若以伯子男爲一。何必書伯書子以貶杞。明堂位云脯鬼侯。天問云梅伯受醢。箕子佯狂。殷有侯。有伯。有子。亦有男可知。是殷亦備五等矣。鄭氏乃云。微子箕子。是畿內采地之爵。不得爲子男之子。則天子三公。亦不得爲公侯之公乎。推此。則鄭云殷爵三等者非也。夏有塗山之會。執玉帛者萬國。若只三等。不得爲萬國。則鄭云殷周因夏三等。又非矣。自虞氏五瑞五玉以來。制爲五等。夏殷周因之未有改。不可謂虞周有五等。殷猶三等也。王制。

一體不備。不足謂之成人。一物不體。不足謂之成禮。體者何也。禮也。非禮。體不足以爲大。非聖人。不足以知禮之大。故訾之者爲不知禮。

言仁義禮知而不及信者。仁義禮知非信不立。既言人道具。則信在其中可知矣。以上喪服四制。

澹庵文集

陰陽固不可以名老少。易既有取于四象。則老少之説異焉。四象者水火金木之謂也。天一生水。地六成之。則一與六皆水。而位于北。地二生火。天七成之。則二與七皆火。而位于南。天三生木。地八成之。則三與八皆木。而位于東。地四生金。天九成之。則四與九皆金。而位于西。東南物之生養。故八爲少陰。七爲少陽。西北物之成就。故六爲老陰。而九爲老陽。卦畫七八。爻用九六。七八九六配四方。故九六皆以四成之。龜取生數。故一二三四五。筮取成數。故六七八九十。易止取于四象。而上存乎其間矣。然則老陽九而少陽七。老陰六而少陰八。庶乎其可推矣。大衍論。

晉鑄刑鼎。仲尼專以唐叔之法度責之。不聞其通稱三王也。季孫問田賦。仲尼專以周公之典責之。不聞其通稱三王也。刖刑古良法。紂行之則弊。肉刑古良法。漢行之則弊。井田古良法。

唐行之則弊。三代法非本弊也。後世不能復三代也。故仲尼嘗論夏商損益之禮矣。至春秋。則一以周典斷之。謂欲興復文武之緒。不當雜以異代也。故其書不告朔。猶朝于廟者。幸其猶朝于廟。以存周之遺典也。書不郊。猶三望者。幸其猶三望。以存周之遺典也。是未嘗不尊一王之法也。謂春秋必通於三王者。此僻儒之迂論也。復古王者之制論。

春秋責備賢者。詩書責備聖人。彼皆以孝稱者。名生于實不足爾。舜典不言孝。蓋責聖人之備也。原孝。

梓材謹案。今本舜典本合堯典爲一篇。四岳舉舜。固盛稱其孝矣。濟庵所論。特據今本言之爾。

曾子曰。自吾母而不用吾情。則何所用其情哉。語曰。上好禮。則民莫敢不用情。大哉情乎。君臣父子兄弟朋友無所不用其情。情尊至焉。不欺于君。不欺于親。不欺于兄弟。不欺于朋友。一有不情。而欺罔無所不至矣。忠辨。

性之害。害在憂喜失其眞。辨眞。

鄭玄云。君陳。周公子也。云。非也。蓋周之老臣。若果周公子。豈以先畢公乎。某按。君陳之篇。成王戒之曰。懋昭周公之訓。又曰。爾尚式時周公之攸訓。又曰。爾惟宏周公丕訓。非周公之子而何。君陳辨。

麟果爲瑞而來。則當如鳳之儀于庭。不應獲而致也。獲者得也。不曰麟來。而曰麟獲。以見窮蒐遠狩。搜原滌蕩。暴殄天物。雖若麟者。且不免焉。時事可知矣。獲麟說。

天一而大也。天者地之天。君者臣之天。父者子之天。夫者妻之天。主者奴之天。中國者夷狄之天。師者生之天。食者民之天。六經者學者之天。天說。

古之學者其志甚高。後之學者其志甚卑。今之學者其志愈下。病安在哉。學淺陋而識暗也。學淺陋則用心不剛。識暗則見善不明。是以其志卑且下而不能抗之以高明也。答梁元暘。

禹善治水。故行其所無事。而後之言治水者莫加焉。孟軻善養氣。故養而無害。而後之言養氣者莫加焉。韓愈有云。孟氏功不在禹下。信乎其功不在禹下也。自軻死。惟愈得其傳。其論氣與軻之言不異。觀其詆排異端。攘斥佛老。障百川而東之。迴狂瀾于既倒。非其氣剛大以直。夫孰能至于此哉。答江知縣庭實。

夫中庸之書。大抵以變氣質爲要。其說有三。人一能之己百之。人十能之己千之。果能此道矣。雖愚必明。雖柔必强。此一變也。惟天下至誠爲能盡其性。能盡其性則能盡人之性。能盡人之性則能盡物之性。能盡物之性則可以贊天地之化育。其次致曲。曲能有誠。誠則形。形則著。著則明。明則動。動則變。變則化。此再變也。至誠無息。不息則久。久則徵。徵則悠遠。悠遠則博厚。博厚則高明。博厚配地。高明配天。悠久無疆。如此者不見而章。不動而變。無爲而成。此三變也。變至于此極矣。答劉主簿子澄。

某嘗聞古之君子。其所謂知與遇者天。今之君子。其所謂知與遇者人。古之君子其所謂知與遇者非天也。己也。今之君子其所謂知與遇者非人也。利也。答汪主簿洋。

論語之書其不合于中庸之篇者。亦希矣。孝弟仁之本也。無終日之間違仁也。其心三月不違仁也。剛毅木訥近仁也。克己復禮爲仁也。殺身以成仁也。皆古聖賢之所謂中庸也。答符君俞。

得失命也。有性存焉。君子不謂命也。諂諛質直性也。有命存焉。君子不謂性也。命苟否焉。昔之諂諛而得者。其不得必也。命苟泰也。昔之質直而不得者。其得必也。然則得不得係于天。而不係乎諂諛與質直也。而愚無知之小人。則以爲諂諛者常常得志。而質直者常常不得志。則大謬矣。與譚思順。

戴記一經。豈徒欲玩夫三千三百之繁文。伸其呫嗶而已哉。於曲禮。見愛而知其惡。憎而知其善之義。於檀弓。見事君有犯無隱之義。於王制。見天子齋戒受諫之義。於月令。見百工咸理。無或作爲淫巧。以蕩上心之義。於文王世子。見三公不必備。惟其人之義。於禮運。見禹湯文武成王周公謹禮之義。於禮器。見忠信可以學禮之義。於郊特牲。見天子貴誠之義。於内則。見道合則服從。不合則去之義。於玉藻。見天子搢珽方正于天下之義。於明堂位。見夷狄外而不内之義。於大傳。見舉賢使能之義。於少儀。見人臣有諫無訕之義。於學記。見三王四代惟其師之義。於樂記。見爲君謹其好惡之義。於經解。見發號出令而民説之義。於哀公問。見君爲正則百姓從令之義。於仲尼燕居。見力禮樂而天下太平之義。於孔子閒居。見五者奉三無私以勞天下之義。於坊記。見禮以坊德之義。於中庸。見至誠配天之義。於表記。見大舜中心安仁之義。於投壺。見揖遜之義。於儒行。見崇儒重道之義。於大學。見王道易易之義。於射儀。見擇士與祭之義。

於燕義。見君臣上下之義。於聘義。見君臣相與之義。於冠昏喪祭之篇。見養生送死追遠之義。講筵禮序。

臣聞六經之道同歸。而二禮相爲表裏。其來尚矣。考王制。而知六官之備。考月令。而知太史保章氏馮相氏之精。考曾子問雜記及間傳四制。而知大司服之等。考文王世子。而知大胥之教。考禮運禮器。而知大宗伯之位。考郊特牲。而知封人牧人牛人之分。考内則。而知師氏之制。考玉藻。而知典瑞之則。考明堂位。而知朝士司儀之别。考大傳。而知肆師之職。考少儀。而知巾車典路車人之别。考學記。而知大司樂成均之法。考樂記。而知大胥小胥之律。考大記。而知勸防之嚴。考祭法祭義祭統。而知鬱人鬯人典禮之經。考經解。而知太師六詩六德之本。考哀公問昏義。而知媒氏之源。考仲尼燕居社郊嘗禘。而知小宗伯之儀。考孔子閒居五至之義。而知樂師之意。考坊記。而知秋官環人之衛。考中庸。而知大司徒中和之教。考表記卜筮。而知龜人筮人之敬。考緇衣絲綸之言。而知内史外史之書。考深衣規矩準繩。而知輪人之度。考投壺之法。而知樂師貍首之奏。考儒行。而知司諫德行道藝之尊。考大學正心。而知弓人無雅之諭。考冠義。而知弁師之等。考鄉飲。而知酒正之德。考射義。而知司裘之鵠。考燕義。而知秋官諸子之職。考聘義。而知玉府之藏。故曰。二禮相爲表裏也。前賢論學之源如江出汶。至于溝渠。所并大川三百。小川三千。然後往而與洞庭彭蠡同波。下而與南溟北海同味。又如禹治水知絡脈。開塞而至于九川滌源。四海會同者也。竊觀大川小川之説。生于曲禮三百。威儀三千之説。然二禮條分貫别。亦豈止三百三千而已哉。而其旨意脗合。相爲表裏。端若脈絡交通。四海會同而不殊。誠有味其言之也。周官解自序。

梓材謹案。周官解。宋史藝文志作周禮傳十三卷。

夫艮之諸爻不言吉。獨上九敦艮言吉。何也。九以剛實處艮之終。止之至篤者也。人不難于止。難于九終。故曰行百里者半九十里。言晚節末路之難也。春秋字叔盻于其卒者。觀其終也。九能篤于終。則止道之至善。故言吉焉。眞止堂記。

子知子思之時中。亦知易之時中乎。夫易之時中。學者之事。子思之時中。聖人之事。易之時中。其説有三。一曰。時所欲。惟願于亨。以亨行之。得時中也。一曰。中者處得其中。得中則時。一曰。時中之欲達而一發之也。子思之時中。其説有四。一曰。孟子所謂聖之時。以其仕止久速。各當其可。一曰。時者猶冬飲湯。夏飲水之謂。一曰。執其兩端。所以用其時中。一曰。幼壯老死。朝旦暮夜。時雖不同。其中一也。由前説而致知力行。則進乎易之時中。庶幾乎。顔子之擇乎中庸。由後説而致知力行。則進乎中庸之時中。庶幾乎。舜之執其兩端。夫不極高明。則中不可識。不窮博學。則中不可識。譬如一宫之奥。明庭爲中。指宫而求之一國。則宫或非中。一國之奥。壇宇爲中。指國而求之九州。則國或非中。惟極其大。則中乃可求。惟止乎中。則大斯可有。回之擇乎中庸。蓋求見聖人之止而極乎大也。舜之執其兩端。蓋止乎中而大可有也。世之人以曲意小智。梏乎有我之私。而舜顔之道遂卓絶而不可企及。非果不可企及也。弗思爾矣。

雖然喜怒哀樂之未發謂之中。其未發也。安見其時耶。曰。子不見夫天地之理乎。夫温厚之氣爲春。則人指爲陽中。肅殺之氣爲秋。則人指爲陰中。曰。是天地之時中也。而不知其温厚肅殺之未發。而中氣已具。然則知天地之中。則吾之中可知矣。極吾中以盡天地之中。以之事親從兄。以之修身齊家治國平天下。何所往而不可。古之君子所以燮理陰陽。蓋本于此。夫喜怒通四時。而陰陽或至于并毗。無是理也。大哉時中乎。易言中者五十有三。卦言時中者一。子思中庸言中凡十有五。言時中者一。嗚呼。得不謂之難乎。故曰。極其大則大乃可求。止乎中則大斯可有。時中堂記。

蒙養其正是已正也。頤養以正蓋未正也。已正乃作聖之功。未正則不可一日忘其所以養頤者。故又戒之曰。亦不足貴也。夫九以剛明之才爲可貴也。貴乎剛者爲其不屈于欲。貴乎明者爲其見善而不失其正。反是則不足貴矣。頤齋記。

夫考槃。賢者處澗阿。能成其樂者也。其章言永矢弗諼。永矢弗過。永矢弗告。鄭子云。弗諼。不忘君之恩。弗過。不入君朝。弗告。不告君以善道也。歐陽子云。弗諼不忘隱處之樂。弗過。獨樂不它適也。弗告。不告人以此樂也。伊川子云。弗諼。不忘君。弗過。傷不得過君之朝。弗告。不得告以善也。從鄭説。則流而爲行唫塗哭。鬱而獨嗔者之爲也。從歐陽説。則流而爲槁木凍灰。往而不返者之爲也。從伊川説。則流而爲假隱釣名。足巖壑而志城闕者之爲也。是三槩者將安從。子歸闡繹優游。異不及排。怨不及非。有合于吾易嘉好之吉。則善矣。反是。君子或所不取。遯齋記。

正者何也。教之原也。教以正。則學者不能毋正。猶生長于齊。不能不齊言也。教不正。則學者不能毋不正。猶生長于楚。不能不楚言也。是以聖人責受教者輕。而責失教者重。春秋隱元年。書鄭伯克段于鄢。傳謂。譏失教也。誠爲得實。而未切聖人輕重之旨。夫段止書名而已。責之何輕也。鄭伯書爵。書克。書于鄢。責之如此其詳。不已重乎。知此。則知教矣。贛州教授廳記。

附録

自幼超詣絶世。强于記覽。有質以古書者。必曰。是出某卷某卷。驗之而信。

吕尚書祉薦先生曰。胡某性行恬粹。器識宏遠。自少年登甲科。屏居田里。不願出仕。日從鄉人蕭楚學春秋。明易象。博極羣書。歷考前代治亂。多識前賢往行。十餘年間。所蓄頗富。試而用之。必有可觀。

既抵珠崖。著書怡然。不以死生介意。士執經從學多可觀。

量移衡州。嘗寓西湖。與衡士講學其中。

再謫吉陽軍。吉陽士多執經受業者。凡經坯冶。皆爲良士。

知泉州日。朝辭進對曰。臣聞聖訓有及於唯禮不可以已之之説。如不欲平治天下則已。欲平治天下。舍禮何以哉。

除在京宫觀兼侍講。公論前古未有不由講學而興。滅學而亡。精兵百萬。不如道德之威。被練三千。不敵忠信之冑。陛下之意。端在于是。上稱善。除權工部侍郎。

先生之言曰。道六經而文未必六經者有之矣。道不六經而文必六經者無之。

其序蕭先生春秋辨疑曰。某以妄言不可與金虜和議。觸宰相秦檜嗔。罷編修官。削爵竄嶺表。凡八年。而新州守張棣觀望朝廷意旨。奏徙朱崖島上。又八年。而内徙合江。險阻艱難。食有併日。衣無禦冬。而先生之書未嘗一日去手。暇則教子。且訓生徒。各挾一經。朝夕肄業。所得綴集成易禮記春秋傳。又覃思詩書周官。凡十有七年。而未能卒業。然彭費之説。骫骳之文。皆先生緒餘也。自書經筵玉音問答後曰。予半生嶺海。晚遇聖天子。擢用一歲之間。凡九遷其職。一月之間。凡三拜二千石之命。十拜遷秩之旨。至于隆興癸未夏。侍宴之恩。古今無比。予老矣。風燭可虞。謹親書于後。以爲後人之徵。嗚呼。天語諄勤。後之子孫。當永保之以無墮。

又曰。昔司馬文正公不喜後人寶其祖宗之畫像。但喜後人寶其祖宗之字蹟。以爲心畫也。手法也。見其字蹟。卽見其人之手。予之後能以文正公之心爲心。其亦賢矣。

自序家訓詩曰。淳熙庚子四月日詔加資政殿學士。致仕。是月之望。告之祖考。會諸姻親。暮景至此。不亦樂乎。頃年經筵。蒙玉音曰。祖宗創門户之艱難。未有不自子孫不肖破之。朕今保太祖之國家。亦猶卿子孫他日保卿家門户也。有感于兹。斐然縱成古律一通。以訓予之子孫者。願世世子孫努力云。

孝宗贊其像曰。正直之資。剛毅之色。獨立敢言。施爲有德。朱衣象簡。羆冠貂蟬。惟像卓爾。清風息然。

周益公爲神道碑曰。人臣犯顔逆耳。上攖人主之怒。下爲權臣切齒。或誅或斥。何可勝數。未有九重特申詔諭。三府矯情屢請。禁近引誼救止。曾不四旬。謫命三改。如朝廷此舉之盛者。當是時。一胡編修。名震天下。勇者服。怯者奮。朝士陳剛中以言餞行。至云屈膝請和。廟堂無策。張膽論事。樞廷有人。貶令安遠。之死靡憾。鄉人王廷珪嘗賦姦諛膽落之詩。竄徙夜郎。反以爲榮。下至武夫悍卒。遐方裔土。莫不傳誦其書。樂道其姓字。爭願識面。雖北敵亦因是知中國之不可輕。蓋天理所存。自公達之。人心所憤。自公發之。扶世垂教。非聖朝之伯夷耶。孔孟而在。其大書而特書也必矣。又曰。惟公忘身爲國。首倡正議。人已知敬畏。又平居持論鯁挺。視權貴不善。趨向有不正。輒奮踊欲扼其吭。詈無顧避。士大夫以是疑公特立獨行。不可得而親。其實篤厚恭寬。孜孜樂善。常欲以學道愛人之實。施諸有政。既不大用于朝。嘗三拜二千石。復未及布宣于外。故公之剛雖表表愈顯。而其仁心則罕知者。昔蘇文忠公作剛說。謂夫子以剛毅巧言辨仁不仁。深闢太剛則折之論。由公視之。其信而有證哉。

又跋先生奏槀曰。夫人之生也。有血氣。有浩然之氣。少而剛。老而衰。血氣也。衆人以之。秉彝好德。養之以直。塞乎天地。少老如一。浩然之氣也。忠簡公以之。

趙章泉挽胡澹庵曰。憶昔樂全公。暮爲老蘇表。載其辨姦論。此老一生了。澹庵夫何如。書有斬檜草。顧豈無他歟。言大可略小。

又曰。昔我曾大夫。嘗作春陵適。時惟蕭子荆。袖書實見客。公經本蕭自。于義豈秦越。三年期掃門。竟欠今生識。

李泰發序先生易解曰。易之爲書。凡以明人事。學者泥于象數。易幾爲無用之書。邦衡説易。眞可與論天人之際。

又曰。自昔遷貶之士。率多怨懟感憤。邦衡流落瘴鄉。而玩意三畫。可謂困而不失其所亨。非聞道者能之乎。

又送澹庵遷吉陽詩曰。夢裏分明見黎姆。生前定合到朱崖。

張忠獻曰。秦太師專柄二十年。只成就得一胡邦衡。

朱子曰。澹庵奏疏爲中興第一。可與日月爭光矣。

又語類曰。胡邦衡尚號爲知識者。一日以書與范伯達云。某解得易。魏公爲作序。解得春秋。鄭億年爲作序。以爲美事。范答書云。易得魏公序甚好。鄭序春秋者不知是何人。得非劉豫左相乎。是此人時。且請去之。胡舊見李彌遜。字似之。亦一好前輩。謂胡曰。人生亦不解事事可稱。只做得一兩節好便好。胡後來喪名失節。亦未必非斯言有以入之也。

或言公在新州十七八年不死。朱子曰。天生天殺。道之理也。人如何解死得人。

楊誠齋題公書稿曰。澹庵先生借尚方劍以斬欲帝秦之書。其一封奏之時。敵人聞之。募本千金。三日得之。君臣動色。發國有人焉之歎。自是不敢南顧者二十有四年。謝疊山曰。胡澹庵肝膽忠義。心術明白。思慮深長。讀其文。想見其人。眞三代以上人物。陳石士師金源紀事詩序曰。儒者之觀人于其素。胡樞密邦衡素君子也。其論王倫未嘗失實。倫之死于金。勢無復之。非果死節也。不當紀王倫而譏邦衡也。

補諫院韓先生璜

雲濠謹案。先生著有春秋人表一卷。見宋志。王厚齋云。紹興中作。

補侍郎李先生椿

附録

公始見胡文定公。退與諸子遊。從容言曰。椿願天下之人無不唯是之求耳。胡公聞而異之。其子仁仲後見公所論富川六事。亦謂有經濟才。張忠獻知之。故取以爲屬。諉以經畫淮甸事。轉對言易。以九居五。六居二爲當位。而詞多艱。以六居五。九居二爲不當位。而詞多吉。蓋君以剛健爲體。而虛中爲用。臣以柔順爲體。而剛中爲用。君誠以虛中行其剛健。臣誠以剛中守其柔順。則上下交而其志同矣。

又按。易象爲上。言乾首坤腹。而六子之卦各象其事。故聖賢之訓。皆以君爲元首。臣爲腹心股肱耳目喉舌。各有攸主。今君勞臣逸。非治之體。且使出令用人。或有未善。則過歸于上。而政亂于下。願觀易卦之象體。乾剛健而使腹心股肱耳目喉舌之臣各任其職。且察臣下有遊近習之門者。嚴禁絶之。而益以公道用人。名節取士。則士風振而人材出矣。

補 大夫向先生涪

避地南來。貧無以爲養。不得專力于學。年三十始學易。尤惡佛老邪説。在臨安被詔擇靈隱寺主。因復于上曰。天地變化。萬物終始。君臣父子兄弟之道。性命之理。死生之故。鬼神之情狀。易盡之矣。曷爲求之他。他時僧或宣對後苑。復疏其失。請崇先王之道。正人倫之本。漸汰游惰。復歸農桑。

附録

趙章泉寄先生曰。每見清江使。常詢向子平。徐行爲山健。老眼對書明。世共尊耆宿。愚猶及老成。誰人要半道。願與一門生。又曰。不向薌林去。于今又四年。琴書故閒止。草木想蒼然。安否音書曠。飄零日月遷。禮加如下榻。興盡敢回船。

補 樂曲肱先生洪

雲濠謹案。經義考引趙希弁説。謂先生從文定父子遊。取飲水曲肱之義。名所居之室。

祕書向先生子忞

向子忞字寅卿。開封人。文簡公四世孫。以伯永嘉郡王良恩。任登仕郎。知均州。高宗召對。加直祕閣。紹興末。江東運副。隆興初。兼隨軍運副使。乾道初致仕。卒年六十九。累官大中大夫。先生天賦正性。用志不苟。孝悌忠信之外不學焉。逾三十已拜州京直道。四十年屢得屢失。若無也。平生好論人物。無所忌諱。聞者頗駭。而後卒如其言。與胡文定公談當世士。文定頗稱秦檜靖康時事。先生曰。與檜同時被執軍前。鮮有生者。獨檜數年之後。盡室航海以歸。非大姦能如是乎。文定既歿。檜姦邪日著。文定子明仲與先生返復前説曰。昔時侍先君子。能預察姦邪如公言者。纔一二人耳。深服公遠識。名臣言行别録。

梓材謹案。王瀘溪爲先生行狀云。居衡陽之伊山。結茅以處。手鈔諸書。尤喜觀魯語。取諸家之善爲集義。以己見繫于後。第其名作子愍。未知孰是。

附録

胡衡麓記有裕堂曰。河内向公寅卿。晚隱于衡之伊山。乃晉桓伊書堂故基。結茅爲堂。置書其中。茂竹幽蘭。蓊鬱前後。春葩秋馥。以時自獻。猿啼近嶂。鷗馴曲沼。馬堁車喧。杳然雲水之外。寅與諫院潁川韓璜叔夏。自天柱峯南。襆被支笻。歲一再往焉。或商校文義。或把醆賦詩。逍遥襄陽。興盡而後别。

又曰。寅先君子喜寅卿資氣剛正。授以左氏傳。且爲之言大義。故寅卿學古益力。守義益固。

吳先生銓

吳銓字伯承。浦城人。以大父恩補官監潭州户部酒庫。改秩承議郎。天資狷介質直。疾惡如讐。不妄交。少不如己意。輒拒不納。築居湘濱。有亭榭華竹之勝。而名其堂曰思親。蓋其終身之思。誠敦篤乎此也。蓋居湘城者幾二十年。張南軒集。

監嶽趙先生師孟詳見五峯學案。

吳先生郛

吳郛字衛道。文定門人也。五峯文集。

劉浩齋先生廷直

劉廷直字謂卿。一字養浩。安福人。紹興初年。復元祐詩賦科。先生與兄禹錫同升里選。而先生在第二。州閭稱二劉。已而禹錫登科。先生登十五年進士第。調鄂州户掾。遷左從政郎。丞鼎州武陵縣。改左宣教郎。知臨江軍新喻縣。致仕。得左奉議郎。而先生已卒矣。年六十一。楊誠齋集。

梓材謹案。誠齋爲浩齋記言。先生得伊洛之學于文定胡先生。以浩名齋。又云。某自少慒學。先奉直令求師于安福。拜清純先生劉公爲師。而瀘溪王先生及浩齋先生俱以國士知我。浩齋又館我。每出而問業于清純。入而聽誨于浩齋。一日問曰。子見河南夫子書乎。曰。未也。退而求觀之。則驚喜頓足。歎曰。六經語孟之後。乃有此書乎。據此。則誠齋嘗在先生之門。故自稱曰門下士。又自稱曰門人。

朝散王先生鎭

王鎭字靖之。其先陳留人。徙居開封吹臺下。先生幼以門蔭補將仕郎。再奏承務郎。弱冠躬耕南嶽下。晝夜誦經史。胡文定公忘年接之。紹興十五年調鄂州蒲坂丞。攝行縣事。爲政有方。民不忍其去。累調通判邵州。始居于衡。移潭州。帥檄權知桂陽軍。請祠。主管建寧府武夷山冲佑觀。既歸衡陽。郡守劉清之以其才行聞。上記其名。且曰。清之所薦必不苟。除提舉荆湖北路常平茶鹽司公事。諫官素惡清之。指薦士爲妄作。命遂寢。其後主管華州雲臺台州崇道觀。卒年七十有八。平生無嗜好。不事產業。惟喜讀書。于詩易皆有論著。嘗謂管子八十一篇。眞僞相雜。定爲内書。藏于家。有集西漢之録二十卷。著述七十餘篇。號覆瓿編。積官朝散大夫。周益公集。

澹庵學侶

參議胡先生鎬

胡鎬字從周。澹庵從父弟。少從師學。兄弟同堂。五人自爲朋友。先生與澹庵齒最近。親講説爲密。紹興乙丑。擢第。授左迪功郎。尉新淦縣。奉令惟謹。循左從政郎。靖州判官。調贑丞。贑吉比鄰。知盜敚之習。諭戢有方。俗爲之變。郡守任盡言雅見器許。會令闕。俾攝領逾數月。

不擾而辦。除諸王宮教授。棘寺主簿兼攝丞。執法平恕。狴犴以空。遷左承議郎。力丐補外。除荆湖南路參議官。卒年七十。胡澹庵集。

處士胡先生鍔

胡鍔字廉夫。澹庵同堂弟也。少澹庵八歲。幼同學。長同春簸。澹庵自少常伯使淮東浙西。措置海道。以遏金寇。獲譴罷歸。復把盞論文。道舊歡甚云。胡澹庵集。

雲濠謹案。周益公跋王民瞻送胡邦衡南遷詩云。澹庵授之從弟廉夫鍔。廉夫復授其子渙。所謂文獻相承。衣鉢單傳者。是則先生之視澹庵。蓋在師友之間矣。

澹庵講友

學士李逍遥先生椿年 別見廬陵學案補遺。

知軍羅不欺先生棐恭 父虯。

羅棐恭字欽若。其先襄陽人。後家廬陵。父虯。贈右朝議大夫。以學問爲鄉先生。先生辛勤讀書。至不頽不冠。登進士第。授迪功郎。虔州司理參軍。移潭州。陞秩左從政郎。遷荔浦令。改秩左宣教郎。知石城縣。歷道州僉幕。通判贛州。知武岡軍。得祠禄而卒。有詩文三十卷。號不欺先生集。又增廣左氏指蹤。春秋會盟圖二書。歐陽文忠公年譜并序。又有辨謗一書。里中後進從之受業者多登第。如羅上行。郭有憑。其選也。胡澹庵與之幼同泮水。長同上庠。又爲同年生。爲銘其墓云。胡澹庵集。

附録

楊誠齋狀其行曰。公之學邃于名數字書。故其文長于序事。其碑板之作。尤崛奇。間出廋辭難語。切響奇字。讀者皆駭。或問是出何書。公卽呼其子曰。取插架某書某卷第幾簡。其强記蓋天德也。

羅先生濬

羅濬字明甫。龍泉人。與弟克開自爲師友。從學常百餘人。每語其徒曰。古之學者下學上達。今文雖小技。自有上達之理。但爲科目所累。故判爲兩途耳。胡澹庵見而奇之。曰。君造詣自高。願常與講明此理。吉安府志。

羅先生上達父紱。附子維藩。

羅上達字元通。廬陵人。父紱。字天文。宣和間以毛萇詩學爲諸儒宗師。先生亦以詩學名家。授徒數十百人。自三舍盛時有聲庠序。如胡澹庵者皆其與遊也。子維藩。字价卿。父子同薦名。而价卿爲詩學舉首。三舉擢進士第。官從政郎。調監行在省倉中界門。未赴而卒。楊誠齋集。

明經張先生伯麟

張伯麟字慶符。當塗人。少强學。不妄言笑。長以氣豪里中。每慕古人奇節。人未之知也。紹興初。以明經入太學。毅然詬面直人短長。同舍生憚之。當是時。秦檜主和議。而百執事相戒以言。先生覩時事常憤之。因題齋壁云。夫差而忘勾踐之殺而父乎。同舍生見之大駭。請圬其壁。毋令諜者知。事聞累君不淺。先生曰。大丈夫一死苟得所無懼也。檜方文致太平。元夕都中張燈。先生出遊。過中貴人白謌門。見籠燈盛設。取筆題其上如齋壁所書。檜聞。下先生于獄。箠楚無全膚。流吉陽軍。檜死。生還。不知所終。姓譜。

梓材謹案。胡澹庵答陳漢臣書云。僕在吉陽與張伯麟友。得慶符詩文凡百篇。慶符辛未之春。自吉陽脱罪北歸。滯留于瓊者累年。甲戌春正月。忽公幹復至吉陽。相從累月。懽甚。既別三年而僕蒙恩徙衡。意謂至瓊當握手道故。一寫三年之悲。纔弛擔。即訪慶符安否。聞寓村落。距城三四十里。病不能出。爲之悵然者久之云云。是可見胡張之交。而先生蓋爲瓊之寓公矣。又案。澹庵集次和張慶符詩最多。稱之曰姑孰先生。

段潛叟先生冲附子元愷。

段冲字謙叔。吉州人。一上南宫。不肯爲新學。退築芝齋。藏數萬卷。朝夕讐校。自號潛叟。郡以遺逸八行薦。不就。政和中。太守程初學有淵源。尤工詩。在郡六年。日與先生唱酧。其和梅花展轉千詠。人歎其博。所著書號螺月集。多至百卷。程爲前序。胡忠簡作後序。子元愷。字建信。始從進士舉。值兵亂棄去。忠簡與先生有師友婚姻之契。待建信甚厚。每觴詠必連句云。周益公集。

知州李先生發

李發字秀實。吉水人。用太學連舉恩試。補右迪功郎。鼎州司理參軍。攝邑黄陂。調零陵令。移永興。知興國縣。通判横州。歷知黄州。沅州。靖州。致仕卒。初與胡澹庵同肄業鄉校。其休致也。澹庵入佐冬官。適奉詔薦士。即上疏曰。李某文采議論皆過人。尤長于吏事。三爲邑。五典郡。然皆遐方僻地。未究其才。上官數交薦。今雖老。尚可治劇。未報。諫官以是咎澹庵。澹庵坐去國。猶念之不置。移書責當路云。諸公皇皇市駿骨。而使老驥伏櫪耶。周益公集。

澹庵同調

范先生濬

范濬字舜文。豐城人。徽宗時行三舍法。自縣學升洪州學。貢辟雍。政和八年戊戌。改重和上舍及第。調撫州儀曹。又調福建提學司主管文字。提學司罷。宣和四年還官太學。以幸學恩轉文林郎。七年。授虔州儀曹。改節度推官。紹興四年。以薦者改宣教郎。知建州甌寧縣。有治迹。召見。除兵部員外郎。歷金部。户部。樞密院檢詳。尚書。右司郎中。遷左司郎中。兼中書省檢正。與時宰秦檜不合。求去。除知南劒州。至官乞祠。二十二年丁父憂。後三年卒。官至朝奉大夫。所著松溪集六卷。皆南渡後所存者。往往哀二帝之北狩。憤王業之偏安。其上致劄子論言之要。以爲不當如三國之紛爭。當如帝王之弔伐。其獻策先內治而後用兵。以祖宗之德意感激士大夫。去弊政之所以害國蠹民者。而一歸于仁。豐水舊志及郡人揭傒斯言。胡忠簡論王倫劄子出先生筆。忠簡以先生親老。疏上必有危禍。而自上之。遂南遷云。虞道園學古録。

陳先生剛中

陳剛中字彥柔。胡忠簡同年進士。貶安遠宰。其後湘中有著紹興正論者。先生姓名在焉。周益公集。

郡守張先生宋卿

張宋卿字恭父。博羅人。警敏强記。或借書于友人。一閲成誦。紹興丁丑。以春秋魁爲天下第一。正色立朝。剛而有禮。名重諸公。兵侍胡銓對高宗曰。張宋卿鯁直可任臺諫。魏國公張浚力薦于朝。輿地紀勝。

梓材謹案。廣東黄志載先生終肇慶守。羅浮山志會編謂其嘗與留正講學于羅浮。又云。鄉人祀于惠之聚賢堂。

彪氏同調

補張先生所

張所。青州人。登進士第。歷官爲監察御史。高宗卽位。遣之按視陵寢。還。會言黄潛善姦邪不可用。恐害新政。乃罷御史。改兵部郎中。尋謫鳳州團練副使。江州安置。後李忠定綱入相。

薦先生直龍圖閣。充河北招撫使。先生入見。條上利害。上賜五品服。遣行。命直祕閣王圭爲宣撫司參議官佐之。先生方招徠豪傑。以王彦爲都統制。岳飛爲準備將。而忠定已罷相。朝廷以王圭代之。先生落直龍圖閣。嶺南安置。卒于貶所。宋史。

浩齋學侶

劉先生禹錫

劉禹錫。永豐人。筠州司理參軍左相虞允文表署江州觀察推官。爲政以寛爲本。民愛慕之不忍欺。後至湖北提刑。一日歸。忽有持金帛來者曰。公生我者也。願獻此以謝先生。固辭。從者私受之。事覺。索而投之江中。從者載一缸于舟尾。先生命碎之。曰。無污我。吉安府志。

葉氏門人

補　莊定黄先生祖舜

雲濠謹案。先生序鄭西塘先生文集云。祖舜爲兒童時。聞邑有鄭先生之賢而未識也。既冠。與鄉貢。始獲謁公而謝之。親承誘誨。因目前輩老成之風。實政和丙申歲也。其年如京師。又八年竊第東還。則公亡矣。已而從陳直講國材遊。乃聞公出處之詳。據此。則先生固不名一師。其于西塘不可謂非私淑弟子矣。

補　正簡葉先生顒

梓材謹案。楊誠齋狀先生行實言。公之師友林師説。高登。早相慕用。高嘗上書譏切秦檜。檜捕甚急。公與同邸。趣令逸去云。

補正獻陳先生俊卿

附録

召入奏事。既對。遣中使面賜金帶。會給從臣筆札。條上時弊。公陳十事。一曰定規模。二曰振紀綱。三曰勵風俗。四曰明賞罰。五曰重名器。六曰遵祖宗之法。七曰杜邪枉之門。八曰裁任子之恩。九曰限改官之數。十曰蠲無名之賦。

公孝友忠敬。得于天資。爲人清嚴好禮。終日無惰容。雖疾病見子孫。必衣冠。胸懷坦然。遇人無少長。一以誠實。一言之出。終身可復。

于外物澹然無所好。獨喜觀書史。疾病猶不釋卷。其學一以聖賢爲法。于浮屠老子之説。未嘗過而問也。

朱子與陳丞相別紙曰。爲學之初。當深以貪多躐等好高尚異爲戒。然而㊀猶是知見邊事。若但入耳出口。以資談説。則亦何所用之。既已知得。便當謹守力行。乃爲學問之實耳。

㊀「而」當為「此」。

補 尚書鄭少融丙

附録

進權吏部尚書。同修國史。尋兼侍讀。取陸贄奏議切時者。反覆開陳。進司馬光五規。范祖禹帝資乙覽。嘗乞勿聽妄獻利害。紛更庶事。又論治贓吏太寬。上並以爲然。嘗薦蕭燧。胡晉臣。羅點。後俱至二府。見㊀謂知人。其他如李燾之博洽。劉國瑞之清正。林栗。林枅。鄭湜之剛方。唐仲友之學問。援引不少置。善類歸心焉。

江氏家學

江先生明

江明字清卿。建陽人。琦之子。既冠。從諸長老遊。讀書問學。探討不饒。而不肯爲論說。始亦有意爲浮屠學。既而喟然曰。徒亂人耳。朱子大全集。

江先生嗣

江嗣。宣教郎琦之幼子也。與兄明。皆與朱子遊。以文行知名。嘗以選士貢京師。朱子文集。

㊀「見」當為「可」。

茶山家學

補司農曾先生逢

附録

趙章泉投曾秀州詩曰。我向茶山得屢行。至今人説老先生。九原不作吾安仰。宗武宗文賢弟兄。

朱子語類。問友仁。吾友昔從曾大卿游。于其議論云何。曰。曾先生靜嘿少言。有一言不及其躬行者。曰。曾卿齊家正身。不欺暗室。眞難及。

茶山門人

陳先生元有

陳元有。□□人。内舍生。曾吉甫遷辟雍博士兼編修道史檢閲官。時禁元祐學術甚厲。而以剽剥頽闒熟爛爲文。博士弟子更相授受。無敢異。吉甫獨憤歎。思一洗之。一日。得經義絶倫者。而他場已用元祐體見黜。吉甫爭之不可。明日會堂上出其文誦之。一坐聳聽稱善。及啓封。則先生也。遂釋褐。文體爲少變。學者相賀。渭南文集。

范氏門人

劉先生玶别見劉胡諸儒學案補遺。

澹庵家學

補承務胡先生泳

附録

既抵朱崖。澹庵聚徒授業。諸生執一經求訓。君甫弱冠。往與討論。澹庵與振文兄書曰。百二姪喜亦安吉。知爲學不倦。雖不偶。是穮是蓘。有饑饉亦必有豐年也。更須學禮乃佳。謬叔幼年爲王氏學所惑。不曾學禮。泳澥輩悉令學禮。四時享祀。朔望酌獻。畧倣古而參以温公説。行三獻。今已數年。嶺海學者往往翕然改觀。泳弟讀禮已至雜記矣。

梓材謹案。澹庵又與李文通書云。小子泳因緣獲出門下。朝夕親炙誨益。恨得師之晚。

補尚書胡伯圜先生澥

附録

劉後村祭伯圜尚書祝文曰。公與少公。蚤相頡頏。故家文獻。中朝典常。並奏壎篪。互爲宫商。里人皆曰。澹庵不亡。三十年間。更迭翺翔。虎節麟符。台斗文昌。國有喬木。民有甘棠。世人皆曰。忠簡有光。

梓材謹案。此文伯圜當卽奉議。所謂少公。豈卽承務季永耶。

胡先生泳

胡泳。忠簡第三子。官承務郎。周益公集。

雲濠謹案。澹庵與張丞相書有云。某頌繫屏居。日與學生泳澥泳讀禮記春秋。間有一二生執經相從。亦不敢倦。是澹庵三子皆嘗從其學矣。

胡先生濂

胡濂字幾道。澹庵從子。長以孝友聞。學作賦詩。嘗計偕不偶。歸益温故學。選授迪功郎。監潭州衡山縣户部贍軍酒庫。澹庵文集。

胡先生□

胡□字季懷。澹庵從子。幼孤。能自植立。志學攻苦。逮壯。與計偕。連不得志于春闈。乃于廬陵之永和鎭築室。榜曰時中。著書訓子。號明儒方。凡二十有五卷。大概發明大學之說。又著易筌蹄一卷。詩集二十卷。周官類編五卷。春秋類例十五卷。屬比五卷。左氏類編十卷。文集十五卷。娶羅孝逸先生之女。卒年四十有八。胡澹庵集。

附録

澹庵哭之以詩曰。四十餘年一夢寒。平生篤學困瓢簞。傷心一念烏鶩哭。洒淚數行風裛殘。苦海要除根豈易。甘泉欲去本非難。何時得請臨其穴。緣斷三生指漫彈。周子充用前韵哭之曰。詞鋒激烈劒鋩寒。素蘊輝光珠在簞。萬里未行騏驥死。百圍將半豫章殘。山中宰相今誰繼。地下修文古亦難。一讀名章三太息。淚流何待雍門彈。

胡先生公武

胡公武字英彦。一作彦英。澹庵猶子也。年十三。爲黨庠春秋弟子員。一試出諸生上。郡博士汪俁劉夙與論學。吃吃也。招爲春秋師。似夙學者。先生覃思經訓。出入百氏。謂求聖道當自論語始。以韓子始孟爲非。是乃取賈誼揚雄李翺等解爲集註論語若干卷。傅以新意。性嗜文。尤工于詩。晚自號學林居士。其論文極不苟。如范浚明尤所厚者。嘗以書與之上下其論。往復千里。楊誠齋集。

附録

周益公序先生論語集解曰。惟胡氏世傳春秋學。英彦尤致意焉。是書也。集諸儒之説而以道爲之權衡。是非取舍。不敢銖兩輕重其心。間有旨雖殊而理通。亦並存不廢。務使學者優柔而自求。饜飫而自趨。非深于春秋。能如是乎。其用心過漢儒遠矣。

胡先生箕

胡箕字斗南。廬陵人。忠簡從子。迪功郎。監潭州南岳廟。著有春秋三傳會例三十卷。經義考。

附録

君幼而志趣不羣。既長。貫穿經史。尤精于春秋。爲文下筆千言。衮衮不休。間得異書。口誦手鈔。忘寢興。已老無倦。

胡氏大族。叔父忠簡公帥以嚴正。羣從畏憚。惟待君加禮。君亦有聞必告。忠簡每于廣坐褒稱之。風勵其餘。

叔永學侶

宣獻樓先生鑰詳見邱劉諸儒學案。

澹庵門人

通守方困齋先生疇詳見紫微學案。

陳先生元中詳見衡麓學案。

崔先生若舟附兄若礪。彭元永。陳介卿。彭元合。

崔先生若雨合傳。

崔若舟。若雨。新興人。皆進士。試禮部。兄若礪。字公冶。胡澹庵流新興道英州。公冶時尉眞陽。一見如舊。既抵新。而公冶亦官滿來歸。朝夕過從論文。又遣二季從澹庵授春秋。易。而公冶與其友彭元永。陳介卿。彭元合。亦徜徉其間。時漳人陳元忠景衛客番禺。佳士也。聞公冶兄弟志學。而新之士皆向化。于是浮海輕千里願交。一時稱盛。已而公冶爲惠之河源令。所改秩命且下。以疾卒。公冶惟一妹。母擇所宜歸曰。必嫁官人。公冶以妻景衛。比婚。行古奠鴈同牢禮。不舉樂以矯俗。廣之三揖躂之。胡澹庵集。

施先生峻

施峻。鬱林人。從澹庵授戴禮。于島上三年。至雜記。其父護戎官滿而去。澹庵勉之曰。記凡四十九篇爲二十卷。雜記則過大半矣。古人之行百里者半九十里。言晚節末路之難也。學亦猶是。今之學者讀書未卒二典。讀詩未卒二南。已易業讀他書。猶行百里至十里而止也。子能讀禮過半。勤亦至矣。若不能卒業。至雜記而止。則前功皆廢。猶行百里至六七十里而止也。以六七十里笑十里。則何如。是亦止耳。子其勉之。不及百里。勿自畫也。胡澹庵集。

譚先生助

譚助字思順。茶陵人。兩試禮部。嘗從澹庵學春秋。澹庵答其扳援河伯海若問答。及引孟子觀海難爲水。游聖門難爲言之論。以至正人心之説。其官祕書省也。又答其書云。胡澹庵集。

曾先生充

曾充。澹庵之徒也。澹庵答曾秀才書云。足下後生可畏。文雅而才逸。當譽髦如林之時。博洽方聞之士並肩而立。不往從之游。乃懇懇于罪垢無似之人。寵以長箋。商榷古今。稱道不容口。如見所畏者。何哉。至如論才學識。則又謂僕兼之。非僕所敢當也。胡澹庵集。

縣令廖先生□

廖□。嘗官知縣。澹庵答其書稱之曰賢友。云。僕竊執事自早歲學易。已有家法。則道已傳。妙齡以摛藻取賢科。業已精矣。小試牛刀。芒刃不頓。而琴齋晏然。方諸邑紛紛以簠簋不飭。被逮者踵相接。而執事獨能洗手奉公。無絲毫掛吏議。而又有賢父兄昕夕切磋。日聞所不聞。則不惑矣。而獨勤勤有意韓子之師説。豈曰傳道受業解惑云乎哉。誠欲慕聖賢行古之道。非止追逐時好爲利禄計而止也。胡澹庵集。

林先生遯

林先生遠合傳。

林遯林遠兄弟二人。澹庵爲作素冠説云。陳景衛爲余言。廣有林氏子。居母喪。有志乎古。懼其志之弗堅。求余言以鍵之。余爲説素冠之詩。以前二章作其哀素之心。卒章勉其終之而弗怠也。林生勖之哉。胡澹庵集。

王先生行簡

王行簡。世家臨川。久從胡忠簡公遊。周益公集。

羅先生尚志

羅尚志。澹庵之甥也。嘗與書論尋地云。世間人未有不死者。死未有不葬。何患無地。禮記云。擇不食之地而葬我焉。不云擇陰陽而當也。九經十七史老舅亦曾涉獵。並不説壽考富貴由葬地。吕才云。長平四十萬人。死非葬時。俱犯三刑。南陽多近親非葬地。俱當六合。此説甚善。俗儒不讀書。不見古人議論。溺于陰陽之書。背孔孟之道。戒之愼之。若不從吾言。勿踐吾門。勿受吾教。胡澹庵集。

正字王季羔先生端朝

王端朝字季羔。澹庵之徒也。澹庵自貶所歸。與書云。吾友想學問加長。甚望。不能得一見。雖兄弟之情。不過如此。不知頗復見念否。胡澹庵集。

梓材謹案。其書下文。有投拜秀穎。遂契鄙者之語。則季羔非終于向學者矣。澹庵又與陳守書云。鐫喻江夏。往來仰服。規誨渠子弟。執經相從。固辭不可。江夏不知何人。又案。周益公跋胡邦衡帖云。所謂季羔正字者。王端朝也。又云。邦衡父子季羔墓木皆拱。時則季羔已没矣。

符先生□別見元城學案補遺。

直閣家學

胡先生序父衮。

胡序字少賓。永嘉人。宗正少卿襄之從子也。父通判滁州衮。初讀書天慶觀。故相秦檜在永嘉。聞其名。出其不意。杖策來覘之。滁州方讀孟子書。不爲輟。秦因誦宋句踐一章以感諷之。不動。秦再相。有以滁州薦者。曰。是固以三顧望人者耶。滁州竟官不達。少卿亦坐言者謂尚胡寅趙鼎之學。擯十餘年不用。先生志益壯。連調官。丁外内艱。不赴。晚監湖酒卒。先生娶薛舍人徽言女。寺正士龍其妻弟也。長子宗盡得外氏書。能率諸弟力學云。陳止齋集。

黎氏家學

黎先生□別見衡麓學案補遺。

黎氏門人

蕭先生□別見五峯學案補遺。

大夫私淑

文節趙章泉先生蕃

詳見清江學案。

樂氏家學

樂先生忠恕

樂忠恕。□□人。南軒贈之以詩云。老子曾從先覺遊。後來文采繼風流。胸中有意窮千古。筆下成章映九秋。塵世利名無著莫。聖門事業更精求。詠歸消息今猶在。魚躍鳶飛會得不。濂洛風雅。

宣卿門人

通判胡先生□

胡□。

梓材謹案。胡澹庵與向宣卿云。先兄通判獲出門下。

劉氏門人

文節楊誠齋先生萬里

詳見趙張諸儒學案。

羅氏門人

羅先生上行

羅上行字元亨。廬陵人。建炎進士。少負奇氣。以功名自許。時岳飛奉命討洞庭巨寇楊幺。檄先生督餉諸郡。至全州。通判范寅倨傲不與。先生抗責之。乃發廩帑以應。知上猶。雲濠案。楊誠齋志墓作饒州安仁。境内大治。部使者上其狀。請頒其條教爲諸州縣式。吉安府志。

郭先生有憑

郭有憑。

明甫家學

羅先生克開

羅克開字達父。龍泉人。明甫弟。乾道進士。宰廣昌。有惠愛。憲使鄭汝諧行部。邑民遮道借留。鄭問知縣何長。民雜對曰。不愛錢。不苦百姓。此其所長也。遷大理正。同列欲奪巨室沙田歲入以媚韓侂胄。先生力持不可。由是出知郴州。至州。首廢永豐銀冶。還社倉于民。移守蘇州。青衫手版外。惟橘隱集三卷而已。人物志。

元通門人

左先生龍卿

左龍卿。羅元通之故人子也。貧且失學。元通收而教育之。楊誠齋集。

張氏門人

陳先生漢臣

陳漢臣。張伯麟之徒也。澹庵嘗答其書云。蒙惠長書。覺氣格不似海外人文章。因請問師友淵源所自。而吾子答以從張慶符學。于是知吾子蓋有師承。而非若庸庸無模範者。又云。某將南向。酌酒以賀慶符尚席之得人也。胡澹庵集。

武夷再傳

補 縣官張先生默

附録

南軒送默姪之官詩曰。姪也相從久。吾心念汝多。又爲江漢別。空覺歲年過。氣習須消磨。工夫在講磨。惟應介如石。人事易蹉跎。

補文莊曾先生漸

附録

實録檢討官時。論者方以道學爲僞。攻訕出一口。公厭之求去。將請矣。有覺其不可者。留于朝。遷著作佐郎。

韓侂胄死。素抑奪者多收用。而趙彦逾亦在中。公爭曰。彦逾無預世道興衰。何爲于此。又將籍故宰相陳自强之家。公又爭曰。國家本忠厚爲德。二百餘年矣。豈以自强故薄哉。

武夷續傳

文忠眞西山先生德秀詳西山眞氏學案。

蔡復齋先生沆詳見西山蔡氏學案。

司業李先生琪

李琪字孟開。吴郡人。仕國子司業。著有春秋王霸列國世紀編三卷。書成于嘉定辛未。每國紀後有序論。至正中。渝川周自得序而行之。黄氏千頃堂書目。

梓材謹案。周氏序世紀編有云。廬陵羅中行以家藏善本梓而傳之。四庫書目提要云。第一卷爲王朝及霸國。霸國之中黜秦穆楚莊而存宋襄。又於晉文以下列自襄至定十君。而特附以魯二卷。爲周同姓之國而特附以三恪三卷。皆周異姓之國而列秦楚吴越于諸小國後。所論多有爲而發。如譏晉文借秦援楚。晉悼結吴困楚。則爲徽宗之通金滅遼而言。譏紀侯鄭于讐敵而不能自强。則爲高宗之和議而言。其意猶存乎鑒戒。至于稱魯已滅之後。至秦漢猶爲禮義之國。則自解南渡之弱。霸國之中退楚莊秦穆而進宋襄。則自解北轅之恥。置秦楚吴越于諸小國後。則又隱示抑金尊宋之意。蓋借春秋以寓時事。略與胡傳同。而胡氏又堅主復讐之義。李氏則徒飾以空言矣。

程先生公説詳見二江諸儒學案補遺。

正獻家學

寺丞陳克齋先生宿附子增。

陳宿字師道。正獻子。復齋弟也。由父任監福州海口鎮。累擢大理寺丞。以親養辭。知惠州。未上。改常州。方爲所生母服心喪。不拜。卒年七十。内行素飭。事嫡母盡孝。事兄如父。官箴尤謹。自號克齋。鶴山爲作銘焉。復齋以直道去。不復召。先生以復齋故。不見用。終其身未嘗有傷人害物之事。蓋謙厚者其世德。廉儉者其家法也。子增。字仲能。歷知懷安丞。蓋退而居者二十載。累遷大理司直。自少至老。不知世有詭遇速化之事。正獻有贍族義莊。仲能益推廣其意。别號習齋。鶴山書其扁云。劉後村集。

監税陳先生址别見滄洲諸儒學案補遺。

迪功陳先生均詳見晦翁學案。

正獻門人

羅先生點詳見象山學案。

鄭先生鑑

鄭鑑字自明。號植齋。連江人。贅于丞相陳正獻之家。遂居于莆。官大著事。孝宗朝忠藎極諫。不顧一身。唯爲天下慮。當時晦庵。南軒。東萊。艾軒諸公深敬之。三十歲兩優釋褐。三十八卒。所存惟註易一部。所南雜文。

梓材謹案。南軒與東萊書有論先生語。見南軒學案。

茶山續傳

曾先生棠

曾棠字召南。贛州人。茶山文清公孫。慶元初。丞東陽。政事一本家學。建漏澤園。經理常平倉。民養生喪死有賴焉。東陽縣志。

曾先生松

曾松字堅伯。章貢人。文清之從孫也。習其家法而恪守之。敬賢樂善。雖老不忘。以朝請郎江西安撫司參議致其事。嘗與黄勉齋遊。黄勉齋集。

司農門人

直閣李磐溪先生孟傳詳見元城學案。

王先生中行

王中行字知復。餘姚人。三槐丞相之近族也。早歲穎悟。熟諸經史。居親旁。時時默誦數百千言。以遺恩補官。調武義主簿。爲父司業遠持節閩中。遠于膝下。易四明之慈溪。改知建德。視民如子。歷轉奉議郎以卒。先生娶曾大理逢之女。力學不怠。又周旋于名父賢婦翁之間。涵養薰陶。增本浚源。日厚月深。其官慈溪也。司業送之詩曰。惟畏實寡過。惟勤無功虧。既至官。即廳事爲堂。大理因以勤畏名之。朝夕觀省。終其身遵而行之。袁絜齋集。

郭先生友仁别見滄洲諸儒學案補遺。

少賓家學

胡先生宗别見止齋學案補遺。

胡先生守

胡守。少賓子。與兄宗相次登進士第。以能文有學爲名士。師友必㊀于四方。在家如處子。里巷人不識面。未嘗謁州縣也。水心志其母墓曰。少賓温温。萬夫之豪。宗也繼長。守也增高。葉水心集。

李氏續傳

李先生大謙

李大謙。廣平人。侍郎椿之孫也。侍郎嘗大書六十四卦之象于屋壁。玩之三月而有得焉。于是爲書。題曰觀畫所見。既自序所以作。厥後七十年。先生守邵。則侍郎觀畫之地也。是書久失而俄得。不無爛脱。先生又敘所以然。而屬鶴山申其義。魏鶴山集。

李先生芾詳見鶴山學案。

文莊家學

曾先生同附子穎瑞。

曾同。南城人。文莊公漸之弟也。僉書定江軍判官。清介無倚附。自六館諸生。晚得一官。

㊀「必」當為「遍」。

諸子皆生長勤訥㈠。舍學無他力。其子穎瑞。繼伯父者。尤專若㈡。昆弟共學。木榻上一楮衾。數年寒暑不易。穎瑞字履祥。性警悟。寶祐丁巳。以兄侍郎郊恩補官。任峽州遠安簿尉。臨江軍清江丞。吏事修舉。累改宣教郎。知安慶府桐城縣事。謁告而歸。歷除江西提舉。閉户不復出。徜徉溪南水竹間。初侍郎以勁節二字名其溪南便坐之室。鄉人稱之曰勁節先生。元大德四年卒。年七十六。嘗語子若孫以少時艱難曰。非力學不足以立身。非從善不足以爲人。又曰。士以不辱身爲重。用舍命也。遇否時也。程雪樓集。

曾先生穎茂

曾穎茂字仲實。文莊之子。官至吏部侍郎。理家莅政。愼密嚴重。凡臺閣典故。官曹科條。邦計本末。洞究綱紀。繩引珠貫。密施顯設。刃游縷解。有所操執。不回不撓。封武城侯。江西通志。

李氏家學

李先生韶 別見濂溪學案補遺。

㈠「訥」當為「約」。

㈡「若」當為「苦」。

澹庵私淑

忠烈文文山先生天祥詳見巽齋學案。

直閣續傳

胡人齋先生一桂詳見木鐘學案。

正獻續傳

忠肅陳先生文龍

陳文龍字君賁。興化人。丞相俊卿之後也。能文章。負氣節。初名子龍。咸淳五年廷對第一。度宗易其名。丞相賈似道愛其文。雅禮重之。歷拜監察御史。忤似道。黜知撫州。又使臺臣李可劾罷之。未幾。起爲左司諫。尋遷侍御史。累至參知政事。上章乞歸養。益王稱制于福州。復以先生參知政事。漳州叛。以爲閩廣撫使討之。興化石手軍畔。復命爲知軍平之。元兵來攻。使其姻家持書招降之。先生焚書斬其使。通判曹澄孫開門降。執先生與其家人至軍中。欲降之。不屈。左右淩挫之。先生指其腹曰。此皆節義文章也。可相逼耶。强之。卒不屈。乃械繫送杭州。先生去興化。卽不食。至杭餓死。其母繫福州民寺中。病甚。無醫藥。左右視之泣下。母曰。吾與吾兒同死。又何恨哉。亦死。衆歎曰。有斯母宜有是兒。爲收葬之。宋史。

梓材謹案。辟疆園宋文選跋云。後訃聞行朝。詔諡宗肅。賜廟號昭忠。

附録

元兵至福州。益王趨廣。先生殫家財。募萬兵。即興化軍開閫。製生爲宋臣。死爲宋鬼兩大旗植軍門。

復姻家福清許侍郎書曰。文龍爲理宗太學生。度宗狀元。九個月越州窮僉判。八個月撫州衰太守。享朝廷禄食僅八年。尚能自決。他人受用大宋幾年富貴。各要保家計。養子孫。略不思大主人家祭祀無所附。子孫無所託。彼蒼者天。此何人哉。孟子曰。效死弗去。賈誼曰。臣死封疆國事。至此不如無生。惟當決一死以守。來書謂同舍之義。布衣之交。此朋友之倫也。君臣之義如之何其廢之。文龍不愛一身死。不愛一家死。但欲存趙氏一脈。若以區區之守義爲不然。或致殺身覆家。鄙意則以雖闔門磔屍數段。亦所願也。請從此決。勿復多言。

又復唆都元帥書曰。來書謂我名蓋天下。何書不讀。覽盡興亡。褒拂過當。我平生讀書。但識孟子效死弗去字。左傳有隕無二字。如此而已。

武夷續傳

永政劉象環先生淵別見南軒學案補遺。

陳先生深

陳深字子微。世爲吴人。宋亡。棄舉子業。篤志古學。閉門著書。有讀易編。讀詩編。讀春秋編。弟子甚衆。且有高名。别號寧極。學者稱寧極先生。子植。姑蘇志。

梓材謹案。經義考載先生清全齋讀春秋編十二卷。存。四庫書目提要稱其嘗題所居曰清全齋。因以爲號。又言其説大抵以胡胡〔一〕氏爲宗。而兼采左氏云。

陳先生則通

陳則通。著有春秋提綱十卷。舊本題鐵山先生。不著爵里。是書綜論春秋大旨。分門凡四。曰征伐。曰朝聘。曰盟會。曰雜例。又區分其事。以類相從。題之曰例。其雜例門中。論春秋爲用夏正。猶堅守胡氏之説。然胡氏解文公十四年有星孛于北斗。解昭公十七年有星孛于大辰。全襲董仲舒劉向之義。先生災異例中獨深排漢儒事應之謬。則所見勝于胡氏矣。四庫書目提要。

俞先生皋别見伊川學案補遺。

張先生君立

張君立。豫章人。著有春秋集議。許圭塘有壬序之云。朱子謂春秋大旨。誅亂臣。討賊子。

〔一〕「胡胡」衍一「胡」。

内中國。外四夷。貴王賤霸而已。未必如先儒所言字字有義也。君立擇諸家之論。或全或畧。疏于三傳胡氏之後。擷衆長萃于一。歷歷精至。觀其自序。蓋欲學者因是以求諸家之全。戒其厭煩務簡而取足于此。則君立所得與夫所以教人者可見矣。至正集。

曾先生震別見止齋學案補遺。

郎中吴先生師道詳見北山四先生學案。

李先生廉

李廉字行簡。安福人。所輯春秋會通二十四卷。先生元至正壬午以是經舉擢陳祖仁榜第三甲進士。官至贛州路信豐縣尹。後寇亂。戰敗守節死。江西行省上其事。屬南北道梗不能達。楊東里集。

春秋諸傳會通自序

先左氏。事之案也。次公穀。傳經之始也。次杜氏何氏范氏三傳注。專門也。次疏義。釋所疑也。總之以胡氏。貴乎斷也。陳張並列。梓材謹案。陳張謂陳氏後傳。張氏集註。擇所長也。而又備采諸儒成說。及諸傳記。略加疏剔。于異同是非始末之際。每究心焉。謂之春秋諸傳會通。藏之家塾。以備遺忘。訓子弟耳。非敢與學者道也。

雲濠謹案。四庫全書著録先生春秋諸傳會通二十四卷。提要稱其實忠義之士。非以空言説經者。又云。是編雖以胡氏爲主。而駁正殊多。又參考諸家。並能掇其長義。一事之疑。一辭之異。皆貫串全經以折衷之。如謂仲子非嫡。隱公不得謂之攝。齊桓之霸基于僖襄。三桓之盛兆于魯僖。不書吴敗越夫椒。責其不能復讐。書葬昭公。罪魯不以季氏爲逆。書葬劉文公。罪畿内諸侯之僭。書築蛇淵囿。責定公受女樂而荒。持論俱明白正大。總論百餘條。權衡事理。尤得比事屬詞之旨云。

汪環谷先生克寬詳見雙峯學案。

張先生宣

張宣字藻仲。江陰人。著有春秋胡氏傳標註。其書明初與四書點本並刊于江陰縣學。黄氏千頃堂書目。

寧極家學

處士陳慎獨先生植

陳植字叔方。寧極先生子。能以文行學術結知士林。尤篤孝力學。其爲文以經爲準。貫穿諸史百氏。哀其精華以立言。其爲詩尤刻苦精鍊。自號慎獨叟。朋舊私謚曰慎獨處士。正思齋集。

梓材謹案。姑蘇志載先生云。少負才氣。與倜儻之士游。既而折節讀書。克繼父業。又云。屢辟召皆不起。

宋元學案補遺卷三十五目録

宋元學案補遺卷三十五

後學 鄞 王梓材 慈谿馮雲濠 同輯

陳鄒諸儒學案補遺

清敏門人

補忠肅陳了齋先生瓘

謝山句餘土音賦陳忠肅公南藍詩。了齋前後尊堯録。老筆完書屬四明。故國黨人餘正氣。望藍平楚有餘清。蘋風藻月連郎壻。花嶼竹汀和友聲。館畔剩留指佞草。春來依舊緑千莖。原註云。忠肅先嘗著合浦尊堯録。不慊意。再著四明尊堯録。始無憾。當時稱爲四明先生。

梓材謹案。通鑑集覽言。龜山在東郡。先達陳瓘鄒浩皆以師禮事之。陳鄒二先生既稱先達。不得在門人之列。然固龜山學侶也。

梓材又案。劉後村跋許教廷對策云。蔡嶷應舉時師了翁。及貴。欲殺了翁。亦嶷也。是陳門之逢蒙矣。

雲濠謹案。張横浦有云。温公一傳而得劉器之。再傳而得陳瑩中。似先生實爲元城門人。當再校之。

雲濠又案。鮚埼亭詩集卷五。東城作小秦淮道古詩。來索佚事。答以五絶。第一首云。蜀岡一帶紛抔土。中有陳公窆石銘。試向白楊林下聽。猶聞瞋目詈三經。謝山自注云。陳了翁墓。

陳右司説

五經之文。久而愈新。

學者須常自試。以觀己之力量進否。易曰。或躍在淵。自試也。此聖學也。

忠肅文集

訪問于善。宜虛心而待之。主先入之言。懷決定之意。掠能問之美。無肯聽之實。如是而問者。君子之所不對也。芻説。

適越而北轅。越不可至。徙越人而置于齊里。則越語可易而爲齊。然則氣質一定。而不能自易其習者。非以其不學歟。氣質之用狹。道學之力大。習其所自習者。未嘗察也。天氣而地質。無物不然。人藐乎其閒。亦一物耳。物與物奚以相遠。或哲或愚。不係其習乎。思誠之道。莫先于學。務學之要。在于求師。顔子之不遷不貳。得于孔子。睎顔之人將孰師焉。責沈文。

神器雖大。如人之形。愛養胃氣。可以保生。陽明之經。偏于口體。呼吸之閒。無有不差。左絡連右。首脈應趾。中經流行。寧有定位。彼執一者。棄異取同。異我曰偏。同我曰中。語各有心。心各有物。孰能審是。而不彼恤。祭范忠宣文。

熙寧元年。神考内出手詔。付中書門下曰。朕顯承英考之遺烈。致孝述美之意。未常須臾忘之也。其時政記起居注不能具載者。非均體大臣詳記而博緝之。殆將零落矣。今著其録。必藉事實。卿等綱舉條布。以備紀述。使明並日月。歷萬世而不晦。宰臣曾公亮等再拜稱謝。神考流涕久之。臣竊惟神考之于英祖。致孝述美一詔之内。所兢兢者有三事焉。欲徽猷之具載一也。恐所録之非實二也。懼大明之蔽晦三也。流涕動心。如對廟像。今陛下繼神考之志。當以熙寧手詔爲師。述神考之事。當以詔中三事爲本。十九年之大美。若有不載。雖載其事而所記非實。則晦先朝日月之明。而違聖主繼述之志矣。傳信萬世。將何賴焉。王安石著矯誣之書。詆訕君父。蔡卞等以乖悖之意。遵而行之。變亂事實。攘奪懿美。移此與彼。掩晦大明。臣編類其語。始于聖訓。觀其大者。可以考其餘矣。三尺童子。亦知受與不受。無加損。豈聖訓乎。小節不足爲。豈聖訓乎。以朕比文王。豈不爲天下後世笑。豈聖訓乎。朕自覺材極凡庸。豈聖訓乎。朕頑鄙初未有知。豈聖訓乎。若設法傾之。則兼并自不能爲害。豈聖訓乎。如蓄使坐位處別設提舉官位。豈聖訓乎。今著其録。必藉事實。若使實録之内。皆記此語。以爲大訓。可謂之事實乎。語在日録。則誣先烈者。私史也。語在實録。則誣先烈者。太史氏也。滌除誣僞。眞訓乃白。稂莠未芟。終害嘉穀。私史之誣。發于安石。成于卞武。不改可也。章惇由之。而不知曾布進書而不悟。自餘史院臣僚前後相踵。非一人也。聖主于以光揚爲務。一日以史事詢焉。則卞武之外。若過若故。可以分矣。劉庠申明新法。王安石欲罪之。陳升之曰。且欲更與王安石商量。神考聖訓曰。此是朝廷法。不干王安石事。今於安石既死之後。猶欲過用日録。據其誣悖。阻害公論。豈不違神考之訓乎。此等眞訓深切著明。託訓雖多。終不可掩。更在辨之而已矣。以熙寧手詔爲師。以詔中三事爲本。棄彼取此。改舊爲新。還先緒已晦之明。紹武王善繼之美。垂訓萬世。流光無窮。天下幸甚。聖訓門。

孔子曰。坤道其順乎。承天而時行。古之君子法坤之順。以承其君。雖有致君之道。澤民之術。含之以從王事。不敢成也。如其不順。則敢心生矣。敢則悖。悖則戰。戰則其血玄黃。陰陽兩傷。君臣之閒。豈願至此。故承天之順。不可不習。習而後行。則不疑其所行矣。不習而行。則天下之所共疑也。尙可信哉。坤之六二。大臣之位也。而其辭曰。不習無不利。古之君子。習承天之事。而未嘗有意於此位也。用之則行。舍之則藏。其用而行也。則以既習于未行之前耳。臨事而後習。能免其疑乎。然則六二之不習。其習也久矣。習此道者。其可以捨春秋乎。天尊地卑。乾坤定矣。春秋尊元之法。尊尊卑卑。一定而不可易也。故爲人臣而不知春秋者。必陷僭僞之誅。死罪之名。其實指以爲善。而爲之不知其義。被以惡名。不可辭也。然則處承天之位者。可以捨尊元之法哉。既處承天之位。既捨尊元之法。革而不當。其悔不亡。無祇悔也。而繼之以改。則日月之更。人皆仰之。何至于迷復哉。論道門。

政教有是非。命令有可否。君所謂可而有否焉。臣替其否以成其可。君所謂否而有可焉。臣獻其可而替其否。是以政平而不干。民無爭心。此晏子獻替之説也。三代聖賢之君。從諫之道。改過之法。其有不由此者乎。晏嬰一國之佐。不敢妄獻替之義以輔其君。況爲天下之相。當如何哉。王安石進爲之。祇取六經之言。所以文其私意者。皆經語也。因爲六經之術悉在語言。先賢議論並無經旨。捨古老更練之言行。新奇可意之論。可獻者替。可替者獻。神考熙寧九年。厭安石獻替之罔公。驗執政私人之害國。先除鄧綰。次出安石。此成湯不吝之明。而堯舜黜陟之道也。安石以熱中之心。著詆誣之史。追蓋前繆。變亂事實。蔡卞用事。遂出其書而行之。執爲國是。人不敢非。然則蔡卞所執之是。即安石所唱之可也。謂太祖濫誅無辜。天下其以爲可乎。神考好惡不分明。天下其以爲可乎。嗚呼。此特其言之不可者爾。獻替門。

安石初爲從官。即唱理財之説。及爲參知政事。遂行其所言。今考日録第一卷。安石於未作執政已前。七對神考。並無一言及于理財。至于執政供職之第一日。即僞書對上之言曰。人主當以成禮義廉恥之俗爲急。若先著爲利之實。而禮義廉恥之俗壞。則天下不勝其弊。孟子恥言利。曰。亦有仁義而已矣。然其卒曰。未有義而後其君者。人人不敢後其君。此乃人主大利也。嗚呼。安石著書首撰此語。卻思孟子之説。其於前日所行不可謂之無悔心也。年運已往。雖悔可追。悔而不改。濟以欺僞。作此誣書。陰授蔡卞。卞紹聖用事之初。專述熙寧。及哲宗既怒常立。然後驟述元豐。始與序辰謀作訴理之事矣。事之本末。臣請敘而論之。臣聞紹聖三年。尚書右丞蔡卞引選人常立。爲假通直郎。崇政殿說書。又力薦之請賜對。對之明日。復請躐除侍從官。哲宗問卞曰。立詆神考而卿薦之何也。又顧丞相惇曰。卿不見其語乎。惇謝不知。因請其語。哲宗怒曰。語在常秩行狀。其語云。自安石罷相以來。民在塗炭。又云。自秩與丞相去位。而識者知政事必敗。其謟厚安石而詆薄神考如此。卞三薦之何也。卽命中使史院取秩行狀。哲宗親指塗炭必敗四字以示宰執。惇等皆頓首謝罪。請貶立。退擬立監壽州酒。給事中葉祖洽駁曰。立詆毀先烈。謫輕地近。乃改立永州監酒。而撰常秩行狀者趙實特勒停。初大學博士林自。用卞之意。唱其言于大學曰。神考知荆公不盡。尚不及滕文公之知孟子也。士大夫固駭其言矣。自哲宗既怒常立。卞始惶恐改意。而林自滕文公之語。亦自此不敢宣言於衆。卞于是與序辰等始用蓋抹之術。

日録載安石之言曰。人君爲天地萬物主。須是蓋抹得事過。乃能濟天下。紹聖中。蔡卞用蓋抹之術。在既躐常立之後。安排之序的然可指。臣請稽其本末而論之。熙寧九年。鄧綰落御史中丞。安石亦相繼罷去。退居鐘山。著此訕書。以授蔡卞。卞當元祐之時。增損潤色。九年筆削。恩怨分明。回互防嫌。以吸衆好。照顧本末。以完私美。書行于紹聖之始。嫁禍與進書之人。惇等醉迷。例遭嫁賣。不知宗廟之遭詆誣也。天實誘之。使薦常立。哲宗皇帝灼見姦僞。竄悖臣于遠方。卞懼僞迹浸彰。于是屈意改圖。而用蓋抹之術矣。蓋卞之初意。譏薄神考元豐之年。專務紹述安石熙寧之事。至是知其不可。則與蹇序辰同謀。以神考褒勸吴居厚手詔。牓于朝堂。其迹則善述熙寧。深贊元豐。其心則出脱安石。詆誣宗廟。夫詔褒居厚。乃神考駕馭監司之意爾。元祐初章惇爭論役法劄子云。役法可以緩改。非如京東鐵馬。福建茶鹽。不改一日。則有一日之害也。及卞序辰共作敕牓之時。先以章惇元祐劄子脅持宰相曰。若以居厚京東鹽馬之事。爲不改一日則有一日之害。是以理財之詔爲非也。惇計無所出。噤不能語。於是亦以勑牓爲是矣。且安石初欲理財。自謂合于經術。謂司馬光之徒皆不曉孟子義利之説。豈以理財爲不美哉。及退而著書。則於作參知政事第一日。便造安石奏上之言曰。孟子恥言利。若宣著爲利之説。則恐壞風俗。又造安石奏上之言曰。陛下但好理財。利于理財者。則汲汲而用。至于講道。則不以爲急。又曰。以理財爲先。則人將機巧趣利。又曰。若以理財爲先務。又召致無行義之人。則恐天下視聽不足。蓋安石捨衆自用。造法於得君之初。事過追悔。著書於十年之後。歸過宗廟。圖蓋已愆。是可忍也。復何議哉。又歸過之言曰。臣常勸陛下不須多張榷法。又論榷鐵則曰。官自鼓鑄。則必與漢同弊。此所以譏元豐之政也。卞及序辰謀取神考駕馭監司之詔牓於朝堂。豈爲一吳居厚而已哉。欲實安石詆譏之語。而杜塞天下愛君之言耳。夫有舒有慘。天道所以變通。一張一弛。文武所以相濟。神考聖訓曰。什一而税足矣。又曰。今税斂已重。此則理財之正論。聖主之本心也。至於詔獎居厚。則所以獎有勞之臣耳。孰敢以爲非乎。卞等揭揚一詔。便謂安石所諱理財之事。可以移過于宗廟。而日録誣僞之言。可以取信天下後世。蓋卞等所謂蓋抹者如此。以上理財門。

一陰一陽之謂道。中國陽也。夷狄陰也。兩不相傷。則治道明矣。蠻夷猾夏不可也。窮兵黷武亦不可也。兩不相傷。故德交歸焉。本朝之所以待夷狄者是矣。景德中。契丹寇澶淵。王欽若請幸金陵。當是時。若無寇準。則自江以北。非我有矣。欽若鄉里墳墓皆在江南。倉猝之中。謀畫如此。王安石於四邊無事之時。不恤北境。其論巡鋪則曰。雖棄雄州無害。其論水利則曰。塘濼可決水爲田。卞等專據日録以動邊機。假託經義以文姦意。尚賴天扶宗社。不可傾搖。私意之臣。姦萌自露。往者不足道。來者尚可爲。所欲詢謀。當得平心愛國之人。如寇準者。然後可以無悔也。邊機門。

以道則皇。以德則帝。以功則霸。以力則强。藝祖創業。付畀後世。專用皇帝。不以功力。卜都于汴。非恃山河之固也。其所恃者民心而已矣。民心休戚。繫國安危。安不忘危。治不忘亂。于是精選募兵。愼擇宿衛。所以上安宗社。下保生民。爲萬世不拔之基也。安石之謀則異乎此矣。欲以義勇代宿衛。欲以保甲代募兵。分將豪傑。既欲付之近臣。翊衛至尊。又欲委之子弟。河北州縣。則以爲可併。江南州縣。則以爲可析。以果斷易變爲請。以神考畏憚爲非。神考憂深慮遠。終拒其奏。國本安寧。萬世永賴。其在茲乎。論兵門。

爲人臣者以皋夔稷契自處。則必處其君于堯舜。以伊周傅説自處。則必處其君于三代。臣竊考日録。王安石之所以自處者。何其異也。誣薄神考。加以譏玩。託訓造誣。靡所不至。而自以其身比之皋夔傅説。嗚呼。何其異也。神考以堯舜用人之道。舉安石而相之。虛心眷倚。誠禮俱盡。雖成湯之于伊尹。不過如此。及鄧綰以姦回敗露。安石求去。亦遂出之。然後自攬威柄。用人惟己。凡安石所怒之人。無不復用。凡安石所喜之人。往往斥去。不膠不執。聖政日新。自是厥後。豈復以安石爲可任也哉。見賢焉而用之。有罪也而去之。此神考之所以合乎堯舜者也。以不吝之明。改用人之過。此神考之所以合乎成湯者也。安石退居以後。追思前事。有不當之悔。無克己之功。祇悔不改。安於遂非。遊蕩既遠。終以迷復。著書歷詆。不分上下。傲然自聖。聊以忘憂而已矣。雱謂安石之聖。過于仲尼。安石謂小人紛紛。獨賢其子。當是之時。臣以答義應舉。析字讀經。患史事之難究。棄而不習。悦莊周之寓言。躋爲聖典。凡安石之身教。王雱之口學。臣皆以爲是也。昔云所是。今覺其非。既知其非。安敢不改。處己門。

莊子曰。寓言十九。蓋十語而九虛無也。虛無之説。其可稽乎。無稽之言。不可聽也。而可以用之于天下乎。用其説于天下。不衰則亂。西晉及江左是也。宋高祖立儒妙史文四學。君子以爲不可。夫道一而已矣。學道者豈有四哉。史者往古之事實。文者剛柔之相文。無文無史。烏可以謂之儒也。至于莊周妙學。則虛無似理。實不可用。古人有言曰。辟如欲造宮室。必于空地。若于虛空則不能成。儒者之空。空地也。莊周之空。虛空也。託于虛空而欲求宮室之成。是適越而北轅也。然莊周著書汪洋自適而已。本無誑脅求利之意。故寓言之過小。安石著書。掠美歸過。誣君訕上。故萬言之罪大。宋齊丘學博名高。自致顯位。一不如意。則攜衣笥望秦淮門欲去者數矣。輕于去就。視鼎鑊如無也。同類尊獎以爲國之元老。又曰。宋公造國手也。而其友李證古陳覺之徒。專取莊氏之學。以文其姦。喜妄説。其言當時謀議皆可考也。人之常言曰。老聃莊周。臣竊以爲老氏莊氏不可同日而語也。堯舜之道。安民而已矣。老氏清淨。何負于民。漢文用之。

黎民醇厚。三代以來。治天下者。莫有及焉。豈可與莊周寓言同日而語哉。若使漢文專用堯舜。則其治不貶于三代矣。老子之言曰。善言無瑕讁。又曰。不言之教。無爲之益。天下希及之。蓋老氏之言以無爲爲本。以不言爲教。及其有言也。貴無瑕讁。其肯十語九僞而爲學者之大患乎。故臣因論寓言而兼明莊老之所以異。寓言門。

四明尊堯集序

臣聞先王所謂道德者。性命之理而已矣。此安石之精義也。有三經焉。有字説焉。有日録焉。皆性命之理也。蔡卞。蹇序辰。鄧洵武等。用力純一。主行其教。所謂大有爲者。亦性命之理而已矣。其所謂繼述者。亦性命之理而已矣。其所謂一道德者。亦以性命之理而一之也。其所謂同風俗者。亦以性命之理而同之也。不習性命之理。謂之流俗。黜流俗而竄其人。怒曲學則火其書。故曰。卞等用事以來。其所謂國是者。皆出性命之理。不可得而動搖也。臣昨在諫省。所上章疏。嘗以安石比於伊尹。伊尹聖人也。而臣乃以安石比之者。臣於此時猶蔽于國是故也。又臣所上章疏謂安石爲神考之師也。神考堯舜也。任用安石。止于九年而已矣。初任後棄。何嘗終以安石爲是乎。而臣乃以安石爲神考之師者。臣於此時猶蔽於國是故也。臣昨者以言取禍。幾至誅殛。賴陛下委曲保全。賜臣餘命。臣感激流涕。念念循省。得改過之義焉。蓋臣之所當改者。亦性命之理而已矣。孔子曰。乾道變化。各正性命。又曰。地道無成。而代有終也。性命之理。其有易此乎。臣伏見治平中。安石唱道之言曰。道隆而德駿者。雖天子北面而問焉。而與之迭爲賓主。自安石唱此説以來。幾五十年矣。國是淵源蓋兆于此。臣聞天尊地卑。乾坤定矣。定則不可改也。天子南面。公侯北面。其可改乎。今安石性命之理。迺有北面之禮焉。夫天子北面以事其臣。則人臣南面以當其禮。臣於性命之理。安得而不疑也。傳曰。君之所以不臣者二。當其爲祭主則弗臣。當其爲師則弗臣也。師無北面。則是弗臣之禮也。豈有天子而可使北面者乎。漢顯宗之于桓榮。所以事之者可謂至矣。而所施之禮不過坐東鄉而已。迺以君而朝臣。以父而拜子。則是齊東野人之語。龐勳無父之禮。以此爲教。豈不亂名分乎。亂名分之教。豈可學乎。臣既誤學乎教。豈可以不悔乎。易曰。不遠復。无祇悔。元吉。臣于既往之誤。豈敢祇悔而不改乎。臣昔以安石爲神考之師。是臣重安石而輕神考也。臣昔以安石比伊尹之聖。是臣戴安石而誣陛下也。臣爲陛下耳目之官。而妄進輕許之言。臣之罪惡如邱山矣。臣若不洗心自新。痛繩王氏。則何以明改過之心乎。臣所著尊堯集者。爲欲明改過之心而已矣。莊周曰。明此以南鄉。堯之爲君。明此以北面。舜之爲臣也。莊周之道虚誕無實。不可以治天下。然于名分之際。不敢不嚴也。飛蜂走蟻。猶識上下。豈可以人臣自聖。而至于缺名分哉。孔子曰。名不正則言不順。言不順則事不成。安石北面之言。可謂之順乎。崇此不順之教。則所述熙豐之事。何日而成乎。廢大法而立私門。啓攘奪而生後患。可爲寒心。孰大于此。臣請序而言之。

梓材謹案。序文甚繁。不能具載。此其首段也。已可見其大概矣。蓋尊堯集取王氏日録編類得六十五段。釐爲八門。並節録其總論云。

雜詩

牀頭史記十番紙。世上興亡一窖塵。惟有炳然周孔道。至今餘澤浸生民。

大抵操心在謹微。謬差千里始毫釐。如聞不善須當改。莫謂無人便可欺。忠信但當爲己任。行藏終自有天知。深冬寒日能多少。已覺東風次第吹。

附録

章惇入相。先生從衆往謁。詢以當世之務。先生曰。天子待公爲政。敢問何先。惇曰。司馬光姦邪所當先辨。勢無急于此。先生曰。公誤矣。果然。將失天下之望。惇厲色曰。光不務纘述先烈。而大改成緒。誤國如此。非姦邪而何。先生曰。不察其心而疑其迹。指爲姦邪。又復改作。則誤國益甚矣。爲今之計。唯消朋黨持中道。庶可救弊。

公爲太學博士。薛昂林自之徒爲正録。皆蔡卞之黨也。競推尊荆公。而擠排元祐。禁戒士人不得習元祐學術。卞方議毀資治通鑑板。公聞之。因策士題。特引序文。以明神考有訓。于是林自駭異而謂公曰。此豈神考親製耶。公曰。誰言其非也。自又曰。亦神考少年之文爾。公曰。聖人之學得于天性。有始有卒。豈有少長之異。自辭屈愧歉。遽以告卞。卞乃密令學中置板高閣。

不復敢議毁矣。

公以紹聖史官專據荆公日録以修裕陵實録。變亂是非。不可傳信。故居諫省首論其事。進日録辨。乞改實録。又因竄責合浦。著尊堯集。深闢誣妄。以明君臣之義。

先生與兄書曰。章氏議卻不成。農師極惓惓。亦不敢就。自到官。尤覺中饋不可無人。而瑞奴等零丁益可憐。不免議同年周户曹之妹鍔。其家清貧。其人年長。貧則不驕。長則諳事。爲瑞奴等之慮。只欲如此。書尾又云。周氏雖貧。然舉家好善。故就之。男女可無慮。

高宗嘗謂輔臣曰。近覽陳瓘尊堯集。明君臣之大分。合于易之天尊地卑。及春秋尊王之法。

遊廌山祭先生文曰。嗚呼。陳公知事道而已。不知鼎鑊之臨其顛也。知徇國而已。不知陷穽之横其前也。阨之白首而氣愈和。蹙之死地而志愈堅。處約彌久。妻孥裕然。畎畝念忠。頂踵利物。人疑其爲墨。平生拯飢任重一身。吾知其爲稷。行道之人。聞者心惻。意者天將降之大任。而空乏其身耶。意者吾君將追念其篤誠。發獨斷。而收之以澤斯民耶。嗚呼。孰謂流離川途。邅迴萬狀。而淪于淮楚之濱耶。嗚呼。孰謂謀可以託心。膂力可以任股肱。而志願卒不伸耶。浩浩元精。慘不知其因耶。

楊龜山撰公祠堂記曰。初蔡京爲翰林學士承旨。以辭命爲職。潛姦隱慝。未形于事。公于是時力言京不可用。用之必爲腹心患。聞者往往甚其言。已而怙寵妄作。悉如公言。于是人始服公爲蓍龜也。昔王安石參大政。士大夫相慶于朝。呂獻可獨抗章論之。雖温公猶以爲太遽。未幾。

變更祖宗故事。流毒至今未殄也。故温公每謂人曰。獻可之先見。予所不及。余以謂公之于京。言之于未用之前。獻可于文公。論之于既用之後。則公之先見。于獻可有光矣。

邵氏聞見録曰。瑩中晚喜康節之學。嘗從伯温求遺書。曰。吾于康節之學若有得也。

雲濠謹案。四庫書目著録了翁易説一卷。提要云。邵氏聞見録稱了翁説得康節之學。沈作喆寓簡則曰。陳瑩中嘗以邵康節説易講解象數。一切屏絶。質之劉器之。器之曰。易固經世之用。若講解象數。一切屏絶。則聖人設卦立爻。復將何用。惟知其在象數者皆寓也。然後可以論易。故曰得意忘象。得象忘言。方其未得之際。而遽絶之。則吉凶與民同患之理。將何以兆。恐非筌蹄之意云云。然則了翁之易學。又嘗質之劉元城。不全出邵子矣。

陳默堂書楊補之所藏了齋及道鄉帖曰。了齋剛正而不容姦。道鄉清介而不受汙。觀其字。想見其爲人。凜然皆見于筆畫之閒矣。方二蔡無恙時。士之欲謀其身而免于咎者。必先瑕疵此兩人者。竄逐流落。皇皇無歸。以至于死。然兩人者身可廢。家可破。而天下謂之鄒陳。則自始迄今。無異辭也。此豈口舌之所能得哉。其必有感人心者矣。

胡澹庵跋了翁帖曰。了翁嘗跋六一先生帖云。使二十年前見此書。皆如今日。則朋黨之論不起。東坡曰。善哉。微中之言也。今觀此帖。使三四十年前。人皆知愛敬了翁。如合浦李侯。則豈復有靖康城下之盟哉。

汪玉山序忠肅文集曰。靖康之禍。自古所無。世徒見末流之失。而異時用事者反得藉口以自解。然公方天下全盛。邊事未萌之時。固已有南北分裂之憂。是果何所見而言耶。學者于此亦可以悚然而悟矣。遺書明論可以覺後覺。正人心。其所繫于天下國家。豈曰小補哉。

朱子跋先生與兄書曰。予嘗讀陳忠肅公之文。觀其述己之志。稱人之善。未嘗不推而決諸義利取舍之閒。于是知公之所以掌胸中浩然前定不疚者。其所自得蓋有在也。孟子曰。欲知舜與跖之分。無他。利與善之閒耳。又曰。生亦我所欲。義亦我所欲。二者不可得兼。舍生而取義也。陳公之學蓋得諸此。惟其察而精之也入毫芒。是以擴而充之也塞宇宙。善觀此帖者。亦足以識其幾矣。

又跋先生責沈後曰。陳忠肅公剛方正直之操。得之天姿。而其燭理之益精。陳義之益切。則學問之功有不可誣者。觀于此帖。其克己尊賢。虛心服善之意。尚可識也。又語類曰。了翁有濟時之才。道鄉純粹。才不及也。使了翁得志。必有可觀。

樓攻媿跋忠肅表稾曰。范忠宣晚年益以天下自任。尤留意人材。或問其所儲蓄爲今日用者。曰。陳某。又問其次。曰。陳某自好。蓋言公可以獨當天下之重也。宣和末年。或問游公察院以當今可以濟世之人。曰。陳了翁其人也。元城先生嘗因公病。勉以醫藥。自輔㊀天下將有賴于公。當力加保養以待時用。讀公表稾及紙尾數語。氣凜然如生。折而不撓。有大臣之風。三公眞知言哉。

魏鶴山跋先生責沈文詩云。民之靡盈。誰夙知而莫成。夫人心本虛。有我則盈。陳公惟其名

㊀「輔」下脱「云」。

自盈也。故一有異聞。遂慨然有念于思。誠務學之不可已。以開其變化氣質成就德業之基。然則學者之于是書也。亦庸可闕諸。

羅大經鶴林玉露曰。陳了翁日與家人會食。男女各爲一席。食已。必舉一話頭。令家人答。一日問曰。並坐不横肱何也。其孫女方七歲。答曰。恐妨同坐者。

陳直齋記忠肅祠堂曰。公之攻蔡氏。不遺餘力。至于射馬擒王爲喻。凡人孰不樂富貴而悲貧賤。公視美官若將浼己。而甘心于廢放竄斥。凡人之蒙患難。始而安。中而悔。終而變者有矣。公坐謫至六七不變。卒窮以死。可謂行之決而守之固矣。其論絶滅吏學。比之王衍。謂必有南北分裂之禍。方是時天下承平。不見牙蘖。未三十年而其言信。雖燭兆食墨揲蓍命繇不足喻其先見之審也。公之所以大過人者。豈非大學中庸所謂明德明善之君子。而兼天下之達德者歟。

王氏困學紀聞曰。邵子觀物外篇曰。天地之氣運。北而南則治。南而北則亂。亂久則復北而南矣。張文饒謂先天圖自泰歷蠱而至否。自否歷隨而至泰。卽南北之運數也。聞見録載邵子之言曰。天下將治。地氣自北而南。將亂。自南而北。蓋爲聞杜鵑聲也。陳忠肅謂重南輕北。分裂有萌。則以人事知之。

謝山箋曰。忠肅之説恐未然。是時章蔡曾皆南人。故重南是其私意。然不必以南人用而遂致分裂也。前此寇萊公以北人重北。亦是私意。若王文正竟謂南人不可作相。則唐之陸象先陸贄非南人乎。

黄東發曰。紹聖革元祐之政。公力陳其不可。建中革紹聖之弊。公又戒其欲速。嘗主別試。前名盡取王氏之學。曰。順時所以救時。不必求快目前也。其從容遠慮若此。首辨蔡京姦邪。蔡氏黨欲殺公百計。公終不懾。非剛柔適中者能爾乎。大廈之顛。雖非一木能支。而著日録辨。著尊堯集。又著四明尊堯集。章蔡誣謗。卒賴以一洗之。

程雪樓跋先生海上家書曰。公之意以爲。荆公既没。宗其説者。卞其首也。此書在合浦時寄其弟。謂詆誣譏玩之語。皆小蔡僞增。非荆公親録。又謂自分必死。無生還之理。至其末。超然洞究内典之旨。死生一致。冤親平等。益以見公平日存養之驗。樓攻媿嘗跋公帖。謂人之立于世。忘溝壑者不足以爲志士。忘喪元者不足以爲勇士。士大夫小不如意。輒不自聊。讀之可以興起。余于此書亦云。

黄南山名宦忠肅陳公贊曰。視日不瞬。知其向君。乘舟莫諭。知其敗羣。責沈有文。愧不識程。尊堯有集。嚴乎闢荆。

補 光禄蔣先生浚明

蔣浚明字彦昭。其先自常州徙居奉化。神宗時。先生詣闕上書。論君子小人之黨。言極剴切。帝嘉納之。歷遷尚書金部員外郎。新法行。上疏。貶户曹。贈至金紫光禄大夫。姓譜。

謝山句餘土音賦蔣金紫公園詩。元祐遺臣傳碩學。咸淳故老重清門。雖然連桂崇坊杳。

尚有聯珠舊徑存。流澤未湮衣帶水。誰人妄改謝公墩。拂雲阜蓋經過地。指點荒祠細討論。

原注云。金紫本籍奉化。遷居鄞湖上。七世清德。不知乾道開慶延祐至元四志何以不爲立傳。

了翁講友

録事陳先生侁詳見鳶山學案。

吴審律先生儀別見豫章學案補遺。

吴先生熙

吴熙字季明。劍浦人。博學厲隱操。或從之談道談文。則傾心瀉意。怡然終日語之。以勢利俛焉。不答竟去。與從兄儀稱雙璧。元祐閒。陳了翁里居。以先生兄弟學行言于郡守。延二人詣學講經。令諸生列聽。仍以遺逸薦于朝。得召赴闕。姓譜。

隱逸徐八行先生中行詳見安定學案。

了翁學侶

朝請劉先生拱

劉拱字持道。歸安人。生五歲而孤。世父雜端述爲擇師教焉。嗜學自立。不類兒童。弱冠。薦名鄉書。鄉先生朱臨見而異之。陳忠肅初爲郡從事。教授諸生。時郡學肄業數百人。一日校藝。

以先生爲第一。且相器重。俾領袖學者。崇寧五年。以特奏名授汀州文學。時年五十八。調漢陽縣尉。歷判嚴州。紹興五年。第三子寧止任權尚書户部侍郎。先生遂告老于朝。自承事郎八遷至右朝請郎。在漢陽時。太守游酢雅聞其名。禮遇甚厚。且薦之于朝。紹興九年。卒于嘉禾郡舍。年八十五。先生于書無所不讀。所論著多。尤工于詩。後進經其指教者。無慮數十輩。皆能有立。從子一止從之學。苕溪集。

苕溪師承

忠敏沈先生與求

沈與求字必先。德清人。及政和五年進士第。授濮陽軍學教授。改常州。歷除侍御史。上嘗從容言王安石之罪在行新法。對曰。人臣立朝。未論行事之是非。先觀心術之邪正。安石于漢則取揚雄。于五代則取馮道。臣以是知其心術不正。則姦僞百出。僭亂之萌。實由此起。自熙寧元豐以來。士皆宗安石之學。沈溺其説。節義彫喪。馴致靖康之禍。污僞賣國。一時叛逆尚逭典刑。願明正其罪。以戒爲臣不忠者。在言路四年。凡所論列。不避權要。頗忤時宰意。累除參知政事。遷知樞密院事。卒。有文集二十卷。奏議三十卷。劉一止從之游。踰三十年。其卒也。爲之狀其行。劉苕溪集。

梓材謹案。先生一字和仲。卒諡忠敏。見言行録别集。

龔氏門人

補忠公鄒道鄉先生浩

梓材謹案。先生祭吕申公文云。顧如某者。頃在廣陵。辱公青眼。收之門庭。豈徒應格。薦其姓名。每及人物。猥賜題評。是先生嘗及吕氏之門。其序龔深之易傳則云。某獲從先生游。二十餘年矣。

道鄉文集

立象以盡意。伏羲之事也。設卦以盡情僞。文王之事也。繫辭焉而盡其言。周公之事也。變而通之以盡利。鼓之舞之以盡神。則孔子與焉。至孔子而所以盡利。所以盡神。于是乎盡矣。孔子嘗曰。知者觀其彖辭。則思過半矣。觀彖而已。未及象也。而思已過半。況并繫辭觀之乎。雖然。不能自師。其誠心不足以觀繫辭。不能觀繫辭。不足以觀易。易乎易乎。括繫辭而觀易者。豈無其人乎。吾未之見也。繫辭纂義自序。

浩嘗聞之於師曰。誦孟子之書非難。深明其意之所在爲難。深明其意之所在非難。能以其所以自任者矜式而行之爲難。昔孔子之門人如仲弓之有聞于仁。則請事斯語。如子張之有聞于行。則必書諸紳。今孟子七篇之所載。非直孔子答問之際一二言耳。學者或尚媿于仲弓子張之賢。則以其所以自任者矜式而行之。其可忽乎。浩不敏。敬受此言久矣。願與諸君子共之。勿徒誦其書。

明其意。資以爲速化之術而已也。孟子解義自序。

善乎韓子之言過曰。非爲發于行。彰于言。生于其心。則爲過矣。是以羣目之所不睹。羣耳之所不聞。君子愼之。仰天而不愧。俯人而不怍。君子樂之。苟非君子。則其過惡未有不形于言行之閒者。欲其不生于心。其可得乎。雖然。聖人未嘗深疾而遽繩之。廣開自新之路。以待夫能自訟自艾而改其舊者焉。惟其怙惡不悛。聖人無如之何。然後不得已而棄之于不齒之域。記曰。或安而行之。或利而行之。或勉强而行之。及其成功一也。嗚呼。聖人之心可以推此而知矣。安而行之。無過者也。利與勉强。則不能無過。而能改之者也。利而改之者。牽于有所慕。勉强而改之者。脅于有所畏。如其成功。聖人不與安而行之者等焉。則世之完人幾名氏耶。冠雞佩豭之狂生。安得爲孔門之高第。射虎斬蛟之惡少。安得爲晉室之名臣。而孟子之受竊屨。郭泰之畏犯法。眞爲姑息爾。嗚呼。此非聖人之心也。計過齋記。

惟親惟天。惟親惟地。覆育我躬。德莫我讓。汲汲以報。亦豈佗求。權行乃心。則知厥由。惟身康强。親喜而安。惟身疢疾。親懵于顏。矧惟此身。其來有自。自祖自考。以至于此。能欽愛身。爲欽愛親。祖考聽之。何福不臻。親壽而昌。我戲于側。念玆在玆。敢忘朝夕。座右銘。

雲濠謹案。王阮亭居易録云。鄒忠公道鄉集四十卷。其子柄栩所編。有李忠定公序。道鄉立朝大節。在諫立劉后。論章惇二事。史云。先生受學程門。而特嗜禪理。詩文多宗門語。居衡昭時。古詩時似樂天格。詩深穩與葉石林工力相敵。北宋之魁也。此案與學案可互參。然以爲受學程門。猶考之未審也。

忠公奏疏

人材不振。無以成天下之務。陛下視今日人材。果有餘耶。果不足耶。以爲不足。則中外之百執事未嘗不備。以爲有餘。則自任以天下之重者幾人。正色昌言。不承望風旨者幾人。持刺舉之權。以肅清所部者幾人。承流宣化。而使民安田里者幾人。民貧所當富也。則曰水旱如之何。官冗所當澄也。則曰民情不可擾。人物所當求也。則曰從古不乏材。風俗所當厚也。則曰不切于時變。是皆不明義理之過也。

孟子曰。左右諸大夫皆曰賢。未可也。國人皆曰賢。然後察之。見賢焉。然後用之。左右諸大夫皆曰不可。勿聽。國人皆曰不可。然後察之。見不可焉。然後去之。于是知公議不可不恤。獨斷不可不謹。蓋左右非不親也。然不能無交結之私。諸大夫非不貴也。然不能無恩讐之異。至于國人皆曰賢。皆曰不可。則所謂公議也。公議之所在。概已察之。必待見賢然後用。見不可然後去。則所謂獨斷也。

附録

晁景迂祭之曰。蓋雲畜于石中。雨爲天下之澤。衆有望而不符。君志又亦奚獲。行路慟而此及。我獨侘傺之劇。顧惟北方之學。不老隱而佛瞶。敢出奇㊀以新奇。仁義自乎開闢。君每幼服而歡㊁。曰高論之如擲。我方貽書以勉。此云何生死之隔。

崔正言曰。志完修潔有志行。記覽該總。援筆數千言立就。斯可畏者。然自視如未足。士有一善。無貴賤必與之交。無遠邇必願收而取之。

楊龜山序公奏議集曰。道鄉鄒公。自少以道學行義知名于時。其爲人和順積中。而英華發外。望之睟然見于顏面。不問知其爲仁人君子。其遇事接物猶虛舟然。而堅挺之姿如精金良玉。不可磨磷。

張繹曰。鄒某以極諫得罪。世疑其賣直也。伊川曰。君子之于人也。當于有過中求無過。不當于無過中求有過。程氏遺書。

張南軒昭州祠堂記曰。方其少時。道學行義。已有稱于世。晚歲益爲中外所尊仰。而功不居其成。講究切磋。惟是之從。蓋嘗從伊川程先生論學。而上蔡龜山皆其所友也。

高東溪贊正言像曰。噫宋臣姦。在古無有。元符天子。置諸左右。納君于惡。疇其康救。公奮不顧。乃進苦口。殺母取子。立孽廢后。欺人則可。欺天則不。祖宗堯舜。陛下桀紂。社稷存

㊀「奇」當為「位」。

㊁「歡」當為「歎」。

亡。繫陛下手。欲謝天下。乞斬惇首。乃引御衣。願終聽受。今我來斯。實公貶所。拜公遺像。幸生公後。念此後人。厥顏胡厚。

黄東發曰。鄒侍郎諫立昭懷劉后。得罪貶去。田晝戒其無以此舉自滿。此又增人忠壯一等矣。

潘庭堅題嶽麓寺道鄉臺曰。坡仙不謫黄。黄應無雪堂。道鄉不如新。此臺無道鄉。青山非其人。山靈能頡頏。一落名勝手。境與人俱香。悲吟倚空寂。臨眺生慨慷。道鄉不可作。承君不可忘。困學紀聞。

盛如梓老學叢談曰。鄒道鄉曰。多言不如寡言。寡言不如不言。和緩而言。則有條理而人不厭。

謝子蘭祭鄒忠公墓文曰。公遊程門。游楊比肩。慎獨之學。首得其傳。孝于事親。如曾如騫。移孝爲忠。□□㊀兼全。

又曰。處困而亨。斯文究研。既釋論孟。復解韋編。羲文姬孔。羹牆見焉。蔽日雲開。暫脱迍邅。再寵再辱。愈磨愈堅。

雲濠謹案。謝氏龜巢稿有與鄉友鄒錫顯論合祀忠公書云。夫忠公。程門傳道。爲一代名臣。且嘗以羲文周孔之易。論孟之書。發明妙理。垂教百世云云。與祭文合。似先生實受業程門矣。

㊀「□□」當作「厥德」。

道鄉講友

陳先生師道詳見廬陵學案。

知軍田先生晝

田晝字承君。冀州人。宣簡公況之子。仕爲校書郎。知西河縣。與鄒忠公浩以氣節相激厲。後知淮陽軍卒。姓譜。

附録

鄒志完除言官。遣客見承君。以測其意。客問承君近讀何書。承君曰。吾作墨子詩。有知君既得雲梯後。應悔當年泣染絲之句。爲志完發也。客言于志完。志完折簡謝承君。元符閒。監廣利門。志完除言官。承君見志完問曰。平生與君相許者何如。今君爲何官。志完媿謝。既而朋黨之禍愈甚。承君乃謝病歸陽翟。一日報立皇后劉氏。承君曰。鄒君不言。可以絶矣。又一日。志完以書約承君會潁昌。中途自云得罪。承君亟往。志完具言諫立皇后時言竄得罪二人。留連三日。臨别志完出涕。承君正色曰。使君隱默官京師。遇寒疾不汗五日死矣。豈獨嶺海之外能死人哉。願君無以此舉自滿。士所當爲者未止此也。志完茫然自失。歎曰。君之贈厚矣。乃别去。

建中靖國初。承君入爲大宗丞。宰相曾布欲收置門下。不能屈。

簽判田先生述古詳見安定學案。

朝奉劉先生跂詳見泰山學案。

王先生回別見元祐黨案補遺。

曾先生誕

曾誕字□□。晉江人。宣靖魯公公亮從孫也。孟后之廢。先生三與道鄉書。勸力請復后。道鄉不報。及道鄉以言南遷。先生著玉山主人對客問以譏之。其書既出。或以比韓愈諍臣論。仕亦不顯。宋史。

縣令鄧先生弼亮別見元城學案補遺。

陳鄒講友

直閣黄隨緣先生策別見元城學案補遺。

程先生振附子邁。

程振字伯玉。樂平人。少有軼才。未冠。求師友四方。入京師。游太學。必秀出其輩類。一時名士如張商英。陳瓘。張廷堅。鄒浩。悉見之迎門。崇寧三年。車駕幸孔子祠。見諸生太學。以高第補將仕郎。除和州州學教授。留爲辟雍録。久之。遷博士。擢太常博士。提舉京東路學事。秩滿留居東州。五年。奏立孟子家祠。以公孫丑萬章從祀。皆見聽。官至尚書刑部侍郎。卒年五十有七。蓋于書無所不觀。亦無所不學。著義語及詩文七十餘卷。子邁。承務郎。傳其學。汪藻少以同郡嘗登其門。汪浮溪集。

陳鄒同調

補 監税唐先生廣仁

附録

父愈。喜儒士。自充之五六歲時。訓以詩書。浸長。使從學于外。

侍御鄒先生餘

鄒餘。臨川人。承議郎。守侍御史。當建中靖國時。歷三院御史。以抗直敢言稱天下。蔡京當國。斥守南安軍。遇疾以卒。先生與鄒志完陳瑩中江民表同時任言官。其言專以銷朋比。開公道爲急云。鴻慶居士集。

了齋同調

龍圖陳閒樂先生師錫

陳師錫字伯修。建陽人。熙寧中游太學。有儁聲。及廷試。神宗擢爲第三。元祐初。東坡薦其學術淵源。行己守素。議論剛正。器識靖深。德行追蹤于古人。文章冠絶于當世。歷官考功員外郎。知宣州蘇州。徽宗立。召拜殿中侍御史。詔索秘書圖畫。先生言以唐山水(一)代無逸爲監。俄改考功郎中。出知潁廬滑三州。坐黨論。監衡州酒税。又削官。安置郴州。卒年六十九。先生始與陳了翁同論京卞。時號二陳。紹興中。贈直龍圖閣。宋史。

附録

周益公跋閒樂居士與了翁論王氏日録書曰。陳了翁以元符庚辰進士。八月爲司諫。雖論裕陵史不當用日録。然多是王介甫而非蔡卞。明年八月。自都司出守海陵。閒樂先生實遺以書。其後了翁猶有合浦尊堯之作。大觀四年。始因星變復上四明尊堯集及尊堯餘言。痛悔前作。則此書爲有助矣。

(一)「水」下脱「圖」。

李幼武名臣言行續録曰。諫官御史專以犯顔嬰鱗排擊姦邪爲職。若論而不切。則不能起人主之意。辨之不早。則不能折禍亂之萌。建中靖國初。蔡京方爲翰林學士承旨。雖明智之士未能知其必亂天下也。公獨慨然論奏。條其過惡。章凡四五上而不已。且曰。若果用京。則治亂自此分。祖宗基業自此隳。臣非自愛而憂之。蓋爲陛下憂。爲社稷憂。爲天下賢人君子憂。未幾。京遽爲執政。盡逐異己者。固寵市權。熒惑主聽。握國柄者幾二三十年。諫諍之路自此塞絶。卒之夷狄亂義。生民塗炭。公之言始效于此。可不謂先見之明乎。

王深寧困學紀聞曰。唐内殿無逸圖代以山水。開元天寶治亂所以分也。仁宗寶元初。圖農家耕織于延春閣。哲宗元符閒。亦更以山水。勤怠判焉。徽宗宣取祕書省圖畫進覽。陳師錫奏曰。六經載道。諸子談理。歷代史籍。祖宗圖書。天人之藴。性命之妙。治亂安危之機。善惡邪正之迹在焉。以此爲圖。天地在心。流出萬物。以此爲畫。日月在目。光宅四海。觀心于此。則天地沖氣生焉。注目于此。則日月祥光麗焉。心以道觀則正。目以德觀則明。噫。使徽宗能寘其言于坐右。則必能監成敗。別淑慝矣。以規爲瑱。聽之藐藐。而畫學設焉。黍離麥秀之風景。其可畫乎。

謝山箋曰。南渡之初。樓璹以耕織圖進。攻媿之世父也。璹官至揚州安撫。

司户林先生暐

林暐字公著。鄞人。韶州司户。大觀閒陳了翁寓于鄞。先生獨厚之。後徙謫他所。問遺不絶。

建炎四年。明州燬于兵。先生未暇葺舍宇。首捐錢數十萬修理學宫。且輟田五十畝爲養士費。太守舉以風郡人。成化四明志。

附録

黄南山先賢殖德贊曰。事親而孝。與人而忠。明于知德。終始了翁。紹興釁宇。首捐萬金。祀公于學。天理人心。

王先生慶長附子鑄。儔。

王慶長。逸其名。義烏人。少警悟。强記憶。從鄉老先生學。爲文章。志甚篤。入京師。爲太學生。益勤弗懈。及紹聖元年進士第。歷知南康軍。饒州。嚴州。除提舉西京嵩山崇福宫。尋請老終焉。其守南康也。諫大夫陳忠肅瓘貶居是邦。先生慕義交懽。情禮備至。忠肅謂其有前輩長者之風。與爲姻家。卒年七十有五。子長鑄。知德清縣事。次儔。嚴州司法參軍。皆能世其家。以孝謹稱。劉苕溪集。

道鄉同調

舍人林先生□

林□。官中書舍人。方維揚播遷。繼以武林多故。如風濤然。天下寒心。自先生一去。天下翕然。知尊君戴上。曾不浹辰。克翦大憝。乾清坤夷。宗廟如故。天下公議。謂是時。微先生倡大義。社稷幾殆。大駕移狩東越。復以舍人起。先生頃之以選抗節番愚。陛辭之日。上念曩節制詔進直龍圖以褒寵忠藎。元符閒。正言鄒浩以諫獲罪。遷新州。先生時爲太學諸生。毅然出餞國門之外。時謂自徐晦送楊臨賀以來。數百年惟李師中送唐介。與先生三人而已。胡濬庵集。

程氏同調

梅先生執禮

梅執禮字和勝。浦陽人。家故貧。幼又喪父。其母胡。教以讀書。中崇寧五年進士第。調常山尉。未赴。以薦爲詳定一司敕令删定官。俄遷九域志編修官。累改吏部尚書。旋改户部。金人犯闕。勸帝親征。洎失守。金人質帝于營。邀金繒以數百千萬計。曰。和議已定。所需滿數。則奉天子還闕。先生與同列陳知質。程振。安扶。皆主根索。四人哀民力已困。相與謀曰。金人所欲無藝極。雖銅鐵亦不能給。盍以軍法請罪。儻窒其求。宦者挾宿怨語金帥。帥怒呼四人責之。答曰。天子蒙塵。臣民皆願致死。雖肝腦不計。于金繒何有哉。顧以比屋枵空。無以塞命耳。帥問官長何在。振恐先生獲罪。遽前曰。皆官長也。帥益怒。先取其副胡舜涉。胡唐志㊀。姚舜明。王

㊀「志」當爲「老」。

俁。各杖之。而先生等猶爲之請。俄遣還。將及門。呼下馬撾殺之。先生通諸經。尤深于周易。所著有文集十五卷。死時年四十九。高宗卽位。詔贈通奉大夫。端明殿學士。謚曰節愍。浦陽人物記。

附録

初。二帝再出。先生力爭不從。遂大慟。歸見其母曰。主辱臣死。何以生爲。母曰。忠孝難兩全。汝受國厚恩。宜刳心上報。愼勿以老人爲念。先生乃以其母屬兄弟云。

梅氏學侶

劉先生滂

劉滂字德霖。武義人。自少誦説能屈其師。與浦江梅執禮同游學。人士多傾下之。號東梅西劉。中大觀己丑進士第。調新昌縣令。蔡京與其祖爲布衣交。先生至京師。京曰。吾故人有孫耶。除詳定敕令所删定官。欲挽爲黨。會常瓌書詩屏閒。京疑其訕已。屬求其迹。且遷官。先生笑曰。此胡爲及我哉。京聞之不悦。先生亦拂衣去。坐是不調者十餘年。建炎中。上問人才于近臣。學士詹乂。給事中汪藻。舍人李公彦。皆云滂可用。用知建昌軍。建昌舊守多懦夫。威權不立。兵習悍驕。邀求無度。先生至。一以法繩之。兵遂爲變。先生及母妻皆死。時年五十六。朝廷旣誅始亂者。復用御史言。褒先生爲朝請大夫。官其一子。先生好學善屬文。與人交終始如一。聞有急。傾財赴之。居官嫉惡如仇。毅然不可回奪。以及于難云。宋文憲文集。

雲濠謹案。文憲此傳蓋本汪浮溪所作先生墓誌。

何先生敏中

何敏中字元功。浦江人。自少學易。恐飲酒廢事。終其身弗御。與梅執禮交甚洽。每有疑難。相與論定之。郡縣察其賢。將以八行及遺逸薦。辭。金華府志。

元祐之餘

補幕官夏侯先生旄

附録

程氏遺書曰。張思叔告伊川曰。前日見夏侯教授。甚歎服。伊川曰。前時來相見。問後極説與他。既問。卻不管他好惡。須與盡説與之。學之久。染習深。不是盡説力詆介甫。無緣得他覺悟。

梓材謹案。程子語。蓋先生舊爲新學者。

平園師承

陳先生特

陳特。益公之師也。益公母夫人王氏。爲擇先生使從之。先生弟子以百數。夫人一衣之華。一味之甘。輒命益公奉焉。先生笑曰。有母如此。吾忍負之。故教益公甚切云。周益公集。

梓材謹案。益公集第稱先生爲鄉人。然其行狀則爲汴人。

陸先生府

陸府字聖修。太和人。紹興庚申。益公伯父寓贛川。招先生居館下。命子姪輩從其學。同上。

了翁家學

陳先生正同

陳正同。了翁子。紹興十二年知常州。了翁晚年益絶世念。致一性命之學。嘗著易説以遺諸孤。先生以家藏刊于毘陵官舍。了翁易説跋。

了翁門人

教授林萍齋先生象

林象字商卿。仙遊人。幼隨母鞠于外祖陳次升家。以故得盡讀六經百氏之書。多聞元祐名臣出處大節。與宋累朝典故。後僑居眞州。又得事劉安世任伯雨陳瓘諸公。而與任申先象先兄弟爲忘年友。奉母歸閩。菽水盡歡。母歿終喪。不謀婚娶。寓跡龍華寺法華庵傍。所居軒曰聽雨。小園曰意足。日怡然于其閒。處之四十年如一日。乾道四年詔特與賜進士出身。添差興化軍教授。未一考而卒。年七十。自號萍齋。姓譜。

州倅陳星灣先生慕

陳慕雲濠案。先生名一作纂。字必正。星子人。宣和進士。少從陳瑩中劉壯輿蘇養直遊。廉靜有守。歷任州縣。所至有政聲。及佐大藩。或勸求郡。不肯屈節。歷倅洪潭明三郡。以祖業遜兄。初預寄居後山。號星灣先生。子準。南康府志。

陳先生葵

陳葵字伯嚮。閩縣人。大觀四年釋褐。初入太學。試上舍優等。蔡京籍元符中上書王定等十八人。奏乞編置。先生其一也。謫居衡州三年。雷震元祐黨人碑。得釋還。詔有司許依元考定甲分註官授樂清尉。再調建州。以了翁門人。復爲京黨劾罷。高宗卽位。訪求元祐黨人。胡世將孟庾宣諭福建。以先生應詔。授承事郎。將作監丞。尋召對。除諸王教授。踰年。又以趙忠簡黨罷歸。先生屢遭躓蹶。操尚不改。時論高之。福建通志。

知州蕭先生建功

蕭建功字懋德。新淦人。少好學。嘗從陳了翁遊。了翁器重之。李朴被謫時。貧不能自給。先生爲之築室居之。朴死。先生以女妻其子李綱。薦其操行堅正。累官知衡州。姓譜。

通直向先生沈詳見武夷學案。

曹先生輔

曹輔字載德。南劍州人。第進士。政和二年以通仕郎中問學兼茂科。歷祕書省正字。自政和後。帝多微行未還。則傳旨稱瘡痍不坐朝。先生上疏極諫。上得疏出示宰臣。令赴都堂審問。太宰余深曰。小官何敢論大事。先生對曰。大官不言故小官言之。官有大小。愛君之心則一也。少宰王黼陽顧左右丞曰。有是事乎。皆應以不知。先生曰。兹事雖里巷細民無不知。相公當國。獨不知耶。曾此不知。焉用彼相。黼怒其侵己。令吏從之受辭。先生操筆曰。區區之心。一無所求。愛君而已。退待罪于家。黼奏。不重責輔。無以息浮言。遂編管郴州。楊龜山集作柳州。六年不得移。怡然不介意。靖康元年。召爲監察御史。歷御史中丞。不旬日拜延康殿學士。簽書樞密院事。未幾免簽書。後從二帝留金軍中。康王次南京。張邦昌遣先生來見。康王卽位。使仍舊職。未幾卒。詔厚恤其家。宋史。

梓材謹案。先生一字子方。樓攻媿跋其書。稱其受貶事。且言其遊了翁之門。楊龜山爲誌其墓云。自少刻意力學。知名于時。泣官臨政。所至有能稱。著有籟鳴集十五卷。南行集十卷。奏議十卷。而深寧謂有兩曹輔。攻媿合爲一人。非也。

黄先生沇

黄沇字□□。欽人也。自號鹿谿生。從學于陳瑩中黄魯直。文字不凡。每歎今時爲春秋者。不探聖人之志但計數。其後逐傳則論魯三桓。鄭七穆。窮經則會計書甲子者。若干。書侵書戰者爲幾。皆繇漢二劉唐武平一啓其端。是猶世愚者皆學佛。而誦金剛經。有一十三恆河沙三十八。何以故。鐵圍山叢談。

雲濠謹案。四庫書目提要于趙氏春秋經鑒云。鹿溪生授受尚有淵源。而持論業已如此。蓋沿泰山之説也。

朝奉張先生元幹別見龜山學案補遺。

聞人先生宏

聞人宏字君度。嘉興人。朝散大夫安遠之子。挺特不羣。弱冠遊太學。有名。第進士。授通判司法。陳了翁貶台州。先生願從遊。乞改天台兵曹。人高其誼。後知宣城。有善政。卒判常州。所著文集及中興要覽。周官通解。經史旁闡。藏于家。姓譜。

林先生嶠

林嶠。

林氏講友

司户任先生象先

舍人任先生申先 並見蘇氏蜀學略補遺。

了翁私淑

學士吳湛然先生表臣 詳見周許諸儒學案。

簽樞徐師川先生俯 詳見龜山學案。

劉氏家學

劉先生寧止

劉寧止字無虞。行簡從弟。登宣和進士甲科。除太學録。校書郎。建炎初。爲浙西安撫大使司參議。改兩浙轉運判官。苗劉之變。先生自毗陵馳詣京口金陵。見吕頤浩劉光世。勉以忠義。退而具軍須。以佐勤王。除左司郎官。辭。帝復位。除右司郎官。累除吏部侍郎。知秀州卒。先生有文名。慷慨喜論事。乞禁王介甫日録。復賢良方正科。先生與行簡一止季高岑皆羣從。帝嘗稱寧止忠。一止清。岑敏云。有教忠堂類稿十卷。宋史。

劉若溪先生一止

劉一止字行簡。歸安人。七歲能屬文。試太學。有司欲舉八行。先生曰。行者士之常。不就。登進士第。爲越州教授。李參政邴薦爲詳定一司敕令所删定官。紹興初。召試館職。其略曰。事不克濟者。患在不爲。不患其難。聖人不畏多難。以因難而圖事耳。如其不爲。俟天命自回。人事自正。敵國自屈。盜賊自平。有是哉。高宗稱善。且諭近臣以所言剴切知治道。欲驟用。執政不樂。除祕書省校書郎。考兩浙類試。以科舉方變。欲得通時務者。同列皆患無其人。先生出一卷曰。是宜爲首。啓號乃張九成也。衆皆厭服。遷監察御史。上疏謂天下之治。衆君子成之而不足。一小人敗之而有餘。君子雖衆。道則孤。小人雖寡。勢易蔓。不加察。則小人伺隙而入。以敗政矣。又請以省記之文。刊定頒行。庶幾繩姦吏弄法受財之弊。從之。踰年而書成。遷起居郎。罷。主管台州崇道觀。召爲祠部郎。累擢中書舍人兼侍講。先生居瑣闥百餘日。繳奏不已。用事者始忌。奏先生同周葵薦吕廣問迎合李光。罷。提舉江州太平觀。進敷文閣待制。又落職。罷祠。後八年請老。復職。致仕。秦檜死，召至國門。以病不能拜。力辭。進直學士。致仕。卒年八十三。先生沖澹寡欲。嘗誨其子曰。吾平生通塞。聽于自然。唯機械不生。故方寸自有樂地。博學無不通。爲文不事纖刻。詩自成家。吕紫微陳簡齋讀之曰。語不自人間來也。有類稾五十卷。宋史。

梓材謹案。萬姓統譜以先生爲孝叔族孫。其所著書録解題作非有齋類稾五十卷。今四庫書目作苕溪集五十五卷。又案。

南澗甲乙稿有先生行狀。以孝叔爲伯祖。則從孫非族孫也。

苕溪文集

余惟不言。人或以我爲簡。余惟多言。則懼取謗而招譏。嗚呼。其危矣哉。余將處夫言與不言之閒。日加思而已。言箴。

輕動易舉。事或失所。利害在人。怨汝詈汝。擇焉而動。動不失職。君子是怙。小人是疾。則將奚處。□曰㈠勿恤。動箴。

雲濠謹案。先生跋許公墨帖後云。司業許公在大學時。某爲諸生。實相先後。因獲從師德游。公行義文學。一時宗師。非但鄉里後進如某者。知敬慕而已。許公不知其名。師德不知其姓。

附録

王深寧困學紀聞曰。苕溪劉氏云。夬以五君子決一小人。不曰小人道消。而曰道憂。蓋上下交而志同如泰之時。如泰之時。然後小人之道不行。若以五君子臨一小人。徒能使之憂而已。惟其有憂。則將圖之無不至矣。愚謂小人道消。嘉祐是也。小人道憂。元祐是也。

㈠「□曰」當為「曰失得」。

劉氏門人

江先生寓

江寓字仲宏。開化人。朝請郎拱之壻也。數歲而孤。自念其母以己爲命。益致志于學。未冠。遊太學。其文粹而雅。實深于經。累舉于禮部。乃不得志。歸以所學教授弟子。以養其母。且訓其子爲孝爲忠。言皆可則。初奉其母居儀眞。後遷居吳興。以特恩試授登仕郎。調貴州推官。以母老改除監通判支鹽倉。調金壇縣尉。位雖卑。有憂民之心云。苕溪集。

道鄉家學

州守鄒先生柄 補

附録

權給事中。出守台州。行其所學。類多善政。莊外敏中。與人不苟合。前後奏議論列。天下韙之。

道鄉門人

王先生綱

王綱字振仲。其先自閩徙穀城。元符進士。通判徽州。卽解印綬歸。求深林密谷居之。人望其儀温然。知其爲德人也。平生無忿恚。稱長者。以子之望參知政事。贈太子少傅。姓譜。

梓材謹案。王梅溪志先生墓云。公幼謹孝有立。及長。克家力學。時余公幹鄒公浩相繼教授郡學。公往從之。勤苦絶人。其業日進。鄒公尤賞之。遂爲高第。是先生固忠公門人也。

太學蔣先生湋

蔣湋字彦回。零陵人。少辭家入太學。既無遇。棄而歸隱。黄山谷在宜州病革。先生往見焉。山谷委以身後事。及卒。爲棺斂具舟送歸。鄒道鄉謫永州。先生從之遊。道鄉有昭州之行。又爲經紀其家。姓譜。

程氏門人

汪先生藻別見士劉諸儒學案補遺。

侍御家學

鄒先生陶

鄒先生陔合傳。

鄒陶字志新。宜黄人。侍御餘子。侍御素貧。不治生產。旣没于南安。無田廬以歸。先生廉介有父風。晝躬耕。夜讀書。雖鄰里莫見其面。恭儉好禮。粥書數千卷。迎師教子。揮金發粟無所計。弟陔。字志南。宣議郎。鴻慶居士集。

鄒先生宗譽別見士劉諸儒學案補遺。

伯修門人

奉議汪先生喬年

汪喬年字房孺。上饒人。天性敏悟。又能刻厲于學。在崇寧大觀閒。雖以習一經應試。而徧觀他經及諸子歷代史記。往往浹洽。規摹古人作爲詩騷。蓋不專于舉子之業。會陳御史師錫來居于信。先生獨知所愛重。朝夕敬請。陳爲言前輩出處大節學問文章本末甚悉。益得以考正焉。紹興五年。以特奏名進士。對策擢第一。歷池州建康府饒州教授。自左迪功郎累轉左奉議郎。接納後來。訓誘不倦。四方游學無所歸者。病則臨視療治。死則任其後事以爲常。聞人之過如不聞。得人一善則稱道不容口。有文集七十卷。汪玉山集。

司户家學

善士林先生碩

别見百源學案補遺。

舍人門人

忠簡胡澹庵先生銓

詳見武夷學案。

胡氏家學

胡先生汾

胡汾。餘姚人。沂之弟。慕好亦如其兄。劉茗溪集。

胡氏門人

補 承務孫雪齋先生介

附録

先生之學。本末有序。始終可考。以先聖爲師。著日拜先聖文。永感悲思。每旦誦孝經一通。著日誦孝經賦。不惑佛老。不諂鬼神。不好機祥。不事方術。不信陰陽地理之書。著卜葬説。慕司馬溫國公。未嘗妄語。

幼學于定翁。定翁没。持心喪。編其嘉言善行。曰胡氏賢訓。

葉水心賦世友堂詩跋語曰。雪齋居餘姚燭湖上。安貧樂道。終身不願仕。有古人之節。

司馬述序燭湖集曰。述在海陵時。嘗升堂拜雪齋老先生。見手編家庭唱酬集。父子兄弟自爲師友。讀之使人起敬。

劉氏門人

文忠周平園先生必大（補）

梓材謹案。先生跋李先之禮記義云。予幼從公族人養素處士學。手自鈔寫。是先生嘗爲李氏門人。又案。李雁湖狀先生行實。稱其澹于聲色。獨嗜書如飢渴。已老。手校文苑英華一千卷。又與同志取歐陽公集反覆釐正之。遂爲善本。又云。公有省齋文稿四十卷。玉堂類稿二十卷。平園續稿四十卷。詞科舊稿三卷。掖垣叢稿七卷。政府應制稿一卷。歷官表奏十二卷。奏議十二卷。奉詔録七卷。承明集十卷。辛巳親征録一卷。壬午龍飛録一卷。癸未日記一卷。閒居録一卷。丁亥游山録三卷。庚寅奏事録一卷。壬辰南歸録一卷。思陵録二卷。玉堂雜記二卷。二老堂詩話二卷。二老堂雜説五卷。玉蕊辨證一卷。樂府一卷。書稿十五卷。

雲濠謹案。先生行狀云。幼孤。母夫人宗氏課公誦書。每至夜分。聞汴人陳持之賢。使公從之。樓攻媿爲神道碑云。從汳人陳持學。汳卽汴之本字。

周益公語

漢二獻皆好書。而其傳國皆最遠。士大夫家其可使讀書種子衰息乎。

平園類稿

時不否則不泰。道不晦則不顯。天啓藝祖生知文武。取五代破碎之天下而混一之。崇雅黜浮。汲汲乎以垂世立教爲事。列聖相承。治出于一。揮毫者知尊周孔。游談者羞稱楊墨。是以二百年閒賢豪踵武。其大者固已羽翼六經。藻飾治具。而小者猶足以吟詠性情。自名一家。蓋建隆雍熙之閒。其文偉。咸平景德之際。其文博。天聖明道之辭古。熙寧元祐之辭達。雖體制互興。源流閒出。而氣全理正。其歸則同。嗟乎。此非唐之文也。非漢之文也。實我宋之文也。不其盛哉。皇朝文鑑序。

山海經曰。后稷之孫叔均始作牛耕。世以爲牛犂起于三代。予謂不然。牛若常在畎畝。武王平定天下。胡不歸之三農。而放之桃林之野乎。考周禮。祭天之外。以享賓駕車犒師而已。未及耕也。不然。牽以蹊田。正使藉稻。何足爲異。乃設奪而罪之之喻耶。在詩有之。載芟載柞。其耕澤澤。千耦其耘。徂隰徂畛。又曰。有略其耜。俶載南畝。以明竭作于春。皆人力也。至于穫之積之。如墉如櫛。然後殺時犉牡。有捄其角。以爲社稷之報。若果使之耕。曾不如迎貓迎虎。

列于蜡祭乎。厥後王弼傳易。以爲稼穡之資。宋景文公祁闢之曰。古者牛惟服車。書肇牽車牛。易服牛乘馬。漢趙過始教牛耕。蓋本賈勰齊民要術。予謂輔嗣固失矣。賈氏及景文亦未爲得也。按論語。子謂仲弓曰。犂牛之子騂且角。雖欲勿用。山川其舍諸。此聖人格言也。蓋犂田之牛。純雜牝牡皆可。祭牛則非純非牡不可。故曰騂且角也。注疏乃以犂爲雜色。騂爲赤純色。角爲周正。近世諸儒並從此義。今觀周禮牧人。時祀牲必用牷。牷。純色也。外祭毀事用尨。尨。雜色也。是則純雜之辨也。封人。設其楅衡。魯頌。夏而楅衡。白牡騂剛。是則言角之意也。竊疑耕犂起于春秋之間。故孔子有犂牛之言。而弟子冉耕字伯牛。彼禮記吕氏月令。季冬出土牛。示農耕早晚。賈誼新書。劉向新序。俱載鄒穆公曰。百姓飽牛而耕。暴背而耘。大率在秦漢之際。何待趙過。過特教人耦犂。其一牛費省而功倍爾。易傳出于魏晉。第見牛耕。不復考其初。而賈公彦考工正義。遂謂起于後漢。其失尤甚。然則山海經果荒誕歟。曰。班固藝文志山海經十三篇。而劉歆所校凡三十二篇。定爲一十八篇。固已不同。歆又云。出于唐虞之際。今考史記以不窋爲稷子。譙周已謂世代不合。況叔均乎。曾氏農器譜序。

予觀周禮雖分六職。而小宰以官府六。聯合邦治。每措軍旅于祭祀賓客大事之中。司馬名爲治兵。多及坐作進退。而徒役旗常車甲之屬。散于六官。大師用衆之禮。乃在宗伯。後世趨便一時。古制遂亡。人徒知井田一壞。爲四民之害。而不知興衰治亂。舉出于兵。此邦家之害也。人徒以開阡陌罪秦。而不知變内政以作傭者齊也。蓋古者卿大夫家曰百乘。諸侯國曰千乘。天子則曰萬乘。始于四邱爲甸。甸有戎馬。有兵車。有牛。有甲士。有步卒。是以師田共務。文武同方。漢承秦後。兵農幸未全分。如欲復古。猶易爲力。至武帝窮師黷武。加以横斂。其又奚言國不足于兵將。每難其人。有自來矣。予故因漢氏之失策。及先王之遺意。使學者有考焉。漢兵本末序。

君子之著書也。有心于勸戒。而無意于好惡。然後可以施當今而傳來裔。皇朝百族譜序。

天子五門。諸侯三。之禮也。綿之詩曰。迺立皋門。皋門有伉。迺立應門。應門將將。是時古公居岐。爲商諸侯。故鄭氏箋云。諸侯之宮外曰皋門。朝曰應門。内有路門。天子加以庫雉。其義昭然。先儒釋爾雅。亦引周禮注。天子諸侯同此三者。惟毛氏。因戴記明堂位言。魯以庫門爲天子之皋門。雉門爲天子之應門。遂謂天子郭門爲皋。正門爲應。而侯門當名庫雉。與鄭矛盾。孔穎達無所折衷。既言鄭以皋應。自是諸侯正法。又云。名之曰庫雉。制之如皋應。制二兼四。特褒周公。以傳毛氏。予謂詩經聖人所删。記出漢儒之手。古公非王也。于箋有取焉。或曰魯史書雉門禮也。曰。禮。天子諸侯臺門。天子外闕兩觀。諸侯内闕一觀。春秋之際。諸侯僭王。大夫僭諸侯。兩觀猶僭。庫雉可知。經因災以示貶耳。書亦言應門。何也。曰。在周爲王門。在岐爲侯門。鄭氏因謂天子諸侯之所同。復何疑焉。廣德軍重修譙門記。

造舟爲梁。文王初爲西伯。創物之智也。人到于今賴之。漢儒著爾雅。乃曰。天子造舟。諸侯維舟。大夫方舟。士特舟。庶人乘桴。是説也。謂辨尊卑可也。河橋何與焉。郭璞既誤以爲周公之言。孫炎又從而爲之辭。其失詩雅之旨遠矣。安福縣重修鳳林橋記。

夫艮止也。其象乃曰。時止則止。時行則行。君既有得于此。予固無以伸其喙。雖然。剛柔者立本者也。所以況卦。總主一時之事也。變通者趨時者也。所以況爻。就一時之中而趣其所宜之時焉。是道也。豈特艮而已。自乾至未濟。諸卦皆然。夫惟君子而時中。然後動靜不失其時。其道光明。跋萬㊀唐叟時庵記。

每見近世學士常患無師友可以講學。然聖如孔子。賢如孟揚。或師弟子問答。或著書立言。傳道解惑。無餘蘊矣。使吾徒生于其時。親炙有數。根器有限。未必得如今日讀其全書之爲深切著明也。亦在乎潛心而已矣。與太和陳善秀才書。

學必有宗。一卷之書。道德性命之理。皆具通于一以貫衆妙。則力省而功倍。退之謂孟子之傳得其宗。有所見也。太史公乃云。儒者博而寡要。彼其父子病多愛。多愛必寡要。自尤則可。以此厚誣儒者。其可哉。與謝堯仁書。

觀嘉祐以前。名卿賢士雖未嘗極談道德性命。而其踐履皆不草草。熙寧以後。論聖學者高矣。美矣。迹以行事。往往未能過人者。至于近世。抑有甚焉。雖其間眞學實能固自有人。然而上智常少。中人常多。深恐貪名棄實。相率爲僞。其害有不可言者。且孔子善誘不倦。而二三子猶疑其有隱。則其誨人固有先後。未嘗一概語以極致也。子路有聞。未之能行。唯恐有聞。則學者進

㊀「萬」當為「蕭」。

德亦有次第。未敢遽以聖賢自期也。與張欽夫左司書。

自堯舜禹湯文武周公以道相傳。見諸行事。所謂師弟子之説。固不必論。惟孔子繼世。後聖有作。無時無位。折衷六藝。授之門人。固嘗自謂文不在兹乎。而終有天喪予之歎者。以顏子既死。曾子晚方傳道。其餘則所得未深。其器未大也。馴于戰國。異端浸起。獨孟子能因師説。謹續不傳之緒。然諸子百家已復并行。道術自是分裂。至秦遂一掃而空之。漢諸儒稍習六藝之文。而不知明聖人之道。專門名家。互相矛盾。凡道德性命之理。仁義禮樂之具。視之蔑如。又其次也。雖訓詁章句。猶且前無所承。後無所授。況其上者乎。韓退之晚出于唐。頗以師道自任。終亦莫能救也。天啓聖朝。世與道興。上而元臣大老。信此道以覺斯民。下而先師宿儒。進此道以覺後覺。然後人知聖賢事業。本非空言。閒有操持或謬。趣向或僻者。相與辭而闢之。縱未能盡得周孔之傳。其視歷代從事末流失其指歸者。固已不同。乖離千載。庶幾復合。兹非師友淵源之效歟。籍溪胡先生墓表。

予觀易首乾卦。而以元亨利貞爲四德。文言曰。利物足以和義。蓋和于義。乃得其義。可以利物也。禮記大學亦謂。國不以利爲利。以義爲利也。小人反是。然則合義利而言之。斯不易之論也。獨孟子告梁惠王曰。亦有仁義而已矣。何必曰利。截然判而爲二。蓋戰國之君。知以利爲利。不知以義爲利。所謂易經大學。彼惡能知。辭而闢之。時不同耳。澹庵李君墓誌銘。

自古推尊孔子。莫如孟氏。既答公孫丑曰。自生民以來未有孔子也。又引宰我子貢有若之言曰。夫子賢于堯舜遠矣。生民未有句。宣至再三。蓋然之也。趙岐乃謂前聖不得相踰。門弟子之言太過。豈知孟子之意哉。及唐韓愈謂天子至郡邑通祀孔子。北面拜跪。禮踰社稷。彼堯舜雖得其位。而不得常祀。社稷雖得常祀。而無天子北面拜跪之禮。故云不得位而得常祀。無盛于孔氏。是爲遠過堯舜之效。然後孟子之意明矣。某竊謂虞賓三恪。隨運推移。孰有世世襲封如衍聖公者。城陽蒼梧開置守冢。孰有廟宅世祀萬乘臨拜如孔林者。以此推之。將歷千萬世與天地相爲終始。何但生民未有而已。題至聖文宣王三十八代孫孔仲良唐貞元以後告身石刻。

孔子曰。朝聞道。夕死可矣。是理也。載于易繫辭。雜書于禮經。三代時。佛教未入中國。儒者于啓手足之際。往往不辭。此理素明也。及漢晉以後。釋教始行。乃謂欲達死生之理。非潛心釋氏不可。故好之者心溺。攻之者辭費。盍亦反其本而已。題李彦平遺書後。

附録

孝宗初御經筵。公奏經筵非爲分章析句。欲從容訪問。裨聖德。究治體。除祕書少監。兼直學士院。兼領史職。鄭聞草制。上改竄其末。引漢宣帝事。公因奏曰。陛下取漢宣帝之言。親制贊書。明示好惡。臣觀西漢所謂社稷臣。乃鄙朴之周勃。少文之汲黯。不學之霍光。至于公孫弘。蔡義。韋賢。號曰儒者。而持禄保位。故宣帝謂俗儒不達時宜。使宣帝知眞儒。何至雜伯哉。願平心察之。不可有輕儒名。

爲御試詳定官。屢乞去。上問文士可代者。聞呂祖謙能文。公謂翰苑須用有學問者。祖謙涵養既久。習知典故。史院甚得其力。不但文字之工也。

權吏部侍郎。奏言人主無職事。惟在察臣下邪正。凡輕于任事。速于求售者。必至敗事。若疑儒者不足用。而專用才臣。□㊀既累年。其效可睹。唐太宗之臣。卽隋之臣。藝祖之臣。卽周之臣。非前愚而後智。顧人主用之如何耳。兼太子詹事。嘗論用人惟上智與下愚不移。中人惟上所御。爲官擇人。則引中人爲君子。爲人擇官。則引中才爲小人。

孝宗謂王藺論事頗偏。公奏藺雖稍過。然汲黯在朝。淮南寢謀。盡言而不顧身。帝之左右豈可無此等人。況以獻納爲職。若上下相蒙。非國之福也。

嘗建三忠堂于鄉。謂歐陽文忠修。楊忠襄邦乂。胡忠簡銓。皆廬陵人。公平生所敬慕。爲文記之。蓋絶筆也。

倪齊齋祭文曰。公生廬陵。繼六一公。士論推尊。異世而同。惟公之德。粹然謙恭。玉山珠淵。清明内融。惟公之才。用而不窮。出入屏毗。應變從容。惟公之學。源渾流洪。九流七略。靡不究通。惟公之文。旨奧詞雄。衆體兼備。三代同風。奮身紹興。厥聲摩空。晉值螭坳。寖膺顯庸。隆興乾道。風虎雲龍。明良遇合。千載一逢。既于淳熙。治盛功豐。公于是時。蔚爲儒宗。

㊀「□」當爲「今」。

乃掌帝制。勒崇垂鴻。乃陟文昌。獻納輸忠。乃侍講讀。乃翼儲宫。遂登廊肆。開府西東。聚精會神。志合謀從。遂正台鼎。輔相彌縫。密贊親侍。勳業愈隆。紹熙初政。矩疊規重。退而分陝。初不言功。慶元告老。歸從赤松。優游緑野。名壓岱嵩。皇恩涣渥。進階累封。巋然四朝。善始以終。天不慭遺。夢奠告凶。遺奏上聞。震悼宸衷。飾忠節惠。哀榮兩崇。

樓宣獻爲神道碑曰。嘗竊謂公初入禁林。自謂所慕者惟陸宣公。歐陽文忠公。公之始終絶似二公者。無事不言。無言不盡。而卒至大用。上不負天子。下不負所學。既不愧于宣公。而得時遇主。無返㊀仇人㊁言之患。文忠晚居于潁。望瀧岡而不得歸。公乃優游平園。使里人矜式。是兼二公之美。而又無遺恨者也。

又奉敕撰忠文孝德之碑曰。孝宗在位二十有八年。公實相爲終始。其中以十年出入翰苑。時方承平。極鋪張揚厲之美。以十年輔政秉鈞。盡輔贊彌縫之妙。兩以逆折姦鋒。深忤上意。事定言驗。得眷愈隆。致身元宰。出處爲時重輕。幾無纖瑕微纇之可指。文章則追配作者。論議則究極古今。風度如張九齡。諫諍如崔祐甫。宋廣平之守文。杜如晦之善斷。公幾兼之。乃所願則尤切切于陸宣公歐陽文忠。此非臣之私言也。

㊀「返」當爲「追」。
㊁「人」當爲「盡」。

田先生亮功

田亮功。廬陵人。鄉貢進士。嘗及鄉先生劉若川之門。周益公集。

平園學侶

劉先生人傑

劉人傑字德萬。新淦人。乾道九年。周益公被命起家守富沙。將趨朝。道過臨江。先生訪之。講賓主始相見禮。已出書袖間。累數百言。陳古聖賢出處之誼。孔子孟子于其君大夫辭命或應或不應者。假爲問以質。自是不復見。程侍郎使江西。求門下士于益公。遂以先生對。程于許予人不假借間。以書稱德萬甚善。與論經史今昔。往復不已。及于鄉部公事宜奈何。卽不答云。周益公集。

李先生勝附門人劉賓之。

李勝字祖文。益公之故人也。力學能文詞。然狷介少許可。嘗著章貢志。郡有大家。事實當書。而丐婉其辭者。正色拒之。由是獲怨謗弗卹也。門人劉賓之。祖文極道其孝于事親。與人交重氣概。不幸齎于壽云。周益公集。

許先生淩附門人張斗南。

許淩字志伯。益公之友也。其高第曰張楠。字南叔。後改名斗南。而字如初。監郴州酒稅。

敏達和易。喜從名勝遊。臨江何居仁有送鄉人張孝子序。周益公集。

元祐續傳

袁先生説友

袁説友字起巖。建安人。流寓湖州。登隆興元年進士。嘉泰中官至同知樞密院參知政事。卒。先生學問淹博。文章有元祐遺風。其遠慮嘉猷。深爲魏鶴山推重。輯成都文類。著東塘集。南宋文範作者考。

東塘集

士大夫之氣節。養之則鋭。挫之則懾。方其鋭也。雖有斧鉞之誅而不懼。方其懾也。雖誘以爵賞而不爲。惟養之于無事之時。斯可用于有事之際。無事之時苟不先有以養之。欲其用于有事之時。難矣。論養士大夫氣節疏。

先儒之論。以簡易不易非聖人作易之妙旨。繫辭曰。易之爲書也不可遠。爲道也屢遷。變動不居。周流六虚。上下無常。剛柔和㊀易。不可爲典要。惟變所適。凡此皆變易不窮之義。顧豈

㊀「和」，當爲「相」。

簡易所能盡耶。

陰陽變易而成萬物。日月變易而成四時。此變易之見于天道者然也。消長變易而成治亂。情僞變易而成利害。此變易之見于人道者然也。在天之變化。則有神化以運其妙造。在人之變易。則有明主以成其全功。以上講易疏。

星灣家學

陳先生準

陳準字正臣。星灣慕之子。以父蔭補官。年五十。卽掛冠。號清隱。盧山志。

陳先生秬附子畦。

陳秬字成和。準長子。仕爲楚州倅。子畦。字子從。爲南漳尉。調靖州推官。魏鶴山奇而薦之。不就。以通直郎致仕。三世皆盛年納禄云。盧山志。

陳先生秠別見滄洲諸儒學案補遺。

苕溪家學

劉先生林宗

劉林宗。長興人。汪浮溪爲作養浩齋記云。子劉子先君子以直道事三君。知無不言。言無不盡。雖雷霆作于其側。震風淩雨交于其前。未嘗少降色辭。卒以是眨死。不惟不悔。而將終又以養浩然之氣屬其子。故子劉子以名其齋。又云。子劉子年二十餘。家苕溪之上。有屋數椽。先疇數百畝。父書千餘卷。居其屋。食其田。讀其書。惟聖人之道是求。先人之志是承。非其事不問也。非其人不交也。積之歲月。庶幾其常浩然乎。然則浩然之氣何以見之。夫貧富貴賤死生禍福。是八者皆足以入吾胸中。而爲吾浩然之寇。今子劉子年甚富。氣甚鋭。方出遊乎萬物之閒。其亦慎所擇哉。苟明乎所擇。而先有以待之。異時立乎朝廷之上。正色乎人主之前。招之不來。麾之不去。決是非邪正于立談。使人皆曰。劉氏有子。則浩然之氣見矣。汪浮溪集。

梓材謹案。先生蓋苕溪之子。韓南澗爲苕溪行狀云。男二人。巒。右宣教郎。主管台州崇道觀。嶅。右承務郎。淮南東路提舉常平司幹辦公事。未知誰爲先生也。

苕溪門人

韓南澗先生元吉詳見和靖學案。

提刑韓先生元龍

韓元龍字子雲。其先眞定人。後徙宣城。少師維之元孫也。以蔭補官。仕終直龍圖閣。浙西提刑。先生性醇孝。未嘗輒去其母。與弟尚書元吉友愛甚篤。俱以文學顯。時以比坡潁云。姓譜。

趙先生善繼

趙善繼。宋宗室。權知泰州軍州事。從苕溪遊。苕溪集。

孫氏家學

鄉貢孫先生應求

孫先生應符合傳。

孫應求字伯起。餘姚人。雪齋先生之長子也。鄉貢進士。仲弟應符。字仲潛。讀韓文公齪齪詩。因借其韻爲咄咄篇以自警。雪齋作欣欣篇以次之。先生亦次韻作皦皦篇以見志。雪齋序曰。予生三子。自昔嚴訓。幼者方效一官。長仲分寓他館。所學均日進。心以爲喜云。孫燭湖集附編。

附録

孫鴻慶挽孫應求承事曰。棣萼聯華滿故枝。蘭芽競秀藹春菲。荆州刺史凴熊去。吴市仙人跨鶴歸。漲緑一支分柏隴。遙蒼百疊擁松扉。儀型故有丹青在。想像平生果是非。

孫氏門人

李先生友仁父揚伯。

李友仁字叔文。餘姚人。父訓武郎揚伯。字文仲。延致雪齋于家塾。每同講繹聖賢言行。常大喜。敕先生惟雪齋聽。先生尤樂親雪齋。雪齋謂得李氏父子爲知己。後訓武遠宦。先生持家。雪齋有書勸戒。必寶藏之。而終身敬誦之。雪齋之喪。縞冠送哭甚哀。孫燭湖集。

平園門人

文節倪齊齋先生思詳見橫浦學案。

著作李先生垕

賢良李先生塾並見涑水學案補遺。

曾先生三異別見滄洲諸儒學案補遺。

周先生雲

王三松先生子俊並見趙張諸儒學案補遺。

架閣侯先生世昭

侯世昭。廬陵人。尚書刑工部架閣。游周文忠楊文節之門。吴文正集。

彭先生惟孝別見兼山學案補遺。

許先生介之別見范許諸儒學案補遺。

知軍曾先生槐附弟機。

曾槐字仲卿。番禺人。幼能屬文。經史皆手編帙。從遊周平園楊誠齋之門。弟機。亦力學脩行。執經者踵門。適大比。兄弟聯薦充貢者八。聳動州里。淳熙戊戌。紹熙庚戌科。伯仲先後登進士第。先生累得本路憲幹。時廣帥張鑒合諸司列薦。有曰。文學行義。斗南一人。歷除司農寺簿兼署太府丞。攝監察御史。出知桂陽軍。調漢陽軍。力丐歸。誠齋以書勉之曰。有自祝融湘江來者。皆能談仁聲義。實至于毋憚大吏。發擿巨貪。解印夜遁。徙本朝。懸檄尉曹將吏。卒窮追之于部。縛之以歸。坐之嘉石。聞之公車。此尤卓詭絶特之舉。近世之所未見而絶無。老夫所卻立而不敢者也。遂以石刻之于郡齋。先生稟資剛介。不與時俯仰。故仕止郡守。官止正郎。自號肯㊀齋。有省齋文集及桂水續集行于世。廣州黄志。

㊀「肯」當爲「省」。

蔣氏續傳

太學蔣先生存誠詳見慈湖學案。

蔣先生曉

蔣曉字堯臣。奉化人。第淳祐七年進士。作邑有聲。爲文勁正。閱唐金石刻最多。故其文似之。以將作監主簿終。善威儀。巍坐終日不倦。所言皆唐宋遺事。寧波府志。

蔣監簿語

按史記齊伐燕有二事。齊宣王先嘗伐燕。燕文公卒。易王初立。齊宣王因燕喪伐之。取十城。是卽孟子梁惠王篇所載問答稱齊宣王者也。此一事也。稱宣王者。孟子作于宣王已没之後。故以謚稱。而趙岐註亦稱齊宣王也。齊湣王後又伐燕。燕王噲以燕與子之。齊伐燕。下燕七十城。是卽孟子公孫丑篇所載沈同問燕可伐歟者也。此又一事也。止稱齊王者。作孟子時。湣王尚在。未有謚之可稱。趙岐注亦止稱王也。孟子書自公孫丑篇後。凡涉齊事。皆止稱王。陳賈作周公未盡仁智論。終篇止説齊王。蓋嘗考究古史。通鑑少誤。近世師儒援爲王留行事。有謂區區齊宣。不足爲聖世道説者。遂亦誤指伐噲爲齊宣王事。黄氏日鈔。

韓氏門人

知州李先生兼

李兼字□□。宣城人。朝請宏之孫。謹厚好學。從韓子雲游。嘗官迪功郎。進監縣丞。南澗甲乙稿。

梓材謹案。台州府志載先生云。博學工詩。楊萬里推許之。知台州。簡重有清操。既卒。民爲巷哭。罷市。又載其跋陳古靈勸學文。言爲州之二年。始克以斯文鏤板傳示學者云云。則先生亦古靈續傳也。

鄉貢門人

孫先生勉孫

孫先生翁孫合傳。

孫先生衍孫合傳。

孫勉孫。翁孫。衍孫。餘姚人。燭湖稱其問學有緒。蓋燭湖伯氏嘗館其塾云。孫燭湖集。

宋元學案補遺卷三十六目録

宋元學案補遺卷三十六

後學 鄞王梓材 慈谿馮雲濠 同輯

紫微學案補遺

滎陽家學

補 文清呂東萊先生本中

呂舍人語

大抵後生爲學。先須理會所以爲學者何事。一行一住。一語一默。須要盡含道理。學業則須是嚴立課程。不可一日放慢。每日須讀一般經書。一般子書。不須多。只要令精熟。靜室危坐。讀取二三百徧。字字句句須要分明。又每日須連前三五授。通讀五七十徧。須令成誦。不可一字放過也。史書每日須讀取一卷。或半卷以上。始見功。須是從人授讀。疑難處便質問。求古聖賢用心。竭力從之。夫指引者師之功也。行有不至。從容規戒者。朋友之任也。決意而往。則須用己力。難仰他人矣。

童蒙訓

今日記一事。明日記一事。久則自然貫穿。今日辨一理。明日辨一理。久則自然浹洽。今日行一難事。明日行一難事。久則自然堅固。涣然冰釋。怡然理順。久自得之。非偶然也。

前輩嘗説。後生才性過人者不足畏。惟讀書尋思推究者爲可畏耳。又云。讀書只怕尋思。蓋義理精深。惟尋思用意爲可以得之。鹵莽厭煩者決無有成之理。

前輩有編類國朝名臣行狀墓誌。取其行事之善者别録出之。以自警戒。亦樂取諸人以爲善之意。

梓材謹案。官箴。當官之法。惟有三事條。事君如事親條。後生少年乍到官守條。當官者先以慕怨爲戒條。同僚之契條。當官處事但務著實條。小學外篇並引作童蒙訓。四庫全書著録童蒙訓三卷。提要稱其北宋故家。及見元祐遺老。師友傳授。具有淵源。故其所記多正論格言。大抵皆根本經訓。務切實用。于立身從政之道。深有所裨。中閒如申顔。李潛。田腴。張琪。侯無可諸人。其事蹟史多失傳。賴此猶可以考見大略。固不僅爲幼學啓迪之資矣。又著録先生詩集二十卷。

紫微遺文

佛之爲説。與孔子異乎。不異也。何以知其不異也。以其爲教知之。孔子以知止而後有定。定而後能靜。靜而後能安。安而後能慮。慮而後能得也。孔子傳之曾子。曾子傳之子思。子思傳之孟子矣。而佛之教由戒生定。由定生慧。蓋與大學之説無異者。孟子以萬物皆備于我。反身而誠。樂莫大焉。而佛之説以天地萬物皆吾心之所見。山河大地皆吾身之所有。正與孟子之説同。吾以是知佛之説與孔子不異也。然而區區施設。則有若不同者。世人惑焉。而生異論。竭智畢精。以相攻詆。而卒不測其要。則不知其所以異者。迹然也。雖然。迹安所自出哉。此非默識心通。實至此者。不能知其實然也。彼方且從事于文字言語。不揣其本而欲判其果同與異。則亦異□矣。雖然。物有本末。事有終始。自佛與孔子使學者知所先後皆然。不有不思而得。無爲而成。由思至于無思。有爲至于無爲。然後爲學之正。有意于善者。不可忽也。淨梵院記。

梓材謹案。此即謝山序録之所謂溺于禪者也。

附録

寄臨川學者詩曰。我思臨川居。欲往意未慊。每懷二三子。歲月多荏苒。後生愼所習。譬若絲在染。未須極軒昂。且欲就收斂。舉動思古人。此志豈不遠。才雖有高下。事亦要强勉。願爲江海深。豈作盆盎淺。又曰。世人爭錙銖。未語色已變。居然面頸赤。自處亦已賤。寧知烈士胸。渠自有志願。一介不妄取。萬鍾吾已倦。古人有伯夷。名冠太史傳。又曰。見人輒有求。所以百慮非。但能守簞瓢。何事不可爲。愚夫飽欲死。壯士固常飢。出門萬里途。其亦愼所之。又曰。莫惜一日勤。而忘終身憂。農夫力耕作。其必望有秋。目前不鹵莽。久亦有倍收。少年不努力。

長大復何求。

又效樂天體送范十八歸江西曰。與君此别重依然。再得相逢又幾年。無使人言長似舊。況教人道不如前。窮通軒輊皆由命。貴賤高卑絶是天。只有終身全屬我。少遲留處即加鞭。

劉屏山挽先生曰。粹美元功昇。風流相國傳。有文光聖道。無物累心淵。侃侃當春氣。堂堂忽逝川。東萊一點秀。冥漠楚山邊。其二曰。皓首猶貪學。謙虛德益豐。潛神無朕際。悟物不言中。雖處持荷貴。常安捽茹窮。笑談驚委蛻。儒事有英雄。

林拙齋記問曰。吕舍人少年時有詩。春盡茅簷深著燕。日高田水故飛鷗。蘇潁濱見之曰。此人異日當以詩名天下。

周益公跋舍人帖曰。紫微吕十一丈。在政和初。春秋鼎盛。且方崇尚王氏學。以蘇黄爲異端。而手書立身爲學作文之法乃如此。其師友淵源固有所自。而特立獨行之操誰能及之。近世謂以詩名家。是殆見其善者幾耶。

朱子曰。吕居仁春秋亦甚明白。正如某詩傳相似。

雲濠謹案。宋史藝文志載先生春秋集解十二卷。又吕祖謙集解三十卷。四庫全書著録先生春秋集解三十卷。係内府藏本。提要以舊刻題吕祖謙撰爲誤。以陳氏書録解題明載是書爲先生撰也。提要又云。直齋言。是書自三傳而下。集諸儒之説。不過陸氏。兩孫氏。兩劉氏。蘇氏。程氏。許氏。胡氏數家。而採擇頗精。全無自己議論。以此本考之亦合。又言吕氏嘗撰江西宗派圖。又有紫微詩話。皆盛行于世。世多以文士目之。而經學深邃乃如此。林之奇從之受業。復以其學授祖謙。

其淵源蓋有自矣。又案。先生嘗學山谷爲詩。故作江西宗派圖云。

朱子跋吕舍人帖曰。吕公之言。所以發明講道修身之法詳矣。學者審其先後緩急之序而用力焉。其入聖賢之域也孰禦。

陸放翁序其集曰。公自少時既承家學。心體而身履之幾三十年。仕愈躓。學愈進。因其暇。盡交天下名士。其講習探討。磨礲浸灌。不極其源不止。故其詩文汪洋閎肆。兼備衆體。間出新意。愈奇而愈渾厚。震耀耳目而不失高古。一時學者宗焉。

陳鵠耆舊續聞曰。吕紫微云。作文必要悟入處。悟入必自工夫中來。非僥倖可得也。如老蘇之作文。魯直之作詩。蓋盡此理。

王深寧困學紀聞曰。吕居仁雜録曰。少年毋輕議人。毋輕説事。本魏李秉家戒。

周密浩然齋雅談曰。東萊吕舍人贈林少穎李迂仲詩云。常聞安身要。其本在無競。自注云。王輔嗣易解云。安身莫若無競。修己莫若自保。守道則福至。求福則辱來。此格言也。

李氏先緒

李先生葵

李葵字襲服。□□人。黄石圯老教授福州。聞先生與李枏林之奇爲衆推服。即走其家。備禮延致。吕太史祭林宗丞少穎文所謂二李伯仲。蓋先生之子枏樗也。困學紀聞。

紫微學侶

文靖劉屏山先生子翬詳見劉胡諸儒學案。

王傅巖先生□

王傅巖起樂齋。紫微爲之詩云。人生各有樂。所樂故不同。吹竽與擊缶。同在可樂中。孰能識至樂。不計窮與通。顔子在陋巷。肯憂家屢空。朝從聖師遊。暮歸無近功。忽然若有合。此樂固無窮。當時二三子。因之開蔽蒙。王君百世下。久已聞其風。端居有遐想。客至聊從容。四壁倚蓬蒿。萬卷精心胸。回視世所求。天道連西東。此樂既不遠。欲往吾其從。紫微詩集。

紫微家學

補倉部呂先生大器

附録

陸放翁跋呂伯恭書後曰。紹興中。某從曾文清公遊。公方館甥呂治先。日相與講學。治先有子。未成童。卓然穎異。蓋吾伯恭也。

補奉議呂先生大倫

附録

汪玉山記豹隱堂曰。東萊呂君時敘。紹興十五年丞于武義縣。冬十二月。因農之暇日。取官之棄材。築堂于廳之西。未旬月而成。公事之退。以與兄弟講習道義于其間。又曰。惟呂氏之學遠有端緒。蓋一出于正。爲世師表者相繼也。而時敘兄弟實謹守其所聞。凡衆言之是非。若觀火矣。持是而往。所謂孰能禦之者歟。

倉部講友

張先生志行

張志行字公澤。東陽人。東萊老人同筆硯友也。幼入右庠。言動不苟。禮度不愆。見者莫不敬而慕之。居常閉户讀書。默誦六經。融洽書史。期得聖賢意旨之所在。爲文揮毫立就。追配古人。慨然以天下爲己任。就殿試。灑灑數萬言。直陳時政得失。當時執政者深疾之。遂自遵晦。力學砥行。務爲大儒。歸隱東陽。士子多從學焉。嗣乃建祠堂于託塘。闢終慕堂于公山。立書院以延末學。置義田以惠宗姻。設勸節田以勵風俗。時浙東宣慰使朱异薦于朝。與崇安劉勉之同時被召。徵書前後凡三至。不就。賜號冲素處士。所著有易傳撮要四卷。涉史略二卷。覆瓿集。饒紙翁傳。謝賜號表辭。舉八行詩。東陽十勸等歌。皆有裨于名教者。卒年七十有七。呂東萊集。

紫微門人

補 提舉林三山先生之奇

梓材謹案。先生祭陸亦顏文。有念疇昔摳衣函丈之間。有琢磨切磋之益。是先生亦陸氏門人也。

梓材又案。平陽縣志。林之奇字偉卿。紹興進士。授靜江教授。著史評千餘篇。與先生同年同姓名。俱有聲文學云。又案。先生淳熙三年卒。年六十有五。方桐川跋魏鶴山周易集義。有爲臨川陸學。永嘉葉學。三山林學者。不可與談易之說。三山似謂先生。

少穎書說

自萬世常行之法言之。謂之五典。自設而爲教言之。謂之五教。其實一也。洪範不協于極。不罹于咎。曾子固曰。若狂也肆。矜也廉。愚也直之類。此說是也。狂也。矜也。愚也。所謂不協于極也。肆而不蕩。廉而不忿戾。直而不詐。所謂不罹于咎也。

陳博士云。夫所以曷歸者太康也。而五子則曰。予懷之悲。虐民而民仇之者太康也。而五子則曰萬姓仇予。所宜憂。所宜愧。皆太康。而五子任之以爲己事者。蓋仁人之于兄弟。親愛之而已矣。有邦則同其安榮。失邦則同其危辱。其危也可憂。其辱也可愧。五子之于太康。可謂有仁人之心矣。

文王之所以爲至德者。惟其未嘗有欲王之心也。使其內秉王心。而陽率諸侯以事紂。則其與曹操司馬懿果何以異哉。

穆公雖終身不能踐其言。而其一時悔過自艾之意誠。合夫帝王之用心。與其潔也。不保其往也。其秦誓之謂乎。

春秋通解

或曰。經之書月書日。豈無意乎。曰。此史例也。非經意也。何以言之。夫史以編年爲書。故必書日月以次事之先後。若事無巨細。槩書月書日。則事紊而無條矣。勢必先爲之法。何等事則時而已。何等事則月之。何等事則月而又日之。所以分事之輕重緩急也。故事之緩者則書時或月。事之急者則書日焉。所謂緩者何。人事則朝聘。會遇。侵地。伐國。逆女。乞師。災異則螟。水。旱。無冰。星孛之類。皆非一日之事。故或時或月焉。所謂急者何。祭祀。盟戰。外諸侯内大夫卒。災異日食。地震。星隕。火災之類。皆一日之事。故日之也。閒有當日而不日者。史闕文也。且日食當日者也。莊公之世有不日者二。内大夫卒亦當日者也。自隱至宣時有不日者。蓋世遠。簡編有不完者也。又有例皆不日而日者。如經書葬諸侯幾百處。書日者數處而已。蓋諸侯之葬雖有以我往而書。然亦須彼來告而我方往也。故告以日則書日焉。然則葬多不以日告者。不可必其日也。以魯國猶有雨不克葬者二。況他國乎。或曰。葬而來告。豈有據乎。曰。成公十年五月。晉侯獳卒。七月公如晉。明年三月始還自晉。晉侯書卒而不書葬者。以公在其國而不來告也。夫事或時而不月。或月而不日。或時月而又日之。舊史之文也。二百年後而孔子修春秋。使直欲書日以謹惡。而史或闕之。則何以補之哉。孟子曰。其文則史。其義則某竊取焉。則以知尊王。律諸侯。誅叛黜僭者。出于聖人修經之法也。若夫編年以著代。書時日月以別事之同異。皆循舊史而無所增損焉。

黄楚望曰。林氏書時月日凡兩篇。此篇最當理。

少潁禮説

禘祫之説。諸儒聚訟久矣。論年之先後。則鄭康成高堂隆謂先三而後二。徐邈謂先二而後三。辨祭之小大。則鄭康成謂祫大于禘。王肅謂禘大于祫。賈逵劉歆謂一祭而二名。禮無差降。又或謂禘以夏不以春。祫以冬不以秋。矛盾相攻。卒無定論。鄭氏之説曰。魯禮。三年喪畢而祫于太祖。明年禘于羣廟。自爾以後。五年而再殷祭。一禘一祫。爲之説者曰。僖公薨。文公卽位。二年秋八月大事于太廟。大事祫也。推此。是喪畢祫于太祖也。明年春禘。雖無正文。約僖公定公八年皆有禘又可知。蓋以文公二年祫。則知僖宣二年亦皆有祫。宣二年既有祫。則明年是三年春禘。四年五年六年秋祫。是三年祫。更加七年八年并前爲五年禘。故禘于羣廟也。自後三年一祫。五年一禘。不知當春秋時諸侯僭亂。魯之祭禮皆妄舉也。諸侯而郊上帝。禘始祖。罪也。大夫而旅泰山。舞八佾。罪也。春秋常事不書。其書者皆悖禮亂常之事。故書郊者九。書禘者二。與夫大事一。有事二。烝二。嘗一之類。無非記其非禮。據僖公以三十二年冬十二月薨。至文公二年秋八月。喪制未畢。未可以祫也。而乃大事焉。一惡也。躋僖公。二惡也。經無三年禘祭之文。何自知之。徒紛僖公宣公八年皆有禘而云愈繆矣。況宣公八年經書有事于太廟。有事則是常制也。而以爲禘。何耶。且閔公二年春秋書吉禘于莊公。是魯常以二年卽禘矣。何待三年與八年乎。至其言祭之時。春秋書大事于秋八月。而彼以爲冬。書閔公之禘于夏四月。僖公之禘于秋七月。而彼一以爲夏。旣本魯禮以行祀典。而又不用其時。是自戾也。雖然魯禮誠非矣。先王之制可得聞乎。曰。禘祫之文不詳。所可知者禘尊而祫卑矣。禮不王不禘。或問禘之説。夫子答以不知。譏魯僖僭也。春秋之法所譏在祭。則書其祭名。不然則否。書郊。書望。書禘。則所譏在郊望與禘也。若文公之祫。則譏其短喪逆祀。不在于祫。故曰大事而已。何者。禘者推始祖所自出之君而追祀之。則謂之禘。此天子之祭名。諸侯無禘禮。魯用之。僭也。若祫。則毁廟未毁廟之主。皆合食于太祖。非惟天子有祫。諸侯亦得祫也。詳二祭之名。則禘尊祫卑。可謂明矣。先儒據鄭氏説。率以祫大于禘。是以諸侯之制加天子之制。可乎。考之經籍。禘祫之文可知者此耳。至于年數之久遠。祭祀之先後。則經無所據。學者當闕其疑。春秋書郊。先儒無得其旨者。知求小禮而昧于大禮也。經書郊九。或因卜不吉。或因牲死傷。先儒止罪其屢卜與養牲之不謹。不知聖人乃惡其非禮之人。未暇及此瑣瑣也。夫子傷周之衰。禮樂自諸侯出。魯之郊禘。則有周公其衰之歎。使諸侯而可郊禘。則聖人不以禮樂自諸侯出爲傷矣。漢儒不知道者。但見春秋書魯祭祀多天子禮。

始妄設周賜之説。雖周郊以冬至。魯用之啓蟄。天子四望。魯三望。似乎稍降。但竊郊望之名已有罪矣。予謂春秋正以有故而不郊爲幸。無故而郊爲罪也。泰山不享季氏之旅。曾上帝而享魯之郊乎。至三卜四卜五卜不從。可見天心之不享也。春秋書乃不郊。乃免牲。其深矣乎。其微矣乎。

舜觀古人之象。繪日月星辰山龍華蟲于衣。絺宗彝藻火粉米黼黻于裳。以彰天子之盛德。能備此十二物也。歷代之制莫不皆然。説者謂周登三辰于旗。服惟九章。何其異也。蓋不過據左氏三辰旂旗之文。左氏謂旗有三辰。何嘗謂衣無三辰耶。况又謂上公九章。而王服亦九章。何周公制禮乃至于無別歟。郊特牲云。祭之日。王被衮以象天。則十二章備。鄭氏謂有日月星辰之章。此魯禮也。夫被衮以象天。周制固然。何魯之足云。豈有周制止九章。魯乃加以十二之理乎。

周禮講義自序

無體之禮。冥于天地之自然。而聖人制禮。所以立無體之用也。夫禮自外作。本在於内。雖有不易之道。而外必盡其可陳之法。是以其法之在度數也。貴賤有位。先後有序。多寡有數。遲速有時。君子知之。于内足以安性命之情。衆人由之。于外足以觀性命之理。此禮之大體也。方其莫之爲而常自然之時。人含其聰而天下不侵。人含其明而天下不累。則禮亦何所用哉。此莊周制禮不仁之説。乃澆淳散樸去性而從心。耳瞢鐘鼓管籥之音。目逐青黄黼黻之美。與接爲交。往往萬緒起矣。而是非不至于衹合。則禮之教其得已乎。聞之曰。禮者于時當夏。乃萬物去本盛末之時。則禮者聖人之不免也。蓋聖人之神不與人同憂。而聖人之德不與民同患。故周公制法度于一日之間。以厚天下之風俗。其本如此。雖然道有升降。時有損益。故以義制禮者。雖昔之所與。而今或制作而不疑。以義變禮者。雖已造于前。而後或因革以爲便。則周禮之爲書。豈特周公之力哉。易曰。亨者嘉之會。天之禮也。又曰。嘉會足以合禮。人之禮也。三代之禮。天道人事備于周。上致其隆。下致其殺。中處其中。則是時也。崇天卑地。分羣偶物而不失其統也。大鵬之能高。斥鷃之能小。椿木之能長。朝菌之能短。各以順受其正。豈有他哉。後世禮昧于經大體。則徇常者或病其高闊。好大者乃悉于卑近。又豈知夫高闊所以立天下之本。卑近所以盡天下之事歟。揚子曰。禮。體也。體不備不足以爲人。故謹其名。嚴其數。則雖貴至戴璧之天子。賤至横目之庶人。其衣裳飲食之纖悉。聲音藻色之等威。皆事爲之制。曲爲之防。則尊無逼下之嫌。卑無僭上之失者。乃周禮之所載王業也。禮文存於經。獨周禮爲全書。惟其傳不明。故學者嘗憂其難知。世有人焉。乃訓而發之。而聖人之德。大略具矣。傳曰。先王制禮。必有主也。故以述而富學。今既以其既學者相與而學之。而未知者以俟切磋焉。

王東巖曰。少穎有周禮全解。祖荆公昭禹所説。

梓材謹案。深寧尚書玉海載先生周禮講義三十九卷。東巖訂義作全解。蓋一書也。

孟子講義自序

孟子論語皆先聖之法言。學者之要道也。然孟子之書大抵推明論語之意。故學論語者必自孟子始。七篇之書趙臺卿謂孟子自作。其説不然。論語孟子皆先聖既没之後。門弟子所録。不惟門弟子所録。亦有出于門弟子門人者。如論語稱有子曰。曾子曰。皆門人所録也。以至冉子閔子皆稱子。以是知其門人皆有所記録于中。如孟子之書。乃公孫丑萬章諸人之所録。其稱萬子曰者。則又萬章門人之所録。蓋集衆人之聞見而後成也。其言則孟子之言。其書則門人之手。不可必也。趙臺卿以謂孟子當蒼姬之訖録。值炎劉之未奮。進不得佐興唐虞雍熙之治。退不能信三代之餘風。恥没世而無聞。是故退而垂憲言以貽後人。而爲此書。夫既與門人答問而言之矣。又恥没世而無聞。退而編次其言。以傳後世。此蓋漢魏以降。文人之通弊。孔孟之志必不若是之狹也。趙臺卿既以此書爲孟子所作。故其論序篇則曰。孟子之意。以謂帝王之盛。惟有堯舜。堯舜之道。仁義爲尚。故以梁惠王問利國對以仁義爲首篇。仁義根于心然後可以大行其政。故次以公孫丑問管晏之政。答以曾西之所羞。以至滕文公離婁數篇。莫不有説。凡爲篇所以七者。以象七政。章所以二百六十一者。以象三時之日數也。三萬四千六百五十字者。所以法五七之數而不敢盈。若此之類。其説迂闊。是猶相馬者徒求于物色牝牡之閒。而失其眞者遠矣。以是知言辭多寡先後。謂非出于一時所記。此非孟子之意也。大抵求孟子之意者。必求其言。至于文字多寡。篇名先後。出于一時之偶然。不可泥也。

拙齋文集

民生乎成周之前。其命制乎君。民生乎成周之後。其命制乎天。命制乎君。凡所以爲生皆道。命制乎天。凡所以爲生皆數也。天非獨任乎數。而純乎天則不得不謂之數。以人參焉乃所謂道。蓋數者行乎適然之閒。而道則有必然之理。天之愛民。豈曰不仁。一歲而豐。一歲而歉。水旱蝗螟。而仁有所不行焉。謂之數可也。謂之道不可也。豐而仁行焉。歉而仁亦行焉。水旱蝗螟無所害乎吾仁。是必道行乎其閒。惟道者濟數于所不及。天之立君。正爲是耳。爲天下者一委民命乎天。無乃失天職。虧天道乎哉。

成周之民井井而居。于其私也猶可使之相賙相救。因而斂之以爲委積。則其斂必均。因而散之以爲賑給。則其散必平。後世君民之術得如古乎。惟其與古異也。于是有計田科斂之弊。有輕重肆意之弊。及其出粟也。又有遠近不均之弊。有奸民欺誣之弊。胥吏乘閒抵巇。殆有不可勝窮之弊。若夫縣官轉移以爲他費。又不在此也。惟其得賢吏而舉行之。則百弊俱息。以上民事論。

世之論封建爲非者。往往借周唐以爲説。謂周之亡以諸侯。唐之亡以藩鎭。某獨以爲不然。諸侯藩鎭非所以亡周唐也。而其所以亡者實自亂也。威烈王不能討韓趙魏之罪。而反封爲諸侯。唐自肅代而降。藩鎭戮主帥。因授以節鉞。周唐之亂。實在于此。夫君臣之分。如冠履之不可移易也。苟其犯上。則天地猶不能以成其化育。而況于人乎。其在月令。孟春行冬令。則水潦爲敗。雪霜大摯。首種不入。孟冬行春令。則凍閉不密。地氣上洩。民多流亡。夫春夏而發生。秋冬而肅殺。天地之常理也。周唐之君。當刑威而慶賞之。是逆天下之常理也。天下安得不亂。論作史之體。

井田之壞。雖自商鞅。然自戰國之時。滕文公使畢戰問井田。孟子告之。且曰。若夫潤澤之。則在君與子矣。以是觀之。則知孟子之世。而其制固已紊亂。而非鞅壞之也。鞅之所以被其名者。蓋由變井田而爲阡陌。不復有先世之遺意也。故嘗論之。井田之成也。非一朝一夕之故。而其壞之也。亦非一朝一夕之故。爰自禹平水土。制爲溝洫之制。井田之法。實規模于其閒。至于歷夏商而其法大備。是其成也。亦數百年而得。成周自東遷。齊威晉文更定霸業。疆域之制散亂而無統。歷至秦孝公之時。盡變其法而爲阡陌。是其壞也。亦數百年而後壞。以是觀之。則後世之君欲復井田之制于一日之閒。可謂不知務也。論廢井田。

附録

嘗和王龜齡不欺堂詩曰。心外何曾別有天。吾心和處即昭然。昭然莫向穹蒼覓。帝所清都在目前。又曰。地上空虛總是天。此中那復計中邊。好將天體爲心體。體得純全自浩然。

又癸未冬至詩曰。塵勞終日謾區區。竟是乾坤一腐儒。半世飽知榮與辱。新冬頓覺我爲吾。

關防向後存心誤。檢點從前制行粗。理欲從今罷研究。無工夫處是工夫。又燈詩曰。自從失道人多歧。擿埴冥行信所之。昨夜忽然尋得路。孤燈一點是吾師。又曰。月明方始覺星稀。燭照還知燈力微。若使世閒無聖哲。草根蟲熠總光輝。

朱子曰。三山林少穎書說。亦多可取。但自洛誥以後。非其所解。

鄧均曰。觀林君耕叟序。述其先王父全書始末。兩世訪求。志亦苦矣。先是抑齋陳先生爲僕言閩學源流。開教甚悉。乃知始于紫微吕公載道而南。而拙齋先生實親承心學。拙齋著書多。而于尚書尤注意。卽少穎先生書解是也。

陳直齋書録解題曰。尚書集解少穎自序。謂初著之時。每日誦正經自首至尾一徧。雖有他務不輟。平心定氣。博採諸儒之説而去取之。苟合于義。雖近世學者之説亦在所取。苟不合于義。雖先儒之説亦所不取。

梓材謹案。尚書集解亦稱尚書全解。四庫書目提要云。是書頗多異説。如以陽鳥爲地名。三俊爲常任準人。皆未嘗依傍前人。至其辨析異同。貫串史事。覃思積悟。實卓然成一家言。雖眞贋錯雜。不可廢也。

王深寧困學紀聞曰。林少穎書説至洛誥而終。吕成公書説自洛誥而始。

謝山箋曰。成公爲少穎弟子。其書蓋以續師説。

王溥南著述辨惑曰。宋人解書者惟林少穎眼目最高。既不若先儒之窒。又不爲近代之鑿。當爲古今第一。而邇來學者。但知有夏僎。蓋未見林氏本故耳。夏解妙處。大抵皆出于少穎。其以新意勝之者數也。

補鄉貢李迂齋先生樗

迂仲詩解

以公存心。則如采薇。詩人美之。以私存心。則如揚之水刺之。其遺戍則同。而其美刺則不同也。

夫狐裘黄黄。則是非先王之法服不敢服。出言有章。則是非先王之法言不敢言。行歸于周。則是非先王之德行不敢行。惟其如此。此民之所以取法也。

古者衣冠不正。朋友之罪。則是衣服之不正。古人以爲甚恥。蓋所以壞其德者。不在大也。席不正不坐。則以席之不正而坐者。必其心之不正也。割不正不食。則以其割之不正而食者。亦以其心之不正也。今衣服之無常者。亦以德行之無常也。

迂齋詩説

詩皆有序。獨關雎爲最詳。先儒以謂關雎爲大序。葛覃以下爲小序。而作序之人。説者不同。家語云。子夏習于詩而通于義。王肅注云。子夏所序詩。今之毛詩是也。沈重之按鄭詩譜意。大序是子夏作。小序是子夏毛公合作。卜商意未盡。毛公更足成之。韓退之作詩之序議。則謂詩之序。明作之所以云。其辭不諱君上。顯暴醜亂之迹。帷薄之私。不是六經之志。若人云哉。察夫詩序。其漢之學者。欲自顯立其傳。因藉之子夏。故其序大國詳。小國略。斯可見矣。王氏則以爲世傳以爲言其義者子夏也。觀其文辭。自秦漢以來諸儒。蓋莫能與于此。然傳以爲子夏。臣竊疑之。詩上及于文王高宗成湯。如江有汜之爲美媵。那之爲祀成湯。殷武之爲祀高宗。方其作時。無義以示後世。則雖孔子亦不可得而知。況于子夏乎。程說亦如王氏。詩序必是當時人所傳。國史明乎得失之迹是也。不得者則每篇指趨何自而知焉。大序則是仲尼所作。其餘則未必然。凡此諸家紛紜不一。惟蘇黄門之說曰。其文時有反覆煩重。類非一人之辭者。凡此皆毛氏之學。而衛宏之所集録也。東漢儒林傳曰。衛宏從謝曼卿受學。作毛詩序。善得風雅之旨。至今傳于世。隋經籍志曰。先儒相承。謂毛詩序子夏所創。毛公及衛敬仲又加潤益。大抵古說本如此。此說深得之。蓋自漢以來。爲詩解者有四家。齊魯毛韓。皆以傳授不同。故其說不一也。

黄實夫曰。李迂仲以蘇之說爲當。且程王盡近世大儒也。而又以爲非漢儒之所能爲。竊以爲大序之文温厚純粹。有繫辭氣象。彼漢儒者疇能及此哉。

毛詩所傳。非成于一人之手。如魚麗之詩曰。文武以天保以上治内。采薇以下治外。既以爲文武之詩矣。而棠棣之詩又曰。宴兄弟也。閔管蔡之失道。故作棠棣焉。此又成王之詩也。非一人所作甚明。

補隱君曾艇齋先生季貍

梓材謹案。先生臨川人。府志本傳云。先生師事韓子蒼呂居仁。又與朱晦翁張南軒書問往復。呂東萊數稱其學有淵源。南軒有探古書盈室。憂時雪滿顛。汪玉山有四海曾裘父之句。其爲時賢稱服如此。自號艇齋。著論語訓解。

補通守方困齋先生疇

梓材謹案。名臣言行録。戊午歲。張九成呂本中同見秦檜。檜曰。大抵立朝須優游委曲。乃能有濟。張答曰。未有枉己而能正人者也。檜爲變色。及忠簡罷相。居會稽。門人方疇爲言檜語云云。是先生亦可稱趙氏門人也。

附録

眞西山跋困齋事實曰。是時元勳巨德。内外倚重。莫如忠獻張公。高文粹學。正論姱節。莫如呂紫微胡衡麓公與横浦澹庵數君子。困齋皆從之游。情若金石。而忠獻知之特深。則公之爲人可識矣。

補監鎮方先生豐之

雲濠謹案。陸放翁誌方伯謩墓云。父豐之。右迪功郎。監建州豐國監。中書舍人呂公居仁。著作郎何公晉之。皆屈年輩與之遊。紹興閒。有名士方德亨者是也。似先生特紫微學侶。非受學于門者。放翁嘗序其詩集。何著作晉之作搢之。

附録

紫微送方某秀才歸福堂詩曰。我居江東。惟信之州。子來自南。而與我遊。問其所友。一時之秀。其兄韞德。亦既有就。子學既立。子志甚遠。何以終之。止在不倦。貧賤勿厭。自然無悶。富貴勿羨。容德之本。彼古之人。能聖與仁。我胡不能。歎其絶塵。今子歸矣。歲亦有秋。何以告子。惟聖之求。水流有源。木生有根。惟源與根。入德之門。求聖根源。惟正之守。正之不守。棄師背友。絲毫之僞。勿萌子心。無有内外。亦無淺深。由此則聖。舍此則病。則以君子。所守先正。于以贈别。亦以自警。爲别後思。且以三省。

曾先生獬父

曾獬父。裘父之兄也。東萊題紫微與曾信道手簡後述先君子之言曰。紹興初。寇賊稍定。舍人與諸父相扶攜出桂嶺。愒臨川訪舊。皆隔死生。慨然太息。乃收聚故人子曾獬父裘父輩。與吾兄弟共學。親指畫孶孶不怠。既又作詩勉之。今集中寄臨川聚學諸生數詩是也。東萊遺集。

紫益深先生淵別見龜山學案補遺。

祕閣陳先生從古

陳從古字希顔。金壇人。天資儁敏。自力于學。爲文辨麗宏壯。儒先交譽。紹興二十一年中進士第。調富陽尉。累知蘄州提點刑獄。就除本路轉運判官。特除直祕閣。自高曾以來。世工篇什。先生及從吕居仁向伯恭蘇養直游。往往得其句法云。周益公集。

晁先生公慶

晁公慶字仲石。紹興初與范顧言曾裘父同學詩于吕紫微。周益公集。

范先生顧言

范顧言。

太中陸放翁先生游

詳見荆公新學略。

樊先生世顯

樊世顯。懷安桐谿人。師吕居仁。友林少穎。甞構堂。象孔老瞿曇氏而祝之。程雪樓集。

梓材謹案。紫微承家門之流弊而溺于禪。樊氏師之。故亦惑于二氏而援儒並之耶。雪樓記道一堂及此。其下云。子朱子書其顏曰道一。且爲之記。端平燬于鄰。改作。西山眞公復書之。復齋陳公續記之。攷朱子大全文集。並無道一堂記。謂朱子記之者似近于誣。或託名朱子而爲之耳。雪樓雖爲之説。無解于後人之議也。

三山學侶

（補）宣教黄先生櫄

梓材謹案。先生淳熙廷對。上距紫微之卒幾四十年。疑非紫微門人。覩其足李迂仲毛詩解。蓋其學侶也。

雲濠謹案。道南源委以先生爲樵仲從弟。

實夫詩解

書之所載。皆帝王爲治之法。曰奈何不敬。曰其汝克敬德。曰敬哉有土。曰惟敬五行。曰敬授人時。敬之一辭。君臣言之。不能自已。誠以天下治亂之基。皆在一念之敬與不敬也。堯之所以兢兢。舜之所以業業。禹之所以孜孜。湯之所以汲汲。文王之所以亹亹。皆自其敬心之所發耳。曲禮論安民之道。而先之以毋不敬。中庸之所謂篤恭。皆敬之充也。大學之所謂正心誠意者。此敬之本也。爲人君者試以是試之。

雲濠謹案。先生著有詩解二十卷。總論一卷。經義考云。存。四庫全書著録内府藏本毛詩集解四十二卷。提要云。不著編録人名氏。集宋李樗黄櫄兩家詩解爲一編。而附以李泳所訂吕祖謙釋音。又云。泳字深卿。始末未詳。與李黄皆閩人。疑是書爲建陽書肆所合編也。李爲林之奇外兄。又爲吕本中門人。其學問具有淵源。書録解題稱其書博取諸家訓釋名物文義。末用己意爲論斷。今觀黄解體例亦同。似乎相繼而作。而稍稍補苴其罅漏。不相攻擊。亦不相附合。如論詩序。李取蘇轍之説。以爲毛公作而衛宏續。黄則用王安石程子之説。以爲非聖人不能作。所見迥爲不同。其學雖似少亞于李。而其説實足以相輔云。

附録

家居及在太學。弟子常數百人。

授南劒教授。以龜山之學爲教。

嘉泰壬戌。預校南宮。取士原本經術。號稱得人。

林李同調

直閣黄先生石

黄石字圯老。平陽人。幼篤學。及長。識慮精審。喜論國家大利害。紹興七年。投匭上書。言内事可治者七。外事可治者四。天子異之。下其書給舍。皆謂切時可行。詔永免文解。加賜束帛。明年遂中進士第。補福州州學教授。學規素弛。先生命正録而下。各舉其職。諸生或不告輒出。先生曰。此職事不職也。盡罷之。聞李葵李楠李樗林之奇爲衆推服。卽走其家。備禮延致。學租故爲吏乾没。供饋日朘。先生大加括責。歲輒數倍于是。增置弟子員。優給職事以俸。而督其藝業。得西外敦崇院宗學教授。視事踰時。丁内艱。免喪。復得南外宗學教授。丁父憂。不赴。服闋。授建康府府學教授而去。改宣教郎。選充諸王宮大小學教授。歷改右司員外郎。進左司。除直顯謨閣。江東轉運副使。主管台州崇道觀。卒年六十有六。積官朝散大夫。周益公集。

附録

唐與政嘗謂圯老容粹而温。心和而平。稠人廣坐。語如不出諸口。間發一言。則詞盡而理明。蓋静而能謀。柔而不傾。學恥虛文而實用之爲貴。論不阿世而君民之爲心。若此者。可以爲天子之近臣矣。

拙齋家學

補主簿林雲岫先生子冲

林子冲字通卿。侯官人。少穎從子。學問德業有聲鄉里閒。士類宗之者數百人。淳熙進士。初爲南豐簿。時郡守陳岐欲修二陳禮樂書。以先生大儒之後。延以特榻。先生隨文釋義。補闕訂譌。書成。周益公楊誠齋皆稱其精密。以哀毁卒。年僅五十有四。自號雲岫居士。姓譜。

附録

鄧均曰。拙齋先生之猶子。爲南豐簿。常分教盱江。再轉爲丞。僕頃在庠序。尚及識縣丞公于丈席。縣丞公在盱校勘遺文多矣。獨于拙齋全書散佚之餘訪求而未得。不幸齎志以殁。又數十年。而先生之孫畊。始克搴就。豈其書之泰阸固自有時耶。

拙齋門人

林先生謨別見麗澤諸儒學案補遺。

潘先生滋

潘滋。懷安人。林少穎弟子。儒林宗派。

參議方先生導

別見横浦學案補遺。

黄先生杲

黄杲。閩縣人。朝散瑀長子。以進士選。官至宣教郎。江南西路提點刑獄。司檢法官。後朝散十二年卒。朱子文集。

梓材謹案。先生爲勉齋伯兄。勉齋稱其以才氣超逸。克世其家。

黄先生東

黄東字仁卿。御史公瑀之次子也。遺澤補將仕郎。歷知沙縣丞。萬安樂安縣事。至萬安。一日。以疾卒于郡學之官舍。教授劉瑱發其篋。視之。金無餘藏。問之左右。則未至而糧已終矣。勉齋文集。

雲濠謹案。勉齋兄弟嘗受教于潘貢士。爲紫微三傳弟子。見勉齋所作潘處士行狀。

文肅黄勉齋先生榦

詳勉齋學案。

潘立之先生植

詳見滄洲諸儒學案。

宇文先生□

梓材謹案。經義考載林畊叟序拙齋尚書集解後云。一日友人陳元鳳儀叔攜書説拾遺一集示予。蠹蝕其表。蠅頭細書。云得之宇文故家。蓋宇文之先曾從拙齋學。親傳之稟也。

葉先生□

梓材謹案。勉齋弟子葉學録眞之先世。亦從拙齋學。與東萊同時。亦見林畊叟序拙齋尚書集解後。

李氏家學

李北海先生□

李□□字□□。號北海。先生侯官人。自其父迂仲先生與先生皆以經行爲學者師。眞西山集。

李先生冲

李冲字衎卿。侯官人。世儒家。迂仲先生其諸父也。先生少從父兄閒磨礱灌浸。韜負自宏。登慶元進士。司户汀州。累擢録國子。越二年。始還監簿以卒。眞西山集。

朝請李洞齋先生遇別見西山眞氏學案補遺。

李氏門人

貢士潘先生滋見上林氏門人。

宣教黄先生杲

縣令黄先生東並見拙齋門人。

文肅黄勉齋先生榦詳勉齋學案。

潘立之先生植詳見滄洲諸儒學案。

林氏續傳

林先生耕

林耕字耕叟。爲衡州教授。曁少穎先生甫三世。其孜孜問學。多識往行。好修者也。君子曰。無忝厥祖。鄧均說。

梓材謹案。先生爲拙齋之孫。其爲拙齋尚書全解後序稱。脱稾之初。爲門人吕祖謙持去。諸生傳録僅十得二三。至淳祐辛丑。畊從陳元鳳得宇文氏所傳書說拾遺手稾一册。乃康誥至君陳之文。乙巳得建安余氏所刻完本。始知麻沙所刻自洛誥以下皆僞續。又得葉眞所藏林李二先生書解。參校驗鳌爲四十卷云。

雲濠謹案。先生爲衡州學教授時。兼石鼓書院山長。鄧氏謂拙齋爲其先王父。先生序書解亦自稱嗣孫云。自兒時侍先君盱江官舍。先君似指雲岫或以雲岫之子爲拙齋嗣孫耶。

林先生駿伯

林駿伯。畊叟次子。拙齋尚書解舊本多訛。畊叟偕之重加點校。凡是正七千餘字。尚書集解後序。

潘氏家學

潘立之先生植

潘瓜山先生柄並詳滄洲諸儒學案。

潘氏門人

宣教黄先生杲

縣令黄先生東並見拙齋門人。

文肅黄勉齋先生榦詳勉齋學案。

葉氏家學

葉先生眞詳見勉齋學案。

拙齋私淑

進士夏先生僎附周升。繆景仁。

夏僎字元肅。龍游人。與周升繆景仁爲友。皆以明經教授。時號三俊。俱舉進士。先生常語其徒曰。古之學者下學上達。今文雖小技。自有上達之理。但爲科目所累。故判本末爲兩途耳。著有柯山書解。兩浙名賢録。

雲濠謹案。先生號柯山。所著尚書詳解二十六卷。四庫書目提要云。博采諸家。而取于林氏之奇者實什之六七。蓋其淵源在是矣。

附録

時南堂序尚書解曰。書説之行于世。自二孔而下無慮數十家。而其中顯著者不過河南程氏。眉山蘇氏與夫陳氏少南。林氏少潁。張氏子韶而已。然程氏温而邃。蘇氏奇而當。陳氏簡而明。林氏博而贍。張氏該而華。皆近世學者之所酷嗜。今先生繼此而釋是書。觀其議論。參于前則有光。而顧于後則絶配。夫豈苟作云乎哉。

忠肅陳抑齋先生韡詳見水心學案。

教授胡先生士行別見龜山學案補遺。

迂齋私淑

姚先生隆

姚隆號野庵。蕭之靜溪人。贈朝散大夫。著有詩解。黄淵序之云。是解也。參之李迂仲。訂之張敬夫。序之可者從之。否則正之。謂風雅頌皆始于文王。謂風關雎鵲巢乃應其聲。謂二雅聲有大小。非政有大小。謂王風迺王城之聲。謂國風無變風。二雅無變雅。譚詩平易如此。黄少谷集。

夏氏續傳

李先生公凱別見東萊學案補遺。

宋元學案補遺卷三十七目録

宋元學案補遺卷三十七

後學 鄞 王梓材 慈谿馮雲濠 同輯

漢上學案補遺

上蔡門人

補 文定朱漢上先生震

漢上易說

乾九二之動。龍德而正中者也。庸者。中之用也。顏子擇乎中庸而勿失之。夫子告之以爲邦。九二君德故也。

聰明深察而近于死者。好譏議人也。辨博閎遠而危其身者。發人之過也。觀上九。

言行有法而家人化。卦終亦不過曰反身而已。

君尊臣卑。父尊子卑。夫尊婦卑。謂之三綱。三綱不正。天地反覆。高者貴。卑者賤。則貴賤之位分矣。

革兌澤離火。而彖曰水火。何也。曰。坎兌一也。澤者水所鍾。无水則无澤矣。坎上爲雲。

下爲雨。上爲雲者。澤之氣也。下爲雨則澤萬物也。故屯需之坎爲雲。小畜之兑亦爲雲。坎爲川。大畜之兑亦爲川。坎爲水。革兑亦爲水。又兑爲金。金者水之母。此水所以周流而不窮乎。坎陽。兑陰。陰陽二端。其理則一。知此。始可言象矣。

水火相逮而後濟。然既濟之極。水火相反。其初故既濟之象。未濟藏焉。

上繫終於默而成之。不言而信。下繫終于六辭。語默一也。

漢上易圖叢説

漢巴郡洛下閎運算轉曆。推步晷刻。以太初元年十一月甲子夜半冬至而名節會。察寒暑。定清濁。起五部。違氣初分數。然後陰陽離合之道行焉。然洛下閎能知曆法而止。揚子雲通敏叡達。極陰陽之數。不惟知其法而又知其意。故太玄之作。與太初相應。而兼該乎顓頊之曆。發明連山之旨。以準周易爲八十一卦。太玄準易圖説。

九月剥卦也。有艮。有既濟。有噬嗑。有大過。凡五卦而後成坤。十月坤卦也。有未濟。有蹇。有頤。有中孚。凡五卦而後成復。大綱而言。則剥九月。坤十月。復十一月。故京房曰。剥復相去三十日。別而言之。復主冬至。冬至中氣起于中孚。自中孚之後。七月[一]而復。故曰七日

[一] 「月」當為「日」。

來復。以消息言之。至立冬十月節。至大雪十一月節。坤至復卦凡歷七爻。以卦氣言之。自冬至十一月中氣。卦氣起中孚至復卦。凡歷七日。以上七日來復圖說。

漢上易集傳自序

聖人觀陰陽之變而立卦。效天下之動而生爻。變動之別。其傳有五。曰動爻。曰卦變。曰互體。曰五行。曰納甲。而卦變之中又有變焉。一三五陽也。二四六陰也。天地相函。坎離相交。謂之位。七八者陰陽之稚。六九者陰陽之究。稚不變也。究則變焉。謂之策。七八九六或得或失。雜而成文。謂之爻。昔周人掌三易之法。一曰連山。二曰歸藏。三曰周易。七八者連山歸藏也。六九者周易也。經實備之。策三變而成爻。爻六變而成位。變者以不變爲體。不變者以變爲用。四象並行。八卦交錯。而天地萬物之情可見矣。其在繫辭曰。爻象動乎內。吉凶見乎外。又曰。運有變動。故曰爻。此見于動爻者也。乾生三男。坤生三女。乾交乎坤。自姤至剥。坤交乎乾。自復至夬。十有二卦。謂之辟卦。坎離震兑謂之四正。四正之外。分主四時。十有二卦。各主其月。乾貞于子而左行。坤貞于午而右行。左右交錯。六十卦周天而復。陰陽之升降。四時之消息。天地之盈縮。萬物之盛衰。咸繫焉。其在易之復。曰七日來復。象曰。至日在革。曰。先王以治曆明時。在説卦曰。震東方也。巽東南也。離南方之卦也。兑正秋也。乾西北之卦也。坎正北方之卦也。艮東北之卦也。此見于卦變者也。乾生者四卦。坤生者四卦。八卦變。復生六十四。坎。離。肖乾坤者也。大過。小過。頤。中孚。肖坎離者也。故乾坤不動而坎離四卦亦莫之動。其略陳于雜卦。其詳具于六十四卦之彖。所謂辨是與非者也。此卦變之中又有變焉者也。一卦含四卦。四卦之中復有變動。上下相揉。百物成象。其在易則離震合而有頤。坤離具而生坎。在繫辭則罔罟取離。耒耜取益。爲市取噬嗑。舟楫取涣。服乘取隨。門柝取豫。杵臼取小過。弧矢取睽。棟宇取大壯。棺椁取大過。書契取夬。又曰。八卦相盪。又曰。六爻相雜。唯其時物也。又曰。雜物撰德。此見于互體者也。一生水而成六。二生火而成七。三生木而成八。四生金而成九。五生土而成十。生于陽者成于陰。三天而兩地也。生于陰者成于陽。兩地而三天也。天以三兼二。地以二兼三。五位相得。合而爲五十。其在繫辭曰。天一地二天三地四天五地六天七地八天九地十。在説卦曰。巽爲木。坎爲水。離爲火。此見于五行者也。乾納甲壬。坤納乙癸。震納庚。巽納辛。坎納戊。離納己。艮納丙。兑納丁。庚戊丙三者得于乾者也。辛己丁三者得于坤者也。始于甲乙。終于壬癸。而天地五十五數具焉。其在易之蠱曰。先甲三日。後甲三日。在巽曰。先庚三日。後庚三日。在革曰。乙日乃孚。在繫辭曰。懸象著明。莫大乎日月。此見于納甲者也。凡此五者之變。自一二三四言之謂之數。自有形無形言之謂之象。自推考象數言之謂之占。聖人無不該也。無不徧也。隨其變而言之謂之辭。辭也者。所以明道也。故辭之所指變也。象數也。占也。無不具焉。是故可以動。可以言。可以制器。可以卜筮。蓋不如是。不足以明道之變動而盡夫時中也。故曰。繫辭焉而命之。動在其中矣。夫易廣矣大矣。其遠不可禦矣。然不越乎陰陽二端。其究則一。則已矣。一者天地之根本也。萬物之權輿也。陰陽動靜之源也。故謂之太極。學至于此。止矣。卦可遺也。爻可忘也。五者之變。反于一也。是故聖人之辭。因是而止矣。

雲濠謹案。漢上納甲之説。又有九天九地之數。乾納甲壬。坤納乙癸。自甲至壬。其數九。故曰九天。自乙至癸。其數九。故曰九地。九天九地之説。九天之上六甲子也。九地之下六癸酉也。

雲濠又案。四庫書目提要云。漢上所敘圖書授受。其説頗爲後人所疑。又云。宋世皆以九數爲洛書。十數爲河圖。獨劉牧以十數爲洛書。九數爲河圖。漢上此書亦用牧説。與諸儒互異。然古有河圖洛書。不云十數九數。大衍十數。見于繫辭。太乙九宫。見于乾鑿度。不云河圖洛書。黑白奇偶。八卦五行。自後來推演之學。楚失齊得。正亦不足深詰也。

漢上詩説

詩全篇削去者二千六百九十四篇。如貍首曾孫之類是也。篇中删章者如唐棣之華。偏其反而。豈不爾思。室是遠而之類是也。章中删句者。如巧笑倩兮。美目盼兮。素以爲絢兮是也。句中删字者。如誰能秉國成。不自爲政。卒勞百姓是也。

梓材謹案。此説深寧困學紀聞載之。謝山箋云。深寧開卷不取月離于畢。素以爲絢。爲孔子所删之説。則朱子發之論。亦非其所取。此條必尚有辨正之説。而今失之。

附録

朱子曰。王弼破互體。朱子發用互體。互體自左氏已言。亦有道理。只是今推不合處多。

魏鶴山曰。漢上易太煩。人多倦看。卻是不可廢。

項氏家説曰。未(一)子發六卦之變。卽李挺之乾坤之變。其所以變之法。不可不知也。復姤一陰一陽。皆在初爻變爲二。師。同人。爲三。謙。履。爲四。豫。小畜。爲五。比。大有。爲六。剥。夬。各成五卦。凡一陰一陽者。十卦皆自復姤變臨遯。二陰二陽。皆在初二兩爻。第一變爲初三。明夷。訟。爲初四。震。巽。爲初五。頤。大過。各成四卦。再變爲二三。升。无妄。爲二四。解。家人。爲二五。坎。離。爲二上。蒙。革。亦各成四卦。三變爲三四。小過。中孚。爲四五。萃。大畜。爲五六。觀。大壯。各成三卦。四變爲三五。蹇。睽。爲四上。晉。需。各成二卦。五變爲三上。艮。兌。各成一卦。凡二陰二陽者。二十八卦。皆自臨遯變否泰。三陰三陽。皆在下三爻。第一變爲初二四。漸。歸妹。爲初二五。旅。節。爲初二上。咸。損。各成三卦。再變爲初三四。渙。豐。爲初三五。未濟。卽濟。爲初三上。困。賁。各成三卦。三變爲二三四。益。恒。爲二三五。噬嗑。井。爲二三上。隨。蠱。各成三卦。凡三陰三陽。十八卦皆自否泰變。安世嘗推其説。方三畫之時。乾坤以三相交。其變之形止于爲六。凡言重卦者。

(一)「未」當爲「朱」。

出于六子及六畫之後。以六相爻㊀。其變之例亦止于六。故以復姤遯臨否泰六卦爲例之主。而凡言變卦者皆出焉。亦猶三畫之有六子也。

胡庭芳曰。變互伏反。納甲之屬。皆不可廢。豈可盡以爲失而詆之。觀其取象。亦甚有好處。但牽合處多。且文辭繁雜。使讀者茫然。不能曉會。看來只是不善作文爾。

漢上同調

補 僕射沈先生該

附録

陳造曰。諸家詁注易多矣。有得必有失。惟丞相沈公筆爲小傳。皆以春秋君子周易之説。充而周之。沿而求之。源而流之。邃哉妙矣。蔡墨言龍。而曰在乾之姤。曰潛龍勿用。初九變則姤也。同人曰見龍在田。九二變則同人。大有曰飛龍在天。九五變則大有。坤曰見羣龍无首。變而盡則坤。坤之剥曰龍戰于野。坤上六之變也。丞相之學。其本如此。

雲濠謹案。先生字一作元約。四庫書目著録易小傳六卷。提要云。林至作易裨傳。頗以該説爲拘攣。蓋南渡以後。言易

㊀「爻」當爲「交」。

者不主程氏之理。即主邵氏之數。而該獨考究遺經。談三代以來之占法。違時異尚。其見排于至固宜。然左氏去古未遠。所記卜筮多在孔子之前。孔子贊易未聞一斥其謬。毋乃太卜所掌周公以來之舊法。或在此不在彼乎。

漢上門人

補隱君徐天民先生畸

梓材謹案。金華府志載先生所著又有禮記心法二十卷。文集若干卷。

天民遺文

周室以厲王而視穆王。其世爲孰衰。以楚而視徐。其國爲孰大。以熊渠而視偃王。其狼狠懦弱又相絶也。然彼熊渠者。以甚大之楚。適當甚衰之周。徒以厲王在上。訖不敢以虚名而蒙實惡。而謂偃王者及穆王之世。自以爲王而無所顧忌者歟。天下之辨。無徵則不信。千載疑信之相傳。非可以臆決也。然質之禮經。而以徐君濟河西討之事觀之。見其有事于遠略。拓國開邊。以見其彊大。以徐君進至于郲使含之事觀之。見其以王制自爲。而視列國猶臣子。以肆其桀驁。若此者。其國人推本其所自始。蓋曰駒王者實爲之。則徐之僭。宜爲始于駒王。而偃王之稱。乃後世既僭者之所追王。而推之以其時。參之以其人。驗之以其事。不其然歟。仁惠廟記。

附録

嘗言人出而仕。必行道濟時。求不負其君。處而隱。必立身行善。求不負其先。否則徒祿祿耳。

其居家孝友。處朋友鄉黨一于義。正直不阿。

乾道閒。詔求賢良。旨意淳切。務在得人。有司以先生應詔。力辭不就。或有勸之仕者。曰。以經淑人。得之而仕。是亦仕也。

章後軒先生憲詳見震澤學案。

權先生偕

權偕。

沈氏所傳

都先生潔父郁。

都潔字聖與。丹陽人。知廣德府。雲濠案。一作德慶府。父郁。字子文。惠州教官。粹于易。先生以所聞于父者爲傳。曰周易變體十六卷。董眞卿説。

附録

張橫浦序易變體曰。吾僚友都聖與。一日示余以所傳易。且曰。嗚呼。余尚忍言之耶。昔潔先君子言行爲一邦師法。服習六藝。而尤邃于易。某此訓傳談易之義。乾坤之氣。天地之形。六子之用。三才之制。六十四卦之變。其于爻象也。某不先于辭而先于理。以爲卦爻大象適與理相當者。聖人則有辭以繫之。象爻之辭未盡。聖人又爲傳於六十四卦之後以明之。一章示賢人也。二章示君子也。三章戒衆人也。四章言聖人體易之道也。説卦説八卦之理。序卦論六十四卦之序。雜卦論六十四卦之用。又曰。此潔所聞於先君子也。輒拾其遺説而爲之傳。其深思旁取如此。亦已勤矣。

程沙隨曰。都聖與少卿作周易變體。推廣沈丞相小傳。如觀之九五。不言觀我生。君子无咎。獨論剥六五。貫魚以宮人寵。推象數過當。

雲濠謹案。四庫全書著録易變體義十二卷。提要云。是書大旨謂卦爻辭義。先儒之論已詳。故專明變體。今考左傳載周易諸占。所謂某卦之某卦者凡十事。知古來周易原有此一義。但古書散佚。其説不傳。而潔以義理揣摩。求其崖略。其中巧相符合者。如坤之初六。履霜堅冰至。則曰此坤之復也。月令孟冬。水始冰。仲冬。冰益壯。始則薄而未堅。壯則堅而難泮。故爻曰。履霜。以坤爲十月之卦。又曰。堅冰至者。則變體爲復。乃十一月卦也。家人上九。有孚威如。終吉。則曰。此家人之既濟也。雜卦曰。既濟定也。象曰。正家而天下定。天下之本在國。國之本在家。家之本在身。反身而誠。孰敢不聽。父子夫婦兄弟莫不安分循理。而天下化之。無事而定矣。故變體爲既濟。而曰有孚威如。反身之謂也。如此之類。皆不事傅會而自然貫通。立義亦皆正大。亦有涉于牽强者。如家人六四。富家大吉。則曰。此同人之乾也。自道以觀身家。皆爲我累。而況富乎。其有家也。姑以同乎人而已。不以家爲累也。其家之富。亦以同乎人而已。不以富爲累也。蓋極高明而道中庸。所以爲中人法。凡如各㊀類則務爲穿鑿。以求合乎卦變之説。而義亦不醇。又多引老莊之辭。以釋文周之經。則又王弼韓康伯之流弊。一變而爲王宗傳楊簡者矣。

漢上私淑

提刑虞滄江先生剛簡

詳見二江諸儒學案。

沈氏續傳

補 田興齋先生疇

附録

吴草廬曰。僕幼時未遠出。聞人説河豚魚。江豚魚。已疑豚魚只當作一字解。後見雲閒田氏易。解作江豚魚。犂然有當于心。長而泛大江。親見所謂江豚魚者。又聞舟人呼之爲風信。於是

㊀「各」當為「此」。

確然從田氏之說。

漢上續傳

丁先生易東

丁易東字漢臣。龍陽人。舉進士。官至翰林編修。入元。數徵不起。著周易傳疏。以授學者。建石壇精舍。教授生徒。資以廩費。事聞。賜額沅陽書院。授以山長。湖廣總志。

雲濠謹案。四庫全書提要云。武陵人。著周易象義十六卷。其取象之例。凡十有二。曰。本體。互體。卦變。正應。動爻。變卦。伏卦。互對。反對。比爻。原畫。納甲。其於前人舊説。大抵以李鼎祚集解朱漢上易傳爲宗。而又謂李失之泥。朱傷于巧。故不主一家。如卦變之説。則取邵子朱子。變卦之説。則取沈該都潔。筮占之説。則取朱子蔡淵馮椅。遠紹旁搜。要歸于變動不居之旨。亦言象者所當考也。

大衍索隱自序

天地之數五十有五。而大衍五十。先儒於此每失之鑿。獨朱子以五乘十之説近之。至於四十有九。率不過歸之虛一而已。未有得夫五十數與四十九之全者。予竊病焉。比游浙右。有謂邵子先天兩儀四象八卦合四十九。所虛之一是爲太極。其説雖異先儒。要無牽合傅會之病。予始以爲大衍之説不過此耳。徐而思之。則于易中天地五十五數。尚有未合。固已疑之。未幾復得河南楊氏大衍本原。謂四十九與五十皆天地之數。各再自乘。而以中數自乘除之者。始知四十九眞爲四十九。五十眞爲五十。非强合之也。噫。楊氏之説似矣。然其爲數必再自乘。又以中數除而後得。雖無牽强。頗非簡易。未必聖人作易初意。嘗以管見求之。亦旣得其説之一二矣。而猶以爲未也。思之思之而又思之。一旦豁然若有遭于神明之通者。然後知五十。四十九。皆天地之數。合而衍之。其耦其奇。自然而成。至簡至易。而四象之奇之策三百八十四爻。以至萬有一千五百二十之數。胥此焉出也。嗚呼。何其數之神如此。妙如此。契合如此。而古人曾未之及耶。抑嘗有知之者而其説不傳耶。是未可知也。

梓材謹案。河南楊氏名忠輔。先生嘗云。揲蓍之法。昔有六家。惟河南楊氏爲當。

徐先生之祥

徐之祥字騏父。號方塘。德興人。賓州上林簿。董眞卿説。

附録

戴剡源先生序讀易蠡測曰。其言象數。取皇極于康節。取太極于濂溪。厥旣知所先務。而諸卦之中多詳其變。曰。非變無以明易。自正體。伏體。互體。變體。反對體。上下體。而通之一卦。有六十四以至于四千九十六。愈變愈通。而卦愈不窮。有辨卦中有四畫五畫而成卦者。皆見于易。反覆懇款。實不叛于新安漢上二朱氏之學。余甚慕而奇之。而徐君機神敏給。于天人性命事物精粗之理。他人經年歷紀而未喻者。一日卽了。其得于天蓋厚。不但人力之勤也。

宋元學案補遺卷三十八目録

宋元學案補遺卷三十八

後學 鄞 王梓材 慈谿馮雲濠 同輯

默堂學案補遺

龜山門人

補 御史陳默堂先生淵

梓材謹案。先生又號庵山。見先生跋劉元承所編伊川先生語後。又案。先生字知默。卒于紹興。邵康節擊壤集有思鄭州陳知默詩序。言因感其化去。不得一識面云者。是又一陳知默也。

默堂文集

夫民心。宗社之根本也。今天下有叛兵。無叛民。則民心信若可結矣。若必守祖宗之法。而以愛民之意行之。不爲虛文。專求實效。則民將相率同歸。膠固而不釋矣。中興之功。豈不可濟乎。與楊諫議書。

附録

延平江上呈吳國華先生詩曰。青山如偉人。可望不可制。屹然瞰碧流。龍翔虎豹視。春風何時來。草木舞深翠。禽鳥暖相依。飛鳴得眞意。誰言靜無作。坐致無邊利。願言斬茅茨。結屋傍薈蔚。且要觀此身。功業亦細事。

小軒觀月呈興宗叔曰。山林足寓月。細大初無相。但使人心安。景物自清暢。

胡致堂祭之曰。人生孰不有知兮。惟無學之足患。束帶秉笏孰不慕君兮。能行義之爲難。昔先覺曰龜山丈人兮。實伊洛之回騫。公服膺其左右兮。由綠髮而華顛。有諫大夫了翁兮。匪躬蹈難而不變。謂公爲吾賢孫兮。付志業之未宣。

晁氏客語曰。子中云。知道易。勿言難。知道而言之。尚與道爲二。不言則與之爲一矣。幾叟云。有勿言心。去道愈遠矣。

又曰。仲尼多愛。愛義。子長多愛。愛奇。何軻也。曰。孟軻也。若荆軻。君子盜諸。幾叟曰。其不類每如此。

袁東塘跋默堂先生帖曰。其論王氏之學。憂深思遠。而獨要終一以歸于國家治亂之所繫。極而至華戎之變。其流毒至今未泯者。此豈區區學者欲以一時之說。事科目中程度可得而是非之哉。

又曰。先生方輕一身如鴻毛。嫉權臣如犬彘。國論未定。死且弗恤。故讜言一發。而身已斥去。然至今數十載。其憑藉扶持。生民隱受其賜而不可窮者。淵源所漸。其及人之遠又如此。余三復此帖。終日不能釋手云。

楊誠齋序默堂文集曰。蓋昔者道學之正統。八傳而至孔子。若顏子曾子。則見而傳之。若子思孟子。則聞而傳之。統之至于孟子也。其前無絶。其後無嗣。嗣千有餘歲之絶者。不在伊川乎。其學以天理爲宗。致知爲力。以仁爲寤。以敬爲守。以誠爲歸。曠乎聖門之孔邇。忽乎斯道之來前也。一時之士。從之學者豈少也。得之者謝氏而止耳。游氏而止耳。楊氏而止耳。默堂先生。楊氏之高弟也。且親焉。吾聞其人矣。吾仰其人矣。未見其書也。問諸其子簭。則有文集若干卷。就而觀之。其辭質而達。其意坦而遠。其氣暢而幽。至于立朝廷。當言責。正君心。排權臣。蹇蹇不折也。是豈今之所謂文哉。蓋道學之充乎其中。而溢乎其外。形乎其躬。而聲乎其言者歟。

又跋先生帖曰。默堂先生與其弟朝宗書。其論及程王二學之是非。謂自古及今。唯有一是。大哉言乎。至謂王氏禍天下之罪。雖世無孔孟。亦不免聖代之誅。或曰世無孔孟。則默堂何據而誅王氏乎。曰。人心而已矣。然則不必據孔孟乎。曰。孔孟。人心而已矣。

默堂家學

陳先生簭

陳簭。默堂之子也。其爲秀才。謁楊誠齋。誠齋言其貌甚野。氣甚靜。坐而扣其挾。則吃吃言伊川之學云。楊誠齋集。

默堂門人

補 尚書沈先生度

附録

胡致堂復齋記曰。子沈子謂子胡子曰。古之學者。目有銘戒。耳有弦誦琴瑟。躬有佩玉之節。皆所以閑情而忍性。正志而帥氣。度也作齋房。詩于是。書于是。游息于是。榜之曰復。蓋欲顧名思義也。願遂聞復之説。又將玩其文而旣其實也。予曰。復之説。是亦不一而足者。可不愼歟。知吾違仁。汲汲焉反之如不及者。復也。知不善之不可再而再焉者。亦復也。是一言而兩趣者也。復其可復。不復其所不可復。斯則眞復而善用者也。故孔子曰。克己復禮爲仁。孟子曰。湯武反之也。子沈子。默堂之高弟。而默堂蓋龜山之回騫也。其授受不差。而訓明有素矣。子沈子之潛心也久矣。尚奚待予言。雖然。予方從事于此。不以進所厭飫爲瀆。相與終日乾乾。復而不厭。以致切磋之益。不亦可乎。

宋元學案補遺卷三十九目録

宋元學案補遺卷三十九

後學 鄞 王梓材
慈谿馮雲濠 同輯

豫章學案補遺

龜山門人

補 文質羅豫章先生從彥

雲濠謹案。先生明萬曆四十二年從祀廟廷。

議論要語

祖宗法度不可廢。德澤不可恃。廢法度則變亂之事起。恃德澤則驕佚之心生。自古德澤最厚。莫若堯舜。向使子孫可恃。則堯舜必傳其子。至于法度。則莫如周家之最明。向使子孫世守。則歷年至今猶存可也。

朝廷大奸不可容。朋友小過不可不容。若容大奸必亂天下。不容小過則無全人。

周孔之心使人明道。學者果能明道。則周孔之心深自得之。三代之才得周孔之心而明道者多。故視生死去就如寒暑晝夜之移。而忠義行之者易。漢唐以經術古文相尚。而未得周孔之心。故經術自董生公孫弘倡之。古文自韓愈柳宗元啓之。于是明道者寡。故視生死去就如萬鍾九鼎之重。而忠義行之者難。於乎。學者所見。自漢唐喪矣。

士之立朝。要以正直忠厚爲本。正直則朝廷無過失。忠厚則天下無怨嗟。一于正直而不忠厚。則漸入于刻。一于忠厚而不正直。則流入于懦。

春秋指歸自序

春秋之爲春秋也。尚矣。自周室板蕩。宣王撥亂反正。其詩美之。小有吉日鴻雁。大有崧高烝民。不幸繼以幽王。而驪山之禍作焉。然而文武之澤未殄也。故平王東遷。人猶望其興復也。及其久也。政益衰。法益壞。黍離變爲國風。陵遲極矣。方是時也。去文王已五百餘歲矣。天生聖人。又不見用。春秋于此時倘不復作。天下不胥如禽獸者。吾不敢信也。故夫子因魯史一十二公。始隱終麟。以二百四十年之事。創爲一代之典。善善而惡惡。是是而非非。寬不慢。猛不殘。文不華。實不陋。久而彌光。可謂垂後世。傳無窮。眞後王之懿範也。所謂考諸三王而不謬。百世以俟聖人而不惑者。其此書之謂乎。或者曰。春秋其事則桓文。孔子成春秋而亂臣賊子懼。其信然乎。曰。春秋自隱公以來。征伐四出。盟會紛然。迨莊歷僖。楚人大爲中國患。于時尊天子攘夷狄。使天下不遂左衽者。桓文二公之力也。故伐楚之役。齊桓稱爵。城濮之戰。文公以霸。自後世言之。二公之功烈莫盛焉。自三王之時言之。不免爲罪人也。首止之會。河陽之狩是也。夫子因其事以辭之。以明王道。故曰。春秋其事則桓文。古之聖人能以天下爲一家。中國爲一人者。非有甚高難行之行。卓異之術也。君君臣臣父父子子。而天下治矣。書曰。天敘有典。勑我五典五惇哉。天秩有禮。自我五禮有庸哉。蓋典也。禮也。皆天也。堯舜之治天下。不越乎君臣父子之間。而禮以文之者也。故春秋誅一世子止。而天下之爲人子者莫敢不孝。戮一大夫盾。而天下之爲人臣者莫敢不忠。故曰孔子成春秋而亂臣賊子懼。孟氏之言抑有由也。或曰。孔子删詩書。定禮樂。贊易道。三王之道盡于此矣。而又作春秋。何也。曰。五經論其理。春秋見之行事。春秋聖人之用也。龜山嘗告人曰。春秋其事之終與。學者先明五經。然後學春秋。則其用利矣。亦以此也。

附録

先生顔樂亭詩曰。山染嵐光帶日黄。蕭然茅屋枕池塘。自知寡與眞堪笑。賴有顔瓢一味長。

又邀月堂詩曰。矮作垣牆小作臺。時邀明月寫襟懷。夜深獨有長庚伴。不許庸人取次來。

金仁山曰。延平云。先生可改下兩句。不甚渾然。先生别云。也知鄰鬭非吾事。且把行藏付酒盃。

又自述曰。松菊相親莫厭頻。紛紛人世只紅塵。自憐寡與眞堪笑。賴有清風是故人。

延平語録曰。羅先生少從審律先生吴國華學。後見龜山。乃知舊學之差。三日驚汗浹背。曰。

幾枉過了一生。于是謹守龜山學。數年後。方心廣體胖。

陳默堂跋先生語孟師説曰。予與仲素定交幾四十年。憶初從龜山。龜山以孟子飢者甘食。渴者甘飲。與夫人能無以飢渴之害爲心害。則不及人不爲憂矣。令仲素思索。且云。此語若易知易行。而有無窮之理。仲素思之累日。疏其義以呈龜山曰。飲食必有正味。飢渴害之。則不得正味而甘之。猶學者必有正道。必悦于小道而適正焉。則堯舜人皆可爲矣。何不及之有哉。龜山云。此説甚善。但更于心害上一著猛省留意。則可以入道矣。仲素一生服膺此語。凡世之所嗜好一切禁止。故學問日新。尤不可及。自非龜山抽關啓鑰。而仲素于言下省悟。何以臻此。使仲素而不死。則其精進此道。又豈予之所能知哉。今日李君愿中以其遺書質予。其格言要論自爲一家之書。閲其學益進。誦其言益可喜。信乎自心害而失之也。

羅革跋先生孟子師説曰。族兄仲素以王氏解經釋字雖富贍詳備。然終不得聖賢大學之意。遂從龜山遊。獨聞至當。得洛中横渠論説頗多。乃編成語孟二解。記當時對問之語。不加文采。録其實也。

詹元善序先生遵堯録曰。其間廟謨睿斷。開基紹述之事。爲君者視諸此。竭誠矢忠贊襄弼亮之事。爲臣者視諸此。上遡建隆之盛。下及熙寧之弊。卒歸于道。美矣。備矣。竊謂事之至當。理之可久者。衍而新之。固未爲難。其或美在可久。而意有未明。或以今準古。制有未盡合。何以使紀綱法度悉歸于沛然大醇者。而先生則釋以發之。又作辨微以著之。故列聖精神之運。心術之勤。其規模宏遠。皆足以追配前王。以此垂諸久遠焉。視夫唐無㊀競之貞觀政要録。本朝石介之聖政録。體較大而用意益加切矣。

馮夢得序先生遺稿曰。豫章羅先生潛思力行。任重詣極。上接伊川龜山之傳。下授延平晦庵之學。東南學者未能或之先也。

梓材謹案。楊棟請謚狀。述朱文公所稱羅氏曰。潛思力行。任重詣極。如公一人而已。是馮序所本。

朱氏先緒

承事朱先生森附子棣。

朱森世居歙之黄墩。先生少務學。不事進取。戒飭諸子。諄諄以忠孝和友爲本。且曰。吾家業儒。積德五世矣。後必有顯者。當勉勵謹飭。無墜先業。卒。贈承事郎。生三子。長松。季棣。負軼才。不肯俯仰于世。有詩高遠近道。號玉瀾集。蔡氏九儒書。

豫章講友

司户翟先生傑

翟傑。東莞人。登紹興五年進士。詔就職。以親老辭。家居敦孝友勤考道。以體認天理爲宗。

㊀「無」當爲「吴」。

聞龜山倡道東南。欲就正。念百齡老父。未敢遠離。乃致書羅從素。質疑考訂。恍然有得。後從素爲博羅主簿。親往討論。由是神定氣和。識與不識。皆推爲有道君子。淳熙七年。親喪畢。任化州司户。均田賦。集流亡。勤教導。數載間。政通化洽。民建祠以祀之。乞休歸。構桂華書院。集四方英俊。相與講學窮經。邑人士皆知問學。東莞舊志。

羅氏門人

補　文靖李延平先生侗

梓材謹案。先生謁豫章書。自言祖父以儒學起家。

雲濠謹案。先生元至正二十二年追封越國公。明萬曆四十二年從祀廟廷。

延平語要

今人之學與古人異。如孔門諸子。羣居終日。交相切磨。又得夫子爲之依歸。日用之間。觀感而化者多矣。恐於融釋脱落處。非言説所及也。不然。子貢何以言夫子之言性與天道不可得而聞也耶。

春秋一事。各是發明一例。如觀山水。徙步而形勢不同。不可拘以一法。然所以難言者。蓋以常人之心推測聖人。未到聖人灑然處。豈能無失耶。

讀書者知其所言莫非吾事。而卽吾身以求之。則凡聖賢所至。而吾所未至者。皆可勉而進矣。若直以文字求之。悦其詞義。以資誦説。其不爲玩物喪志者幾希。

講學切在深潛縝密。然後氣味滋長。蹊徑不差。若槩以理一而不察乎其分之殊。此學者流于疑似亂眞之説而不自知也。

延平語録

以踐復㊀爲聞知。

人之持身。當以孔子爲法。孔子相去千餘載。既不可得而親之。所可見者。獨論語耳。

黄東發曰。延平語録。羅從素先生之從孫羅博文所編。本名欽佩録。然其所載多高深。問又造語如諸子之立論者。視朱文公所編答問似不同。

梓材謹案。四庫全書著録延平答問一卷。附録一卷。提要云。延平于朱子爲父執。計前後相從不過數月。故書札往來問答爲多。後朱子輯而録之。又載其與劉平甫二條以成是書。朱子門人又取朱子平昔論延平語及祭文行狀別爲一卷。題曰附録。明非朱子原本所有也。又存目録延平文集三卷。附録二卷。提要云。此本乃其裔孫葆初更彙詩文一卷。附綴于後。改題此名。故宋志不載。附録則朱子所爲行狀之類也。

㊀「復」當為「履」。

附録

建安朱韋齋遣子元晦從之遊。先生言其力行可畏。昔於羅先生得入處。後幾放倒。得渠極有益。其初學時頗爲道理所縛。今漸能融釋。若于此漸熟。則體用合矣。此道全在日用處熟。若靜處有而動處無。卽非矣。又謂之曰。公恁的懸空理會得許多道理。而面前事卻理會不下。道亦無他玄妙。只在日用間著實做工夫處。便自見得。

其語中庸曰。聖門之傳是書。其所以開悟後學。無遺策矣。然所謂喜怒哀樂未發謂之中者。又一篇之指要也。若徒記誦而已。則亦奚以爲哉。必也體之于身。實見是理。若顏子之歎卓然。見其爲一物而不違乎心目之間也。然後擴充而往無不通。則庶乎其可以言中庸矣。

先生柘軒詩曰。耕桑本是吾儒事。不免饑寒智者非。出處自然皆有據。不應感念泣牛衣。

又曰。五畝之宅植以桑。孟軻舉此助談王。軒前蒙密知□意。要見經綸滋味長。

又曰。三春采采爲蠶供。衣被生靈獨有功。野外漫多閒草木。可憐無計謝東風。

王魯齋曰。柘軒三詩體用俱備。非先生固莫能道也。先生文字見於世絶少。近有建中士友傳此。只看首句已超絶世俗。第二第三尤有力。語壯而意遠。人可自同于草木乎。

汪玉山誌其墓曰。其接後學答問。窮晝夜不倦。隨人氣質淺深。誘之各有不同。而要以反身自得。而可以入于聖賢之域。

朱子狀其行曰。嘗以黄太史之稱濂溪周夫子。胸中灑落如光風霽月云者。爲善形容有道者氣象。嘗諷誦之。而顧謂學者曰。存此于胸中。庶幾遇事廓然。而義理少進矣。

又曰。先生資稟勁特。氣節豪邁。而充養完粹。無復圭角。精純之氣達于面目。色温言厲。神定氣和。語默動静。端詳閑泰。自然之中若有成法。平居恂恂于事。若無甚可否。及酬酢事變。斷以義理。則有截然不可犯者。早歲聞道。卽棄場屋。超然遠引。若無意于當世。然憂時論事。感激動人。其語治道必以明天理。正人心。崇節義。厲廉耻爲先。本末備具。可舉而行。非特空言而已。異端之學。無所入于其心。一聞其説。卽知其詖淫邪遁之所以然者。蓋辨之于錙銖秒忽之間。而儒釋之邪正分矣。

又祭文曰。猗歟先生。早自得師。身世兩忘。惟道是資。精義造約。窮深極微。凍解冰釋。發于天機。乾端坤倪。鬼祕神彰。風霆之變。日月之光。爰暨山川。草木昆蟲。人倫之至。王道之中。一以貫之。其外無餘。縷析毫差。其分則殊。體用混員。隱顯昭融。萬變並酬。浮雲太空。仁孝友弟。灑落誠明。清通和樂。展也大成。婆娑邱林。世莫我知。優哉游哉。卒歲以嬉。

又挽先生詩曰。河洛傳心後。毫釐復易差。淫辭方眩俗。夫子獨名家。本末初無二。存亡自不邪。誰知經濟業。零落舊烟霞。

又曰。舊見李先生。説少從師友。幸有所聞。中間無講習之助。幾成廢墜。然賴天之靈。此箇道理時常在心目間。未嘗敢忘。此可見其持守之功矣。然則所見安得而不精。所養安得而不熟耶。

又語類曰。李先生當時説學已有許多意思。只爲説敬字不分明。所以許多時無捉摸處。

馬平泉曰。余聞延平少時好馳劣馬。蓋亦跅弛之士也。古語云。猛虎雖死不卸威。烈士暮年壯心不已。而説者謂延平晚年溷跡隴畝間。隤然如田父野老。何哉。夫雷轟電掣。風雨滿盈。聲無留聲。形無留形。一氣之舒。捲而已矣。其來也。吾不知其所以爲端。其去也。吾不知其所以爲尾。其息也深。其達也亹。極亹極深。乃詣于神。知道者似之。

補 獻靖朱韋齋先生松

雲濠謹案。先生爲朱子之父。元至正二十一年諡曰清獻。明嘉靖九年從祀崇聖祠。國朝雍正二年復祀。

梓材謹案。周益公爲先生神道碑云。師友浦城蕭子莊。劍浦羅仲素。而得龜山楊文靖公河洛要問之學。似先生之于蕭羅與親受業者有別。神道碑又云。公友張戒定夫。始得爲文之法。欲爲公集序。未及成。而文士傳自言㈠實爲之。别之曰友。則所稱師友又有别矣。

韋齋文集

某聞古之爲天下國家者。雖其積累之厚薄。有逆有順。有短有長。而其意指規摹未嘗不爲子

㈠「傳自言」當為「傳自得」。

孫萬世之計。蓋未有俯仰依違。苟度旦夕。不爲終歲之備而可以爲國者。衛文公之封于楚邱。句踐之脱于會稽。蕩覆之餘。君臣徒手埽地赤立。惟其大計已定。故上下相與堅忍卑辱。痛自折損而不敢少變焉。是以皆能有所成就而垂裕後世。苟爲不然。譬如千金之家。不知堅據田園廬室之便以滋其材力。而强讐暴客並起而乘之。則又舍而之他。是雖有陶朱猗頓之財。亦終以窮困而莫知所繼。上胡察院書。

附録

聞龜山楊氏所傳河洛之學。于是益自刻厲。痛刮浮華。以趨本實。日誦大學中庸之書。以用力于致知誠意之地。

嘗作負暄詩曰。宵寒臥增裯。晝寒起增衣。如何負暄樂。高堂日輝輝。引光屏盡闢。追影榻屢移。妙趣久乃酣。瞑目潛自知。初如擁紅爐。凍粟消頑肌。漸如飲醇醪。暖力中融怡。欠伸百骸舒。爬搔隨意爲。頗回驕佚氣。頓改寒酸姿。熏然沐慈仁。天恩豈予私。願披横空雲。四海同熙熙。矯首望扶桑。傾心效園葵。

王魯齋曰。此篇善形容推廣學問。浹洽于胸中者。亦如是哉。

又五二郎即文公。生日詩曰。夢覺牀頭無復酒。語終甑底似餘糜。已堪北海呼爲友。猶恐西眞喚作兒。

又贈范直夫詩曰。將軍競病詩成處。南浦春歸蘭玉叢。漸減心情身老大。久乖談笑路西東。鄉關落日蒼茫外。樽酒寒花寂歷中。且與寓公同放曠。浩歌相屬倚秋風。

金仁山曰。其後文公改葬韋齋于上梅里寂歷山中峯之原。深有感于此詩寂歷之句云。

韋齋講友

劉白水先生勉之

胡籍溪先生憲

劉屏山先生子翬並詳劉胡諸儒學案。

范先生如圭詳見武夷學案。

胡先生璟

胡璟字文叔。朱子嘗答其書云。承書喻及先世交遊之好。不勝感愴。三復書詞。乃知有志傳家之學。又以爲慰。今世徇俗。爲人之學固不足道。其稍知用心于內者。往往又以騖于高遠而失之。是可歎也。來喻云云。似已察于此者。但常專心致志。思繹踐行。有疑則與同志講而明之。則庶乎其有得矣。朱子文集。

梓材謹案。先生先世蓋與韋齋爲友。故朱子答之云云。姑附于此。

鄧先生肅

鄧肅字志宏。南劒人。有文集。號栟櫚遺文。三十卷。宣和壬寅艮嶽成。徽宗御製記。李質曹組各獻賦。先生爲太學生。獨上十詩。稱述花石之事。其末句云。但願君王安萬姓。圃中何日不春風。詔屏逐之。靖康初。李伯紀啓其事。薦其才。召對。賜進士出身。得爲右正言。著正直之名於當日云。揮麈後録。

梓材謹案。四庫書目著録栟櫚集十六卷。提要云。當張邦昌之僭立也。間行奔赴南京。大節與杜甫略相似。其靖康迎駕行。後迎駕行等篇。亦頗近甫奉先諸作。在南北宋間。可謂策厲名節之士。又唐宋以來。學者皆尊揚雄。熙寧中。遂至配享。而肅書揚雄事。獨指爲叛臣。無可容于天地之間。與沈與求疏論王安石過尊揚雄。未知孰爲先後。然均在朱子綱目書莽大夫之前。考陸深溪山餘語。載其與朱子父相善。有醉留冠帶以質紙筆之戲。其寄朱韋齋詩。即道其事。然則綱目之斥揚雄。得無傳其説乎。其識如是。宜其立身有本末矣。

栟櫚遺文

世人嘗謂窮達自天。余以謂窮達自人。非天也。夫爲直者必窮。爲佞者必達。自古及今。莫不皆然。夫豈天哉。雖然。人生世上。不過數十寒暑。盛衰得失。如蟻穴一夢耳。於此枉道喪節。以干妻孥之奉。一時沛然。自謂得志。殊不知萬世之下。使人聞其名而唾之。僅與禽獸比。若正直之士。雖當時身不絲。腹不粟。斥竄流離。眞若可憐者。然所謂浩然之氣。歷千百年猶與日月爭光。以此校彼。孰久孰近。故君子寧餓寧黜。寧不用於世。寧不得安其身於朝廷之上。至于剖心抉眼。碎于賊手。亦寧任之。梓材案。上文蓋指伯夷。柳下惠。孟軻。韓愈。比干。子胥。眞卿。杲卿諸君子。惟直不可變耳。原直。

孟軻不與橫逆之人校曲直。而與齊宣王論達尊。韓愈不與高閑文暢校夷夏。而與憲宗論佛骨。韓信不與淮陰少年校勝負。而與項羽爭雄。藺相如不與廉頗校上下。而與秦王爭割地。蓋不屑屑于其小者。所以養成其大也。揚雄不肯屈節于董賢。而甘爲王莽之臣。柳宗元不肯下氣于皇甫湜。而甘爲王叔文之黨。李忠臣赴君父之急。能斥曰者之言。終不能拒朱泚之命。卒以叛。李陵能以匹馬力戰極邊。終不能輒出一言上抗虜廷。卒負其君。爲左衽之鬼。蓋遇細故。則竊虛名。臨大節。則顧死生。此小人之事也。大人何取焉。古之所謂大人者。體均天地。而氣通陰陽。天地覆載之中。不卻虵虺。陰陽寒暑之變。不恤怨咨。但推一元之氣。運量斡旋于太空不可窮極之間。乾闔坤藏。春生秋殺。又何必物物與之校可否乎。若乃小人。則一切反是。余嘗譬之以狗。飲食糞穢。盤旋户外。伺有至者。不問淑慝。瞋目怒牙。聲氣俱厲。將搏而噬之。然後爲快于心。顧其悻悻。眞若有守而不負其主者。儻有客焉。委骨于地。彼則搖尾而進。欣然就之。視曩昔切齒之人便爲恩地。亦豈暇顧其主乎。此大人小人之辨不可以不察也。晉語有之。人才相去不啻九牛一毛。蓋歎其相絶如此。顏子于此。犯而不校。蓋不足與校也。小子其志之。不校。

鄧先生啓

雲濠謹案。萬姓統譜云。字元迪。崇仁人。爲人有氣節。早名。能詩。涂守約序其集曰。人知先生之詩工力絶倫。而不知先生之道之死不屈。先生以是爲詩。故不追少陵不止。

俞西郊先生靖

俞靖一名猷仲。字宋祐。婺源人。績學砥行。晚號西郊老人。與朱韋齋爲星溪十友。姓譜。

張先生敦頤

張敦頤字養正。婺源人。紹興進士。爲南劍州教授。與朱韋齋松友善。後倅宣城攝郡事。著有編年六朝事蹟。衡陽圖志。江南通志。

李氏家學

李先生信甫

李信甫。南劍人。延平先生侗之子。舉進士。歷監察御史。出知衢州。善政善教。不忝家學。擢廣東江東憲。以特立不容於相。罷去。姓譜。

李氏門人

補承議羅先生博文

梓材謹案。李延平文集附録先生之言曰。延平先生之傳。迺某伯祖仲素先生之道河洛之學。源流深遠。稱豫章爲伯祖。

則先生乃豫章仲孫也。又案。先生字宗約。一字宗禮。

附録

先生生有異質。家人試以晬槃。一無所顧。獨匍匐取書册之言性理者。展玩久之。嘗銜命漢中。勞撫將士。宣撫使以禮致遺。爲錢三百萬。公不欲受。而難于辭卻。還次漢州。州方治貢院。不能就。以五十萬予之。餘悉輸成都公帑。取河南程夫子之遺文。與他名臣論奏纂述之可以垂世者。募工鋟板。用之略盡。而横渠張夫子之家。避地流落。貧不自振。公訪得之。爲言汪公應辰。延置府學。蜀士知所勸焉。

在桂州時。汪公蓋方通判州事。知公所爲。日就公語。且亟稱道其爲人。故卒以自助。時刑部劉公芮亦方隱居州之西山。躬畊勵志。人罕識之。公獨以坐曹決事之餘。日往從之遊。劉公名家子。及見前輩。多識前言往行。顧獨恨得公晚。及聞公卒。哭之慟。爲寢疾不食者數日。

補 劉先生嘉譽

雲濠謹案。先生爲樂昌尉。見閩書。

朱氏門人

程韓溪先生鼎

程鼎字復亨。婺源人。朱韋齋之内弟也。少孤。從韋齋學於閩中。因得講聞一時儒先長者之餘論。而心悦之。鈔綴誦習。晨夕不少懈。其歸也。韋齋書六言以贈之。皆事親修身爲學之要。益自樹立。中歲奉親徙居窮山中。自號韓溪翁。子洵。朱子大全集。

梓材謹案。萬姓統譜言。先生與羅願輩同學於韋齋。又云。博覽經籍。爲文不效舉子尺度。不仕而卒。

雲濠謹案。朱韋齋集送先生序云。廣平程某復亨爲余外兄。從余遊于閩者二年。余語以安逸憂患。知之詳矣。以爲外兄。與朱子文集以爲内弟者異。豈爲余外兄。係謂余外兄之訛耶。又案。所告六言。一曰葬吾舅而後加吉服。二曰。葺爾居以寧爾親。三曰非爾父之類者勿親也。四曰廣學問以資見聞。五曰勿懷安。六曰無忘四方之志。

知州羅先生願

羅願字端良。歙縣人。兄弟皆有文。先生尤博學好古。法秦漢爲詞章。高雅精鍊。朱子時稱重之。有文集十卷。爾雅翼二十卷。累官知州。有善政。姓譜。

爾雅翼自序

古初造化始耑。萬彙芒芴。並生其間。民生如標枝。鹿豕爲羣。自以爲一物。不自貴珍。有聖人者立。傑出其倫。使同類相收。異類區分。正名百物。毛羽介鱗。圜首方趾。自別爲民。乃佃乃漁。乃刊乃焚。選百羞百穀。以爲常珍。味其辛毒。俾相君臣。靈智以爲畜。猛獸服循。異物著之鼎。別姦與神。遂超萬物。莫與之隣。號名三才。與天地均。裁制萬品。皆由乎人。物患既去。其利畢陳。智者用其實。因既以文。有所著作。假之而論。故詩首關雎。春秋感麟。易八卦始畫。仰天俯地。窮鳥獸之文。書契因之。是生典墳。禮觀象作服。贊死生之物。以明卑尊。吹竹聽鳳。爲樂本原。魯論貴多識。譏五穀不分。聖有所不語。亦有所常言。至王會紀遠物。則多異聞。離騷志潔。惟掇其芳芬。不若爾雅。博洽雅馴。起于漢世。學者自爲專門。欲輔成詩道。廣摭傍穿。萬物異名。始著于篇。先師説之。義多不鮮。中㊀古學廢絶。説者無所旁緣。風土不同。各據所偏。江南之產。踰北而遷。至其語音。亦不相沿。鄭人命死鼠。儗于璵璠。六書之相假。鱓則爲鱣。物亦固有難識。不可汎觀。惡莠亂苗。豫章須七年。非好古博雅。身履藪澤。孰能究宣。野人能別之。不能見于傳。至謂鴞爲匠㊁。魚罟爲筌。六駮以爲馬。不可駕牽。謂芍藥無香。説芳草者。初不識蕙與蘭。羅子疾之。乃探其原。因爾雅爲資。略其訓詁山川星辰。研究動植。不爲因循。觀實于秋。玩華于春。俯瞷淵魚。仰察鳥雲。山林皐壤。遇物而欣。有不解者。謀及蒭薪。農圃以爲師。釣弋是親。用相參伍。必得其眞。此書之成。爲雅羽翰。其涵如海。其負如山。其稱物小。義炳而寬。不强所不知。義無不安。宇中所有。目擊而存。指毛命獸。見末知根。可用閱覽。虞悦性情。玩化無窮。以觀我生。率是佐時。人主以裁成。通之于六藝。疑義以明。千世之下。與雅並行。後有子雲君山之儔。乃知其精。雅道復顯。功斯亦宏矣。

㊀「中」當為「由」。
㊁「匠」上脱「女」。

世之君子。惟其責輕而慮近。幸人之不能議己。斯以爲足于其心而已矣。若夫聖人之舉措。不患不能慰天下之心。惟夫天下悦之太篤。不復置疑于其間。則聖人方且以此爲懼。蓋嘗言之。惟聖人而後有大過。惟樂天者而後有大憂。以其一言一動始爲天下萬世利害之所繫故也。孔子作春秋。天下尊之無異詞。聖人乃以後世將有罪我者焉。後世亦卒無罪聖人者。若聖人之心。特以春秋天子之事。在我假之爲嫌。懼天下後世特以己爲聖人。不復加擬議。是以躬設爲罪我之比。使天下君子得公相與議之。此亦厥祖成湯之心也。聖人之無己。一至于此。故夫成湯之慙。仲虺所爲作書者也。以爲能解得慙。而不知夫所謂慙德。最聖人用心至到之處。季札觀舞曰。聖人之弘也。而猶有慙德。聖人之難也。嗚呼。世皆以備道全美爲聖人。孰知夫所謂慙。乃聖人之所難者歟。湯論。

士有出于五帝之世。而見祀于今。禮有隆于三代之時。而不廢于後。此不惟其人可尊。其誼之所該者。至深遠矣。蓋自去古既邈。五帝之臣。其傳者無幾。而高陽氏之土正。有虞氏之稷官。世獨相與社而稷之。見于展禽史墨之説。其禮壇而不屋。腥而不熟。有俎豆而無杯器。又皆商周之舊典。上下數千年。嗣不敢有所變。豈可以不知其故哉。先王之治本于誠。惟能致知以通之。故其遇事無精粗表裏之異。知土穀者民情之所重。而社與稷實司焉。則自邱民以上。隨其所在。

封而事之。天子以建諸侯。而諸侯以有其國。君民之情如此其同也。以其生有平土植穀之能。灼知其精神死不泯滅。屬之以雨暘寒燠之事。無不得其所欲。天人之際又如此其不異也。因其沐浴齋宿登降薦徹者。有爲人下之道。則從而訓民以爲事君之法。因其水旱有變置之説。而諸侯之不職者亦不得免焉。則等而施之。以爲馭臣之法。一歲之間。春以出火。秋以卜稼。冬以息老。有屬民讀法之事。有用幣捄變之事。其或不得已而用民于兵。小則受肉而行師。大則釁主而出境。有功獻于是。有罪戮于是。比如家人父子之出告反面。而從事于其庭内。非以是爲宏闊之典而行之也。且重民之居而敬其食。故其俗生厚而不遷。明命有功者而祀之。故其民端愨而不鬼。因物之常而寓其教訓。故令行禁止而風俗成。民日見上之親己。而所施又無悖乎四時之序。是以其上易爲。而其神易福也。淳安縣社壇記。

曹弘齋曰。鄂州此記。引據精博。朱晦庵見而服之。以爲一集之冠。

附録

方虛谷跋爾雅翼曰。回竊謂後世學者。于天下書鑽研少而剽竊多。靡勞餘力。意義曉然。古人有終身不能通者。或開卷頃刻而得之。道德性命之類。有北溪字義。而眞西山讀書記爲尤精。車冕器服之類。有三禮圖。而陳祥道禮書爲尤博。考論經傳。草木鳥獸蟲魚。則許慎。陸璣。張揖。曹憲。邢昺。陸佃。不如此翼之爲尤悉。是書皆前代所無。挾是以求。爲儒易易矣。

陳定宇曰。鄂州爾雅翼博矣。好處可以廣人之識見者儘多。可恨處牽引失其精當者不少。內引三百篇之詩處多不是。嘗編一節本。

梓材謹案。四庫全書著録先生爾雅翼三十二卷。元洪焱祖爲之音釋。提要言其書考據精博。而體例謹嚴。在陸氏埤雅之上。王伯厚後序稱其卽物精思。體用相涵。本末靡遺。殆非溢美云。

謝先生譽

謝譽字綽中。建之政和人。性耿介。居家極孝友。朱韋齋尉政和時。以公事行鄉落間。聞田舍中有誦書聲。亟下車入其舍。問讀何書。儀禮也。以時方專治王氏學。而獨能爾。異之。卽與俱歸。日授以經史百家之言。而勉其業之所未至。遂中紹興二年進士第。調主邵武之泰寧簿。自以不能俯仰。歸領祠官。年四十六以卒。韋齋蓋深惜之。朱子文集。

經略余先生良弼

余良弼字巖起。龍山人。以鄉舉類試外臺。朱韋齋與吳直閣公路得其文而異之。以爲眞有可用之實。寘之前列。旋入幕府。卽以畫策平賊有功。出入中外。遂分帥閫。皆有聲烈。朱子文集。

梓材謹案。龍山在順昌。故道南源委作順昌人。云。博學明經。爲政以教化爲先。官廣西經略。又案。福建通志云。建炎進士。歷經略廣西。尋予祠。已又除直祕閣。致仕。聚書萬卷。自爲序。以教子孫。著有龍山文集。

教子詩

白髮無憑吾老矣。青春不再汝知乎。年將弱冠非童子。學不成名豈丈夫。幸有明窗并淨几。何勞鑿壁與編蒲。功成欲自殊頭角。記取韓公訓阿符。

附録

胡澹庵銘其墓曰。公之入嶺。徧歷三司。推轂人才。片善不遺。故吏門生多聞于道。政知大體。教化爲急。經昭潭。則新道鄉鄒公之祠。繕桂城。以復武溪余公之跡。屬意前喆。使人尚德。乃若峻臺榭以侈登臨。靡廚傳以媚過客。皆所不喜爲。而小人乃以是致煩言之嘖又曰。述作之多。無愧魁紀。博學方聞。尤長于經。後進來學。千里重趼凡經指授。如味得雋。

祝先生嶠

祝嶠字仲容。其先自江陵遷歙。世以資力好善聞于州郡。從朱韋齋遊。聞伊洛之風而悅之。姓譜。

程氏學侶

李先生繒別見和靖學案補遺。

羅氏學侶

羅先生頌

羅頌字端規。歙之呈□人。學古志道。以任子補承務郎。累擢知郢州。簡易廉明。獄無冤滯。卒于官。邦人巷哭之。其在荆州。帥葉衡自謂幕中得天下士。周益公必大再入翰林。先生獨以書勸其無恃一節高衆爲無愧。益公加敬。弟願。亦爲其所重。每以二程期之。有狷菴集。歙縣志。

俞氏門人

滕先生洙別見和靖學案補遺。

程氏家學

録參程先生洵詳見滄洲諸儒學案。

程氏門人

迪功董先生琦附師程倜。程舟。

董琦字順之。饒州德興人。從鄉先生程韓溪受春秋學。少學于程倜及其弟舟。二君没久。遇其子若孫。恩意不少衰。其好義如此。以子銖授迪功郎。朱子文集。

余氏門人

馮先生鄂

馮先生寧合傳。

馮鄂。昭武人。及從父寧從龍山授尚書。如漢伏生。相踵以經魁選。胡澹菴集。

豫章私淑

曹先生道振

曹道振。

知州劉先生克剛別見艾軒學案補遺。

董氏家學

縣尉董槃澗先生銖詳見滄洲諸儒學案。

鄂州私淑

洪先生焱祖

洪焱祖字潛夫。歙人。由平江學録遷衢州路學教授。改處州遂昌簿。以休寧縣尹致仕。著爾雅翼音注三十二卷。列于徽學。徽州府志。

洪氏講友

唐先生元

唐元字長孺。號筠軒。歙之槐塘人。總幹庭瑞之從孫也。家貧自奮。以詩名。與洪焱祖俞通老爲筆硯交。時號新安三俊。屢試明經不售。遂篤志古文辭。泰定丁卯徵爲平江學録。歷建德分水三校。俱崇實抑浮。士風丕變。已而以徽州路學教授致仕。詔賜金龍衣者再。所著易傳義大意十卷。見聞録二十卷。詩文五十卷。歙縣志。

唐氏家學

唐白雲先生仲實別見師山學案補遺。